रचना से संवाद

[आलोचनात्मक लेखन]

रचना से संवाद

मलयज

सम्पादक
तरुण

राजकमल प्रकाशन

ISBN : 978-93-92757-55-6

मूल्य : ₹795

पहला संस्करण : 2022

प्रकाशक : राजकमल प्रकाशन प्रा. लि.
1-बी, नेताजी सुभाष मार्ग, दरियागंज
नई दिल्ली-110 002

शाखाएँ : अशोक राजपथ, साइंस कॉलेज के सामने, पटना-800 006
पहली मंजिल, दरबारी बिल्डिंग, महात्मा गांधी मार्ग, प्रयागराज-211 001
36 ए, शेक्सपियर सरणी, कोलकाता-700 017

वेबसाइट : www.rajkamalprakashan.com
ई-मेल : info@rajkamalprakashan.com

मुद्रक : बी.के. ऑफसेट
नवीन शाहदरा, दिल्ली-110 032

RACHNA SE SAMVAD
Criticism by Malayaj
Edited by Tarun

रचना से संवाद

क्रम

भूमिका

छठवें दशक के बाद के महत्त्वपूर्ण कवि, आलोचक और डायरी लेखक मलयज की पुस्तकों की कमी काफ़ी लम्बे समय से महसूस की जा रही थी सन् 1982 में मलयज की लम्बी बीमारी के बाद आकस्मिक मृत्यु ने साहित्य जगत को शोकाकुल तो किया पर ऐसा लगता है कि साहित्यजगत की अपनी आपाधापी ने मलयज को बिसरा दिया। उनका परिवार कहाँ गुज़र-बसर कर रहा है इसकी जानकारी भी कुछ गिने-चुने लोगों के पास ही थी। मलयज के साथियों में से कुछ ने ज़रूर मलयज को अपनी स्मृति में बनाए रखा और उनके लेखन को सामने लाने का प्रयास किया। मलयज के मरणोपरान्त अशोक वाजपेयी ने 'पूर्वग्रह' का मलयज स्मृति अंक प्रकाशित कर उन्हें श्रद्धांजलि दी। इसमें शामिल शमशेर बहादुर सिंह, शिवकुटीलाल वर्मा, श्रीराम वर्मा, कुँवर नारायण, रघुवीर सहाय, प्रभात त्रिपाठी आदि के लेखों और संस्मरणों ने भावुकता के साथ-साथ मलयज की चिन्तनशीलता और समीक्षा-दृष्टि की विशिष्टता को जिस रूप में दिखाया उससे 'पूर्वग्रह' का यह विशेषांक संग्रहणीय बन गया। अगर छोटा मुँह और बड़ी बात न समझी जाए तो अनुरोध करना चाहूँगा कि अशोक वाजपेयी जी को 'पूर्वग्रह' के विशेषांकों को पुस्तकों के रूप में प्रकाशित करने पर विचार करना चाहिए। सन् 1984 में मलयज के मरणोपरान्त 'संवाद और एकालाप' पुस्तक को राजकमल प्रकाशन द्वारा प्रकाशित किया गया। जिसकी पांडुलिपि मलयज स्वयं अपने हाथों से पहले ही तैयार कर गए थे। फिर एक लम्बे अन्तराल के बाद आदरणीय नामवर जी ने सन् 2000 में मलयज की डायरियों के सम्पादन जैसे कठिन किन्तु ज़रूरी काम को अंजाम दिया। मलयज की जगह-जगह बिखरी टीपों, टिप्पणियों और धुँधले पड़ चुके अक्षरों को तारतम्यता और सलीके से सँजोने में गोविन्द प्रसाद आदि ने जो मेहनत की है उसके लिए नामवर जी और उनके सहयोगियों के लिए आभार और धन्यवाद जैसे शब्द छोटे जान पड़ते हैं। इस बीच मलयज के पत्रों का एक संकलन रमेशचन्द्र शाह ने सूर्य प्रकाशन मन्दिर से प्रकाशित ज़रूर कराया लेकिन मलयज की कविताओं, गद्य और उनकी आलोचना पुस्तकों के लिए पाठक तरसते रहे। न जाने कैसे किसी का ध्यान उनकी पुस्तकों के पुन:प्रकाशन की ओर नहीं गया ये अचम्भित करता है। मलयज

की आलोचना और लेखों की माँग और लोकप्रियता इस बात से समझी जा सकती है कि जब विजय कुमार जी ने साहित्य अकादेमी के लिए मलयज पर मोनोग्राफ़ लिखा तो उस मोनोग्राफ़ को पाठकों ने हाथोंहाथ लिया और उसकी सभी प्रतियाँ एक छोटे से अन्तराल में समाप्त हो गईं। हालत ये हो गई कि मुझे स्वयं मलयज पर शोध करने के दौरान मलयज की किताबों की फ़ोटोकॉपी का सहारा लेना पड़ा। तब तक मलयज की धर्मपत्नी श्रीमती ज्योत्स्ना मलयज जी से मेरा परिचय नहीं हुआ था। अपने शोध के दौरान ही मलयज की पुस्तकों को पुन:प्रकाशित कराने का उद्देश्य घर कर गया था ताकि और किसी शोधार्थी को मलयज के लेखों के लिए तरसना न पड़े। पर इस प्रयास में इतना वक़्त लगेगा ये मैंने भी नहीं सोचा था। अब जब यह प्रयास और योजना फलीभूत हो रही है तो अपने प्रयास को पूर्ण होते देख बहुत ख़ुशी मिल रही है।

मलयज की डायरियों से इतर हमने मलयज के लेखन को चार जिल्दों में प्रकाशित कराने की योजना श्रीमती ज्योत्स्ना मलयज की सहमति और बन्धुवर सत्यानन्द निरुपम के सहयोग से राजकमल प्रकाशन समूह के प्रबन्ध निदेशक श्री अशोक महेश्वरी के समक्ष रखी जिसे उन्होंने सहर्ष स्वीकार कर लिया। चार जिल्दों की यह योजना इस प्रकार है—

1. रचना से संवाद : आलोचनात्मक लेखन
2. रामचन्द्र शुक्ल : आलोचना
3. हँसते हुए मेरा अकेलापन और अन्य गद्य रचनाएँ : गद्य लेखन
4. ज़ख़्म पर धूल व अन्य कविताएँ

पहली सीरीज़ में 'रचना से संवाद' और 'रामचन्द्र शुक्ल' पुस्तकें प्रकाशित की जा रही हैं। यह पुस्तक 'रचना से संवाद' उनकी पूर्व प्रकाशित दो पुस्तकों 'कविता से साक्षात्कार' और 'संवाद और एकालाप' के चुनिंदा लेखों का संकलन है। उन दोनों पुस्तकों से ज़्यादातर लेख इस पुस्तक में शामिल कर लिए गए हैं। कविता से साक्षात्कार पुस्तक में भूमिका को मिलाकर कुल उन्नीस लेख थे जिसमें से बारह लेखों को इस पुस्तक में शामिल कर लिया गया है। काव्य भाषा, सर्जनात्मक तनाव एवं बिम्ब कविता पर लिखे बाक़ी के सात लेखों को उनकी पुस्तक 'हँसते हुए मेरा अकेलापन और अन्य गद्य रचनाएँ' में स्थान दिया गया है। कोशिश यही रही है कि 'रचना से संवाद' में रचना और रचनाकार पर लिखे समीक्षा लेखों को स्थान दिया जाए। इसी पुस्तक में एक स्थान मलयज की पुस्तक समीक्षाओं के लिए सुरक्षित रखा गया है ताकि ये जाना जा सके कि तत्कालीन नवलेखन को मलयज का आलोचक कितनी सजगता और सक्रियता से न केवल परख रहा था बल्कि उसमें रचनात्मक हस्तक्षेप भी कर रहा था। 'संवाद और एकालाप' पुस्तक से रचनात्मक भाषा का सवाल, सिर तोड़ना, जड़ खोदना, कुछ पत्र एवं गोष्ठी प्रसंग को छोड़कर सभी

लेखों को शामिल कर लिया गया है, छोड़े गए लेखों को 'हँसते हुए मेरा अकेलापन और अन्य गद्य रचनाएँ' नामक पुस्तक में संकलित करने की योजना है।

मलयज को पढ़ते हुए मैं बहुधा सोचता हूँ कि मलयज की आलोचना में रचनात्मकता इस हद तक हावी क्यों है? कि पाठक यह नहीं जान पाता कि वह समीक्षा के बौद्धिक और वैचारिक धरातल पर चल रहा है या रचना के संवेदनात्मक और अनुभवगत धरातल पर। आलोचना और रचना की वर्तमान समझ का यह अन्तर कहीं-न-कहीं मलयज की आलोचनादृष्टि को समझने में लाभकारी हो सकता है। मलयज समीक्षा का आधार मूल पाठ को बनाते हैं। मूल पाठ के अलावा लेखक का जीवनानुभव किसी रचना का विश्लेषण करने के लिए उन्हें प्रेरित करता है। वे किसी समीक्षा का अध्ययन गहरे रचनात्मक स्तर पर उस समीक्षक को मूलतः रचनाकार मानकर ही करते हैं। मलयज के मित्र शिवकुटीलाल वर्मा का कहा इस सम्बन्ध में सन्दर्भवान है, "वे रचनाकार की अन्तरात्मा के भीतर आलोचक के बजाय एक रचनाकार के रूप में प्रवेश करते हैं उसकी पूरी रचना यात्रा में एक सहयात्री की हैसियत से शरीक होते हैं और उसकी गति, मोड़ों, पड़ावों और जोखिम को अपनी आत्मीय अनुभूति देने के साथ उसकी दृष्टि को भी परखते हैं।" ('पूर्वग्रह', मलयज स्मृति अंक) इस तरह से देखें तो रचनाकार के जीवन, उसकी स्थितियाँ उसका सामाजिक व्यवहार जिस पर उसकी रचना आधारित हैं मलयज के लिए रचना के मूल्यांकन का मूल पाठ बनता है। मलयज उस मूल पाठ को आधार मानकर रचनाकार के अनुभव की अपेक्षा उसकी अनुभूति को मुख्य मानते हैं।

मलयज परिमल के सदस्य थे शायद इसी वजह से कई आलोचक उन्हें कलावादी कहते हैं। मार्क्सवाद का विरोधी होने का ठप्पा तो उन पर लगा ही दिया गया था लेकिन मलयज की रचना व आलोचना को समझने के लिए यह जानना-समझना भी ज़रूरी होगा कि मलयज और उनकी पीढ़ी के कई लोग प्रगतिवाद और कलावाद से स्वयं को बचाते रचना करने का प्रयास कर रहे थे। उन्हें न तो लघु मानव की तलाश थी, न ही किसी सहज एवं नवमानव की। वे आलोचना में जिस सामान्य मनुष्य की खोज करते हैं वह साहित्य चिन्तन की तथाकथित दो दृष्टियों से अलग ही सम्भव थी और साथ ही उनका मानना था कि आलोचना का जनतंत्र भी चिन्तन या साहित्य चिन्तन को किन्ही दृष्टियों में बाँधने से अवरुद्ध ही होगा।

मलयज ने भी प्रगतिवादी कवियों की समीक्षा करते वक़्त वही ईमानदारी दिखाई है जो ग़ैर-प्रगतिवादी या कलावादियों के प्रति। एक अर्थ में उन्होंने आलोचना की उन दृष्टियों से अलग अपना एक निजी चेहरा निर्मित किया है, यह आलोचना का एक ऐसा व्यक्तित्व है जो अपने क़रीबी और मित्रों की सिर्फ़ उपलब्धियाँ नहीं गिनवाता बल्कि उनकी सीमाओं का भी विश्लेषण करता है। शायद अपने इसी रूप के कारण वे परिमल से जुड़े होने के बावजूद त्रिलोचन की 'औसत भारतीयता' की क़द्र करते हैं

और उनके व उनकी कविता के बारे में कई विशिष्ट और नई बातें कहते हैं और घोषणा करते हैं कि "त्रिलोचन मानव अनुभूतियों की विशिष्टता के नहीं, मानव अनुभूतियों की मार्मिकता के कवि हैं। वे अनुभूति की जटिलता को नहीं, उसकी सम्पन्नता को पकड़ते और अपनी कला में साधते हैं।" लेकिन साथ ही उनकी सीमाओं पर भी सवाल उठाते हैं, "त्रिलोचन का काव्य विवेक अत्यंत पुष्ट है, क्या वे समय के विवेक को अपनी रचनाशीलता में जगह देंगे?" (त्रिलोचन : औसत भारतीयता का कवि)

इसी तरह से निर्मल वर्मा के कहानी-संग्रह 'बीच बहस में' की समीक्षा करते वक़्त मलयज निर्मल वर्मा के अतीत को अनुभव का मिथ और उनकी कहानियों के वर्तमान में अनुभव की वास्तविकता देखते हैं और निष्कर्ष देते हैं कि 'रचना निर्मल वर्मा के लिए स्मृति में ही है।' "इसका कारण यह है कि निर्मल वर्मा वर्तमान को भी अतीत बनाकर जीते हैं, क्योंकि वे अतीत के साथ-साथ वर्तमान के अनुभव को भी स्मृति में ही जीते हैं, किसी अगली कार्रवाई की भूमिका के रूप में नहीं।" अर्थात् वे एक तरफ़ जहाँ निर्मल वर्मा की भाषा, तकनीक, चीज़ों को पकड़ने के उनके हुनर की प्रशंसा करते हैं वहीं इस बात का मलाल भी उनके मन में रहता है कि "एक ही जैसे अनुभववृत्त और एक ही जैसी कला-संवेदना की लगातार इन-ब्रीडिंग से वह करुणा तेज़ी से आत्मदया में बदलती जाएगी। इससे उनकी रचना की जो हालत होगी उसके लिए आपको अभी से तैयार रहना पड़ सकता है।" (स्मृति में बन्द रचना)

मलयज के लिए समीक्षा कोई कर्तव्यवश कर्म नहीं, और न ही किसी कवि की कविताओं के सम्बन्ध में अपनी व्यक्तिगत प्रतिक्रियाओं का थोड़े-बहुत तार्किक आधारों के साथ लेखा-जोखा प्रस्तुत कर उसकी भाषा संवेदना, शिल्प आदि की किन्हीं उपलब्धियों या खामियों या सम्भावनाओं की तरफ़ इशारा करना मात्र बल्कि उनके लिए समीक्षा-कर्म एक गहरी सृजनात्मकता के साथ समीक्षा को रचना की सघन और तनावपूर्ण शर्तों पर पाना भी है। वे रचना से पहले रचना की उत्पत्ति के बुनियादी सवालों से जूझते हैं निस्सन्देह उन्हें यह गुण अपने गुरु साही से मिला है। जिस तरह शुक्ल जी की 'रस-मीमांसा' से ज़्यादा उसका धरातल और पृष्ठभूमि मलयज के अध्ययन और विश्लेषण का केन्द्र है। उसी तरह से मलयज चाहे मुक्तिबोध पर लिख रहे हों या शमशेर पर, रमेशचन्द्र शाह पर लिख रहे हों या त्रिलोचन पर, निराला पर लिख रहे हों या कि निर्मल वर्मा पर, मलयज ने पहले उस अनुभूति का अध्ययन करना चाहा है जिसने कि उनकी रचना को सम्भव बनाया। निराला की 'सरोज-स्मृति' शीर्षक कविता जिसे रामविलास शर्मा सिर्फ़ एक स्वप्नदृष्टि मानकर व्याख्यायित करते हैं तथा निराला की 'तुलसीदास' व 'राम की शक्ति पूजा' की अपेक्षा 'सरोज-स्मृति' में सपनों का बिखराव ही ज़्यादा देखते हैं और पहला, दूसरा, तीसरा स्वप्न गिनवाते हुए अन्त में निष्कर्ष देते हैं कि 'सरोज-स्मृति' में आन्तरिक गठन की वैसी दृढ़ता नहीं जैसी

'तुलसीदास' में है। 'तुलसीदास' की तुलना में यह बात मानी भी जा सकती है लेकिन इस कथन में रामविलास शर्मा निराला की उस अनुभूति का अध्ययन-विश्लेषण करने से चूक जाते हैं जिसका कि मलयज विस्तार से विवेचन करते हैं और 'सरोज-स्मृति' पर लिखी अपनी समीक्षा में कहते हैं कि 'सरोज-स्मृति दुख की कविता है।' इसके बाद मलयज 'सरोज-स्मृति' के बंध खोलने से पहले उस अनुभूति के बंध खोलते हैं जो निराला में 'दुख' के रूप में सरोज के निधन से उपजी है और इसके साथ ही न केवल निराला के दुख बल्कि 'छायावादी दुख' पर किए गए अपने शोध निष्कर्ष देते हैं उनका कथन है कि "अनुभूति के साथ सीधी मुठभेड़ नहीं, अनुभूति का अतिक्रमण उसका स्वभाव है। जीवन और जगत और इसके आपसी सम्बन्धों के बारे में उसके पास एक जीवन दर्शन (याकि रहस्यदर्शन) है, जिससे उसकी काव्यानुभूति नियंत्रित होती है।" 'दुख' के साथ मलयज उस अनुभूति का भी अध्ययन करते हैं जिससे सरोज की स्मृति निराला के मन में जागी है। 'सरोज-स्मृति' की पैदाइश कवि निराला की उतनी नहीं जितनी पिता निराला की है। इस कविता का अध्ययन मलयज के लिए सिर्फ़ इस कविता की समझ के लिए ही नहीं बल्कि सम्पूर्ण छायावादी कविताओं एवं कवियों के भीतर पैठी 'दुख' की उस अनुभूति का अध्ययन है जिसने एक ही समय में 'दुख' के आयामों को बदला। शायद इसीलिए प्रसाद, पंत और महादेवी की कविता में जहाँ अनुभूति की तीव्रता होने पर भी भीतर की अपेक्षा बाहरी तनाव अधिक था वहीं निराला में अनुभूति के साथ-साथ स्मृति को झकझोर देने वाला भीतरी पक्ष अधिक। इसी भीतरी पक्ष ने एक पिता की अनुभूति को कवि की अपेक्षा अधिक तरजीह दी। लेकिन तब भी यह पिता और कवि के भीतर और बाहर के तनाव से ही सम्भव हो सका। 'सरोज-स्मृति' पर लिखी पूर्व समीक्षाओं से अलग एक विशिष्ट निष्कर्ष देते हुए मलयज कहते हैं, 'सरोज-स्मृति' दुख को लेकर उड़ने या उसमें खोने के लिए नहीं बल्कि दुख को याद करने, उससे भीतर ही भीतर मर्माहत होने और बीच-बीच में बाहर कभी व्यंग्य-विद्रूप में तो कभी आत्मधिक्कार में चीख़ पड़ने के लिए है। यह चीख़ छायावादी दुख की स्वनिर्भर दुनिया से बाहर आने की चीख़ है।" मलयज के लिए 'सरोज-स्मृति' के दुख का चेहरा उनके तब तक के परिचित छायावादी चेहरों से बहुत भिन्न था। मलयज के निराला की 'सरोज-स्मृति' पर लिखे को पढ़कर यह आसानी से पता लग जाता है कि कृतित्व के लिए व्यक्तित्व की अनुभूति की समझ की कितनी अधिक आवश्यकता है। एक हिसाब से देखें तो शुक्ल जी के सम्बन्ध में कहे गए प्रगतिवादी आलोचक रामविलास शर्मा के शब्दों—"किसी लेखक का कृतित्व ही उसका सच्चा व्यक्तित्व है। शुक्ल जी के कृतित्व का अब तक जो विवेचन हुआ है, उसी को उनके मेधावी व्यक्तित्व का विवेचन समझना चाहिए।" इसकी चुनौती स्वरूप मलयज व्यक्तित्व को कृतित्व का आधार मानते हुए कवि-आलोचकों की रचना-प्रक्रिया एवं आलोचनादृष्टि का अध्ययन-विश्लेषण करते हैं और

रामविलास शर्मा के कथन को सिर के बल उलट देते हैं। मलयज के आलोचक-व्यक्तित्व की यह ख़ूबी है कि किसी कवि एवं रचनाकार के व्यक्तित्व निर्माण के आधारों, प्रकृति एवं स्वभाव का विश्लेषण वे उसके कृतित्व से पहले करते हैं। मलयज और रामविलास शर्मा की आलोचनादृष्टि में यह बुनियादी अन्तर दिखाई देता है। मलयज की आलोचना के आधार निर्माण में उनका यह निष्कर्ष मुख्य भूमिका निभाता है कि किसी रचनाकार की रचना में उसका व्यक्तित्व ज़रूर ही शामिल होता है मलयज के लिए यह उनकी आलोचना का मुख्य स्रोत भी है और आधार भी।

उनकी आलोचना के कुछ बीज शब्द हैं जो उनकी आलोचनादृष्टि को समझने के लिए ज़रूरी हैं 'बाहर', 'भीतर', 'संवाद', 'एकालाप' आदि। 'कविता से साक्षात्कार' और 'संवाद और एकालाप' के लेख इन बीज शब्दों से घिरे हुए हैं। 'बाहर' और 'भीतर' को ही लीजिए, मलयज का कहना है कि कविता 'भीतर और बाहर के एक तनाव बिन्दु पर सम्भव होती है' और 'कविता से साक्षात्कार' की भूमिका में वे इन शब्दों का बार-बार इस्तेमाल भी करते हैं लेकिन भूमिका में इन शब्दों के अर्थ नहीं खुलते। इनके अर्थों की पहुँच तब सम्भव होती है जब हम कविता से साक्षात्कार के लेखों को पढ़ते हैं। ख़ासकर ये अर्थ इसी पुस्तक के अन्तिम लेख 'युवा लेखन के बारे में कुछ मूलभूत बातें' में खुलते हैं जहाँ वे नेहरू युग को धुरी मानकर उससे पूर्व और बाद के युग-बोध के सन्दर्भ में साठ-सत्तर के दशक के लेखन की चर्चा करते हैं। यह लेख तत्कालीन नवलेखन का प्रतिनिधि लेख है इसे उस समय का प्रतिनिधि लेख भी कह सकते हैं। इस लेख में वे नेहरू की मृत्यु के बाद उपजे हालातों का साहित्य पर क्या असर रहा इसकी पड़ताल करते हैं। इसलिए बहुत ज़रूरी हो जाता है कि इस लेख और नेहरू युग के मोहभंग को मलयज के लेखन के सन्दर्भ में समझा जाए इसलिए थोड़ा विस्तार से समझने की कोशिश करते हैं। कि मलयज के समय के लेखन में यह मोहभंग कैसे निर्वासन के रूप में तब्दील हो गया और मलयज की समीक्षा इस निर्वासन को दोहरा निर्वासन क्यों मानती है।

ध्यातव्य हो कि मलयज की आलोचना का सही समय सन् पैंसठ से अस्सी के बीच है इससे पहले वे अपनी डायरी में रचना और आलोचना सम्बन्धी टिप्पणियाँ देते चलते हैं। यह वह समय है जब जवाहरलाल नेहरू की मृत्यु हो चुकी है। नेहरू की मृत्यु से पहले ही स्वतंत्रता से पूर्व देखे उस आशावादी स्वप्न से भी मोहभंग हो गया जो इस बात से पैदा हुआ था कि स्वराज्य आने के बाद नेहरू भारत में विकास की एक ऐसी लहर दौड़ाएँगे जो गांधी जी के अन्तिम जन तक जाएगी, पर ऐसा हुआ नहीं। गांधी का अन्तिम जन आज भी अन्तिम छोर पर खड़ा विकास नामक मृगमरीचिका को बड़ी आस भरी नज़रों से देख रहा है। जवाहरलाल नेहरू की मृत्यु के बाद यह मोहभंग और तीखा हो गया ऐसा सम्भवत: इसलिए भी हुआ क्योंकि नेहरू भारत को बौद्धिक स्तर पर पहचान दिलाने और

शहर निर्माण के काम में लगे रहे वे शायद महात्मा गांधी की उस आशंका को न देख सके जिसमें कहा गया था कि शहर की इमारतें गाँवों के ख़ून-पसीने से सींची जाती हैं। मलयज की आलोचना राजनीतिक स्तर पर हुए इस मोहभंग को साहित्य में परखने का प्रयास करती है।

भारत की बागडोर जब नेहरू युग के हाथों में आई उस वक़्त मलयज इलाहाबाद विश्वविद्यालय के छात्र थे। उस दौरान इलाहाबाद साहित्य का गढ़ हुआ करता था। नयी कविता, 'परिमल' का गवाह इलाहाबाद। इलाहाबाद और 'परिमल' ने मलयज के साहित्यिक संस्कारों को गढ़ा। 'परिमल' ही वह जगह थी जहाँ से मलयज ने नयी कविता की रचना-प्रक्रिया उसकी सृजनशीलता का बौद्धिक विश्लेषण करने का प्रयास किया। नेहरू युग की समस्या यह थी कि वह एक ओर तो गुज़रे जमाने से नाता तोड़ना चाहता था पर साथ ही गुज़रे ज़माने के प्रति अपना मोह नहीं छोड़ पा रहा था। वे किसी भी शर्त पर उन राष्ट्रीय आदर्शों को बिसराने के पक्ष में नहीं थे जिन्होंने उनकी जातीयता को प्रेरित किया था। नेहरू एक तरह की निरपेक्षता में अपनी राजनीतिक व वैश्विक समझ की बुनियाद रख रहे थे। विश्वयुद्ध के बाद विश्व दो गुटों में बँट गया था। अमेरिका और रूस अपने-अपने विचारों क्रमशः पूँजीवाद और साम्यवाद द्वारा विश्व का नेतृत्व करना चाहते थे और उनके निशाने पर तीसरी दुनिया यानी नव-स्वतंत्र देश थे। ऐसे समय में नेहरू न तो इन विचारधाराओं को पूरी तरह स्वीकार कर पा रहे थे और न ही इनका अपने सीमित साधनों को देखते हुए बहिष्कार कर पा रहे थे। यों नेहरू का मानस रूस के साम्यवाद की ओर झुका हुआ था लेकिन तब भी तत्कालीन स्थितियों और घटनाओं को देखते हुए नेहरू इन दोनों गुटों से अलग रहते हुए अपनी पहचान वैश्विक पटल पर बनाने में सफल हुए। उनकी गुट-निरपेक्षता की नीति भारतीय विदेशी नीति का ज़रूरी और अहम् फ़ैसला रहा। जिससे न केवल भारत उन दो महाशक्तियों का पिछलग्गू बनने से बचा बल्कि उसने नव-स्वतंत्र राष्ट्रों के सामने भी एक नई राह खोली, साथ ही तीसरी दुनिया के देशों का नेतृत्व भी हासिल किया।

ध्यान देने वाली बात है कि मलयज ने अपनी समीक्षा में नेहरू की वैश्विक समझ और दृष्टि को अपनी साहित्यालोचना में क्रियान्वित करने का प्रयास किया है। इसलिए वामपंथी लेखक उनमें कलावाद के अधूरे साक्षात्कार देखते हैं और कलावादी रूपवादी उनमें प्रगतिवादी रुझान के चिह्न ढूँढ़ने का प्रयास करते हैं, पर सच तो यह है कि मलयज नेहरू की तरह ही साहित्य चिन्तन की इन दो दृष्टियों से अलग एक निरपेक्ष दृष्टि की खोज में थे और वे निरन्तर इस प्रक्रिया में सफल हो रहे थे। सम्भवतः मलयज अपनी आलोचना में नेहरू की वैश्विक राजनैतिक दृष्टि से सीख लेते हैं अगर ऐसा न होता तो मलयज को यह क्यों कहना पड़ता कि 'इस पार और उस पार के लोग निर्णय पर पहुँचे हुए लोग हैं आज जो हट्टी-कट्टी

विचारधाराएँ आदमी को अपने कब्जे में कर लेने के लिए उमड़ी पड़ रही हैं उनमें से किसी एक को चुनकर वे उनके हवाले हो चुके हैं। वे प्रबुद्ध लोग हैं। गंतव्य तक चाहे वे न भी पहुँचे हों पर राह उन्होंने पा ली है – राह पा लेना ही उनके लिए अहम है, उसे खोजना, उसका आविष्कार करना नहीं।' मलयज का यह कथन रमेशचन्द्र शाह की रचना गोबर गणेश की समीक्षा स्वरूप ज़रूर आया है पर यह मलयज का आत्मवक्तव्य है जो उस समय में उनकी मन:स्थिति को परिलक्षित करता है। नेहरू की दृष्टि और उनके युग ने उन्हें सिखाया था कि जिस प्रकार से वैश्विक राजनीति की दो दुनियाओं से अलग भी तीसरी दुनिया के देशों की दुनिया हो सकती है उसी प्रकार साहित्यानुशीलन की दो दृष्टियों से अलग भी एक निरपेक्ष दृष्टि हो सकती है। मलयज ने साहित्यालोचन के स्तर पर इस सीख को ग्रहण भी किया था। वह 'पूर्वग्रह' से जुड़े रहने के बाद भी कलावादी नहीं बने जैसाकि 'पूर्वग्रह' से जुड़े लोगों को समझा जाता था, बिलकुल इसी तरह मुक्तिबोध के प्रशंसक और शमशेर बहादुर सिंह की संगत में रहने के बावजूद मार्क्सवाद का मुलम्मा उन पर नहीं चढ़ सका। इसके बावजूद भी 'ज्याँ क्रिस्तोफ'(रोमां रोलां) और 'इवान' (बी. बोगोमोलोव) जैसी रचनाएँ उनकी पसन्दीदा रचनाएँ रहीं। एक अर्थ में वे कला के प्रशंसक होने के साथ-साथ स्वयं एक कलाकार थे चित्रकला और विश्व सिनेमा के शौकीन, दूसरे अर्थ में जनपक्षधरता और जनान्दोलनों के प्रबल समर्थक। रचना को उसकी आन्तरिक अर्थसत्ता के उद्घाटन में समझने वाले पाठक और उसकी तर्कसंगतता और वैज्ञानिक दृष्टि में मूल्यांकन करने वाले निर्मम और निडर आलोचक। यह गुण उन्हें जवाहरलाल नेहरू के राजनीतिक दर्शन और रामचन्द्र शुक्ल के साहित्य-चिन्तन से मिला था जिनकी दृष्टि के आलोक में वे अपना और अपने समय के लेखन का मूल्यांकन करते हैं। अपनी तमाम सीमाओं के बावजूद नेहरू उनके लिए सिर्फ़ एक राष्ट्रनेता नहीं थे बल्कि एक नज़रिया, एक दृष्टि भी थे जिस पर वे स्वयं का और अपने युग का मूल्यांकन कर रहे थे। मलयज की ख़ूबी यह थी कि नेहरू युग से सीखते हुए भी वह इस युग की चुनौतियों और सीमाओं की कड़ी आलोचना करते हैं। और अपने लेख 'युंवा लेखन के बारे में कुछ मूलभूत बातें' में इन सीमाओं का तत्कालीन नवलेखन के सन्दर्भ में विश्लेषण करते हैं।

नेहरू युग का स्वप्न एक तरह के राजनीतिक व वैश्विक आशावाद से ग्रस्त था। पर जल्द ही चीन के आक्रमण से नेहरू का यह आशावादी स्वप्न, भंग हो गया और साथ ही भारतीय राजनीति से उस आदमी का मोहभंग भी स्वाभाविक रूप से हुआ जिसके लिए नेहरू काम कर रहे थे। तत्कालीन युवा लेखन नेहरू के स्वप्न के समानान्तर चल रहा था नेहरू के स्वप्नभंग के साथ ही उस युवा लेखन को भी गहरा धक्का लगा। जो देश की राजनीति की ओर निश्चिंत सा हो गया था। दरअसल

इसी मोहभंग ने आम आदमी को राजनीति में सक्रिय भागीदारी निभाने के लिए प्रेरित किया। यह वही समय है जब कांग्रेस की प्रतिक्रियास्वरूप समाजवादी (लोहिया) आम आदमी की आवाज़ संसद तक पहुँचाने के लिए आगे आए। मलयज के गुरु विजयदेव नारायण साही जैसे साहित्यकारों ने सक्रिय राजनीति में भाग लेने का निर्णय लिया। नेहरू युग का स्वप्न उन सर्जनात्मक अपेक्षाओं को भारतीय मानस पर जगाने के बाद उन्हें पूरा न कर पाने की नैतिक ज़िम्मेदारी लेते हुए एक अवसान, एक मोहभंग, एक निर्वासन के रूप में परिणत हुआ। इस स्वप्नभंग ने उन दोनों ध्रुवों को मिला दिया था जो अब तक एक ही राष्ट्र का हिस्सा रहते हुए भी अलग-अलग स्तर पर काम कर रहे थे। यह स्वप्नभंग न केवल उन युवा बौद्धिकों में निर्वासन की त्रासदी के रूप में उभरा था जो नेहरू के बौद्धिक मानस और वैश्विक राजनीतिक दर्शन को समझ रहे थे बल्कि इससे उन मज़दूरों और किसानों के मन में जगे उस विश्वास को भी धक्का लगा था जो अब तक नेहरू के स्वप्न के साये में स्वयं को महफ़ूज़ मान रहे थे। मलयज का कथन है, "नेहरू युग की राजनीति 'भारत की खोज' के आधार पर आशावाद से ग्रस्त एक ऐसी राजनीति थी जिसके पैर यथार्थ पर कम स्वर्णिम मानव भविष्य के स्वप्न पर अधिक टिके थे। ऐसी आदर्शवादी राजनीति का अन्त यदि मोहभंग में हो तो कोई आश्चर्य नहीं।" मलयज का इस सन्दर्भ में विश्लेषण है कि स्वतंत्रता के समय पैदा हुई पीढ़ी 60-70 में जवान हुई एक तरह से नेहरू युग का अवसान और उस पीढ़ी का युवा काल साथ-साथ आया। इस पीढ़ी के बचपन को नेहरू युग ने वैज्ञानिक भविष्यवाद का जो स्वप्न दिया था भारत के युवा मन में वह स्वप्न बिखर गया। नेहरू के अवसान के बाद जो युवा लेखन आया। जिसमें मलयज का लेखन भी शामिल है वह किसी प्रकार के भविष्यवाद की उम्मीद लेकर आगे नहीं बढ़ा बल्कि उसने इस मोहभंग से सीख लेते हुए अपने वर्तमान से सम्बद्ध लेखन पर बल दिया। जिसके पैर किसी तरह के आशावादी भविष्य के स्वप्न पर नहीं बल्कि यथार्थ पर टिके थे। इसलिए इस युवा लेखन के कई स्वर हैं एक ओर विद्रोह और अराजकता का स्वर है तो दूसरी ओर कविता से अकविता की उड़ान। एक ओर नक्सलबाड़ी है तो दूसरी ओर वर्तमान स्थिति को अस्वीकार करते हुए आन्दोलनधर्मी जनक्रांति का आह्वान। ये सभी स्वर नेहरू युग के स्वप्न-भंग के बाद उठे स्वर हैं। मलयज ने नेहरू युग के इस लेखन को समझने-समझाने के लिए यह विस्तृत लेख 'पिछले दशक के युवा लेखन के बारे में कुछ मूलभूत बातें' लिखा जो इस पुस्तक में संकलित है।

सम्भवत: यही कारण है कि साठ के दशक की पीढ़ी आदर्शवाद का अस्वीकार कर, अधिक यथार्थोन्मुख होती है। आदर्शों की मृगमरीचिका की अपेक्षा वह अपने यथार्थ का सामना कर रही थी निस्सन्देह इस यथार्थ ने उनके लेखन में आक्रोश, विद्रोह और कुंठा का स्वर भरा था लेकिन यह अपने भविष्य के किसी भी आदर्श

में जीना नहीं चाहती थी। यह उस पीढ़ी का अपने यथार्थ और तात्कालिकता में जीवन्त लेखन था। मलयज अपने समय की पीढ़ी के मन में उठे इस उद्वेलन को महसूस कर रहे थे। कहीं न कहीं वह स्वयं भी इसी तनाव से संघर्षरत थे।

स्वतंत्रता के बाद भारतीय राजनीति और भारतीय साहित्य की धाराएँ समानान्तरता की हदों से आगे बढ़ गई थीं। नेहरू युग जिन दबावों में घिरा हुआ था वहाँ आजादख़याली एक कूटनीतिक भूल भी हो सकती थी, सो नेहरू युग के अवसान के साथ ही युवा लेखन का स्वर भी कुछ अवरुद्ध हुआ, आक्रोश का जागना भी स्वाभाविक ही था। मलयज युवा लेखन की इस आक्रोशित मानसिकता से सहानुभूति रखते थे। उनके युग का लेखन अपने वर्तमान की वास्तविकता अधिक साफ़ तरह से देख पा रहा था। नेहरू युग के अवसान ने ही नयी कविता के बाद की कविता से वे प्रतीक और बिम्ब छीन लिये थे जिनके बिना 'नयी कविता' नई न रह जाती। नेहरू युग के अवसान के साथ एक अनास्था, एक विक्षोभ न केवल राजनीति बल्कि साहित्य में भी शिथिलता ला रहा था जिसकी झलक सत्तर के दशक की कविताओं (अकविता) में भी देखी जा सकती है।

मलयज का व्यक्तित्व उन बिम्बों और प्रतीकों की दुनिया से दूर हटता हुआ सपाटबयानी की दुनिया की ओर बढ़ता हुआ व्यक्तित्व है। शायद इसी कारण से मलयज मुक्तिबोध और अज्ञेय के बिम्ब और प्रतीकों को पसन्द करने के बावजूद अपनी युगसम्बद्धता का मूल्य रघुवीर सहाय की सपाटबयानी को देना ज़्यादा पसन्द करते हैं। मलयज के लिए भाव और विचार न केवल रचना बल्कि आलोचना का भी मुख्य आधार है। उनकी आलोचना इसे प्रमाणित करती है। आलोचना की उनकी मंज़िल 'बाहर' व 'भीतर' की राह से ही होकर गुज़रती है। सिर्फ़ उनकी ही क्यों सत्तर के दशक का लेखक जिस पसोपेश में पढ़-लिख रहा था वह भीतर और बाहर के इस द्वंद्व से बचकर लेखन में एक क़दम भी नहीं बढ़ा सकता था। यह साहित्य की ही ईमानदारी नहीं थी बल्कि एक लेखक के भीतर मौजूद निजी ईमानदारी भी थी। मलयज अपने लेखन से अपनी किसी वैचारिक सत्ता की घोषणा नहीं करते बल्कि वे साहित्यिक वैचारिकता के शोरगुल में अपने अस्तित्व का एहसास कराते चलते हैं। वे चुपके से एक लेखक की रचना की वैचारिकता के भीतर मौजूद भावना पर उँगली रख देते हैं। साही और रघुवीर सहाय पर लिखा उनका लेख 'आकारों की खोज' इस बात का प्रमाण है। साही मलयज के गुरु थे। सम्भवतः वहीं से मलयज ने मानव अस्तित्व के बुनियादी सवालों को उठाते हुए भी केन्द्र में साहित्य को रखना सीखा था। वे उस तरह के बुद्धिजीवी चाहे न भी रहे हों जिस तरह के साही, धर्मवीर भारती या रामविलास शर्मा थे लेकिन मलयज के पास अपनी दृष्टि और आलोचना की एक नई भाषा है उनका बौद्धिक मानस मूलतः एक कवि का मानस है। वे 'कविता से साक्षात्कार' के लेखन क्रम में भी 'ज़ख़्म पर धूल' के कवि

अधिक रहे हैं। 'ज़ख़्म पर धूल' की कविताएँ उनकी आलोचना की सैद्धान्तिकी की काव्यमय व्यावहारिकी हैं। कविता की शक्ल में डायरी लिखना, काव्यभाषा की लय में अपनी कहानी और गद्य का प्लॉट तैयार करना उनका प्रिय शग़ल है। एक अर्थ में उनकी आलोचना 'भीतर' उतनी नहीं जितनी कि 'बाहर' है ठीक वैसे ही जैसे कविता 'बाहर' उतनी नहीं जितनी कि 'भीतर' है इसलिए उनकी रचना और आलोचना के पाठक को स्वत: यह आभास हो जाता है कि दोनों ही 'भीतर' और 'बाहर' के द्वंद्व की परिणतियाँ हैं। सामान्य लहजे में कहें तो अनुभूति से द्वंद्व उन्हें रचना की आलोचना करने के लिए प्रेरित करता है साथ ही विचार से असहमति का तनाव उनके भीतर कविता का आलंबन बनता है।

मलयज के लिए सिर्फ़ अनुभूति और विचार या भीतर और बाहर ही नहीं बल्कि रचना से संवाद से भी पहले एकालाप जन्म लेता है। किसी कृति की समीक्षा से पहले वह उस रचना को जीवन की शर्तों पर पाने का प्रयास करते हैं। रचना से संवाद करने से पहले उनका संवाद स्वयं से होता है। रमेशचन्द्र शाह के 'गोबर गणेश' की समीक्षा करने के दौरान वे इस पर विस्तार से बात करते हैं। मलयज का एकालाप एकांगी या एकतरफ़ा नहीं है अनिवार्य रूप से इसमें संवाद की भूमिका है। अज्ञेय 'राहों के अन्वेषण' का जो काम कविता में प्रयोग के स्तर पर करते हैं मलयज वही काम अपनी समीक्षा में वैचारिक अन्वेषण को लेकर। किसी निर्णय तक न पहुँचना किसी के लिए उनकी सीमा हो सकती है। पर यह मलयज की अपनी विशिष्टता है।

मलयज भारत भवन की पत्रिका 'पूर्वग्रह' के सम्पादक मंडल में भी शामिल रहे। इस आधार पर कई लोगों ने उन्हें कलावादी मानकर विश्लेषित करने की कोशिश की है। वे कला के समर्थक थे, वे स्वयं एक चित्रकार भी थे। उनकी डायरियाँ समय-समय पर बनाए उनके रेखाचित्रों से अटी पड़ी हैं। वे स्वयं एक कलाकार थे। देशी-विदेशी फ़िल्मों के शौक़ीन। पर क्या कला का समर्थक होना कलावादी होना होता है?, ख़ासकर जिस तरह से साहित्य में कलावाद को समझा-समझाया जाता रहा है, उस तर्ज़ पर तो बिलकुल नहीं। मलयज एक मार्क्सवादी भी नहीं थे लेकिन ऐसा भी नहीं है कि वे जनान्दोलनों के विरोधी हों। ऐसे समय में जब मुक्तिबोध कह रहे थे कि 'तय करो किस ओर हो तुम' मलयज जैसे साहित्यकार तय करने की प्रक्रिया में थे। एक आलोचक के नाते वे कलावाद और मार्क्सवाद से अलग अपनी आलोचनादृष्टि विकसित कर रहे थे। सवाल इस आलोचनादृष्टि की खेमेबन्दी का नहीं बल्कि इसकी समझ का है। हमें समझना होगा कि साहित्य अध्ययन और विश्लेषण की इन दो दृष्टियों से अलग भी कोई दृष्टि हो सकती है जैसी मलयज के पास थी। यह दृष्टि ऐसी थी कि जिसमें बाहर की क्रूरता का अनुभव भी था, और भीतर की नैतिकता भी। खेमेबन्दियों की झड़प से उपजी तिलमिलाहट भी थी और भीतर का एकालापी संवाद भी, जो जानता था कि हमें अपने पास मौजूद साधनों से ही अपनी जंग लड़नी है।

मलयज जैसे लोग निर्णय पर न पहुँचे हुए लोग थे पर उनकी सकारात्मकता उनकी खोजी और अन्वेषक दृष्टि में निहित थी जिसने अपने दौर की आलोचना में नई सम्भावनाएँ भरीं। मलयज ने निराला और रामचन्द्र शुक्ल का विश्लेषण जिस दृष्टि से किया वह न तो कलावादी थी और न मार्क्सवादी लेकिन वह तब भी अपनी तरह की एक अलग दृष्टि थी जिसने उन लोगों के लिए आलोचना के द्वार खोले जो मार्क्सवाद और कलावाद की बहुत सारी बातों से सहमत नहीं थे और आलोचना की खेमेबन्दी से अलग अपनी राह बनाना चाहते थे।

मलयज के लिए विचारधारा कोई खराब या भयानक वस्तु नहीं थी बल्कि उनके लिए किसी रचना का मूल्यांकन किसी विचारधारा के तहत करना सम्भव नहीं था। रचना के मूल्यांकन के लिए किसी दी हुई विचारधारा की अपेक्षा लेखक की प्रतिबद्धता, उसके व्यक्तित्व, परिवेश और रचना की केन्द्रीयता मलयज के लिए अधिक मायने रखती है इस तरह से मलयज की आलोचना का आधार कोई विचारधारा नहीं है। कई लोगों को यह उनकी सीमा लगे लेकिन असल में यह उनकी अपनी दृष्टि है वह रचना का मूल्यांकन किसी विचारधारा के सींखचे में रहकर नहीं करना चाहते। यह लेखक की अपनी स्वायत्तता है। यह किसी रचना को देखने, उसका मूल्यांकन करने की मलयज की अपनी दृष्टि है। मलयज रचना का मूल्यांकन करने से पहले रचनाकार के परिवेश और उस अनुभूति का अध्ययन करना पसन्द करते हैं जो रचना के मूल में है। आप देखें कि अगर निराला की 'सरोज-स्मृति' और रामचन्द्र शुक्ल की 'रस-मीमांसा' का मूल्यांकन मलयज ने किसी विचारधारा को ध्यान में रखकर किया होता तब ये लेख उस शक्ल में हमारे सामने सम्भवत: न होते। जिस शक्ल में कि वे हैं। 'सरोज-स्मृति' पर लिखते हुए जब मलयज छायावादी 'दुख' की अनुभूति का मूल्यांकन करते हैं या जब शुक्ल जी की 'रस-मीमांसा' को समझने के लिए वे आजमगढ़ में टोंस नदी के किनारे के धूल में लस्त-पस्त परिवेश को समझने की कोशिश करते हैं तब वे असल में रचना की आन्तरिक अर्थसत्ता और उसके उद्घाटित कारकों का अध्ययन करने की कोशिश कर रहे होते हैं।

शमशेर बहादुर सिंह के सम्बन्ध में भी उनकी यही दृष्टि है। मलयज ने शमशेर पर 'कविता से साक्षात्कार' और 'संवाद और एकालाप' पुस्तकों में तीन लेख लिखे। पहला लेख 'बात बोलेगी, पर कब?', ('कविता से साक्षात्कार' में संकलित), दूसरा 'अन्तर्विरोधों का कवि' और तीसरा 'पंत और शमशेर' यह लेख मलयज की पुस्तक 'संवाद और एकालाप' में संकलित है। एक अन्य लेख 'शमशेर और आधुनिक कविता' मलयज और सर्वेश्वरदयाल सक्सेना द्वारा सम्पादित 'शमशेर' नामक पुस्तक में भी संकलित है। लेकिन इन सबसे इतर सबसे महत्त्वपूर्ण हैं वे टिप्पणियाँ जो शमशेर के सम्बन्ध में मलयज की डायरियों और पत्रों में बिखरी हुई हैं। ये लेख और ख़ासकर टिप्पणियाँ उन सब बातों से जुदा बात कहती हैं जो अब तक साहित्य

समाज में शमशेर के सम्बन्ध में प्रचलित हैं। ये बातें इस हद तक जुदा हैं कि एक हद तक ये मलयज की शमशेर के सम्बन्ध में तल्ख़ और तीखी टिप्पणियाँ तक लगने लगती हैं लेकिन इसमें भी कोई दो राय नहीं 'कि ये टिप्पणियाँ मलयज द्वारा शमशेर का भावुक आकलन न करके ईमानदार व तर्कसंगत मूल्यांकन करती हैं। शमशेर साहित्य समाज के एक मात्र शख़्स थे जो मलयज के सबसे ज़्यादा क़रीब रहे। दोनों का घर मॉडल टाउन में ही था। एक दूसरे के घर काफ़ी आना-जाना था लेकिन मलयज की डायरी में ऐसा कम ही दिखता है जब मलयज शमशेर को 'कवियों का कवि' या महान लेखक के तौर पर सम्बोधित करें जैसाकि अधिकतर लेखक उस समय कर रहे थे।

मलयज एक कवि के रूप में शमशेर को पसन्द तो करते हैं लेकिन शमशेर का कवित्व मलयज को प्रभावित नहीं कर पाता मलयज शमशेर की कविता की अपेक्षा उनके गद्य से प्रभावित दिखते हैं। शमशेर का गद्य लेखन उन्हें आकर्षित करता है इससे प्रभावित हो वे अपना गद्य तराशते हैं। न केवल गद्य बल्कि कविता भी गद्यमय बनाते हैं। उनके उर्दू ज्ञान का लाभ उठाते हैं। शमशेर के गद्य से प्रभावित होकर ही उनके मन में शमशेर के गद्य 'प्लॉट का मोर्चा' और 'दोआब' के संकलन-सम्पादन की योजना बनी थी पर अफ़सोस गद्य संकलन कर लेने के पश्चात् भी पुस्तक सम्पादित होने से पहले ही मलयज की मृत्यु हो गई। यहाँ तक कि मलयज ने 'कुछ गद्य रचनाएँ' की भूमिका और 'प्लॉट का मोर्चा' पर एक आलोचनात्मक लेख लिखने की योजना भी बना रखी थी लेकिन उससे पहले ही वे हमसे विदा ले गए। बाद में इस पुस्तक की भूमिका के रूप में रामविलास शर्मा के लेख 'अच्छे गद्य की पहचान' को रखा गया। रंजना अरगड़े ने 'एक नोट' में मलयज की भूमिका का उल्लेख करते हुए लिखा है—'प्लॉट का मोर्चा के सारे निबन्धों की प्रतिलिपि अपने सुन्दर अक्षरों से करके मलयज इस संग्रह को लगभग पूरा कर चुके थे। बस भूमिका और 'प्लॉट का मोर्चा' पर आलोचनात्मक लेख लिखा जाना था।' यह देखना भी बड़ा दिलचस्प है कि मलयज की कविता भाव के स्तर पर न सही पर भाषा के स्तर पर शमशेर के गद्य से मेल खाती है।

वर्ष-शिशु
सद्य जन्मा जन्मा
मृत माँ के वक्ष पर
कातर
दूध को रोता है। —मलयज

मलयज को शमशेर के काव्य संकलन 'बात बोलेगी' पर सोचते हुए 'चार्ल्स लैंब' के आत्मपरक निबन्ध 'ड्रीम-चिल्ड्रेन' की याद आती है। शमशेर और मलयज

दोनों के भीतर ही एक चित्रकार था। उनकी कविता उनके लिए एक बिम्ब थी और गद्य एक चित्र। शमशेर की 'प्लॉट का मोर्चा' में आप इस चित्र को देख सकते हैं। मलयज की डायरी की अनेकों कविताएँ और स्केचेज़ इस बात की पुष्टि करते हैं। मलयज में कला का यह गुण शमशेर के प्रभाव में न सही पर उनकी संगत से पैठा था। रमेशचन्द्र शाह के साथ पत्र व्यवहार में मलयज शमशेर के सम्बन्ध में कहते हैं कि 'शमशेर जटिलता से नहीं जूझते, एक सुरक्षित कोना ढूढ़ते हैं।' जैसे-जैसे शमशेर और मलयज की नजदीकियाँ बढ़ती गईं मलयज को शमशेर की सीमाएँ दिखने लगीं। पहले भले ही शमशेर ने मलयज द्वारा तलाशी गई उनकी सीमाओं को तल्ख लहजे में अस्वीकार किया हो लेकिन बाद में 'मलयज स्मृति अंक'('पूर्वग्रह') में शमशेर ने स्वीकार किया कि मलयज ने उनकी कई सीमाओं का सही रूप में आकलन किया था। कठिन काव्य का प्रेत बनने की चाहत शमशेर को भी नहीं थी लेकिन उनकी कविताओं में भावुकता और बुद्धि का मेल था। अनुभूति उनके लिए उनकी कविता की बुनियाद थी और बौद्धिकता कविता को तर्कसंगत बनाने की कार्यविधि। शमशेर का व्यक्तित्व कवि और व्यक्तिमन के तनाव से उपजा था कहीं उनकी कविता तनाव की अतिशयता से घिरी तो कहीं भाषा की अतिशयता से। वे कविता में अपने ही बुतों को ढहाते गए। सम्भवतः इसलिए मलयज उनमें अन्तर्विरोध देखते हैं।

मलयज विजयदेव नारायण साही के शिष्य थे। साही की आलोचना को रचना की सघन और तनावपूर्ण शर्तों पर पाने वाली प्रवृत्ति मलयज को आकर्षित करती थी। साही का मलयज पर प्रभाव था सिर्फ़ ऐसा नहीं जैसा एक गुरु का शिष्य पर होता है बल्कि साही के व्यक्तित्व उनकी विचारधारा, उनकी दृष्टि, तर्कों को बहस का आधार बनाने वाली प्रवृत्ति सभी से मलयज प्रभावित थे। मलयज के लेखन में इन प्रवृत्तियों की झलक आसानी से दिख जाती है। साही ने अपने पहले कविता-संग्रह में कविता के निर्माण में एकालाप को महत्त्वपूर्ण माना था। और 'मछली घर' की भूमिका में कहा था, "यह एकालाप कविताओं का ही निर्माण करे, कवि-व्यक्तित्व का नहीं, यही आदर्श मैंने अपने सामने रखा है।" लेकिन अपने अगले काव्य-संग्रह साखी तक आते-आते यह एकालाप संवाद में परिणत हो जाता है। मलयज के लेखन की आदर्श स्थिति सिर्फ़ एकालाप में नहीं थी बल्कि 'संवाद और एकालाप' में थी जहाँ वे साही की रचना और आलोचना के 'आकारों की खोज' करते हैं और साही के लेखन को समझने के लिए उनके व्यक्तित्व और प्रकृति को समझने की कोशिश करते हैं बिलकुल उसी तर्ज पर जिस पर वे रामचन्द्र शुक्ल को समझ सके थे। शुक्ल जी को समझने के लिए 'टोंस' नदी के किनारे गए थे। साही को समझने के लिए वे 'संगम' का रुख करते हैं। 'साही की आलोचना, चाहे वह उनका लघुमानव वाला निबन्ध हो या शमशेर पर लिखा लेख या दिनकर की 'उर्वशी' के

माध्यम से हिन्दी काव्य भाषा पर बहस या 'परिमल' की रजत जयंती पर पठित 'साहित्य क्यों?' या दिनमान में प्रकाशित धर्मनिरपेक्षता वाली लम्बी लेखमाला रचना और आलोचना के इसी संगम का उदाहरण है। इसी संगम के किनारे बैठकर साही मानव अस्तित्व के बुनियादी सवालों को उठाते हैं।' मलयज इस बात से प्रभावित होते हैं कि मानव अस्तित्व के बुनियादी सवालों को उठाते हुए और राजनीतिक रूप में सक्रिय रहते हुए भी वहाँ सन्दर्भ साहित्य का ही बना रहता है। मलयज के लिए यह एक महत्त्वपूर्ण और गाँठ बाँधने लायक बात थी। जिसे उन्होंने अपने लेखन में भी अपनाने की कोशिश की। साहित्य के सन्दर्भ को केन्द्र में रखते हुए मानवीय अस्तित्व के बुनियादी सवालों को उठाने के लिए वे साहित्य में समाजवाद की पैरवी करते हैं न सिर्फ़ साहित्यिक स्तर पर बल्कि व्यावहारिक राजनीति के स्तर पर भी साही इस विचारधारा को भारतीय जनमानस ख़ासकर निम्न-मध्यवर्ग के ज़ेहन में बैठाने के लिए ज़मीनी स्तर पर मोर्चा सँभालते हैं।

साही में कवि, दार्शनिक और इतिहासकार तीनों की ख़ूबियाँ एक साथ थीं मलयज साही की प्रश्नाकुलता की उपज इन तीन सिरों की परस्पर टकराहट को मानते हैं लेकिन साही का एक सिर और था जो तस्वीरों में छपे सारनाथ के चौथे सिंह की तरह दिखाई नहीं देता लेकिन जो उपरोक्त तीनों सिरों की जान है और वो है एक वकील का मस्तिष्क जिसमें 'दहाड़ते आतंक के बीच, फटकार कर सच बोलने' का साहस है। जो अपने ज्ञान और तर्कों के सहारे भदोही के बुनकरों की अदालत दर अदालत पैरवी करता है। जो प्रतिवादी से संवाद कायम रहे इसलिए तर्क जुटाता है। जुमलेबाज़ी नहीं करता। मलयज ने साही के इसी बहस वाले अन्दाज़ को पकड़ा था। चाहे कविता हो या आलोचना साही की प्रश्नाकुलता उनका अनिवार्य गुण है। मलयज के लिए यह देखना दिलचस्प रहा होगा कि साही का लेखन सवाल उठाने या पूछने से अधिक असल सवाल जानने की जिज्ञासा को केन्द्र में रखता है। साही का लेखन उत्तर बताने की अपेक्षा जवाब तलाशने की इच्छा जगाता है। व्यावहारिक राजनीति में भी साही नेता बनने की अपेक्षा नेता बनाने में विश्वास रखते हैं। मि. यूसुफ बेग का लिखा लेख 'साही जी मेरे गुरु मेरे रहनुमा' ('पूर्वग्रह', अंक 65) इस बात का प्रमाण है। साही का व्यक्तित्व आचार्य नरेन्द्रदेव और लोहिया से न केवल प्रभावित था बल्कि वे उनके प्रेरणास्रोत भी थे। लोहिया की बौद्धिकता का संस्कार साही में स्वाभाविक रूप से आ गया था। साही का लेखन अपने साहित्य और साहित्यिक बहसों के द्वारा साहित्य में समाजवाद की पैरवी करता है और मलयज चाहे प्रत्यक्ष रूप से साही के संस्कारों को बिलकुल उनकी तरह व्यवहार में न भी ला पाए हों लेकिन इस संस्कार की जद में वे थे। यह कहने में भी हमें संकोच नहीं होना चाहिए कि मलयज मार्क्सवाद और कलावाद के विवाद से जूझते हुए अपने गुरु की विचारधारा को बहुत उम्मीद-भरी नज़रों से देख रहे थे।

मलयज ने निर्मल वर्मा के कथा-संग्रह 'बीच बहस में' की कहानियों की समीक्षा करते वक़्त निर्मल वर्मा की कहानियों का अध्ययन ही नहीं किया बल्कि उन कहानियों के किरदारों से निर्मल वर्मा का सामंजस्य देखते हुए उनकी स्मृतियों का भी अध्ययन किया था। सम्भवत: 'बीच बहस में' के सम्बन्ध में निकाले गए निष्कर्ष आज भी इतने तरोताज़ा और नवीन इसलिए लगते हैं क्योंकि वे सिर्फ़ निर्मल वर्मा की कहानियों के निष्कर्ष नहीं हैं बल्कि वे निर्मल वर्मा के जीवन की स्मृतियों का विश्लेषण हैं। मलयज इन कहानियों के किरदारों का, उनके संवादों का विश्लेषण नहीं करते बल्कि निर्मल वर्मा का विश्लेषण करने की कोशिश करते हैं, उनके समकालीन लेखक जहाँ रचना के द्वारा लेखक तक पहुँचना चाह रहे थे वहीं वे लेखक से रचना तक पहुँचने का सफ़र तय करते हैं और निष्कर्ष निकालते हैं कि 'जहाँ स्मृति है वहीं निर्मल वर्मा अपने को सुरक्षित महसूस करते हैं, उसके बाहर वे एक 'मरुस्थल' एक विषाद और अन्तहीन ऊब देखते हैं जिनसे उन्हें सिर्फ़ डर लगता है।' मलयज निर्मल वर्मा की रचना को स्मृति में बन्द बताते हैं और उन्हें एक अन्तराल में पाते हैं। अतीत और वर्तमान में फँसे हुए अतीत का जादू स्मृति बनकर निर्मल पर छाया है और वर्तमान की सम्भावना उन्हें अपनी तरफ़ खींचती है।

मलयज के लिए निर्मल वर्मा की कहानियों का अध्ययन, उन कहानियों के लिखे जाने के दौरान निर्मल वर्मा की स्मृतियों का अध्ययन है जिसमें 'घर' की चाह तो है पर 'घर' नहीं। 'घर' निर्मल वर्मा के लिए स्मृति में ही है। जहाँ वे लौटकर भी नहीं लौट पाते हैं। यही कारण है कि निर्मल वर्मा की कहानियों के पात्रों के संवादों में 'घर' शब्द जब भी आता है एक भयावह स्थिति के साथ आता है । लंदन की एक रात, वीकएंड, छुट्टियों के बाद, परिंदे, बीच बहस में जैसी अनेक कहानियाँ इस बात की पुष्टि के लिए प्रस्तुत की जा सकती हैं। निर्मल वर्मा की कहानियों के पात्रों के लिए 'घर' अब सिर्फ़ स्मृति में ही सम्भव है। 'बीच बहस में' की कहानियों में भी 'घर' के न होने की आवाज़, उसकी स्मृतियाँ बार-बार उभरती हैं। मलयज ने वर्तमान को भी अतीत बनाकर जीने के कारण निर्मल वर्मा की आलोचना की है क्योंकि वे अतीत के साथ-साथ वर्तमान के अनुभव को भी स्मृति में ही जीते हैं, किसी अगली कार्रवाई की भूमिका के रूप में नहीं। मलयज निर्मल वर्मा के गद्य और उनकी शब्दों को करीने से रखने की कला के मुरीद होने के बाद भी निर्मल वर्मा की रचना को अपनी सराहना का मूल्य नहीं दे पाए। रचना उनके लिए स्मृति में सम्भव ज़रूर हो सकती थी लेकिन यथार्थ से वह इतिहास से जुड़ती है। यहीं मुक्तिबोध न केवल मलयज को प्रभावित करते हैं बल्कि उनकी सराहना का मूल्य भी पाते हैं। मलयज स्वयं मुक्तिबोध की इस जीवनदृष्टि को अपने लेखन में सम्भव बनाने की इच्छा व्यक्त करते हैं। स्मृति पर चिन्तन न करके युग की बेचैनियों को

समझते हुए इतिहास के कर्म को अपनाना मुक्तिबोध की रचना-प्रक्रिया का एक महत्त्वपूर्ण हिस्सा है। मलयज का कहना है कि 'औसत आदमी को केन्द्र में लाना मुक्तिबोध का आदर्श भी है और संघर्ष भी।' और "एक औसत आदमी के पास कोई स्मृति नहीं होती। उसके पास सिर्फ़ इतिहास होता है, उसके कड़वे-मीठे अनुभवों का इतिहास, जो उसके वर्तमान में अपने को बार-बार दोहराता है...यह इतिहास मानो वह ठोस तथ्य सामग्री है। जिससे मानव भविष्य की इमारत बनेगी। जबकि स्मृति सिर्फ़ घटित का स्मरण अनुचिन्तन है, इतिहास में एक कर्म प्रेरणा है मुक्तिबोध इस इतिहास को ही चुनते हैं।" (सतह से ऊपर उठती रचना)

आधुनिक हिन्दी साहित्य और नवयुग की समस्याओं से लेकर मुक्तिबोध समीक्षा की समस्याओं पर विचार करते हैं और तथ्यों को स्मृति से नहीं उठाते अपितु इतिहास और अध्ययन की अपनी समझ को तथ्याधारित बनाते हैं। मार्क्सवाद से प्रभावित होने के बावजूद भी वे कोरे विचारवादी नहीं हैं। मुक्तिबोध प्रयोगवादी नयी कविता की पूरी प्रणाली को बिना समझे ख़ारिज कर देने की प्रगतिशील समीक्षकों की प्रतिक्रिया को गहरे सन्देह की दृष्टि से देखते हैं, 'हमारे प्रगतिशील समीक्षकों ने यह नहीं देखा कि इस प्रयोगवादी नयी कविता के क्षेत्र में विभिन्न प्रकार की भाव-प्रवृत्तियाँ और विचार प्रवृत्तियाँ विद्यमान हैं। उन्होंने तो एक काव्यप्रणाली को ही—उसके अन्तर्गत किसी विशेष प्रवृत्ति को नहीं—पूर्णतः विकृत और प्रतिक्रियावादी घोषित किया।' मलयज पर रामचन्द्र शुक्ल के बाद जिस रचनाकार आलोचक का सर्वाधिक प्रभाव देखा जा सकता है वह मुक्तिबोध हैं । मुक्तिबोध की कलादृष्टि ने मलयज को ख़ासा प्रभावित किया था। समीक्षा के लिए रचना की तह तक उसकी आत्मगत सत्ता तक पहुँचना और रचनाकार के परिवेश को जानना मलयज ने सम्भवतः मुक्तिबोध से ही सीखा हो। मलयज मुक्तिबोध के कलात्मक चिन्तन की इस बात से भी गहरे प्रभावित थे कि सार्थक भावुकता, वृथा बौद्धिकता से समीक्षा के लिए अधिक कारगर है। मुक्तिबोध खुले तौर पर कला और विचार के मेल की बात करते हैं और कला-मूल्य व जीवन-मूल्य को साहित्य के लिए आवश्यक बताते हैं।

मुक्तिबोध का साहित्य उनके युग की बेचैनियों से उपजा है। नयी कविता उनके लिए केवल एक 'आत्मसंघर्ष' नहीं है बल्कि एक 'दायित्व' भी है। उनके समय की भयावह स्थिति जिसमें वे 'अँधेरे में' की रचना करते हैं उन्हें 'साहित्य में नये जनवादी मोर्चे की आवश्यकता' का महत्त्व बताती है। वे पश्चिम या पूरब से किसी आदर्श की खोज में नहीं निकलते बल्कि उनका युग और इसकी हलचलें, बेचैनियाँ, उनके लेखन, उनकी सोच एवं दृष्टि को तराशती हैं जिसके फलस्वरूप वे 'साहित्य में पक्षधरता विश्वबोध और मानव-मूल्य' पर विचार करते हैं। मलयज में भी मुक्तिबोध का यह गुण स्वाभाविक रूप से दिखता है। 1962 के चीनी आक्रमण के सन्दर्भ को पकड़ते हुए अपनी डायरी में मलयज जिस तरह से नेहरू और

नेहरू युग की सोच का संक्षिप्त विवरण देते हैं उससे पता चलता है कि मलयज भी मुक्तिबोध की ही तरह अपने समय की हलचलों के प्रति न केवल जागरूक थे बल्कि उसका विश्लेषण भी कर रहे थे और सबसे महत्त्वपूर्ण बात यह कि वे इसके केन्द्र में साहित्य के सन्दर्भ को लेकर चल रहे थे।

मलयज अज्ञेय की इस बात से असहमत थे कि 'आलोचना का विषय साहित्य है साहित्यकार नहीं।' मलयज के लिए कोई समीक्षा बिना रचनाकार के परिवेश को जाने सम्भव नहीं होती। शुक्ल जी, साही, निर्मल वर्मा सभी रचनाकारों की रचनाओं का मूल्यांकन करने से पहले मलयज इन रचनाकारों का परिवेशतगत अध्ययन करते हैं, उनकी प्रकृति और व्यवहार का अध्ययन करते हैं। रचना के लिखे जाने के समय उनकी मन:स्थिति का अध्ययन करते हैं इसलिए उनके लिए आलोचना सिर्फ़ कविता से सम्भव नहीं उसके लिए कवि की मन:स्थिति की जानकारी होना भी आवश्यक है। वे उनके दृष्टिकोण से असहमति के कारण ही 'तीसरे अज्ञेय की तलाश' करते हैं और असहमति के बावजूद अज्ञेय पर पूरी निष्ठा से लिखते हुए अज्ञेय की कविता के सूक्ष्म बिन्दुओं का बारीकी से विश्लेषण करते हैं। कुँवर नारायण ने इस सम्बन्ध में महत्त्वपूर्ण बात कही है, "अज्ञेय के दृष्टिकोण में असहमति के बावजूद उनकी कविता के जिन बिन्दुओं पर मलयज ने उँगली रखी है वहाँ तक उन समीक्षकों की दृष्टि भी नहीं गई जिन्होंने अज्ञेय पर पूरी निष्ठा से लिखा है। इसे मैं मलयज की समीक्षा की एक ख़ूबी मानता हूँ कि गुण, दोष विवेचन में मलयज का यह बुनियादी विवेक बना रहता है कि समीक्षक का पहला काम एक कृति की निष्पक्ष और वैज्ञानिक छानबीन है। कृति को माध्यम बनाकर अपनी मान्यताओं या पूर्वग्रहों की वकालत नहीं।" (आज और आज से पहले, पृ. 198-199)

मलयज ने अपने समकालीनों से बहुत सीखा था और वे कई लेखकों से प्रभावित भी थे लेकिन उनके प्रभाव में अपनी आलोचना की साख पर उन्होंने कभी बट्टा नहीं लगने दिया। अज्ञेय का व्यक्तित्व उन्हें आकर्षित करता है लेकिन तब भी वे उनका मूल्यांकन निर्मम तटस्थता और ईमानदारी के साथ करते हैं। अपने मित्र रमेशचन्द्र शाह से अज्ञेय के सम्बन्ध में विचार-विमर्श करते हुए भी वे शाह के मतों को अपने पर हावी नहीं होने देते और अपने विचारों पर कायम रहते हैं। मलयज अपने समय के महान नेता और दार्शनिक नेहरू से उनकी तर्कशक्ति से बेहद प्रभावित थे और उन्हें एक महान राजनेता के रूप में मलयज याद भी करते हैं यहाँ तक कि अपने युग और युवालेखन को नेहरू युग की संज्ञा भी देते हैं लेकिन कठिन परिस्थितियों में 1962 के चीन युद्ध सम्बन्धी उनकी ग़लत नीतियों की आलोचना करने में भी वे बिलकुल संकोच नहीं करते। अत: अपने समकालीनों शमशेर, निर्मल वर्मा, मुक्तिबोध, साही, अज्ञेय का मूल्यांकन करते हुए ऐसी निर्मम तटस्थता का परिचय देते हैं जिसकी वर्तमान आलोचना से उम्मीद की जाती है। उनकी आलोचना इतनी

निर्मम और तटस्थ थी कि उन्होंने अपने साथियों (शमशेर, श्रीराम वर्मा, श्रीकांत वर्मा, साही, निर्मल वर्मा, नामवर सिंह) की सीमाओं का भी ईमानदारी से न केवल उल्लेख किया बल्कि समकालीन परिस्थितियों और सन्दर्भों में उनका मूल्यांकन भी किया। यह बात उनके समकालीनों और आज भी लेखकों द्वारा बहुधा बोली और लिखी जाती रही है। आलोचना के लिए ऐसे व्यक्तित्व हमेशा ही महत्त्वपूर्ण और अनमोल साबित हुए हैं जिन्होंने प्रभावित होने पर भी, प्रभाव में मूल्यांकन नहीं किया।

मलयज के परिवार से बात करने के दौरान मैंने जाना कि मलयज धीर गम्भीर होने के बावजूद बेहद भावुक व्यक्ति थे अपनी बीमारी और क्षयरोग से पीड़ित शरीर के बावजूद वे अपनी पारिवारिक ज़िम्मेदारियों को बखूबी उठा रहे थे मलयज एक साहसी पथिक की तरह थे जो जीवन के तमाम संघर्षों के रास्ते में कभी नहीं हारे जब तक कि काल ही सामने न आ खड़ा हुआ। वे पारिवारिक ज़िम्मेदारियों, ऑफ़िस का बोझ, दिल्ली की बसों के धक्कों को अकेले झेलते रहे। परिवार को इसका एहसास तक न होने दिया। गहन चिन्तन और मनन के साथ उन्होंने गम्भीर समीक्षाएँ लिखीं लेकिन संवेदना का खात्मा नहीं होने दिया और न ही आलोचना करते हुए रिश्तों और सम्बन्धों का लिहाज रखा ये उनकी अपनी कसौटी थी। एक संघर्षपूर्ण जीवन जीते हुए साहित्यिक रूप से उनकी सक्रियता प्रेरणादायक है। इतना चुनौतीपूर्ण जीवन जीते हुए भी उन्होंने कभी इसे अपने लिए एक्सक्यूज़ के रूप में नहीं लिया।

जैसाकि मैंने शुरू में ही कहा कि मलयज के लेखन को पुस्तक के रूप में एक जगह संग्रह करने की योजना मेरे दिमाग़ में 10 साल पहले आई जब मुझे मलयज के लेखों और उनकी किताबों को खोजने के लिए जद्दोजहद करनी पड़ी। तभी सोचा कि इतने महत्त्वपूर्ण लेखक की किताबें आनी चाहिए। इस बात को भी दोबारा रखना चाहूँगा कि नामवर जी ने अपने सम्पादन में मलयज की डायरियों का प्रकाशन (2000 ई.) कराकर एक महत्त्वपूर्ण काम किया। बिना डायरियों के मलयज के लेखों को पढ़ने से उनकी दृष्टि या तो स्पष्ट रूप में नहीं मिलती या फिर एकांगी रूप में मिलती है। इस पुस्तक में हमने मलयज के महत्त्वपूर्ण लेखों का, 'कविता से साक्षात्कार' एवं 'संवाद और एकालाप' पुस्तकों से चयन किया है। लेखों के अन्त में उनका रचनाकाल दिया गया है, लेखों के शीर्षकों से छेड़छाड़ नहीं की गई है मकसद सिर्फ़ इतना है कि इन लेखों को उसी शक्ल में रखा जाए जिस शक्ल में मलयज ने इन्हें अपनी पुस्तकों में रखा था। हाँ, अनुक्रम बदलने में थोड़ी स्वतंत्रता ली गई है। मलयज की पुस्तकों के प्रकाशन की योजना को तब बल मिला जब मेरी बात स्वर्गीय मलयज की धर्मपत्नी श्रीमती ज्योत्स्ना मलयज से सन् 2012 के आसपास हुई और इस बात को स्वीकार करने में बहुत हर्ष हो रहा है कि उन्होंने इसके लिए मुझे ख़ुशी-ख़ुशी अनुमति दे दी, इसके लिए उनके और उनके परिवार के प्रति आभार और धन्यवाद जैसे शब्द बहुत छोटे जान पड़ते हैं।

सन् 2012 में अनुमति मिलने के बावजूद भी इस पुस्तक को आने में इतना विलम्ब एक बड़े और स्थापित प्रकाशन से प्रकाशित कराने की मेरी बलवती इच्छा की वजह से हुआ यहाँ मेरी सहायता हमारे मित्र और राजकमल प्रकाशन के प्रबन्ध सम्पादक सत्यानन्द निरुपम ने की। सत्यानन्द निरुपम इस पुस्तक में कई जगह अपने सुझावों और मार्गदर्शन के रूप में मौजूद रहे हैं, मेरे प्रति उनकी आत्मीयता को धन्यवाद देकर बाधित नहीं करूँगा, बस यही कहूँगा हमारी आत्मीयता और फले-फूले। राजकमल प्रकाशन के प्रबन्ध निदेशक श्री अशोक महेश्वरी ने मुझ पर इस पुस्तक के सम्पादन को लेकर जो विश्वास जताया, इसके लिए मैं राजकमल प्रकाशन और श्री अशोक महेश्वरी के प्रति सदैव आभारी रहूँगा। वरिष्ठ आलोचक और हमारे आदरणीय श्री विजय कुमार को धन्यवाद ज्ञापित करते हुए गौरवान्वित अनुभव कर रहा हूँ जिनके मलयज पर लिखे मोनोग्राफ़ को पढ़कर ही मलयज के लेखन को समझने का प्रयास किया था वह प्रयास यहाँ तक पहुँचेगा तब नहीं सोचा था। धन्यवाद विजय सर।

उनके अपने समकालीन साहित्यकारों शमशेर बहादुर सिंह, अजीत कुमार, सर्वेश्वरदयाल सक्सेना, शिवकुटीलाल वर्मा, श्रीराम वर्मा, त्रिलोचन शास्त्री आदि से पारिवारिक सम्बन्ध थे, उनकी स्मृति को सादर नमन। इस पुस्तक का सम्पादन करते हुए मैं श्रीमती ज्योत्स्ना मलयज, श्रीमती अस्मिता अवस्थी, श्री अभिषेक श्रीवास्तव, श्रीमती शोभा सिंह सहित समस्त परिवार, उनके मित्रों और शुभेच्छुओं के प्रति पुनः अपना आभार व्यक्त करता हूँ। इस पुस्तक के लिए आशीर्वाद और अपना स्नेह देने के लिए आदरणीय श्रीमती कमलेश अवस्थी जी, डॉ. प्रेम सिंह सर, दिवंगत माँ, पिताजी, अपने गुरुजनों, मित्रों और अपनी पत्नी प्रतिमा के प्रति धन्यवाद और आभार व्यक्त करता हूँ।

दिल्ली —तरुण

10.10.2021

कविता से साक्षात्कार

सन् 1979 में सम्भावना प्रकाशन से प्रकाशित पुस्तक 'कविता से साक्षात्कार' की भूमिका के रूप में यह प्रस्तावना लिखी गई, पर सही मायनों में यह सिर्फ़ भूमिका नहीं है बल्कि मलयज की साहित्यालोचन सम्बन्धी मान्यताएँ और निष्कर्ष हैं जो उन्होंने कविता और आलोचना के सम्बन्ध में दिए हैं। वे रचना और आलोचना को समानान्तर क्रियाएँ मानने के बावजूद उनके बीच के महीन अन्तर को इस भूमिका के माध्यम से बताने का प्रयास करते हैं। कविता और आलोचना के सम्बन्ध में उनका निष्कर्ष देखें, 'आलोचना कविता द्वारा उठाए गए प्रश्नों का उत्तर नहीं देती वह सिर्फ़ प्रश्नों की अर्थवत्ता और पृष्ठभूमि का उद्घाटन करती है।' **—तरुण**

कविता मेरे लिए अपने अनुभव को महसूस करने और उसे रचने का नाम है और आलोचना उस कविता के कवि को खोजने का। कविता अपने से बाहर दूसरों से जुड़ने का एक माध्यम है, आलोचना इस जुड़ने को सम्भव बनाने का एक साधन। मैं कविता में जो रचता हूँ आलोचना में उसी को पहचानता हूँ। कविता में जिसे टटोलता हूँ, आलोचना में उसे ही पाता हूँ। कविता मेरे लिए एक आत्मसाक्षात्कार है और आलोचना उसी कविता से साक्षात्कार।

अनुभव से निकलकर जो कविता बाहर आई वह मेरे लिए यात्रा का अन्त नहीं, वह एक नया आरम्भ है जो मुझे आलोचना के अनुभव संसार में ले जाती है। मैंने पाया है कि आलोचना का संसार कविता के संसार का विरोधी, उसका विलोम या उसका प्रतिद्वंद्वी संसार नहीं है, बल्कि वह कविता के संसार से लगा हुआ समानान्तर संसार है। ये दोनों संसार अपनी-अपनी जगह पर स्वतंत्र सर्वप्रभुतासम्पन्न संसार हैं, पर दोनों के बीच एक मित्रता की सन्धि है। दोनों एक-दूसरे पर अपनी शर्तें और प्रतिज्ञाएँ आरोपित नहीं करते, पर उनकी एक-दूसरे के हितों में आपसी दिलचस्पी है।

कविता कुछ भी सिद्ध नहीं करती सिवाय एक अनुभव को रचने के। आलोचना कुछ भी प्रमाणित नहीं करती सिवाय उस रचे हुए अनुभव को व्यापक अर्थ-विस्तार

देने के। अर्थ का एक व्यापक संसार है जिसमें वह अनुभव है और उस अनुभव में कविता है और आलोचना भी। अनुभव ही कविता को आलोचना से जोड़ता है, पर कविता में इससे जुड़ने की भाषा अनुभूति है और आलोचना में विचार।

कविता और आलोचना को जोड़ने वाली एक कड़ी है : पाठक। कविता पाठक के साथ एक संवाद है (चाहे यह पाठक स्वयं कवि के भीतर ही क्यों न निवास करता हो), और आलोचना इस संवाद की प्रासंगिकता को कवि और पाठक दोनों के लिए अन्वेषित करने का काम करती है। कविता और आलोचना इस संवाद की अनिवार्यता के सन्दर्भ में ही पाठक के प्रति प्रतिश्रुत होते हैं।

इस संवाद में ही आधुनिक रचना जन्म लेती है। कुछ अजब नहीं कि आधुनिक सर्जनात्मकता के केन्द्र में एक गतिशील द्वंद्वात्मकता है। स्थिर कुछ नहीं, अखंड कुछ नहीं, अन्तिम कुछ नहीं। न मानव-सम्बन्ध, न वस्तुबोध, न समय। सब कुछ बदल रहा है। रचना एक शाश्वत नियम में नहीं, एक अनुभवसत्य की प्रासंगिकता में इन्हें आपस में जोड़ती है, इनमें एक सम्बन्ध कायम करती है, इन्हें एक सार्थक सन्दर्भ में पुनर्प्रकाशित करती है और इनका अनचीन्हा अर्थ काल के आयाम में आगे प्रक्षेपित करती है। इस पुस्तक के निबन्धों में मेरी चिन्ता का विषय यह आधुनिक रचना है।

मैंने जितना इस आधुनिक रचना के भीतर देखना चाहा है उतना ही उसके बाहर भी, क्योंकि मैंने देखना चाहा है कि कविता कैसे न सिर्फ़ अपने भीतर से बल्कि अपने बाहर से भी निर्मित होती है, कि कैसे भीतर का बहुत कुछ सिर्फ़ बाहर के आलोक में ही छुआ जा सकता है, कि कैसे बाहर भी बिना भीतर की आग के महज़ एक संदिग्ध सत्य बनकर रह जाता है। मैंने देखना चाहा है कि कैसे कविता—आधुनिक कविता—भीतर और बाहर के एक तनाव-बिन्दु पर सम्भव होती है।

मैंने यह जानना चाहा है कि क्या कविता की अनुभूति में भावावेग की मात्रा मिलाने या बढ़ाने से अनुभूति के गुण (क्वालिटी) में परिवर्तन आ जाता है? कि कविता अनुभूति की दृष्टिसम्पन्नता से प्रासंगिक होती है या अनुभूति में भावावेग की तेज़ी और मात्रा से? कि एक प्रासंगिक कविता कैसे एक सार्थक कविता भी होती है?

मैंने जानना चाहा है कि सार्थक कविता क्या होती है—वह जो आज के मनुष्य की धमनी में समय के दबाव को शिद्दत से महसूस करा दे, या वह जो इस महसूस किए हुए को कर्म की प्रखरता तक ले जाए? वह जो सम्पन्न अर्थच्छटाओं से युक्त कला का क़ीमती दस्तावेज़ हो या वह जो जीवन-संघर्ष के जुझारूपन में घटित होकर सर्जनात्मकता की एक नई कसौटी सामने ला दे?

मैं यह न कहूँगा कि मैंने केवल प्रश्न ही उठाए हैं, पर इनके उत्तरों की खोज में जिन भी निष्कर्षों तक मैं पहुँचा हूँ उन्हें मैं समकालीन जीवन और कविता के

परस्पर सम्बन्धों की खोज में आए विभिन्न पड़ाव कहना ज़्यादा पसन्द करूँगा। आलोचना कविता द्वारा उठाए गए प्रश्नों का उत्तर नहीं देती, वह सिर्फ़ प्रश्नों की अर्थवत्ता और पृष्ठभूमि का उद्घाटन करती है, ताकि इस रहस्योद्घाटन के प्रकाश में कविता स्वयं अपना उत्तर या प्रश्न रचे।

['कविता से साक्षात्कार' की भूमिका]

'सरोज-स्मृति' और निराला

यह बहुचर्चित लेख 1973 में लिखा गया था इस लेख में मलयज निराला की कविता सरोज-स्मृति के दुख और छायावादी कविता में निहित दुख का तुलनात्मक अध्ययन-विश्लेषण करते हुए सरोज-स्मृति के दुख को तमाम छायावादी कविता में निहित दुख से जुदा बताते हैं। कारण तमाम छायावादी कविता में उभरा दुख विषाद बाहर से आयातित लगता है वे कवि वहाँ दर्शक के रूप में सहानुभूतिवश दुख का विवरण अपनी कविता में देते हैं जबकि निराला इस कविता के कवि होने के साथ-साथ भोक्ता हैं। वे यहाँ कवि होने से अधिक पिता हैं। सरोज-स्मृति एक पिता की वेदना का बयान है कविता की शक्ल में। **—तरुण**

'सरोज-स्मृति' दुख की कविता है, पर इसमें व्यक्त दुख का चेहरा हमारे अब तक के परिचित छायावादी दुख के चेहरे से कितना भिन्न है! इस दुख में अनुभूति के साथ वह ठोस भूमि भी अपने कच्चे-पक्के रंगों के साथ प्रकाशित है, जिसके भीतर से वह अनुभूति पैदा हुई है। अक्सर तो छायावादी कवि अनुभूति के क्षण में ही अनुभूति से परे कहीं और पहुँच जाता है। अनुभूति के साथ सीधी मुठभेड़ नहीं, अनुभूति का अतिक्रमण उसका स्वभाव है। जीवन और जगत और इनके आपसी सम्बन्धों के बारे में उसके पास एक जीवन-दर्शन (या कि रहस्य-दर्शन) है, जिससे उसकी काव्यानुभूति नियंत्रित होती है। इस जीवन-दर्शन या रहस्य-दर्शन के चलते ही छायावादी दुख उपभोग्य, स्पृहणीय और काम्य दुख है—'तुममें पीड़ा को ढूँढ़ा तुममें ढूँढ़ूँगी पीड़ा' एक रहस्यात्मक स्थिति से अधिक अनुभूति के प्रति छायावादी कवियों के दृष्टिकोण की ही व्यंजना करती है।

छायावादी कवियों ने दुख को बहुत सरस बना दिया है, क्योंकि दुख उनके अस्तित्व को चुनौती नहीं देता था, उन्हें तोड़ता नहीं था, बस थोड़ा और मृदु, थोड़ा और कोमल, थोड़ा और भाव-प्रवण बना देता था। इसीलिए छायावादी कविता में दुख का संगीत तो ज़रूर मिलता है पर उस दुख को भोगने वाले हाड़-मांस के मनुष्य की असली तस्वीर नहीं दिखाई देती। प्रसाद की 'आँसू' और महादेवी

वर्मा के गीतों में तो दुख अनुभूति से ऊपर उठकर एक सौन्दर्यात्मक मूल्य का दर्जा प्राप्त कर लेता है। पंत की स्थिति इन दोनों कवियों से थोड़ी भिन्न है। उनकी कविता में दुख भोगने वाला हाड़-मांस का आदमी ही लगता है, उनका दुख भी ज़्यादा स्थानीकृत है, सर्वदेशीय और सार्वकालिक उतना नहीं जितना कि प्रसाद और महादेवी का। पर पंत का दुख न तो प्रसाद के दुख की तरह बहुरागवैभवपूर्ण है, न महादेवी के दुख की तरह तन्मय और सान्द्र। इसका कारण यह है कि पंत का दुख एक वयस्क मन का दुख न होकर एक शिशु-मन अथवा किशोर-मन का अपरिपक्व दुख है। जहाँ से पंत अपने मधुर-मधुर मन को पकने का उद्‌बोधन देना शुरू करते हैं वहाँ से वे भी प्रसाद और महादेवी के व्यापक सर्वदेशीय सौन्दर्यात्मक दुख के अमूर्त लोक में चले जाते हैं। पर यहाँ भी प्रसाद और महादेवी तथा पंत के दुख में फ़र्क़ है। प्रसाद और महादेवी के दुख की व्यापकता और सार्वभौमता उनके वयस्क और परिपक्व व्यक्तित्व का आत्मप्रसार है, जबकि पंत का वह दुख जिस पर उन्होंने विश्वमानव की स्वर्णधूल और स्वर्ण किरण की पर्तें बिछाई हैं, मूलतः ओढ़ा हुआ, अतः महादेवी तथा प्रसाद की सम्पन्न दुखानुभूति के सामने विरस और मस्तिष्कीय लगता है।

'सरोज-स्मृति' में पहली बार दुख एक सौन्दर्यानुभूति के स्तर से अलग एक कठोर वास्तविकता के रूप में व्यक्त होता है और इस दुख के बखान में कवि का कंठ किसी अन्त:संगीत से नहीं, बाह्य विषमताओं के बोध से फटा-फटा-सा हो गया है। यहाँ दुख का उसके निपट नंगेपन में साक्षात्कार है, उसे भुलावा देने या मधुर-मधुर बनाने की चेष्टा नहीं।

इस दुख का भोक्ता और उसे कविता में व्यक्त करने वाला भी मूलतः कवि ही है। एक छायावादी कवि। पर इस कविता में कवि का होना सिर्फ़ इसलिए है कि वह एक मनुष्य (एक पिता) के दुख को अधिक गहराई से, अधिक तीव्रता और उसके अस्तित्व की अनेक अर्थ-संगतियों के साथ महसूस कर सके। अभी तक की छायावादी कविता में हम यह देखते आए हैं कि दुख की अपनी एक स्वनिर्भर दुनिया है। इस दुनिया में दुख है और कवि है, इनके बीच दूसरा कुछ भी नहीं है, अतः दुख और कवि एक-दूसरे को एक-दूसरे पर उड़ेल रहे हैं, उड़ा रहे हैं और उड़ रहे हैं (आकाश छूने के लिए), या एक-दूसरे के गले लग रहे हैं (एक-दूसरे में खोने के लिए)। 'सरोज-स्मृति' दुख को लेकर उड़ने या उसमें खोने के लिए नहीं बल्कि दुख को याद करने, उससे भीतर-ही-भीतर मर्माहत होने और बीच-बीच में बाहर कभी व्यंग्य-विद्रूप में तो कभी आत्मधिक्कार में चीख़ पड़ने के लिए है। यह चीख़ छायावादी दुख की स्वनिर्भर दुनिया से बाहर आने की चीख़ है।

कविता के आरम्भ में निराला एक छायावादी कवि की मुद्रा ही अपनाते हैं। देखिए :

ऊनविंश पर जो प्रथम चरण
तेरा वह जीवन-सिन्धु तरण,
तनये, ली कर दृक् पात तरुण
जनक से जन्म की विदा अरुण
गीते मेरी, तज रूप-नाम
वर लिया अमर शाश्वत विराम
पूरे कर शुचितर सपर्याय
जीवन के अष्टादशाध्याय,
चढ़ मृत्यु तरणि पर तूर्ण चरण
कह—'पितः, पूर्ण-आलोक-वरण
करती हूँ मैं, यह नहीं मरण,
सरोज का ज्योतिः शरण-तरण।'

एक आत्मीय दुख के प्रकृत और सहज बखान का आरम्भ यह नहीं है। अनुभूति को एक भव्य रूपक में बाँधकर महाकाव्य की-सी ऊँचाई पर ले जाने की कोशिश है। एक उत्तापरहित, शान्त, संयत ओज जो दुख को अनुभूति नहीं, उससे एक सीढ़ी ऊपर सौन्दर्य भी नहीं, एकदम से जीवन-दर्शन की स्थिर सत्यता तक ले जाती है, जैसे कि यह महाकाव्य की प्रस्तावना हो। इस महाकाव्य के प्रथम दृश्य का रूपविधान बिलकुल सटीक है : सरोज के जीवन के अठारह वर्ष गीता के अठारह अध्याय हैं, जिन्हें पूरा करने के बाद साधारण मौत नहीं, 'अमर शाश्वत विराम' मिलता है। जीवन एक ऊर्ध्वमुख सागर है और मृत्यु एक नौका, जो उस जीवन के पार 'पूर्ण आलोक वरण' तक ले जाती है। इस बिम्ब रूपक से जुड़ा, बारीक रंग-रेखाओं से उकेरा गया, एक पार्थिव विदा का चित्र भी है। यह विदा एक क्षण में, एक निमिष में घटित होती है, जैसे डाल से पत्ते का बिन देखे-जाने टूटकर गिर जाना, एक दृष्टिपात की तरह तुरत और अनायास। और विदा भी कैसी? एक तरुण की विदा,जो विदा के भाव को उस क्षणिकता के साथ मिलकर मार्मिक और ट्रेजिक बना देता है। जैसे संवेदना पर सुई-सी चोट पत्थर बनकर सर्वांग को हिला दे। इस ट्रेजिक विदा में जिसमें एक तरुण जन अपनी सम्भावनाओं को चरितार्थ किए बिना ही जीवन-सिन्धु तरण कर रहा है, एक महाकाव्य की उदात्त ऊँचाई है।

यहाँ निराला दुख की अनुभूति से मुठभेड़ नहीं उसका अतिक्रमण करते हैं। पर वे ऐसा दुख को सह्य बनाने के लिए करते हैं। इसे छायावादी कविता की विडम्बना ही कह लीजिए कि दुख को एक विराट अर्थवत्ता प्रदान करके ही उसे सह्य बनाया जा सकता था। इस चेष्टा के पीछे हमारे जातीय संस्कारों

का ज़बरदस्त चुम्बक है जो एक औसत हिन्दुस्तानी को अनुभूति के निपट नंगे साक्षात्कार में कहीं-न-कहीं दार्शनिक बनाकर छोड़ता है। और हमारे छायावादी कवि एक औसत हिन्दुस्तानी से कुछ ज़्यादा ही हिन्दुस्तानी थे। असल में एक औसत हिन्दुस्तानी की यह दार्शनिकता छायावादी कवि के लिए एक 'आदर्श' का दर्जा रखती है जिस तक वह पहुँचना चाहता है—इस वाक्य को थोड़ा सुधारकर कहें—दार्शनिकता नहीं, बल्कि इस दार्शनिकता की कविता वह आदर्श है जिस तक वह पहुँचना चाहता है।

इस 'आदर्श' को पा लेने में जीवन की कठोर वास्तविकता अव्वल तो एक रुकावट है, लेकिन अगर वह रुकावट बनती भी है तो उसका काम उस 'आदर्श' को पा लेने के लिए कवि में उदात्त भावनाओं की एक अतिरिक्त उछाल पैदा करना है। निराला में अन्य छायावादी कवियों के मुक़ाबले ये रुकावटें ज़्यादा हैं, पर उन्होंने उनका इस्तेमाल हमेशा अपने में वह अतिरिक्त भावनात्मक उछाल पैदा करने के लिए नहीं किया। 'सरोज-स्मृति' में तो वे आदर्श और यथार्थ के अनुभव स्तरों को साथ-साथ एक घुमड़ते हुए तनाव की स्थिति में जीते हैं। बात यह है कि छायावादी कविता मानव-अनुभूति की तरफ़ बढ़ने में उससे खिंचते जाने की कविता है। छायावादी कवि प्राय: आदर्श और यथार्थ के बीच एक निश्चित दूरी बनाए रखता है ताकि दोनों के बीच विकलता का भाव अक्षुण्ण बना रहे। विकलता की व्याख्या यह है कि 'जितना खींचता हूँ और खिंचता जाए है मुझसे।' इस खिंचाव को बनाए रखते हुए अनुभूति के यथार्थ के ज़्यादा से ज़्यादा निकट पहुँची हुई छायावादी कविता निराला की यह 'सरोज-स्मृति' ही है। इस चेष्टा से इसमें तनाव का वह नाज़ुक सन्तुलन न सिर्फ़ ज़्यादा कस गया है बल्कि कहीं-कहीं उसमें दरार भी पड़ गई है। यह दरार इस कविता में ही नहीं, निराला के रचनात्मक व्यक्तित्व में भी हमेशा के लिए पड़ गई है।

फ़िलहाल यहाँ 'सरोज-स्मृति' का यह पहला बन्द निराला के उस 'आदर्श' को पा लेने की विकलता का क्षण है। पर निराला को इस शिखर से नीचे उतरना पड़ता है, क्योंकि एक महाकाव्य की-सी निर्वैयक्तिकता को लेकर एक संस्मरण के आत्मीय धरातल पर यात्रा नहीं की जा सकती। फिर भीतर का जो दबाव उन्हें ऊपर शिखर तक ले गया था, वही चट्टान पर टूटती एक पछाड़ की तरह उन्हें यथार्थ-बोध की इस ठंडी क्रूर भूमि पर ला पटकता है :

धन्ये, मैं पिता निरर्थक था,
कुछ भी तेरे हित न कर सका।
जाना तो अर्थागमोपाय,
पर रहा सदा संकुचित काय

लख कर अनर्थ आर्थिक पथ पर
हारता रहा मैं स्वार्थ-समर।

यह है कवि का यथार्थ, जिस पर आदर्श के ऊपर से झड़ती हुई सुनहली परत तक नहीं। आप देखेंगे कि आगे के बन्दों में भी इस यथार्थ अन-उदात्त भूमि का ठंडापन पसरता चला गया है। सरोज के चपल बाल-जीवन की क्रियाओं के वर्णन में भी एक गीतात्मक उदासी का स्वर छिपाए नहीं छिपता। केवल दो प्रसंग ऐसे हैं जहाँ कवि की ऊष्मा लौटती है। एक, जहाँ वह सरोज के यौवनागम का चित्र खींचता है और दूसरा जहाँ वह विवाहोपरान्त सुहागिन पुत्री की छवि में अपनी दिवंगत प्रिया की उपस्थिति का अनुभव करता है। सौन्दर्य और रस के ये दो प्रसंग एक शोकतप्त मर्म की ऊदी पृष्ठभूमि में सतरंगी आभा-सी बिखेरते हुए लगते हैं, हालाँकि इन रंगों के ऊपर उदासी की एक परछाईं धब्बे की तरह बैठी दिखाई देती है। पर इनके बारे में विशेष आगे। अभी तो यह यथार्थ का बड़ा सा पत्थर, कवि के हृदय पर। इस पत्थर से कवि कभी ख़ुद लहूलुहान होता है तो कभी इसे बाहर फेंककर अपने परिवेश को घायल करता है। पर भीतरी चोट कुछ ज़्यादा ही है। 'स्वार्थ-समर' में पग-पग पर हारने का बोध आत्मदया का भाव जगाता है, एक आहत अहं का, और इस भाव में घिरकर पुत्री की स्मृति कुछ और निकट खिंच आती है, इतने निकट कि एक बिन्दु पर पुत्री 'जीवित कविते' बन जाती है। 'सरोज-स्मृति' में एक समानान्तर कथा स्वयं कवि के अपने जीवन-संघर्षों को लेकर है। सिर्फ़ एक पिता के नहीं, एक कवि के अनुभव प्रवाह में आई हुई जीवन-स्थितियाँ और मनोदशाएँ, जिन्हें इस कविता में दुबारा जिया गया है। इसीलिए सरोज सिर्फ़ पुत्री नहीं, कवि के रचना-सामर्थ्य को ललकारने वाला वह यथार्थ है जिससे कवि लड़ा है और हारा है। 'सरोज' कवि का सबसे बड़ा दर्द और मन में गड़ी हुई फाँस है, क्योंकि वह उसकी 'गद्य में पद्य में समाभ्यस्त' प्रतिभा की विवशता है।

यह द्वंद्वात्मक सम्बन्ध, जिसमें पुत्री पुत्री होने के अतिरिक्त भी कुछ और है और पिता पिता होने के साथ एक कृतिकार भी, कविता में एक तनाव की तरह व्याप्त है। सरोज आदर्श भी है और यथार्थ भी। इनमें से कोई भी एक-दूसरे की सत्ता का प्रतिकार नहीं करते। इनमें आपस में टक्कर ज़रूर होती है, कुछ जीवंत रेशे टूटते भी हैं, पर ये हमेशा एक-दूसरे की आँखों में घूरते आमने-सामने खड़े रहते हैं। यह तनावपूर्ण सन्तुलन 'सरोज-स्मृति' की संरचना की मूल स्थिति है। पर चूँकि इस कविता का रूपाकार एक संस्मरण का है—घटित अनुभव को दुबारा जीने का है—इसलिए निराला उस तनाव को टूटने न देते हुए भी उसके सन्तुलन को लचीला बना सके हैं। सरोज के बचपन का फ़्लैशबैक और उससे लिपटे चले आए

स्वयं कवि के पुनर्विवाह का प्रसंग, 'निरानन्द...सम्पादकगण' की 'गुणग्राहकता' का बखान, जहाँ—

पास की नोचता हुआ घास
अज्ञात फेंकता इधर-उधर
भाव की चढ़ी पूजा उन पर।

का उदासी के रंग में रँगा व्यंग्य फूट पड़ता है, या फिर 'पद फटे बिवाई' के उधार/खाये के मुख ज्यों; पिये तेल/चमरौधे जूते से संकेल निकले, जी लेते' कान्यकुब्ज-कुल-कुलांगारों का वर्णन-विशेष—ये सब उस तनाव की मूल शर्त अर्थात् आदर्श और यथार्थ की मुठभेड़ का खंडन नहीं करते, बल्कि कभी क्षोभ और कभी मुस्कान की लहरियाँ उत्पन्न कर उस तनाव के संवेदनावृत्त को और विस्तृत कर देते हैं। तनाव का सन्दर्भ वैयक्तिक दुखानुभूति के तीव्र बिन्दु तक ही सिमटा न रहकर परिवेश के विषम ताने-बाने की मूर्त सचाई तक फैल जाता है। कवि के लिए यह तभी सम्भव हो पाता है कि वह सिर्फ़ सरोज का ही स्मरण न करे अपना भी, या अपना ज़्यादा सरोज का कम, स्मरण करे। इस स्मरण में एक गीतिरचना की कसावट है और एक आख्यान का प्रसार। कवि का स्वर कभी तेज होता है, कभी मद्धिम पड़ता है और कभी अस्पष्ट बुदबुदाहट में बदल जाता है। भावावेश की नोक पर चढ़ी कवि-कल्पना कभी उदात्त को छूती हुई तरल और सूक्ष्म होती है, तो कभी ठेठ ज़मीन पर छोटे से छोटे ब्योरों तक के चित्रण में सटीक और ठोस, और कभी वस्तु और भाव के बीच ऐन्द्रिक संवेदन के अंकन में थरथराती हुई, प्रहर्षित। एक स्मरण के भीतर कई स्मरण हैं, सरोज और अपना तो है ही, स्वर्गीया प्रिया का स्मरण भी इनमें कहीं-कहीं झाँक जाता है।

स्मरण के ये सभी स्तर उस तनाव के बाहर हैं, पर उस तनाव के अंश हैं, इसलिए उसके भीतर भी हैं। इस तरह 'सरोज-स्मृति' ऊपर से अपने रूपाकार में जो इतनी सरल दीखती है वास्तव में एक अत्यन्त संश्लिष्ट रचना है। इसका प्रवाह एक सीधी रेखा में न होकर वर्तुलाकार उतार-चढ़ाव का है। इसके काव्य-अनुभव में शुद्ध सौन्दर्य और उस सौन्दर्य के बाहर घटित अनुभव की निर्मम वास्तविकता तह-दर-तह एक-दूसरे से रगड़ खाते, छिलते चले गए हैं। एक-दूसरे पर अवलम्बित, एक-दूसरे को पुष्ट करते हुए। एक-दूसरे से खिंचते, एक-दूसरे के पास आते हुए।

इस तरह 'सरोज-स्मृति' की छोटी-सी दुनिया में कवि के भीतर और बाहर की छोटी-बड़ी कई दुनियाएँ समाई हुई हैं। पर इन तमाम दुनियाओं से मिलकर बनी हुई 'सरोज-स्मृति' की दुनिया का केन्द्रीय चरित्र स्वयं इस कविता का कवि है—एक द्वंद्वात्मक स्थिति के केन्द्र में स्थित। यह चरित्र पूरी कविता में उसके आरम्भ से अन्त तक छाया हुआ है। एक ऐन्द्रजालिक की तरह यह चरित्र इन सभी दुनियाओं

को अपने भीतर से निकालता है, पर उसकी मुख्य रचना है सरोज। सरोज मानो इन सभी दुनियाओं के लिए प्रवेश-द्वार है। इन दुनियाओं से सब नाते सरोज के कारण हैं। ननसाल और सासजी की दुनिया सरोज की बालक्रीड़ा के लिए है। साहित्यिक विफलता की टीस भी इसलिए है कि कवि सरोज के लिए 'उपार्जन को अक्षम' रहा। पुनर्विवाह के प्रसंग में सारे आयोजन को अस्त-व्यस्त करने वाली सरोज ही है—'संकेत किया मैंने अखिन्न जिस ओर कुंडली छिन्न-भिन्न। देखने लगीं वे विस्मय भर/तू बैठी संचित टुकड़ों पर।' अपने चारों ओर घिरते-कसते परिवेश के विरुद्ध कवि का जो आक्रोश अपने सजातीय कुलांगारों पर फटकार के रूप में बरसा है उसका मूल भी सरोज ही है। फिर इन प्रत्यक्ष दुनियाओं के बाहर एक अप्रत्यक्ष दुनिया कवि की दिवंगता पत्नी की है और उसे भी सरोज ही 'मेरे बसंत की प्रथम गीति' के रूप में उजागर करती है।

अपनी इस मुख्य रचना सरोज के साथ कवि का 'व्यवहार' इस कविता की संरचना को काफ़ी दूर तक निर्धारित करता है। स्थूल रूप में यह 'व्यवहार' सरोज की वय से जुड़ा हुआ है—बालिका रूप, नवयुवती रूप और एक युवा सुहागिन पुत्री का रूप। पर वय के साथ बदलते इस 'व्यवहार' के पीछे कवि के आदर्श और यथार्थ के तनावपूर्ण सम्बन्ध की घिरती-मिटती छायाओं की अन्त:संगति भी है। सरोज का बचपन का रूप इस तनाव से मुक्त है, यह रूप सरल है जिस पर एक पिता की ममता बरसती है, इस रूप की आयोजना में एक भीतरी मुक्ति है—वर्तमान यथार्थ परिवेश की संघर्षयुत चेतना से मुक्ति—अत: उस बचपन के अंकन में एक सहज मोद है—

तू सवा साल की जब कोमल
पहचान रही ज्ञान में चपल
माँ का मुख, हो चुम्बित क्षण-क्षण
भरती जीवन में नव जीवन।

यह काल की द्वंद्वात्मक चेतना से परे हँसते हुए बचपन का शाश्वत चित्र है। कवि का बनाया हुआ चित्र। सरोज में अभी अपनी ख़ुद की कोई 'हरकत' नहीं है, वह कोई 'दूसरा' नहीं है, वह कवि में से निकली है और कवि की है। पर शीघ्र ही बचपन के इस संक्षिप्त फ़्लैशबैक में एक-एक कर वे दूसरी दुनियाएँ प्रवेश करने लगती हैं और कवि तथा सरोज के सम्बन्ध भी बदलने लगते हैं।

इस बदलाव का पहला संकेत वहाँ है जहाँ एकाएक सरोज जवान होने लगती है—

नैश स्वप्न ज्यों तू मंद-मंद
फूटी ऊषा जागरण छंद

काँपी भर निज आलोक भार
काँपा बन, काँप दिक् प्रसार।
परिचय-परिचय पर खिला सकल—
नभ, पृथ्वी, द्रुम, कलि, किसलय दल।

यह जैसे कवि ने अपनी रचना में रंग भरा हो, उसे अलंकार पहराए हों। पर यहीं से उसे एक धीरे-धीरे आकार लेते व्यक्तित्व का एहसास भी होने लगा है :

तू खिंची दृष्टि में मेरी छवि
जागा उर में तेरा प्रिय कवि
उन्मनन-गुंज सज खिला कुंज
तरु पल्लव कलि-दल पुंज-पुंज
बह चली एक अज्ञात बात
चूमती केश—मृदु नवल गात,
देखती सकल निष्पलक नयन
तू, समझा मैं तेरा जीवन।

यह रूप-छवि ऐसी है जो पिता के पितृत्व को नहीं, कवि के कवित्व को उद्दीप्त करती है। कवि उन आँखों में अपनी ही छवि देखता है और उस छवि को अपने कल्पना-सामर्थ्य से भर देता है, जो अभी तक कली में बन्द एक कोमल भाव रहा उसे मूर्त रूपाकार देने लगता है। यह सारी रूप-सृष्टि उसकी है, उसकी हुई है, पर साथ ही यह भी स्पष्ट हो चला है कि वह अब उस सृष्टि का नियामक नहीं रहा—'समझा मैं तेरा जीवन' की स्वीकृति अपने से अलग हो रहे एक स्वतंत्र जीवन की स्वीकृति है।

सरोज के साथ कवि के इस बदले हुए सम्बन्ध का यह सोचता-सा चित्र शीघ्र ही एक क्षुब्ध सागर के फेनिल शोर में डूब जाता है। यह सागर यथार्थ का है, उस वास्तविकता का जो कवि का परिवेश है। इस सागर की लहरों में (एक यथार्थ के भीतर यथार्थ की कई दुनियाएँ) पिता और पुत्री, कवि और उसकी रचना के सम्बन्ध डूबते-उतराते रहे हैं। डूबकर उतराने के बाद हर बार इनके बीच का सम्बन्ध थोड़ा बदल जाता है।

इस बदलाव की प्रक्रिया में जो यथार्थ-स्थितियाँ विक्षोभ पैदा करती हैं, उनका एक पक्ष यह है :

सोचा मन में हत बार-बार
ये कान्यकुब्ज-कुल-कुलांगार,
खा कर पत्तल में करें छेद

इनके कर कन्या अर्थ खेद
इस विषय-बेलि में विष ही फल
यह दग्ध मरुस्थल—नहीं सुजल।

यह सिर्फ़ बाहर घटित होने वाली अनुभूति नहीं है, बल्कि यह एक लम्बे अरसे से कवि के भीतर घट रही थी, क्योंकि यह उस क्षुब्ध यथार्थ-सागर की एक लहर है जो शुरू से ही कवि के भीतर गरज रहा था। कविता के आरम्भ में ही जिस 'जीवन-सिन्धु' का उल्लेख हुआ है वह यही तो है—बार-बार कवि-मन के भीतर से फूटकर उछलकर बाहर आता हुआ और बाहर आने में भीतर का कुछ तोड़, कुछ मिटा जाता हुआ और फिर कुछ पीछे छोड़कर धीरे-धीरे वापस लौट जाता हुआ। जहाँ लहरें ऊपर चढ़ती हैं वहाँ एक वेग है, भावनाओं का शोर, क्षोभ की गूँजती हुई तल्खी। ऐसे में भाषा अनेक अर्थ-आवर्तों में घिरकर मानो ठोस पत्थरों से टकराती हुई चलती है। जहाँ उतार है वहाँ एक समरस पठारी वर्णनात्मकता है, प्राय: बिम्ब प्रतीक रहित निरलंकृत भाषा-प्रवाह—घटना-क्रम को कहकर हल्का हो लेने का भाव।

एक जगह जहाँ लहरों का शोर कुछ पीछे छूट गया है, यह चित्र उभरता है—

देखती मुझे तू हँसी मंद
होंठों में बिजली फँसी स्पन्द
उर में भर झूली छवि सुन्दर
प्रिय की अशब्द शृंगार मुखर
तू खुली एक उच्छ्वास-संग,
विश्वास-स्तब्ध बँध अंग-अंग
नत नयनों से आलोक उतर
काँपा अधरों पर थर-थर-थर।

सरोज का यह विवाह के तुरन्त बाद का चित्र है। रचना कवि से अलग एक पूर्ण स्वतंत्र अस्तित्व प्राप्त कर चुकी है और इन पंक्तियों में पहली बार कवि उस रचना को बराबरी के स्तर पर देखता है। या शायद रचना ही पहली बार उन्मुक्त दृष्टि से अपने स्रष्टा को देखती है। पहले कवि सरोज की आँखों में अपनी ही छवि देखता था, अब उन आँखों में उससे अलग एक नया संसार रच गया है। इस संसार के रचे जाने तक कवि उसके साथ-साथ रहा है, पर अब वह वहाँ नहीं है। पहली बार उसकी रचना 'हरकत' कर रही है—होंठों में फँसी बिजली लिये मन्द हँसी... सरोज का एक उच्छ्वास के साथ धीरे-धीरे खुलना...और इस खुलने में बँधे हुए अंगों का संभ्रम में ठिठक पड़ना...झुकी आँखों से काँपते अधरों पर एक भीतरी

आलोक का थरथराते हुए उतरना—ये सारे कोमल संकेत एक सौन्दर्य के क्रमशः पूर्ण प्रस्फुटित होने के हैं। यह सौन्दर्य पहले के सौन्दर्य की तरह स्थिर चित्रलिखित नहीं है, बल्कि इसमें एक गति है, एक आन्तरिक उमगन, एक खुलाव, एक वयस्क ऐन्द्रिक स्पर्श। कवि अपनी रचना को एक नई सम्बन्ध-भूमि पर देखता है :

देखा मैंने वह मूर्ति धीति
मेरे बसंत की प्रथम गीति
शृंगार रहा जो निराकार
रस कविता में उच्छ्वसित-धार
गाया स्वर्गीया-प्रिया संग—
भरता प्राणों में राग-रंग,
रति-रूप प्राप्त कर रहा वही,
आकाश बदलकर बना मही।

यथार्थ यह है कि सरोज एक मातृविहीन पुत्री है जिस पर पिता की ममता बरसती है, और आदर्श यह कि सरोज एक रचना है, स्वतंत्र, रूप-वैभवपूर्ण और सम्भावना के एक नए द्वार पर खड़ी हुई। इस स्थल पर यथार्थ और आदर्श दोनों की परिधियाँ एक-दूसरे के अत्यन्त निकट हैं, एक-दूसरे को लगभग छूती हुई सी। कवि इस नई सम्बन्ध-भूमि पर इन्हें एक साथ तीव्रता से महसूस करता है। इसीलिए उसका स्वर सधा हुआ है, उसमें एक बारीक शिल्प-संयम और सन्तुलन है, बहुत कुछ को थोड़े में व्यक्त करने का शब्द-लाघव, और अब एक ऐसी निस्संगता जिसमें यथार्थ और आदर्श दोनों ही रचनात्मकता के एक तीसरे स्तर पर संक्रमित हो जाते हैं। तभी पुत्री पुत्री होकर भी रचना ही रहती है ('मेरे बसंत की प्रथम गीति') और रचना रचना होकर भी अन्ततः पुत्री ही रह जाती है ('आकाश बदलकर बना मही')।

सरोज की इस नई मूर्ति में—जो एक ओर धैर्य की प्रतिमा है और दूसरी ओर प्राणों में राग-रंग भरने वाला रति-रूप—एक नई पहचान, एक नई आत्मीयता जुड़ती है 'स्वर्गीया प्रिया' के ध्यान से। ग़ौर कीजिए, कवि को सरोज के वयक्रम से तीनों ही रूपों—बालिका, नवयुवती, सद्यःपरिणीता—के चित्रण में अपनी स्वर्गीया प्रिया का ध्यान बार-बार आता है। सरोज का स्मरण एक तरह से प्रिया का भी स्मरण है। सरोज जैसे नए सिरे से कवि और उसकी प्रिया को एक-दूसरे के निकट लाती है—उस 'अनुपस्थित' प्रिया को 'उपस्थित' बनाती है। जो है वह, जो नहीं है, उसकी याद ताज़ा कर जाता है। यह प्रिया भी अपनी रची गई 'उपस्थिति' द्वारा स्वयं सरोज को भी कवि के लिए अधिक 'उपस्थित', अधिक तात्कालिक, अधिक अनुभूत बनाती है। वह सरोज को कवि के साक्षात्कार के लिए सम्भव बनाती है।

पर यह सम्पूर्ण हुई रचना इस साक्षात्कार के क्षण में ही कवि से छिन जाती है। जो है वह भी, जो नहीं है, उसमें मिल जाता है। सरोज को खोकर जैसे कवि अपनी प्रिया को दुबारा खो देता है, उस प्रिया को जो उसके साथ इस सरोज में थी—उस सौन्दर्य और रस में, जिसे दोनों ने मिलकर साथ-साथ रचा था एक सम्भावना में। एक के खोने में यह दो का खोना—एक पूरे रचना-संसार का खोना—कुछ इतना बड़ा है कि भावनाओं के ज्वार की नोक पर नहीं झेला जा सकता। इसके लिए चाहिए एक ठंडा पठार। कोई ताज्जुब नहीं कि सरोज की मृत्यु की सूचना बड़े सादे, लगभग निरावेग ढंग से दे दी गई है। थोड़ी देर पहले सरोज के उस रचनात्मक रूपोत्कर्ष के क्षण में ही भीतर-भीतर जो एक चुप-चुप उदासी रिस रही थी, वह क्या इसी भावावेग के उतार की पूर्वसूचना थी?

लेकिन भावना के ज्वार-बिन्दु पर एक बार कवि फिर लौटता है। यह ज्वार कैसा है? यथार्थ और आदर्श के बीच किसी ढीले पड़ गए सन्तुलन को कसता हुआ नहीं, बल्कि उनके रहे-सहे ताने-बाने को भी तोड़ देता हुआ। जो तनाव अपने तमाम उतार-चढ़ावों के बावजूद शुरू से अब तक चला आ रहा था वह टूट जाता है। सरोज की मृत्यु के साथ वे तमाम दुनियाएँ जो सरोज की वजह से थीं, तिरोहित हो जाती हैं, उनके तमाम छोटे-बड़े ब्योरे और उनके तमाम रंग-बिरंगे अच्छे-बुरे चेहरे खो जाते हैं और जीवन के यथार्थ का यह क्रूर, भयानक और बिना चेहरे वाला चेहरा उभर आता है :

हो इसी कर्म पर वज्रपात
यदि धर्म, रहे नत सदा माथ
इस पथ पर मेरे कार्य सकल
हो भ्रष्ट शीत के-से शतदल।

इस अनुभूति को किसी भी रचनात्मक तर्क से नहीं समझा जा सकता। यह एक कवि की नहीं, एक पिता के भीतर से फट पड़ती हुई चीख़ है! इस चीख़ का यथार्थ कवि के बावजूद भी है, सत्य की तरह नंगा और ठिठुरता, जैसी कि सरोज की अकाल और अकारण मृत्यु। अनुभूति के इस विस्फोट को देखकर ऐसा लगता है कि सरोज का अन्त महज़ एक रचना का अन्त नहीं था, सरोज कवि के लिए सिर्फ़ एक रचना नहीं थी, वह इससे कुछ बढ़कर थी। वह शायद कवि के लिए वह जीवन थी जिसमें रचना सम्भव होती है।

कवि-कर्म की ट्रेजिडी यह है कि इस जीवन के बाहर भी अन्त नहीं है, शून्य नहीं है, है जीवन के केन्द्र में वापस लौटने की दुर्दमनीय इच्छा। इसीलिए 'सरोज-स्मृति' का अन्त जीवन के बाहर एक शून्य, एक तर्पण—भावनाओं की कैथारसिस—में नहीं होता। कविता की अन्तिम दो पंक्तियाँ लगभग फालतू-सी

लगती हैं, क्योंकि हम जानते हैं कि अभी-अभी जो विस्फोट कवि की अनुभूति में हुआ है और उससे जो गहरी दरार उसके भावयंत्र में पड़ गई है, उसके रहते कोई कैथारसिस नहीं हो सकता। जहाँ कविता ख़त्म होती है वहाँ यथार्थ का नंगा और क्रूर पर मानवीय चेहरा अब भी सामने खड़ा है। यह यथार्थ ही इस कविता के बाद—हर एक कविता के बाद—दूसरी कविता को सम्भव बनाएगा, कवि के कटे-फटे भावयंत्र के बावजूद।

[1973]

बात बोलेगी, पर कब?

शमशेर बहादुर सिंह मलयज के दोस्त, पड़ोसी, सलाहकार और मैंटर थे लेकिन बहुत सारे मुद्दों पर उनके विचार एक जैसे नहीं थे। जिस लेखक का उल्लेख उनकी डायरी में बार-बार आता वो शमशेर बहादुर सिंह ही हैं, बाद के दिनों में यही करीबी रमेशचन्द्र शाह के लिए भी रही और यह भी देखा जाना चाहिए कि अपने मित्रों की रचना की समीक्षा करते वक़्त या उन पर टिप्पणी करते वक़्त मलयज एक तटस्थ या निरपेक्ष भूमिका में आ जाते हैं, और कठोर से कठोर बात मृदु लहजे में बयाँ करते हैं। 'बात बोलेगी' शमशेर की प्रसिद्ध कविता की पंक्ति है। मलयज का सवाल है 'पर कब?' यह पूरा लेख इस सवाल के उपजने का विवरण देता है और शमशेर की रचना-प्रक्रिया और कविता पर नए सवाल उठाता है। **—तरुण**

शमशेर जी के बारे में सोचते समय हमेशा चार्ल्स लैम्ब के एक आत्मपरक निबन्ध 'ड्रीम चिल्ड्रन' की याद आती है...कल्पना-निर्मित शिशु, जो यथार्थ की उँगलियों से छूते ही तिरोहित हो जाते हैं...शमशेर जी जब अपने बारे में, अपनी काव्य-प्रक्रिया के बारे में, देश, समाज, भाषा और राजनीति के बारे में बातचीत कर रहे होते हैं तब वह कल्पनाशिशु अनायास ही जीवित हो उठता है, आँखों के आगे साक्षात् वही भोला विश्वास, वही सहज तरलता और यथार्थ की बाह्य आकृतियों से मेल खाती उसकी भावमुद्रा...लगता है जो सच और ठोस और यथार्थ करके दीख रहा है वह सब कल्पित है, बनावटी और असहज, और यह जो सामने कल्पना की आँखों के आगे मूर्तिमान खड़ा है वही एकमात्र सच है। शमशेर जी बात करते रहते हैं (किससे?) और वह कल्पना की आदर्श, उदात्त मूरत रंग पाती रहती है : उसकी भाव-मुद्राएँ अपने भीतर मानव-अनुभूतियों की तल्ख सचाइयाँ छिपाए हुए लगती हैं, उसकी सहजता के पीछे एक गूढ़ नियम झलकता है—ऐसा नियम और इतना क्लासिक-सहज, जो कि एक सीधी रेखा को बस एक सीधी रेखा ही बनाए रखने के लिए ज़रूरी हो, —और शमशेर जी शब्दों के रूढ़ अर्थों से मुक्त एक ऐसी दुनिया की रचना करने लगते हैं जो सिर्फ़ उनकी दुनिया है। वह कौन-सी प्रक्रिया है जिससे

शमशेर जी इस अपनी दुनिया की रचना करते हैं सिर्फ़ अपने को और भी एकाकी करते जाने के लिए? वह कौन-सा तत्त्व है इस दुनिया के बनने की प्रक्रिया में, जो हर शब्द को काव्य-शब्द में बदल देता है और हर अर्थ को काव्य-अर्थ में? क्या यह एक असम्भव की दुनिया है?

शमशेर जी इस असम्भव को सम्भव बनाकर अपनी दुनिया की शुरुआत करते हैं और फिर उस सम्भव को असम्भव बनाकर उसे ख़त्म कर देते हैं। दूसरे के लिए बन्द, यह 'बात बोलेगी हम नहीं' की दुनिया है। ऐसी कि उसको खोलने की चाबी ख़ुद उस दुनिया के भीतर ही कहीं रह गई है। भेद खोलेगी बात ही, पर बात भी कब बोलेगी?

शमशेर जी बातचीत के दौरान जितना खोलते हैं वह उतना ही होता है जितने से वे जो नहीं खोलते उसकी एक झलक मिल जाए। किसने कहा था कि शमशेर की कला न कहने की कला है? शमशेर जी का ख़ुद का कहना है : "किसे फ़ुर्सत है भला सुनने की?" बात सुनने की यानी मर्म की बात। और वास्तव में असल वजह यह है कि शमशेर जी जो कुछ देना चाहते हैं वह सिर्फ़ बात या बात का मर्म नहीं, कोई अनुभूत सचाई नहीं, कोई कला-वला नहीं, स्वयं अपना आपा है—अपना सर्वस्व! इस देने के अद्‌भुत और शक्तिशाली जज़्बे में प्राप्तकर्ता बेचारे का अस्तित्व कहीं लोप हो चुका होता है, सिर्फ़ शमशेर जी की स्वत्व के सम्पूर्ण दान में उठी हुई उदात्त मुद्रा रह जाती है।

शमशेर जी कह रहे थे, "...अक्सर लोगों ने मेरे दबे-दबेपन, बुझे-बुझेपन, ख़ुद को एसर्ट न कर पाने...हीनताग्रंथि?...की ओर संकेत किया है—बच्चन, राजनाथ पांडे ने इधर ख़ासतौर पर। मुझे इस सिलसिले में नरेन्द्र की कही हुई एक बात याद आती है, पता नहीं नरेन्द्र उस वक़्त कितने गम्भीर थे...नरेन्द्र विटी और शरारती भी कम नहीं—सो उन्होंने कहा था यार, यह तुम्हारी हीनताग्रंथि नहीं बल्कि श्रेष्ठताग्रंथि है जिसके कारण तुम दबे-दबे से रहते हो। बात शायद हल्के-फुल्के मूड में ही कही गई थी, पर लगता है उसमें सचाई का एक अंश था ज़रूर।...मेरा आदर्शवादी स्वभाव हर चीज़ टॉप लेवल की ही चाहता रहा, मैंने बड़ी सख़्त कसौटी रखी, जिस पर मैं दूसरों के साथ-साथ ख़ुद अपने को भी कसता रहा।...कह नहीं सकता उस कसौटी पर कौन खरा उतरा...हो सकता है यह एक असम्भव कसौटी रही हो, शायद थी भी, और उसकी असम्भवता के बोझ के नीचे मैं दबा-दबा, बुझा-बुझा रहा। शुरू में मैं केवल उसे महसूस कर सकता था, अब कुछ-कुछ जानने भी लगा हूँ...।"

"मार्क्सवाद और मेरे आदर्शवाद में कम से कम मेरे लिए कोई विरोधाभास नहीं रहा, मार्क्सवाद मेरे तईं मेरे उस आदर्शवाद का ही एक जुज़ था, कोई सिद्धान्तवादिता नहीं, वह मेरी एक रूहानी ज़रूरत की पूर्ति करता था। मैं उस अर्थ में मार्क्सवादी कभी रहा भी नहीं जिस अर्थ में मेरे प्रगतिशील दोस्त रहे हैं,

मसलन, चौहान और राजीव सक्सेना। मुझे पार्टी के लोगों ने उस रूप में कभी गम्भीरता से नहीं लिया, उनके यहाँ शायर और लेखकों का एक अलग खाना था जिसमें मुझे रख दिया गया था...बहुत कुछ अनरिलायबुल...पर हाँ, मार्क्सवाद मेरी ज़रूरत थी, सच्ची ज़रूरत, उसने मुझे मार्बिड और रुग्ण मन:स्थिति से, जिसमें कि मुझे डर था कि पड़ा रहकर मैं बिलकुल ही डूब जाऊँगा, सपाट हो जाऊँगा, मुझे उबारा। मार्क्सवाद का जनवादी रूप, उसकी जनवादी आकांक्षा हमेशा मुझे आकर्षित करती रही—बुनियादी तौर पर मुझे हर वह चीज़ आकर्षित करती है जो मुझसे, मेरी प्रकृति से भिन्न हो; क्योंकि मुझे लगता है कि इस तरह मेरी अपनी कोई कमी पूरी हो रही है उस दूसरे में...मैं जो नहीं हूँ और जो होना चाहता हूँ, इसके संघर्ष में पड़ने और उस संघर्ष का सब जोखिम उठाने के सिवाय मेरे पास एकमात्र रास्ता यही था कि मैं अपने रुग्ण और मार्बिड एहसासों के अन्धे कुएँ में हमेशा के लिए गिर जाऊँ...इसीलिए मैं कहता हूँ मार्क्सवाद और मेरे आदर्शवादी स्वभाव में कोई अन्तर्विरोध नहीं।"...

मार्क्सवाद ने शमशेर जी को चाहे उस अन्धे कुएँ से भले निकाल लिया हो, पर उनकी असुरक्षा भावना को दूर न कर सका, क्योंकि मार्क्सवाद ने उनके सिर्फ़ एक ज़िन्दा हिस्से को अंगीकार करना चाहा, उनके सम्पूर्ण को नहीं। स्वत्व का सम्पूर्ण दान करने को उठा हुआ हाथ अधर में ही उठा रहा—"इनसान रोटी पर ही ज़िन्दा नहीं : इस सचाई को और किसने अपनी कड़वी मुस्कराहट-भरी भूख के अन्दर महसूस किया होगा एक तपते पत्थर की तरह, भुवनेश्वर : जितना कि तुमने!" ये काव्य पंक्तियाँ 1955 में लिखी गई थीं और शमशेर जी 'भुवनेश्वर' की जगह 'शमशेर' भी लिख सकते थे।

ऐसे असम्भव आदर्शवादी का इलाज क्या कविता हो सकती है? वह कविता, जिसके लिए शमशेर छठी जमात से ही अपने 'वन ट्रैक माइंड' के साथ दीवाने रहे? "मैंने इतनी मेहनत की है, इतनी मश्क, कविता के मर्म को और शब्द-शब्द को समझने, साधने की—इस शिद्दत के साथ, कि लगता है मैंने कविता के सिवाय कुछ किया ही नहीं है...हाँ साब! इतना अभ्यास था मुझे छन्दों का कि मैं इम्तहान में अंग्रेज़ी के पर्चे गद्य के बजाय छन्दोबद्ध पद्य में ज़्यादा आसानी से कर सकता था...उर्दू, हिन्दी और अंग्रेज़ी में समान रूप से मैं छन्द-रचना करता था..." यह जो स्वर में उत्साह और उल्लास की फाँक एकाएक बिखर-बिखर पड़ रही है क्या वह एक कवि के अपने माध्यम पर अधिकार के सहज दर्प को ही ध्वनित करती है? केवल रूप तंत्र के सजीव अंकन के अपने हुनर का ही बखान करती है? क्या शमशेर जी ने अपने असम्भव आदर्श को कम से कम एक बार तो अपनी काव्यकृति में पा लिया है, रूप-अभिव्यक्ति के स्वनिर्मित 'टाप लेवल' की कसौटी पर खरे उतरे हैं? और यह उत्साह और भोला गर्व उसकी स्वीकृति है? "...मैंने काव्य के इतने

विविध रूप प्रकारों में, सम्पूर्ण भीतरी अर्जेंसी के साथ सफल ढंग से काव्य-रचना की है कि मैं समझता हूँ कि मेरे समवयस्कों में से किसी ने न की होगी..." क्या यह उस मौन उपलब्धि पर उनकी मुखर तस्दीक है?

पर इस निर्मम काव्य-शिल्प का नियम-बन्धन शमशेर जी ने क्यों अपनाया? क्या यह अपनी असुरक्षा को, कवि के सच्चे अन्त:मर्म से बेपरवा और भौतिक-मूल्यों की लसलसाहटों में चटखारे लेती दुनिया की बेबाक और क्रूर नज़रों से, ढक-मूँद कर ख़ुद को आश्वस्त करने, नहीं बल्कि उस आश्वस्ति में काव्य-मूल्य के कुछ दुर्लभ रतन पा लेने की, कामना नहीं थी? शमशेर का आकर्षक शिल्प-बन्ध लोगों को धोखा देने में कितना कारगर सिद्ध हुआ है! अपनी दुखती सचाई के ऊपर जो एक रंगारंग पर्दा शमशेर ने खींचा उस पर आलोचकों ने लिखा 'एक विशिष्ट कवि', और मानो बहुत-सी जहमतों से छुट्टी पा ली। नामवर को भी (एक प्रगतिशील मार्क्सवादी हमसफर से दाद पाने की इच्छा क्या अस्वाभाविक थी?) "मुझमें सिर्फ बिम्ब और काव्य-शिल्प और प्रतीक ही मिले...विचार नहीं, भाव (इमोशन) नहीं, सिर्फ़ अकेली कल्पना...अनुभूतियाँ भी इन्हें मेरी सीमित प्रकार की दिखीं हालाँकि ईमानदार...मानो वे कह रहे हों कि भई बस, इससे आगे मैं आपको डिफेंड नहीं कर सकता, क्योंकि हैं आख़िर में आप व्यक्तिवादी ही, सामाजिक-यथार्थवादी तो नहीं।"...

ये दो साँचे हैं जिनमें आलोचकों ने गाहे-बगाहे उन्हें फिट करना चाहा है। उत्कृष्ट शिल्प-तंत्र और सामाजिक यथार्थवाद। शमशेर जी को अपने आलोचकों से शिकायत नहीं है क्योंकि उन्होंने ख़ुद ही अपने को इन साँचों में फिट करना चाहा है। एक साँचे का आग्रह भीतरी बनावट की विवशता है, दूसरे का अपने व्यक्ति की पुकारती हुई सी माँग—अपने 'स्व' को बृहत्तर 'पर' से जोड़ने की अनिवार्य सजगता। पर शमशेर जी से कहो कि दोनों साँचों में एक साथ फिट होना आपका फिर वही असम्भव आदर्शवाद है तो पहले तो वे पुराने उस्तादों की बानगी पेश करेंगे, मसलन शेक्सपियर, तुलसीदास वगैरह; फिर अपनी 'नर्वस शक्ति' की सीमा देखते हुए बेबसी के एक स्वीकार के साथ कहेंगे कि भई, मैं तो कवि हूँ और कवि का यह आदर्शवाद पालने का मुझे अधिकार होना चाहिए। वे कह रहे हैं, "...दरअसल जो मेरे संस्कार हैं, जो मेरा अनुभव है वे तो जड़ की तरह काम करेंगे ही और इन्हीं से मेरी कविता फूटेगी, लामुहाला...पर मैं कोई अनकांशस पौधा तो नहीं हूँ, मैं एक सजग संवेदनशील बाहरी प्रभावों को ग्रहण करने के प्रति उन्मुख पौधा हूँ। अत: मैं कभी-कभी जानबूझकर सजग तौर पर अपने को बीमार और मार्बिड से हटाकर शुभ और स्वस्थ की तरफ़ मोड़ूँगा—रामविलास की आलोचना यहीं मेरी मदद करती है। मैं उससे सहमत नहीं होता हूँ, हर कहीं, पर यह ज़रूरी नहीं है...मैं उनकी आलोचना के प्रकाश में अपनी कमज़ोरी को दूर करना चाहूँगा। अपने को तटस्थ ढंग से उन अँधेरे अस्वस्थ संस्कारों से दूर करना चाहूँगा...मेरे

निकट रामविलास की आलोचना यही रोल अदा करती है...क्योंकि मैं कवि होने के साथ-साथ एक नागरिक भी हूँ और मैं अपने नागरिक के उत्तरदायित्व पर अपने कवि को आड़े नहीं आने देना चाहता...पर उन तमाम कलाकृतियों का रसास्वादन करने से भी मैं अपने को रोक नहीं सकता, जो इस नज़रिये पर खरी नहीं उतरतीं...मिसाल के लिए रामविलास को मेरी 'टूटी हुई बिखरी हुई' कविता अस्वस्थ मन:स्थितियों की उपज लगी थी...आमतौर पर वे मेरी कविता के कटु आलोचक रहे हैं...पर मैं उस कविता को इस बिना पर रद्द नहीं कर सकता अगर वह सच्ची कविता है तो।"

शमशेर जी में कहाँ कवि की सीमा ख़त्म होती है और नागरिक की सीमा शुरू हो जाती है और फिर कहाँ नागरिक की ख़त्म होकर कवि की शुरू हो जाती है, इसका पता लगाने की चेष्टा व्यर्थ है। यह मानो स्वप्न शिशु को यथार्थ की ठंडी उँगलियों से छूना होगा।

मैंने पूछा : शमशेर जी, आपने कविता से क्या पाया?

शमशेर जी ने कहा, "कविता के माध्यम से मैंने प्यार करना—अधिक से अधिक चीज़ों को प्यार करना—सीखा है। मैं उसके द्वारा सौन्दर्य तक पहुँचा हूँ। मेरी चेतना इतनी, कह लो कि कंडीशंड हो चुकी है, कि हर चीज़ में मुझे एक अन्त:सौन्दर्य दिखाई देता है, बिना किसी अतिरिक्त कांशस प्रयत्न के, सौन्दर्य का पूरा एक कम्पोजीशन... दृश्य जगत पहले मेरी नज़र में सौन्दर्य के एक कम्पोजीशन के रूप में ही आता है... मैं उससे प्रभावित होता हूँ...काव्य की कुछ उपलब्धियाँ निगेटिव मूल्य के रूप में होती हैं, समझ लो कि यह बरबस सौन्दर्य के एक ख़ाके में अपने को अनायास महसूस कर लेना मेरी कविता की वही निगेटिव उपलब्धि है।"

मैं : और वह आदर्शवाद?

शमशेर : "उसके कारण मैंने हमेशा जीवन के शुद्धतर मूल्यों को ही अपनाया, दुनियावी मूल्यों को नहीं...इससे मैं मनुष्य के भीतर ज़्यादा गहराई के साथ उसके मनुष्यत्व तक पहुँच सका, उसे सार रूप में ग्रहण कर सका। सांसारिक मूल्यों से असम्पृक्त और बेलौस रहने के कारण मैं कहीं अधिक तटस्थता से व्यक्तियों और चरित्रों का विश्लेषण कर सका, मैंने अपने अहम् को इसमें कभी बाधक नहीं बनने दिया...इस आदर्शवाद की वजह से ही मैं दूसरों को उतनी सहानुभूति दे सका जितनी कि स्वयं अपने को भी न दे सकता था...शायद यही मेरी कमज़ोरी भी रही...मैं जल्द दूसरों से प्रभावित हो जाता हूँ...मैं अपने साथ पूरा न्याय नहीं कर पाता..."

एक गहरा मौन जो किसी स्मृति के बोझ से भारी नहीं है, लग रहा है कि समय की भौतिक कारा से मुक्त कोई क्षण अपने अतीत की जड़ों को टटोल रहा है—जीवनवृंत से टूटकर गिरी किसी मर्म की पंखुड़ी को पुन: डाल से जुड़ जाने का आह्वान कर रहा है, "मैं समझता हूँ मेरी कविता, और जीवन भी, बिलकुल बेकार नहीं गए...मैं अपने सेंटीमेंट्स को भी एक मूल्य प्रदान कर सका...मैंने उन्हें

किसी व्यक्ति या वस्तु से नहीं बाँधा...शायद मैंने प्रेम से नहीं, प्रेम के आदर्श से प्रेम किया है...पर प्रेम की इस भौतिकता से मुक्त होकर मैं सबका स्नेह पा सका, दे सका...यह कम तो नहीं?"

शमशेर जी में कहीं छिपा हुआ वह क्षण है, काव्य-कला के रस से पुष्ट, जो सहसा जीवित हो उठता है...क्या वे जिस सम्भव को असम्भव बनाकर बाजी ख़त्म कर चुके थे वह फिर शुरू हो रही है और वे असम्भव को सम्भव बनाने की नए सिरे से तैयारी कर रहे हैं? अभी उनके हौसले कम नहीं हुए हैं, चाहे आँखों की पावर माइनस-16 तक भले पहुँच गई हो।

चाय पी चुकने के बाद उनका चेहरा रवे की तरह भरभरा आया था। कोट को चारों ओर से सकेलते हुए कुर्सी पर पालथी मारकर वे इत्मीनान की मुद्रा में आ गए। दोनों हाथ की उँगलियों को बालों में तेज़ी से रगड़ते हुए मालिश जैसी की, कनपटियों को मला, चश्मा उतारकर आँख के पपोटों पर हथेली फिराई। फिर चश्मे को ठीक कर नाक के जरा नीचे मुंशियाने ढंग से रख लिया। तब सिर को ज़रा-ज़रा सा इधर-उधर हिलाया मानो चेहरे पर भरभरा आए रवों को परत-दर-परत एकसार जमा रहे हों।...

भाषा की चर्चा छेड़ने पर शमशेर जी ख़ुश हो जाते हैं। बाहर की दो-तीन ज़बानें सीख लेना, इतना कि उनका साहित्य, मज़े में पढ़-समझ सकें...और दो-तीन भारतीय भाषाएँ, यह उनकी महत्त्वाकांक्षा रही है। धुन चढ़ने पर कई-कई बार यूनानी, रूसी और स्पेनी पढ़नी शुरू की, अपने ढंग से उनमें कुछ दख़ल भी हासिल किया, पर यह वह सिलसिला था जिसका कोई सिलसिला नहीं। संस्कृत का भी यही हाल रहा—दामोदर सातवलेकर की चौबीस खंडों वाली संस्कृत-पाठमाला के ग्यारह-बारह सोपान रुक-रुक कर चढ़ गए, फिर उनके 'डिप्रेशन' ने उन्हें घेर लिया...भाषा का विधिवत् और सम्पूर्ण अध्ययन करना शमशेर जी का इष्ट भी नहीं, इष्ट हो भी तो वे इसे अपने शायराना मिज़ाज पर हावी नहीं होने देना चाहते। कहते हैं, "भाषा का अध्ययन मुझे भाषाशास्त्रीय दृष्टि से नहीं करना है। हालाँकि करूँ तो वह एक उपयोगी कार्य होगा,...मुझे तो इस अध्ययन से एक कवि के नाते भाषा की जड़ों को महसूस करने में सहायता मिलती है, शब्दों के आदि रूप, उनकी मूल ध्वनियाँ कैसे हमारे मन-मस्तिष्क को प्रभावित करती हैं, उन्हें क्रिया-प्रतिक्रिया के एक विशेष साँचे में ढालती हैं—इसका अध्ययन बहैसियत एक कवि के लिए सचमुच कितना लाज़िमी है...ज़रा आप शब्दों की जड़ों तक जाइए, आप एक-दूसरे ही सौन्दर्य में डूब जाएँगे...कैसा अद्भुत नियम काम करता है उनके पीछे! और इसका असर अनजाने भी हमारे संस्कारों पर पड़ता है...यह सब कुछ एक कवि-कलाकार ही देख सकता है, एक भाषाशास्त्री नहीं...भाषा का जो भी थोड़ा-सा अध्ययन मैंने किया है उससे मुझे विभिन्न भाषाओं के भीतर एक एकरूपता-सी दिखाई दी है, उनकी बुनियादी

बनावटों में कोई लम्बा-चौड़ा अन्तर नहीं है। और उन्हें समझने में लिपि कोई बाधा नहीं बन सकती, क्योंकि बहुत-सी परस्पर भिन्न दिखने वाली लिपियाँ, जरा ध्यान से देखें तो, अपने सरल मूल आकारों में आपस में काफ़ी मिलती-जुलती हैं..."

तो भाषा भी शमशेर जी के लिए कविता है, सिर्फ़ एक माध्यम नहीं। और कविता भी कैसी? जिसमें बहते-बहते वे संस्कृति—नहीं, संस्कृतियों के उद्‌गम तक पहुँचने का उपक्रम करते हैं। उनकी 'चीन' शीर्षक कविता, जिसे लिखने में उन्होंने पूरे दो साल लगाए, ऐसे ही किसी भाषा-उदात्त उपक्रम की उपज होगी। और शायद यही वह बिन्दु है जहाँ से शमशेर जी तेज़ी से अमूर्तन की दिशा में बढ़ने लगते हैं। तब भाषा अनुभूति को यथार्थ करने का नहीं, अनुभूति को अतिक्रमित करने का साधन बन जाती है—वे अपनी अनुभूतियों में दिक्-खंडों के अन्तराल महसूस करते हैं, एक निस्सीम खुलापन, जिससे जब वे अभिभूत होते हैं तब 'मौन' होते हैं। उनकी कविताओं में शब्दों के बीच-बीच में आए विशाल दिक्-खंड अनुभूतियों के बीच के वे ही अन्तराल हैं, जिनसे अधिक से अधिक लगाव महसूस कर वे मानो अपने को अधिक से अधिक खोल पाते हैं। यह उनका वही अपना ढंग है—जब शमशेर जी अपनी जटिल-बोझिल अनुभूतियों के दबाव को कभी सरलता के आकाश में तिरा देते हैं और कभी मौन की नींद में सुला देते हैं।

सौन्दर्य की भाषा का उनका जो आदर्श है उसकी अभिव्यक्ति उनके मौन में ही हो सकती है। पर उनकी काव्य-भाषा का यह आदर्श नहीं। अज्ञेय ने उन्हें भले 'कवियों का कवि' बताया हो, स्वयं शमशेर की आकांक्षा हमेशा जनता का कवि बनने की रही है—बिना कला की उच्चतम शर्तों से समझौता किए हुए। और जनता का कवि वही बन सकता है जो जनता की भाषा में—उसकी बोलचाल के सहज, सरल, प्रवाहयुक्त, मुहावरों वाली भाषा में—अपने मर्म की बात रखे। शमशेर जी हिन्दी की खड़ी बोली में ऐसी भाषा का आधार उर्दू मानते हैं। उनका कहना है कि खड़ी बोली का बुनियादी ढाँचा उर्दू पर ही खड़ा है—"पश्चिमी उत्तर प्रदेश के गाँव की बोलचाल की भाषा देखिए, और यही पछाहीं इलाक़े तो दरअसल खड़ी बोली के इलाक़े हैं, तो आपको उसमें उर्दू की-सी ही सादगी और प्रवाह मिलेगा। वह उर्दू अदबी, फसीह (कटी-छँटी-परिष्कृत) और मजलिसी तकल्लुफ की भाषा न होकर आम बोलचाल की भाषा है। खड़ी बोली का स्वभाव उर्दू का है, संस्कृत का नहीं ...अधिकांश हिन्दी के लेखक कवि आज जो भाषा इस्तेमाल करते हैं उसका रंग कितना फीका-फीका-सा लगता है, उसमें वह रचाव नहीं, न वह बोलचाल के ठेठ मुहावरों की पकड़, जैसे कि हम स्टैंडर्ड उर्दू में पाते हैं। इस कमी को उर्दू के अध्ययन से काफ़ी कुछ दूर किया जा सकता है। उर्दू जो फ़ासले तय कर चुकी है उसे हिन्दी भी उर्दू के अध्ययन से अपने यहाँ ला सकती है...पर हमारे यहाँ शुद्धतावादी संस्कार इतने तगड़े हैं कि उर्दू को हिन्दी की एक शैली मानकर छुट्टी दे दी जाती है...

हाँ, देखो न, त्रिलोचन तक की भाषा इस दोष से मुक्त नहीं है। ज़रा गहराई से उनकी भाषा का रस लेने लगो कि उसके पलस्तर अपने आप उखड़ने लगते हैं, उसके जोड़-जोड़ स्पष्ट हो जाते हैं—वह ग़ालिब वाला सानेट ही देख लो।...त्रिलोचन में आम जन-बोलियों की ज़मीन की अच्छी पकड़ है, पर रचाव की कमी है, कारण उनके शुद्धतावादी संस्कारों का आग्रह और उर्दू के बाक़ायदा अध्ययन की कमी...।

"मेरे भीतर भी कुछ छायावाद के प्रभाव से यह आग्रह बड़े प्रबल रहे हैं—मेरी भाषा तत्सम शब्दपूर्ण, समासयुक्त और जटिल अर्थगुंफित, असहज रही है। पर मुझ पर छायावाद के साथ-साथ उर्दू कवियों का—इक़बाल और ग़ालिब का—भी बराबर असर रहा है, जिसने छायावादी भाषा-संस्कार को मुझ पर हावी होने नहीं दिया और मेरी बाद की कविताओं की भाषा ज़्यादा सहज, सादी और प्रवाहपूर्ण होती गई।"

इस दृष्टि से तो निराला खड़ी बोली के मूल स्वभाव से बिलकुल ही अलग-थलग पड़ जाते हैं?...

"हाँ, शुरू की कविताओं में, अधिकांश कर। पर बाद में 'महगू महगा रहा' जैसी कविताओं में निराला ने खड़ी बोली के स्वभाव के अनुरूप अपनी भाषा सादी, सहज और बोलचाल की रिद्म के निकट और काफ़ी कुछ मुहावरेदार रखी है...

"...भाषा के सम्बन्ध में हरेक का अपना आदर्श होता है, मेरा भी एक है... मैं शायद दूसरों पर भी यह आदर्श आरोपित करता रहा हूँ। त्रिलोचन और दूसरे तमाम हिन्दी लेखकों के सम्बन्ध में मेरा रवैया शायद मेरा उन पर अपना वही आदर्श आरोपित करना है। पर अपने लिए जीवंत भाषा को उसकी स्वाभाविकता में पकड़ने का मेरा आदर्श रास्ता यह है कि मैं खड़ी बोली वाले इलाक़ों के जनजीवन के बीच रहकर उनकी बोलचाल के लहजों, तौर-तरीक़ों, मुहावरों और अभिव्यक्ति के ढंग को अपने भीतर जज़्ब करूँ...उन सबके लिए अपने कान खुले रखूँ। पर यह आंचलिक होना नहीं है जो कि एक फ़ैशन के रूप में चल पड़ा है। मेरा आग्रह जन-बोलियों के संस्कार ग्रहण करने पर है उनके अनुकरण पर नहीं—ज्यों का त्यों प्रयोग करने पर तो भाषा सपाट होगी। एक सच्चा कवि जन-भाषा की बुनियादी बनावट की रक्षा करते हुए उस सपाटता से बच सकता है...इसके लिए काव्य में रेटॅरिक का इस्तेमाल और प्रभाव के लिए भाषा को तोड़ा-मरोड़ा जा सकता है... शेक्सपियर की भाषा का बुनियादी ढाँचा भी बोलचाल की लय का ही है, उसने इसी ढाँचे पर अपने भाव-गुंफन आरोपित किए हैं। उसकी जटिलता भाषा की मूल बनावट की नहीं—जैसे कि मिल्टन में है—बल्कि उस पर गुंफित अनुभूतियों की है, विचारों की गूढ़ता की है..."

शमशेर जी ने इधर एक कविता लिखी है—'प्रेम की पाती बसंता के नाम', इसे वे अपने इधर की कविताओं में एक उपलब्धि मानते हैं। "इससे मुझे बहुत सन्तोष है। जैसी कविता मैं लिखना चाहता रहा हूँ उसे देखते हुए मैं इसे 50 प्रतिशत नम्बर

दे सकता हूँ।" क्यों? "इसलिए कि इसमें जन-बोली के ख़ास लबो-लहजे में अपनी बात कही गई है।" पर एक चीज़ और है, यह शमशेर जी के चिर-परिचित अन्तर्मुख गहरी हताशा की कविता नहीं, बल्कि आजकल के सामाजिक वैषम्य पर एक करारे व्यंग्य के मूड में लिखी गई ऑब्जेक्टिव कविता है। क्या डॉक्टर रामविलास शर्मा की आलोचना सचमुच रंग ला रही है? "मैं जानबूझकर और सजग तौर पर अपने को अँधेरे और अस्वस्थ पक्ष से शुभ और स्वस्थ पक्ष की तरफ़ मोडूँगा," शमशेर ने कहा था।

शमशेर जी अपने भीतर से बाहर की ओर आ रहे हैं, आना चाहते हैं, पहले शिल्प के पथ से, बाह्य रूपाकार के सहारे—"कविता की एक विधि वह है जिसमें कविता का फार्म ही कवि को कविता के भीतर खींच लेता है" (शमशेर)। पर उनके भीतर और बाहर के बीच जो एक दरार है क्या वह बाह्य प्रेरणा, चाह या सजग शिल्प से मूँदी जा सकेगी?

भीतर से बाहर आने की कोशिश शमशेर जी में नई नहीं है। बल्कि उनके भीतर हमेशा से एक बाहर वर्तमान रहा है—कभी व्यक्ति के रूप में, कभी भाषा और भावसत्य के आदर्श के रूप में, कभी बाह्य सिद्धान्त के रूप में। यह बाहर वही वह 'दूसरा' है जिसकी तलाश शमशेर जी अपने भीतर की किसी कमी को पूरा करने के लिए करते रहे हैं। इस 'दूसरे' के दायरे में व्यक्ति रूप में जो आए वे वे थे जिन्होंने किसी बड़े मूल्य के लिए अपना उत्सर्ग किया, जो कला के प्रति सच्चे तौर पर पूरी तरह समर्पित रहे; जैसे निराला, कामरेड भारद्वाज, सुभद्रा कुमारी चौहान, माई, सुरामा, वगैरह। अपनी गूढ़भाव शक्ति को जिस भाषा शैली में अभिव्यक्त करने का आदर्श शमशेर ने अपने लिए निर्धारित किया उसका एक प्रारूप—एक ग्यारह सूत्री कार्यक्रम की शक्ल में—उन्होंने अपनी 1945 की डायरी में दर्ज किया था। 'कल्पना' के अप्रैल '58 अंक में प्रकाशित उस कार्यक्रम के तीन मुद्दे ये थे—1. जिसको सब समझ लें, एकदम, आसानी से, आँख पड़ते ही। 2. जिसको पढ़कर सब कहें—कि बात सोलहो आने खरी है। 3. जो एक अपढ़ तक भी पहुँच जाए जल्दी। बाह्य सिद्धान्त के आदर्श के रूप में मार्क्सवाद का जनवादी पक्ष था ही—अभी भी किसी न किसी रूप में है। शमशेर जी की साँसत और संघर्ष उस बाहर को अपना लेने को लेकर नहीं—आदर्श को सच कर देने को लेकर नहीं—बल्कि अपने भीतर को नष्ट न होने देने को लेकर है। वे बाहर को भी भीतर की ही शर्त पर चाहते हैं; क्योंकि भीतर ही तो उनका वह कला-विवेक निवास करता है जो उनकी बाह्य मोर्चे पर हर शिकस्त में उन्हें टूटने-बिखरने नहीं देता। यही कला-विवेक पार्टी के अनुशासनात्मक निर्देशों की अवज्ञा करने की उन्हें सामर्थ्य देता है; यही उन्हें किसी भी वाद या फ़ैशन या शैली के सीमा बन्धन को दृढ़तापूर्वक अस्वीकार कर देने का आत्मविश्वास देता है; यही उनके काव्य व्यक्तित्व को सुरक्षात्मक कवच

प्रदान करता है। शमशेर जी यदि किसी से जीते हैं तो इसी भीतर के कारण, यदि किसी से हारे हैं तो उस बाहर के कारण। पर वे अपनी हार को जीत में बदलने का सपना सँजोए हुए हैं। उनकी हार भी दो टूक शैली वाली हार नहीं है कि वे बिसात एकबारगी ही उलट दें। उनकी हार में एक ऐसी करुणा है जो हर कोशिश की विफलता के क्षण को एक उदात्त फ्रेम में कस देती है : विजन न सही विजन प्राप्ति का एक आश्वासन ही सही : एक प्रतीक्षा; और यही शमशेर जी के अमूर्तन का क्षण है—अनंत और मौन उस क्षण की सहज और सादी और प्रवाहपूर्ण भाषा है।

आसमान में हल्के-भूरे-स्लेटी रंग के बादल—बल्कि बादल भी नहीं, आसमान का हल्का, नरम, चिकना भूरा स्लेटी रंग...शमशेर जी की मन:स्थिति को यह बहुत अच्छी तरह व्यंजित करता है। क्या इसमें उनकी करुणा का वही रंग नुमायाँ होता है? शमशेर जी उस आसमान को देखते हैं, गोया अपने आपको देखते हैं, एक असम्पृक्ति, एक उत्सर्ग, या दोनों साथ-साथ—"काश कि मैं न होऊँ/न होऊँ/न होऊँ,/तो कितना विस्तार/किसी पावन विशेष सौन्दर्य का/अवतरित हो!" ज़रा ग़ौर से देखिए, ये शब्द मिटने की चाह का उतना नहीं जितना मिट न पाने की करुणा का इज़हार करते हैं।

शमशेर में आसमान की सत्ता एक प्रतीक भर नहीं है। मुक्तिबोध ने कहा था, शमशेर की चित्रकला और कविता एक ही सिक्के के दो पहलू हैं। आसमान : दृश्य जगत : रंग—शमशेर की कविता का वही दूसरा पहलू है। चित्रकला का माध्यम कभी वे शब्द चुनते हैं, कभी रंग और कूची। शमशेर जी का कहना है कि शुरू से ही उनमें कविता के साथ-साथ चित्रकारी की ओर ज़बरदस्त रुझान रहा है—इतना ज़बरदस्त कि एक समय में तो यह तय करना उनके लिए मुश्किल हो गया था कि वे चित्रकार बनें कि कवि। भावनाओं की गुत्थियाँ, जब कभी शमशेर जी शब्दों द्वारा न खोल पाते होंगे तब रंगों का सहारा लेते होंगे; क्योंकि शब्द एक सीमा तक ही अमूर्त हो सकते हैं, जबकि रंग प्रकृति से ही अमूर्तन के माध्यम हैं। कविता की तरह रंगों का अभ्यास भी सिर्फ़ अपने लिए था, इस बात की उम्मीद न थी कि कोई उन्हें सराहेगा, न ऐसी कोई चाह ही थी उनके मन में। कविता की तरह चित्रकारी भी उनका सुरक्षात्मक कवच बन गई थी जिसके भीतर उनमें रंगों के बुलबुले, अनुभूतियों के बुलबुलों की तरह ही ख़ामख़ाह फूटते रहते थे...पर चित्रकार शमशेर जी नहीं बन पाए; "पर मैंने अपनी चित्रकारी के शौक़ को कविता में काफ़ी पूरा किया...मैंने चीज़ों को अक्सर पेंटिंग की शक्ल में ग्रहण किया है, भले ही उनका कोई बाह्य रूपाकार न हो, रंग न हो, पर रंगों के प्रभाव उनमें हैं—रंगों के भावात्मक रूप। मेरी कविताओं में जो इंप्रेशनिज़्म की बात कही गई है वह यही है—मैंने मन पर पड़ने वाले प्रथम प्रभाव को ज्यों-का-त्यों यत्नपूर्वक शब्दों में ट्रांसफर करने की कोशिश की है।...पर असल में कविता और चित्रकला दोनों ही बड़ी ईर्ष्यालु

कलाएँ हैं, एक-दूसरे से भिन्न स्वभाव वाली। एक दृश्य-कला है, दूसरी शब्द कला। उनका एक साथ निर्वाह मुश्किल ही है जब तक कि कोई बहुत बड़ी प्रतिभा न हो...मैं समझता हूँ मेरे भीतर दोनों ने एक-दूसरे को नुक़सान ही पहुँचाया है..."

शमशेर जी को लगता है कि इस समय वे एक क्रासरोड पर हैं। जीवन के साठ वर्ष पूरे कर लेने के बाद अब उन्हें यह महसूस हो रहा है कि अपनी जिस चीज़ को वे अब तक ग़लत मानते आए थे (इस ग़लत के लिए कभी उन्होंने रुग्ण और मार्बिड विशेषण चुना और कभी उसे नर्वस ब्रेकडाउन का प्रयोगवादी आर्ट बताकर उसकी निन्दा की) वह उनका अपने प्रति अन्याय था। अपना सच ही सच होता है दूसरों का सच नहीं, इस इबारत को वे अब कहीं अधिक साफ़ पढ़ रहे हैं। निश्चय ही वे क्रासरोड पर हैं, पर उनकी मुद्रा संकल्प की मुद्रा नहीं है, फ़िलहाल। क्योंकि उनके सामने अब भी 'प्रेम की पाती बसंता के नाम' एक आदर्श की चुनौती की तरह खड़ी हुई है और यह चुनौती वे अपनी नसों में प्रतिपल महसूस कर रहे हैं।

[1971]

तीसरे अज्ञेय की तलाश

यह लेख अज्ञेय के कविता-संग्रह 'क्योंकि मैं उसे जानता हूँ' के माध्यम से अज्ञेय के जीवन को समझने का प्रयास करता है, क्योंकि मलयज कृति को समझने से पहले कृतिकार से परिचय करना चाहते हैं। इसलिए अज्ञेय की कविताओं को व्याख्यायित करने से पहले वे अज्ञेय के जीवन को व्याख्यायित करना चाहते हैं। इसी क्रम में उनका सवाल है क्या पूर्व अज्ञेय को जाने बिना उत्तर अज्ञेय को जानना सम्भव है। चूँकि इन दोनों से एक तीसरे अज्ञेय का बिम्ब उभरता है। पूर्व अज्ञेय, अज्ञेय का अतीत है, और उत्तर अज्ञेय उनका वर्तमान जिसे साहित्य समाज ने जाना। किन्तु उनकी रचनाओं के बंध तीसरे अज्ञेय की तलाश किए बिना खोलना उनकी रचनाओं की एकांगी समीक्षा से अधिक कुछ न होगा। इसलिए पूर्व अज्ञेय और उत्तर अज्ञेय को समझते हुए अज्ञेय की कविताओं की व्याख्या का प्रयास मलयज इस लेख में करते दिखाई देते हैं और निश्चित ही जो तीसरे अज्ञेय की तलाश बिना अधूरी है। **—तरुण**

अज्ञेय के नए कविता-संग्रह 'क्योंकि मैं उसे जानता हूँ' को पढ़ते समय निगाह इन पंक्तियों पर ठहर जाती है—कुछ अधिक ही देर तक, शायद अज्ञेय के कृती-जीवन की व्याख्या का कोई सूत्र ढूँढ़ती हुई-सी :

रोज़ सबेरे मैं थोड़ा-सा अतीत में जी लेता हूँ—
क्योंकि रोज़ शाम को मैं थोड़ा-सा भविष्य में मर जाता हूँ।

(साँझ-सबेरे)

सवाल है कितना? अज्ञेय अपने अतीत में कितना जीते हैं और भविष्य में कितना मरते हैं? क्या इस सवाल के जवाब में ही कहीं अज्ञेय के वास्तविक मूल्यांकन की कुंजी नहीं छिपी हुई है? कुछ लोग ऐसे हैं जो इस सवाल को ही व्यर्थ मान ले सकते हैं, जो एक तरह से इस सवाल से ही पलायन करना है। कुछ दूसरे हैं जो इस सवाल के सिर्फ़ पहले आधे को ही अपनी जिज्ञासा का केन्द्र मानते आए हैं, चाहे इस जिज्ञासा का भी कोई सार्थक प्रतिफलन

वे न दे पाए हों। फिर एक तीसरी जमात उन लोगों की है जो इस सवाल के दूसरे आधे को ही अपना जवाब मानकर सन्तुष्ट हो लेते हैं कि अज्ञेय तो मर चुके, अतः उनकी चिन्ता भला क्या करना! अलबत्ता उन्होंने भी यह दिखाने का पूर्वग्रहरहित जतन नहीं किया कि वह मरना क्या सचमुच का मरना है या कि सिर्फ़ उनकी खामखयाली।

अज्ञेय अपने अतीत में कितना टूटे हैं, टूटने में कितनी कविता उन्होंने जी है, और फिर इस जीने में उन्होंने अपने को भविष्य में टूटने के कितना अयोग्य बनाया है—इसे देखने के लिए क्या अज्ञेय को दो भागों में बाँटकर रखना होगा—पूर्व अज्ञेय और उत्तर अज्ञेय? इन दोनों अज्ञेयों के सामने क्या हम कोई ऐसा आईना (भविष्य का) रख सकते हैं जिसमें पूर्व अज्ञेय और उत्तर अज्ञेय के प्रतिबिम्ब अलग-अलग न दिखकर एक तीसरे अज्ञेय के प्रतिबिम्ब के रूप में दिखें?

उत्तर अज्ञेय में प्रवेश कर पाना आसान है। पूर्व अज्ञेय जैसा नीरंध्र, पुख्ता और चारों ओर से चौकस वह नहीं है। पर गंगा में न जाने कितना पानी बह चुका है और कभी के अभेद्य समझे जाने वाले द्वार की साँकलें ढीली पड़ चुकी हैं और जो प्रहरी उस द्वार के बाहर पहरे पर रहता था वह भी अब बूढ़ा हो चला है। पहली नज़र में पूर्व अज्ञेय और उत्तर अज्ञेय का कंट्रास्ट कुछ इतना प्रबल है कि लगता है दोनों की अपनी अलग-अलग दुनियाएँ हैं—कहाँ वह सर्जनात्मक ऊर्जा में तनी हुई, अपने भीतर की गत्यात्मकता से चालित आत्मनिर्भर दुनिया जिसका प्रत्येक रचनात्मक स्फोट साहसिक और पौरुषपूर्ण होता था, और कहाँ यह मम और ममेतर की बारीक जालियों-बुनी, मानव-अनुभूतियों को नसों में धड़काती नहीं दिमाग़ में सोचती और सोच-सोच कर विरक्त और फीकी होती जाती हुई दुनिया। पर अपने आपमें अलग-अलग इन दुनियाओं को सच मान लें तो फिर उस तीसरे अज्ञेय की खोज कैसे होगी? जो निश्चय ही है, इन्हीं दो दुनियाओं में कहीं छिपा हुआ।

अज्ञेय ने अपनी पहचान जब जितनी और जिस रूप में करानी चाही उससे ज़्यादा की सहूलियत पाठक को नहीं दी। अपने स्वत्व को उन्होंने सदा अपनी मुट्ठी में रखा और हालाँकि अपने कृती-जीवन के प्रारम्भ से ही वे आत्मदान की आकांक्षा और वैसा न कर पाने की पीड़ा से ग्रस्त रहे, उन्होंने अपने विकास के हर चरण पर अपने को सुरक्षित रखा। उन्होंने दूसरों का आत्मीय बनने की चिन्ता नहीं की। यदि कोई स्वयं उन्हें अपना आत्मीय बना सके तो वह भी उनकी शर्त पर ही वैसा बना सकता था। यही अज्ञेय की अद्वितीयता थी। और यह अद्वितीयता उन्होंने एक गम्भीर ऐतिहासिक दायित्व के काल में अर्जित की थी।

डॉ. रामविलास शर्मा ने अज्ञेय की दुनिया को एक सुरक्षित दुनिया कहा है। पर वह यह कहना भूल गए हैं कि यह सुरक्षित दुनिया केवल अपने आपके लिए

निर्मित दुनिया नहीं थी, बल्कि यह दुनिया अपना आत्मविस्तार करती जाने वाली और उस आत्मविस्तार में दूसरों के लिए बहुत कुछ अमूल्य बटोरती जाने वाली सुरक्षित दुनिया थी। आत्मरक्षा और आत्मविस्तार, अज्ञेय की काव्य-चेतना के दो मूल पक्ष हैं। इन दोनों के बीच एक तत्त्व और भी है : आत्म-निर्माण। यह कहा जा सकता है कि अज्ञेय के काव्य-व्यक्तित्व का यह ग्राफ बहुत कुछ प्रयोगवाद—नयी कविता—काल की सृजनात्मक प्रवृत्तियों का भी ग्राफ रहा है।

छायावाद पर और चाहे जो भी आरोप लगाए गए हों, उस पर काव्य-संस्कृति, जो भाव-वस्तु और भाषाचर्या दोनों में ही प्रकट होती है, की अनुत्तरदायित्वपूर्ण अवहेलना का आरोप इसके विरोधियों ने भी नहीं लगाया। अज्ञेय ने काव्य-संस्कृति के प्रति निष्ठा का संस्कार मूलत: छायावाद से ही प्राप्त किया। अब काव्य-संस्कृति के इस संस्कार को इस सदी की तीसी-चालीसी के उस साहित्यिक माहौल के बीच रखकर देखिए जो कि देश की चिन्ता-धारा में एक ज़बरदस्त उथल-पुथल का काल था। जैसे कि धरती करवट लेती है, एक नया यथार्थ करवट ले रहा था। बहुत कुछ टूट रहा था, टूटना ज़रूरी था, पर इस टूटने में एक ऐसा घोर अविवेक भी शामिल था जो आगामी नवनिर्माण के लिए कुछ भी बचा रखना न चाहता था। वह सब इतिहास यहाँ दोहराने की ज़रूरत नहीं, पर 'त्रिशंकु' के निबन्धों पर एक नज़र डालिए तो अज्ञेय के व्यक्तित्व के आत्मरक्षात्मक तत्त्व का कारण स्पष्ट हो जाएगा। 'त्रिशंकु' के निबन्ध विचार पक्ष में इलियट और भाव पक्ष में डी. एच. लॉरेंस की छाप रखते हुए भी इस बात का पर्याप्त सबूत देते हैं कि साहित्य क्षेत्र में कला-मूल्यों की रक्षा की लड़ाई अज्ञेय लगभग अकेले लड़ रहे थे। पर यह लड़ाई भी अज्ञेय अपनी ही शर्तों पर लड़ रहे थे, यानी बिना अपना कला-विवेक खोए। यह बात अब कुछ आश्चर्यजनक-सी लगती है कि अज्ञेय के विरोधियों ने उन्हें परम्परा-द्रोही करार दिया, जबकि अज्ञेय में परम्परा से अपने को सार्थक ढंग से जोड़ने की उस समय सबसे अधिक ललक दिखाई देती है। परम्परा के वास्तविक जीवंत अर्थ की नई व्याख्या द्वारा ही अज्ञेय उस साहित्यिक अराजकता के माहौल का सचेत प्रतिकार कर सकते थे, कविता की उखड़ती हुई जड़ों को पूर्णत: विच्छिन्न हो जाने से रोक सकते थे।

अगर कोई सवाल इस सन्दर्भ में उठ सकता है तो वह यह कि वह कौन-सी परम्परा थी जिसकी अज्ञेय रक्षा करना चाहते थे? निश्चय ही वह वर्ग-चेतना पर आधारित जुझारू जन-परम्परा नहीं थी। जातीय जन-परम्परा के नाम पर जिस गर्मजोशी से कला-मूल्यों को राजनैतिक, आर्थिक, सामाजिक कार्यक्रमों की बलिवेदी पर न्योछावर किया जा रहा था वह अज्ञेय को बिदका देने के लिए काफ़ी था। अज्ञेय का आभिजात्य अगर कहीं था तो वह यहीं था। वह जिस परम्परा के रक्षक थे वह वर्ग-भेद से ऊपर, उदात्त मानव-परम्परा थी जिसका सांस्कृतिक आधार छायावाद में निबद्ध था। अज्ञेय ने इस परम्परा पर ही अपने आगामी नीड़-निर्माण की नींव रखी।

उनकी लड़ाई परम्परा के उस मूलाधार और उस पर नीड़-निर्माण की सम्भावनाओं की रक्षा की लड़ाई थी। इसीलिए उनके संघर्ष में एक तत्त्व निषेध का भी है। उनके निषेध ने उनकी कला को चयनधर्मी बनाया। अज्ञेय की 'तथ्य' और 'सत्य' की स्थापनाएँ इस चयनधर्मी कलादृष्टि से ही उपजी स्थापनाएँ हैं। अज्ञेय का संघर्ष 'तथ्य' के अज्ञात संदिग्ध समूह में न उलझकर चुपचाप 'सत्य' के चमकते कण बीन लेने की मानसिक तैयारी का संघर्ष था। उनके सामने नव-निर्माण का अर्थ 'तथ्य' का निषेध और 'सत्य' का स्वीकार था।

'सत्य' के स्वीकार का अर्थ था अपनी भाव-संवेदन शक्ति को ज़्यादा-से-ज़्यादा गहरा...पुष्ट और व्यापक करते जाना। चूँकि सत्य वह है जो राग-रंजित है, इसलिए यह आवश्यक था कि राग-सम्बन्ध-स्थापन की प्रणाली अधिक सूक्ष्म, संवेदनशील और परिष्कृत हो। अज्ञेय इसीलिए आत्म-शिक्षण पर इतना बल देते हैं। आत्म-शिक्षण—अपनी मूल-प्रवृत्तियों और भाव एवं विचारतंत्र की वैज्ञानिक ट्रेनिंग, जिसमें उनका शोधन, परिहार और परिष्कार सभी मौजूद है—द्वारा ही अनुभूति प्रखर, तलस्पर्शी और व्यापक हो सकती थी। आत्म-शिक्षण द्वारा ही परम्परा से सही रूप में जुड़ने योग्य पात्रता प्राप्त हो सकती थी। आत्म-शिक्षण से ही काव्य-संस्कृति का नव-निर्माण किया जा सकता था।

इस आत्म-शिक्षण की जिसे आवश्यकता थी वह 'मैं' था। इस आत्म-शिक्षण की जिसे उपलब्धि होनी थी वह भी 'मैं' था। यह आत्म-शिक्षण ऐसे 'मैं' के निर्माण के लिए था जो 'दूसरे' को दे दिया जाए। दूसरे को दे दिया जाए पर अपनी इयत्ता खोकर नहीं—जैसे बूँद सागर में मिल जाती है वैसे नहीं, जैसे रेत-कण धार में बह जाते हैं वैसे नहीं; बल्कि जैसे दीप किसी पंक्ति को दे दिया जाता है, जैसे नदी का द्वीप नदी के बीच में रहकर धार को दे दिया जाता है। यही अज्ञेय के आत्म-शिक्षण का अन्तर्द्वंद्व है : वह अपने को दे दिए जाने की सम्पूर्ण कामना से विचलित होते हुए भी अपना आपा बचा रखने की जिजीविषा से पीड़ित है।

पूर्व अज्ञेय में यह अन्तर्द्वंद्व 'मैं' और 'पर' के तनावपूर्ण सम्बन्ध में है। 'मैं' अपना आत्मदान करना चाहता है पर असमर्थ है; 'पर' दान लेने को उत्सुक है पर यह सम्भव नहीं। सागर और आकाश के बीच की दूरी में अपने पौरुष की पुकार है और फिर उसके खंडित हो जाने का दर्द है। यह दर्द कविताओं में बसा हुआ है और मार्मिक लगता है, क्योंकि अभी दर्द का दर्दवाद नहीं बना है। पूर्व अज्ञेय की काव्य-अनुभूतियों की सघनता, उनके बिम्बों की मार्मिक अर्थ-व्याप्ति और भाषा का स्वतःस्फूर्त ओज 'मैं' और 'पर' के उस तनावपूर्ण, सह-सम्बन्ध से ही उपजते हैं। इस सम्बन्ध में दोनों पक्षों की सत्ता जीवित और प्राणवान है, दोनों अपनी टेक पर अड़े हुए हैं, दोनों एक-दूसरे को थाहना और पाना चाहते हैं, दोनों एक-दूसरे को अस्वीकार करते हैं।

पर वह तनावपूर्ण सह-सम्बन्ध अन्ततः एक रुद्ध दिशा थी। फिर इस बीच एक पट-परिवर्तन मौन रूप से घटित होता गया था। छायावाद का बचा-खुचा सांस्कृतिक शीराज़ा बिखर चुका था, प्रगतिवाद स्वयं तो टूट चुका था पर टूटकर उसने जो द्वंद्वात्मक गतिशीलता विकसित की थी वह यथार्थ के नए रुझानों में प्रकट हो रही थी। जिस 'अज्ञातकुलशील' जन-समूह में धँसने से अज्ञेय को अपने कलाकार व्यक्तित्व की अस्मिता के खो जाने का ख़तरा दीखता था वह धीरे-धीरे एक चेहरा और एक नाम ग्रहण कर रहा था। व्यष्टि और समष्टि की इकाइयाँ निषेध के तनाव में नहीं, स्वीकार के सामंजस्य में एक-दूसरे के क़रीब आ रही थीं। एक नया सन्तुलन बन रहा था। यह वह समय था जब हिन्दी में नयी कविता का नेतृत्व अज्ञेय के बाद की पीढ़ी के हाथों में आ रहा था। इस बदले हुए परिदृश्य से अज्ञेय अपने राग-तंत्र का तालमेल यदि बिठा सकते थे तो वह उसी आत्म-शिक्षण द्वारा। और इसमें सन्देह नहीं कि उन्होंने किसी भी अन्य आधुनिक हिन्दी कवि की अपेक्षा सार्थक ढंग से युग परिदृश्य के साथ अपने राग-तंत्र का तालमेल बिठा सकने के सामर्थ्य का सबसे अधिक परिचय दिया है। लेकिन इस आत्म-शिक्षण की भी एक सीमा थी।

आत्मरक्षा अज्ञेय के लिए अपने आपमें एक स्पृहणीय मूल्य था। नव-निर्माण के लिए यह आवश्यक था कि कविता का जो बीज है उसकी पहले शत्रु-तत्त्वों से रक्षा की जाए, उस बीज को आत्म-शिक्षण के खाद-पानी से पल्लवित-पुष्पित करने का काम तो आगे की बात थी। कविता का बीज अर्थात् रचनाकार का सम्भावनापूर्ण 'मैं'। अतः अज्ञेय की चेतना में प्रारम्भ से ही एक प्रतिरक्षात्मक ग्रन्थि मौजूद रही। दर्प-भरा मदमाता दीप; प्रेमिका के आगे आत्मदान को प्रस्तुत पर अपने आहत अहं के वृत्त में घिरा, मौन में ही अपनी कुल व्यथा व्यक्त करने वाला प्रेमी; सागर से उछली हुई बूँद की दुर्दम जिजीविषा; दर्द से फटी हुई शुभ्र-नीलिम सीपी का महज़ संकोच पैदा करने वाला रूप—यह अज्ञेय की सृजन-चेतना के कुछ बुनियादी मुहावरे हैं जो अपने को अन्ततः बचा पा सकने की प्रतिरक्षात्मक मनोग्रन्थि में ही जन्म ले सकते थे।

आत्मरक्षा की अनुभूति को जब तक बाह्य परिवेश से स्वीकृति (सेक्शन) मिलती रही तब तक अज्ञेय के अन्तर्द्वंद्व का तनाव फलप्रद रहा और उससे नयी कविता की संवेदना का धरातल गहनतर, सूक्ष्मतर और व्यापकतर होता रहा। किन्तु दृश्य परिवर्तन के साथ भावनात्मक और विचार-शक्तियों का जो नया सन्तुलन सामने आया उसकी पृष्ठभूमि में अज्ञेय दृष्टिकोण की सारी उदारता के बावजूद अपनी मूल प्रतिरक्षात्मक ग्रन्थि में कोई बुनियादी रद्दोबदल नहीं कर पाए। आत्मरक्षा पहले एक सृजनात्मक चुनौती थी जिसे कवि असंवेदनशील संसार की ओर फेंक सकता था। वह एक दर्प की अन्तःशक्ति थी अपने सृजनात्मक पौरुष में अक्षुण्ण आत्मविश्वास से पगी हुई। उसके बाद वह स्वयं के लिए एक विवशता के अनुताप में बदली, और

फिर एक करुणा के खिन्नराग में। जो आत्मरक्षा पहले अज्ञेय की संबल थी वह अब कारा बन गई थी। आत्मदान की वैभवशालिनी पीड़ा आत्मनिर्वासन की करुणा हो गई थी—'दर्प किया :/शक्ति नहीं मिली :/सुख लिया—छीन-छीन कर भर-भर सुख लिया :/अभिव्यक्ति नहीं मिली।/दुःख दिया, दुःख पिया, दुःख जिया :/मुक्ति नहीं मिली।' इस मर्म-बोध के साथ-साथ जो कुछ घटित हुआ वह यह था—'मरु की ओर अदृश्य बढ़ी/अन्तःसलिला को/सहज, कुछ कहे बिन/फिर भीतर को मोड़ गए।' आत्मनिर्वासन के दंश की क्या यह तस्वीर नहीं है? अज्ञेय जितना ही उस दंश से मुक्ति पाने के लिए भीतर की ओर गए उतना ही उस आत्म-निर्वासन से अपने को तादात्म्य करते गए और उतना ही वह बाहर के सन्दर्भ से कटते चले गए। उनका अन्तर्द्वंद्व जो पहले कविता के मर्म बींधता शान्त उद्वेलित था, अब एक रंगीन काव्य-मुद्रा की वातानुकूलित वाचालता में स्थिर हो गया था।

आपने अज्ञेय की शुरू की कविताओं की 'अरथ अमित अति आखर थोरे' वाली बात पर ग़ौर किया है? बाद की कविताओं में शब्दों की वैसी स्पृहणीय कंजूसी, उनका सधा-कसा इस्तेमाल और बहुत कुछ अनकहा छोड़ दिए जाने की आश्वस्तता कहाँ गई? उनकी काव्य-भाषा में स्वतःस्फूर्त ओज के स्थान पर घोषपूर्ण वक्तृता, अर्थ की सहज लय के स्थान पर स्थूल तुकें और शब्द बलाघात मर्म-कथन के अर्थ-पूर्ण बिम्ब-चित्रों के स्थान पर अनुभव-सिद्ध (अनुभूति-सिद्ध नहीं) व्यथा के 'बड़बोले' शब्दचित्र किस प्रक्रिया के व्यंजक हैं? आत्मविस्तार के या आत्म-निर्वासन के? या आत्मनिर्वासन की कारा को तोड़ने में आत्मविस्तार की निष्फल छटपटाहटों के? 'आँगन के पार द्वार' में अज्ञेय के आत्म-निर्वासन का चित्र सम्पूर्ण हो जाता है। यह भी कह सकते हैं कि उसमें आत्मविस्तार के रहस्यदर्शन की झीनी-बीनी चादर को आत्मनिर्वासन की ठंड से ठिठुरते कवि पर ओढ़ा दिया गया है।

'मैं' और 'पर' के अन्तर्द्वंद्व में परिवर्तन का एक आधार बाह्य परिदृश्य के बदलाव में देखा जा सकता है, तो दूसरा आधार स्वयं अनुभूति के गुण-भेद में। अज्ञेय में 'मैं' और 'पर' के सम्बन्धों को उत्प्रेरित करने और उन्हें अर्थवत्ता प्रदान करने वाला सर्वाधिक महत्त्वपूर्ण तत्त्व है प्रेम। 'मैं' और 'पर' के जिस सम्बन्धबोध में प्रेम का तत्त्व नियामक तत्त्व रहा है उसकी अभिव्यक्ति जिन गीतात्मक कविताओं में हुई वे अज्ञेय की सर्वश्रेष्ठ रचनाएँ हैं। बाद के संग्रहों में भी वे ही प्रेम-कविताएँ मर्मस्पर्शी बन पड़ी हैं जो गीतात्मक अनुभूतियों पर निर्भर हैं। गीतात्मक होने का अर्थ निश्चय ही यहाँ मात्र संगीत प्रधान होना या कि प्रेमानुभूति की तरल-सरल रूप छवि आँक देना नहीं है। इसके विपरीत इन कविताओं में अनुभूति का संश्लिष्ट जटिल रूप अपनी पूरी आँच, वेग और तनाव के साथ मौजूद है।

पर आगे चलकर प्रेम का अनुभव भावनागम्य न रहकर मस्तिष्कीय होता गया। स्पष्ट है कि तब प्रेम का अनुभव एक माध्यम रह गया—बृहत्तर मानवीय अनुभव

से अपने को जोड़ने का—आत्म-विस्तार का—और इसमें भावचर्या की अपेक्षा चिन्तनचर्या ज़्यादा सहायक होती है। मछली को सागर में मिलना है, जो मात्र तृषा है उसे जिजीविषा में बदलना है। प्रेम को एक हीरे की कनी की तरह ठोस, स्फटिक कवि के गर्भस्थल में निवास करना है, उसे बाहर के आलोक में घुलाना है। यह प्रेम की अनुभूति का मानव-सन्दर्भ नहीं मानव-प्रेम की अनुभूति का दर्शन-सन्दर्भ था। इसीलिए इस प्रेमानुभूति के दर्शन की अभिव्यक्ति पहले वाली गीतात्मक कविताओं की तरह नहीं होती। अब वह ताप, उद्वेग और तनाव नहीं, बल्कि कवि अपने प्रेम-दर्शन में एक समरसता की तरफ़ बढ़ता है। 'मौन' यहाँ भी है, पर इस मौन की पहले वाले 'मौन' से तुलना कीजिए। वह 'मौन' मानव-साँसों की उपस्थिति से झंकृत होता हुआ मौन है, जबकि यह 'मौन' उपराम क्रियाशीलता का, जिसमें अन्तःवृत्तियाँ सिमटकर एक शान्त आलोक पुंज में लय हो जाना चाहती हैं—'कहना सब सुनना है, स्वर केवल सन्नाटा।' प्रेम, फिर करुणा, फिर महामौन। 'मैं' और 'पर' का सम्बन्ध अब भी बना हुआ है और महामौन के बावजूद कवि का अन्तर्द्वंद्व भी है। पर प्रेम जो अपनी मानवीयता में अब तक उस सम्बन्ध का एक नियामक तत्त्व था उसके स्थान पर मनुष्येतर चीज़ें नियामक हो गई हैं।

अज्ञेय शुद्ध अनुभूतियों के कवि नहीं रहे, जैसे कि मिसाल के लिए उनके समवयस्क कवि शमशेर। शुरू से ही उनमें एक दृढ़ बौद्धिक आधार रहा। तन्मयता के क्षणों में भी उनका आत्मसजग विवेक तारे के समान जागता रहता था। उनकी भाषा में शब्द अर्थों के प्रभामंडल में घुल-मिलकर अपनी नुकीली सत्ता को खो नहीं देते थे और इस तरह शब्द और अर्थ के बीच का क्षण-क्षण उत्सर्जित तनाव बराबर बनाए रख सकते थे। अनुभूति की सघनता में भी एक ऐसा चौकन्नापन रहता था जो कवि को 'केवल लय गति' होने नहीं देता। अज्ञेय की बौद्धिकता ने उसके काव्य-अहं को पुष्ट किया, उसे परिष्कृत किया, व्यापक बनाया। पर एक क्षण ऐसा आया जब अज्ञेय को यह फ़ैसला करना पड़ा कि वह शब्द और अर्थ के बीच की दीवार को विस्फोटक से उड़ा देंगे। जिस काव्य-अहं को अपनी बौद्धिक संस्कृति का सम्बल पाकर आत्म-शिक्षण द्वारा वह खींच-खींच कर विस्तृत और व्यापक करते रहे थे उसकी सीमा स्वयं उनके सामने भी उजागर होने लगी थी। शायद अनुभूति के नए दबावपुंजों की वजह से नहीं, अपनी उसी बौद्धिकता की प्रेरणा से अज्ञेय ने अपनी कारा को विस्फोटक से उड़ा देने की सोची।

यह विस्फोट पहले भीतर की दिशा में हुआ। आत्मदान के रूप में जो अन्तर्धारा लगभग शुरू से ही अज्ञेय में बहती रही थी, वह 'अरी ओ करुणा प्रभामय' में कुछ प्रबल हुई—'एक नीरव नदी बहती जा रही थी,/बुलबुले उसमें उमड़ते थे/रह : संकेत के :'...और 'अर्थ दो/मत हमें रूपाकार इतने व्यर्थ दो।/हम समझते हैं इशारा—ज़िन्दगी का—/हमें पार उतार दो—/रूप मत, बस सार दो।' राह जिस

दिशा में मुड़ी उसमें सारतत्त्व पर बल दिया था। 'आँगन के पार द्वार' उस भीतरी विस्फोटक की चरम स्थिति है। शब्द और अर्थ यहाँ एकाकार हो चुके हैं, पहले उनमें परस्पर जो तनाव रहता था वह नहीं रह गया। तनाव न रहने से शब्द मुखर भी हो गए हैं, कभी-कभी अर्थ की तरफ़ से लापरवाह भी। शायद अर्थ भी यहाँ पहुँचकर 'तथ्य' बन गया है, और जो सत्य है वह तो भाव-प्रतीति की वस्तु है, बखान की नहीं। 'आँगन के पार द्वार' में अनुभूति चिन्तन में बदल चुकी है तो 'कितनी नावों में कितनी बार' में स्मृत्याभास में। 'आँगन के पार द्वार' में मनुष्य से ऊँचा उठकर मनुष्येतर अध्यात्म की तरफ़ बेरोक सीधी उठान है, 'कितनी नावों में कितनी बार' में अनुभूति का सन्दर्भ मनुष्य और मनुष्येतर के बीच दुविधा में झूल रहा है। इससे लगता है कि वह भीतरी विस्फोट भी अन्ततः अज्ञेय के काव्य-अहं की आकांक्षा का समाधान न कर सका। 'कितनी नावों में कितनी बार' में रहस्य-साधना से जगी हुई खुमारी आँखों की कविताएँ हैं—'मेरे भीतर एक सपना है/जिसे मैं देखता हूँ कि जो मुझे देखता है, मैं नहीं जान पाता/यानी कि सपना मेरा है या मैं सपने का/इतना भी नहीं पहचान पाता' : तरल लयात्मक, झीनी, अस्पष्ट कुछ भी ठोस पकड़ाई में न आने वाली, और हाँ, एक चौकन्नेपन से युक्त—कि डूबने के जैसी होते हुए भी डूबने देने को बचाती हुई, क्योंकि डूबने की जिस सीढ़ी तक वह है उससे एक दर्जा और नीचे उतरने पर रहस्य-साधना की तथ्यहीन सारता में फँस जाने का ख़तरा है। पर इस संग्रह की कविताएँ एक बात का और भी परिचय देती हैं कि पूर्व संग्रह में जो विस्फोट कवि ने किया था उसके धमाके से अनुभूति-तंत्र के साथ-साथ अभिव्यक्ति-तंत्र भी चरमरा गया है। अनुभूति और भाषा को जोड़ने वाली लस्सी उड़ गई है, अतः वे पहले की अधिक समर्थ कविताओं की प्रतिध्वनियों जैसी लगती हैं।

'कितनी नावों में कितनी बार' एक मध्यान्तर है। अगला विस्फोट बाहर की तरफ़ होता है—'क्योंकि मैं उसे जानता हूँ' में। पहले के भावाभिव्यंजक शीर्षकों के मुक़ाबले इस संग्रह के निरे गद्यवत् शीर्षक की तरफ़ ध्यान दीजिए। क्या यह सत्य से तथ्य की ओर वापस लौटने का संकेत है? तथ्य से सत्य और सत्य से महासत्य की अनुभव प्रक्रिया से गुज़र चुकने के बाद यह तथ्य की ओर पुनः लौटना अज्ञेय का विकास नहीं, बल्कि अपना कायाकल्प (आत्माकल्प?) करने की चेष्टा है। 'आँगन के पार द्वार' में जिस ब्रह्मलीन अवस्था तक अज्ञेय पहुँच रहे थे उसे देखते हुए यह चेष्टा उनके लिए एक आत्यन्तिक ज़रूरत थी। समाजोन्मुखता के सारे सन्दर्भ यहाँ जुटाए गए हैं। पार्थिक प्रेम की नई हिलकोरें भी हैं। भाषा जो मनुष्येतर सत्य के मंत्रोच्चार की-सी पावनता प्राप्त कर चुकी थी, वह फिर से इनसानों की दुनिया में लौटी है और अपने साथ कुछ नए मुहावरे भी लाई है। पर जो चीज़ इन सारी चीज़ों को मात्र गद्यात्मक तथ्य बना देती है वह है किसी गहरी रागात्मक सम्पृक्ति और तज्जनित ताप की कमी। लगता है इस बाहरी विस्फोट ने भी अनुभूति का बहुत

कुछ मूल्यवान अंश तोड़-फोड़ दिया है। या कि क्या तथ्य को सत्य बनाने वाले कीमियागिरी ने अज्ञेय का साथ छोड़ दिया है? समाज-सन्दर्भ वाली कविताओं का व्यंग्य एक अनुभव-प्रौढ़ व्यक्ति की चिड़चिड़ाहट लगती है। या उदास मूड हुआ तो फीकी उपदेश-चर्चा। प्रेम की कविताएँ अज्ञेय के पूर्व-परिचित प्रेम के सागर के सामने प्रगल्भ, बचकानी लहरों जैसी है। मुहावरे स्वत:स्फूर्त न होकर प्रयास-सिद्ध हैं। अज्ञेय ने अपने अतीत से अपने को तोड़कर भविष्य में जीने की कोशिश की है। पर अपने को तोड़ना कभी-कभी कितनी बड़ी दुर्घटना बन जाती है। यह इन कविताओं के वर्तमान से स्पष्ट है।

'सागर-मुद्रा' जिसका रचना-काल 1967-69 है और जिसमें संगृहीत कविताएँ कालक्रम की दृष्टि से सबसे हाल की हैं। एक-दूसरे प्रकार का मध्यान्तर है। 'क्योंकि मैं उसे जानता हूँ' में जिस बाह्य-विस्फोट के ज्वार के साथ-साथ अज्ञेय बहे थे, 'सागरमुद्रा' में वह ज्वार चला गया है। अपने अध्यात्म की खोल को तोड़कर एकदम जो बहुत दूर तक वह बाहर चले आए थे वह उन्हें रास नहीं आया था। 'सागर-मुद्रा' में जाते हुए ज्वार की लीकें हैं और पीछे सागर तट का अनमना, उदास गीतात्मक विस्तार जो मन में घर की याद जगाता है। पर कहाँ है वह घर? आश्वस्ति नहीं, एक कातर-करुणा से यह प्रश्न कवि के मन में अंकुरित होता है। 'बाहर' का हाल वह देख चुका है। 'भीतर' दुबारा जाने में ख़तरा है। एक अनिश्चय और दुविधा का भाव और इसके साथ कवि की टूटते हुए स्वर से यह कातर प्रार्थना : 'मुझ को और मुझ को और मुझको/कहीं मुझसे जोड़ दो/यों मत छोड़ दो मुझे, सागर,/यों मत छोड़ दो।' पर मुख्य सवाल यही है—वही सनातन सवाल जो अज्ञेय की काव्य यात्रा के लगभग शुरू से ही उनका पीछा करता रहा था—कि वह जुड़ना किस स्तर पर होगा? निश्चय ही कवि के आत्मशिक्षण की यह परिणति करुणाजनक है। करुणाजनक इसलिए है कि अज्ञेय इस सवाल के फिर उसी जवाब तक पहुँचे हैं जिस पर आज से पच्चीस साल पहले वह पहुँचे थे। पर इस बार यह जवाब अपनी नियति के विवश स्वीकार की-सी हताशा लिए हुए है—'यही ज्योति-कवच है हमारा निजी सच,/सार, जो हमने पाया /गढ़ा, चमकाया, लुटाया,/ उसकी सुप्रीत छाया से बाहर, ओ मीत, अब जाना ना।'

अज्ञेय की दो दुनियाओं की परतें हमने उधेड़ीं, पर उस तीसरे अज्ञेय का क्या हुआ? उसके बहुत सारे सूत्र लगता है उस उपक्रम में कहीं पीछे ही छूट गए जिन्हें बटोरने के लिए हमें एक यात्रा और करनी पड़ेगी। इस बार भी 'क्योंकि मैं उसे जानता हूँ' से ही। इस पुस्तक के ब्लर्ब में एक बड़ी सारगर्भित पंक्ति है : 'उसमें (अज्ञेय की कविता में) राजनीति और फूल और कलियों में भेद नहीं है।' इस वाक्य को 1945 में प्रकाशित 'त्रिशंकु' के 'संक्रान्ति काल की कुछ साहित्यिक समस्याएँ' नामक निबन्ध की इन पंक्तियों के साथ रखिए : 'दुख, अपूर्णता, पीड़ा, ये सर्वव्यापी

हैं। ग़रीबों ने इनका ठेका नहीं लिया है—इसे वे भी मानेंगे जो स्वयं ग़रीब हैं। और सुख और सन्तोष भी वर्गभेद नहीं देखते। तब कैसे एक वर्ग का दुख-सुख दूसरे वर्ग के सुख-दुख से अधिक वर्णनीय मान लिया जाए? क्यों न हम दोनों वर्गों के ऊपर उठकर सम्पूर्ण मानवता के गान गायें?' समय का इतना बड़ा अन्तराल होने के बावजूद दोनों उद्धरणों में कवि-कर्म को लेकर व्यक्त की गई धारणाएँ मूलतः एक ही हैं। फ़र्क़ सिर्फ़ इतना है कि 1945 की दो-टूक ओजस्वी विचारशीलता 1970 तक आते-आते एक सुन्दर सुभाषित में बदल गई है।

इस धारणा को आज जिस रूप में भी व्याख्यायित किया जाए, तत्कालीन सन्दर्भ में उसे समझने के लिए याद रखना होगा कि अज्ञेय की चिन्ता एक व्यापक मानव संस्कृति को लेकर थी। संस्कृति के मूलाधार भाषा और भाषा के उत्कर्ष-रूप साहित्य में इस चिन्ता का एक अंग था रचनाकार की स्वाधीनता और दूसरा अंग था साहित्य की आत्यन्तिक, शाश्वत और समय-निरपेक्ष कसौटी। अज्ञेय की संघर्ष यात्रा इस दोहरे उत्तरदायित्व को वहन करने से ही शुरू होती है। अज्ञेय की विशिष्टता सिर्फ़ इस बात में नहीं है कि उन्होंने इस दोहरे उत्तरदायित्व को झेला। बल्कि यह भी कि उसे सिर्फ़ अनुभूति मात्र के स्तर पर न झेलकर उन्होंने उसे वैचारिक स्तर पर भी अपनी सृजनाकांक्षा के साथ जोड़ा। मानसिक आलस्य में दोनों पक्षों में से किसी भी एक पक्ष की ओर पलायन कर जाने के ख़तरे को उन्होंने बखूबी समझा था। दोनों पक्षों के परस्पर सम्बन्धों की वैचारिक पड़ताल भी उन्होंने की थी। इस प्रयत्न में उन्होंने जिन साहित्यिक प्रश्नों को उठाया, जैसे परम्परा और समसामयिकता, भाषा का अवमूल्यन (बासन अधिक घिसने से मुलम्मा छूट जाता है), अनुभूति की अद्वितीयता, साहित्य और राजनीति, अनुभव की समग्रता आदि, उनकी गूँज नयी कविता की साहित्यिक चेतना को प्रेरित करती रही, और कुछ सवालों की सार्थकता तो आज भी बनी हुई है। अज्ञेय ने कविता को मात्र यथार्थ को सह्य बनाने के माध्यम से बढ़कर उसे एक बृहत्तर दायित्व को पूरा करने की प्रक्रिया माना था, और जिन प्रश्नों को उन्होंने उठाया वे ऐसी चुनौतियाँ थीं जिन पर एक रचनाकार के सामर्थ्य की परख हो सकती थी। इसे विडम्बना ही कहना होगा कि प्रश्नों की चुनौतियाँ तो कमोबेश वे ही रहीं, किन्तु उन पर अपनी सामर्थ्य परखने का आह्वान करने वाले अज्ञेय स्वयं ही दूसरी दिशाओं की ओर मुड़ते चले गए।

दो पक्षों के बुनियादी संघर्ष को मानते हुए भी अज्ञेय ने उनकी द्वंद्वात्मकता को उभारने के बजाय उनमें एक सन्तुलन की ही कामना की। आरम्भ में इस सन्तुलन में दोनों पक्ष एक सृजनात्मक तनाव में गतिशील होते थे—सिर्फ़ गतिशील, न प्रगतिशील, न अ-गतिशील। अज्ञेय के नवनिर्माण का स्वप्न इस तनावपूर्ण सन्तुलन में ही था। पर अज्ञेय वर्ग-चेतना के ऊपर उठकर चिरन्तर शाश्वत के जिस सांस्कृतिक आधार पर खड़े थे, इस सन्तुलन का चलते रहना उसमें बहुत दूर तक

सम्भव न था। इसलिए तनावपूर्ण सन्तुलन के साथ सामंजस्य की भी एक धार बह रही थी, जिसका क्रमशः 'समाधान' में रूपान्तरित होते जाना अजब नहीं था। इस समाधान का प्रकट रूप है एक उदात्त भाव-संसार—जिसमें सब चीज़ें गड्ड-मड्ड हैं, एक-दूसरे से लिपी-पुती, जिसमें अमीर और ग़रीब, शोषक और शोषित, सत्य और स्वप्न एक ही उदार सौन्दर्य-पुष्प की पंखुरी-दर-पंखुरी हैं मानव संस्कृति की सामूहिक गंध बिखेरते हुए।

अगर अज्ञेय अपना सृजन वर्ग-चेतना पर आधारित करते तो क्या होता? इसका एक जवाब एक सवाल के रूप में यह है कि अगर जवाहरलाल नेहरू आधुनिक भारत का स्वप्न एक वैज्ञानिक-औद्योगिक समाज के निर्माण में न देखते तो क्या होता? दूसरा जवाब है कि तब नयी कविता के बाद वाली पीढ़ी को युवा कविता उपलब्ध न होती। एक तीसरा जवाब यह भी हो सकता है कि तब तीसरे अज्ञेय की तलाश व्यर्थ होती। जवाहरलाल नेहरू के बिना क्या आप आज के भारत की कल्पना कर सकते हैं? हालाँकि गांधी आज के भारत की आत्मा के यथार्थ के कहीं अधिक खरे पारखी थे। यह एक ऐतिहासिक अनिवार्यता थी कि गांधी के जातीय यथार्थ दर्शन पर नेहरू का अन्तरराष्ट्रीय स्वप्न-दर्शन तरजीह पाए। नेहरू के स्वप्न-दर्शन में विज्ञान की स्फूर्ति थी और विज्ञान उस वक़्त अन्तरराष्ट्रीयता का मुहावरा था। अज्ञेय की सांस्कृतिक चेतना में विज्ञान का नाम था 'आलोचना'। नेहरू ने भारत के सांस्कृतिक पुनरुत्थान के लिए विज्ञान को चुना, अज्ञेय ने 'आलोचना' को। अज्ञेय ने कहा था—"हमें एक आलोचक राष्ट्र का निर्माण करना होगा" (त्रिशंकु), क्योंकि आलोचना अनुभूति को गहरा और विस्तृत करती है, और गहरी तथा विस्तृत अनुभूति के बिना संस्कृति सम्भव नहीं है। इन पंक्तियों में अज्ञेय का स्वप्न-दर्शन ही बोल रहा है : 'प्रत्येक स्वप्नदर्शी के आगे गति से अलग पथ की यति नहीं कोई।/ अपने से बाहर आने को छोड़/नहीं आवास दूसरा/भीतर—भले स्वयं साईं बसते हों।'

पर दोनों ही जगहों पर कहीं कोई दुनियावी चीज़ छूट गई थी—शायद यह कि वह 'साईं' भी बाहर ही बसता था : वह वर्ग-पोषित नर, जिसकी आँखों में नारायण की व्यथा भरी रहती है। अत: नेहरू के स्वप्न-दर्शन का जहाँ अन्त होना था वहीं अज्ञेय के स्वप्न-दर्शन का अन्त होना था। नेहरू के स्वप्न-दर्शन के अन्त ने स्वप्न-भंग से उत्पन्न स्थितियाँ दीं : अनस्थिरता और विघटन, जिसमें तमाम सारी शक्तियाँ जूझकर समाज के एक गतिशील यथार्थ को प्रकाशित कर रही हैं; असन्तोष और आक्रामकता, जिसमें नई युग-पहचान की सम्भावनाएँ टूट-बन रही हैं; एक प्रजातंत्र जो तपने के लिए आग में जल रहा है। अज्ञेय के स्वप्न-दर्शन के अन्त ने हमें आज की युवा कविता दी। आशंका और सम्भावना के ध्रुव-बिन्दुओं पर झूलती हुई एक काव्य-पीढ़ी; एक दुःस्वप्न, जो कविता के भविष्य से ज़्यादा

मनुष्य के भविष्य को लेकर है; एक वर्गचेतना जो राजनीति, कली और फूल के भेद को पहचानती है, पर इस ज्ञान से उसकी मुट्ठी से सिर्फ़ धुआँ निकलता है, एक कविता जो यथार्थ को सहनीय नहीं असहनीय बनाती है, कुछ अनाम मूल्य जो फिलहालियत में टलते जा रहे हैं।

और इस स्वप्न-दर्शन के अन्त के बाहर कहीं वह तीसरा अज्ञेय भी खड़ा है। पर उसे क्या कोई देख रहा है? लेकिन फिर भविष्य को किसने देखा है—हाँ हाँ, वही भविष्य जिसमें एक अज्ञेय रोज़ जीता है और एक अज्ञेय रोज़ मरता है।

[1971]

कविता में एकालाप

विजयदेव नारायण साही मलयज के गुरु थे अपने गुरु के कविता-संग्रह 'मछलीघर' की समीक्षास्वरूप यह लेख लिखा गया था। ध्यातव्य हो कि मलयज संवाद और एकालाप पर गहन चिन्तन कर रहे थे इसी शीर्षक से उनकी एक पुस्तक भी उनके मरणोपरान्त सन् 1984 में राजकमल प्रकाशन से प्रकाशित हो चुकी थी यह पुस्तक समीक्षा दिखाती है कि मलयज किसी पुस्तक की समीक्षा करते वक़्त उसकी अन्तर्वस्तु और आन्तरिक अर्थसत्ता के बिन्दुओं का विश्लेषण कितनी गहराई से करते हैं ताकि लेखक की रचना-प्रक्रिया तक पहुँचा जा सके। इसी लेख में मलयज 'मछलीघर' को कवि के विश्वासों और आग्रहों की कविता न मानकर कवि की रचना-प्रक्रिया की कविता घोषित करते हैं। जिसमें साही ने अपने भीतर के एकालाप को पकड़ने और 'मछली घर' के माध्यम से संवाद करने की कोशिश की है, पर क्या यह संवाद इस कविता के भीतर मौजूद एकालाप के बंध खोले बिना सम्भव है? **—तरुण**

विजयदेव नारायण साही के काव्य-संग्रह 'मछलीघर' की कविताओं को अलग-अलग कृति मानकर उन पर विचार नहीं किया जा सकता। बहुत-सी कविताएँ स्मृतियों के ऐंद्रजालिक वातावरण में जन्म लेती हैं और बाहर की भौतिक एवं अपेक्षाकृत ठोस शरीरी सचाइयों की दो-चार झलकें दिखाकर फिर उसी ऐंद्रजालिक वातावरण में खो जाती हैं। प्राय: एक कविता की स्मृति का धागा उसे दूसरी कविता की स्मृति के धागे से जोड़ता है, एक कविता में खुलने वाली तिलिस्मी सुरंग या खोह या घाटी का द्वार दूसरी कविता की खोह, सुरंग या घाटी में से होकर जाता है। प्रकृति सम्बन्धी चित्र-प्रधान कविताएँ और कुछ तरल रूमानी मूड की कविताओं को छोड़ दें तो शेष लगभग सारी कविताएँ एक ऐसी कथा के जाल से बुनी हुई हैं जिसमें कथा के भीतर कथा की एक-एक पंखुड़ी खुलती जाती है और हर पंखुड़ी अपने आपमें किसी बृहद् वैयक्तिक 'मिथ' की एक और कड़ी को पुकारती हुई कड़ी-सी लगती है। इस समस्त कार्य-व्यापार का स्थल है कवि का चिन्तनशील मन। अपनी कथा का एकमात्र वक्ता और श्रोता वही है; किसी बाजीगर की तरह वह अपने मन के अर्धविस्मृत कुंडों से यह सारा

इन्द्रजाल निकालता है और फैलाता है और फिर उसे ख़ुद ही समेट लेता है। उसका न कोई दर्शक़ है, न कोई मध्यस्थ। वह एक अनन्त आन्तरिक और हाँ, आत्मीय एकालाप में निमग्न है।

इस एकालाप की अनिवार्यता को कोई भी एक कविता व्यक्त कर सकती है; स्वयं कवि ने भी भूमिका में इसका संकेत दिया है : आज के इस अनैतिक और विशृंखल युग में कवि कर्म की ज़िम्मेदारी का बोध। पर हमारी दिलचस्पी यहाँ एकालाप की उस सर्जनात्मक प्रक्रिया में है जिसमें ये कविताएँ अपनी ख़ास शक्ल अख़्तियार कर सकी हैं। आज का मूल्य-चेतनाहीन अराजक परिवेश तथा उसमें कवि का नैतिक दायित्व और कवि-कर्म की प्रक्रिया, ये दो ऐसे पहलू हैं जिनका अध्ययन वर्तमान हिन्दी कविता के सन्दर्भ में कई प्रश्नों को उभारता है। मिसाल के लिए यहाँ सिर्फ़ सर्जन की प्रक्रिया के पहलू को लें तो इस पर विचार करना अपने आपमें रोचक हो सकता है कि क्यों किसी कवि में युग के प्रति नैतिक सम्पृक्ति 'एकालाप' बनती है और किसी में 'संलाप'? क्या एकालाप और संलाप की प्रक्रिया उस नैतिक सम्पृक्ति की प्रकृति पर प्रकाश नहीं डालती? वह कौन-सा बिन्दु है जहाँ कवि की नैतिक सम्पृक्ति को वहन करने वाली उसकी काव्य-प्रक्रिया विच्छिन्न हो जाती है? फूटकर भिन्न रास्ते पर चल निकलती है और वह नैतिक सम्पृक्ति किसी सुन्दर और आकर्षक डिबिया में बन्द पड़े लाख टके के हार-सी वर्तमान के संवेदना-क्षण के आगे अप्रस्तुत, अत: अप्रासंगिक हो जाती है? सौभाग्य से 'मछलीघर' में एक सम्पूर्ण कविता ऐसी है जो इन प्रश्नों की परीक्षा करने का अवसर प्रदान करती है।

कविता इस प्रकार है :

मैं तुम्हें निमंत्रित करता हूँ
कि मेरे साथ इस कल्पित खिड़की तक आओ
और ठंडे काँच की इस दीवार को
होंठों से छुओ
यह स्पर्श तुम्हें परिशोधित कर देगा
ऊँचे शिखर की हवा की तरह।
खिड़की के पार
तुम्हें अपनी ओर ताकती हुई
दो आसमान सरीखी आँखें दिखेंगी
और जैसे-जैसे तुम
नीचे से ऊपर टटोलते हुए
दीवार के सहारे उठोगे

वे आँखें तुम्हारे साथ उठेंगी।
अब तुम वापस चले जाओ
और नीची निगाहों से
इस बन्द कमरे में खिले हुए
नाज़ुक फूलों, सफ़ेद सीपियों और सदाबहार पत्तियों के बारे में
विचारते रहो :
कोई आतुरता नहीं है
क्योंकि निगाह उठाने पर
उस पार वे दोनों आँखें तुम्हें बराबर दीखेंगी
निर्निमेष...
और जब तुम चाहोगे
धीरे-धीरे इस ठंडे काँच की दीवार के सहारे
तृषाहीन आकर टिक जाओगे
परिशोधित।

कविता का शीर्षक है : 'मछलीघर'।

स्पष्टत: यह कवि की रचना-प्रक्रिया की कविता है, कवि के मूल विश्वासों—आग्रहों की नहीं। यह बात अपने आपमें महत्त्वपूर्ण हो सकती है कि अपनी रचना-प्रक्रिया को एक तरह से व्याख्यायित करने वाली इस कविता पर ही कवि ने संग्रह का नामकरण किया, अपनी काव्य-यात्रा में उपलब्ध या अनुपलब्ध किसी गूढ़ आशय अथवा सम्भावित सत्य-संकेत पर नहीं। क्या इससे यह माना जाए कि कवि अपनी काव्य-प्रक्रिया को काव्यवस्तु से अधिक महत्त्व देता है? भीतर चल रहे एकालाप को पकड़ने की कोशिश और कवि-व्यक्तित्व के बजाय कविता पर बल देने के पीछे क्या यही आग्रह नहीं है? दृष्टि का एक ऐसा उदार खुलापन जिसमें किसी चीज़ को समेटकर रख लेने की आतुरता नहीं, किन्हीं अनुभूतिजन्य प्रतीतियों को ठोस मानव-सत्य के साक्षात्कारों में परिणत करने की कामना नहीं, सिर्फ़ एक अनवरत तलाश, स्थितियों और मन:स्थितियों के अन्तराल में चलते रहने की स्वत:स्फूर्त जिज्ञासा और उस जिज्ञासा के आसंग में उसके लिए अपने को सतत प्रस्तुत करते रहने की संयम-साधना...ऐसी कि एक स्तर पर ऐसा आभास हो कि प्रक्रिया ही काम्य हो गई है? इसलिए आश्चर्य नहीं कि यह कविता रचना-प्रक्रिया को जीवन-दर्शन की-सी गम्भीरता एवं भंगिमा के साथ व्यक्त करती है।

पहले आती है एक 'कल्पित-खिड़की', जो कवि के काव्य-वस्तु की ओर खुलने के साथ-साथ मानो कवि के काव्यानुभव की भी खिड़की है—किसी अलक्ष्य की ओर खुलने वाली काव्यानुभव की खिड़की। कल्पित खिड़की। इसीलिए इस

खिड़की से दिखने वाला काव्य के परिवेश का यथार्थ, यथार्थ से परे का यशार्थ है। ऐसा यथार्थ जिसे सिर्फ़ एक बार देखने की ज़रूरत पड़ती है। उसे दूसरी बार देखने की कोई आतुरता नहीं होती। ऐसा यथार्थ जो क्षण-क्षण के अनुभव में अस्तित्ववान नहीं होता, क्योंकि कवि और जीवन-जगत के बीच वह कल्पना की खिड़की है। और कवि इस खिड़की से दिखने वाले जीवन-जगत की स्थूल गतिविधियों-स्थितियों से बेगाना न होकर भी अपनी दृष्टि मूर्त और ठोस और परिचित यथार्थ की दीवार के सहारे ऊपर उठाकर आसमान में विश्वब्रह्मांडों, अमूर्त आकारों और गतिशील पिंडों की तरफ़ ले जाता है। कवि मानव-मन में प्रतिबिम्बित उन तिलिस्मी, रहस्यमय, 'कॉस्मिक' आकारों को संचालित करने वाले गूढ़ नियमों—और मानव-नियति के जटिल सूत्रों—की काव्यात्मकता की ओर आकर्षित होता है। यहाँ यह स्मरण रहे कि कवि की सम्पृक्ति का केन्द्र मानव ही है, मानवनिरपेक्ष कोई अमूर्त सिद्धान्त नहीं। पर मानव को भौतिक स्थितियों के घात-प्रतिघात में सन्दर्भ-रहित उतराते देखने और उसे तद्वत अंकित करने की अपेक्षा वह उस अन्विति, मानव नियति की उस अपरिहार्यता को ढूँढ़ता है जिसके माध्यम के रूप में मात्र सन्दर्भजनित अनुभूतियाँ पर्याप्त नहीं होतीं। मानव-स्थितियों के क्षण-क्षण यथार्थ के प्रत्यक्ष साक्षात्कार में उपजी कविता भी शायद कवि की मानव नियति की अपरिहार्यता का सूत्र ढूँढ़ पाने की विकलता को सन्तुष्ट नहीं कर पाती। जो सहज भाव-संवेदन द्वारा प्राप्य है वह शायद कवि की कल्पना के उन्मुक्त दिशा-सन्धान के लिए अपेक्षित विस्तार नहीं दे पाता और कवि के लिए कला-सृजन की कठोर शर्तों के पालन की यथेष्ट चुनौती नहीं जुटा पाता। इसीलिए कल्पना की खिड़की से कवि उन दुर्गम घाटियों, खोहों, गुफाओं, आदिम प्रपातों, नदियों और अशान्त समुद्रों का आविष्कार करता है जो एक साथ समय की चेतना की काई से लिपटे अधिक आदिम, कठोर और शाश्वत भी लगते हैं और वह असम्पृक्त पृष्ठभूमि भी प्रदान करते हैं जहाँ मानव-मन की बुनियादी जिज्ञासाओं और अस्तित्ववादी प्रश्नों एवं परिकल्पनाओं से निर्भीक साक्षात्कार किया जा सके। छोटे कैनवस पर यह खिड़की मछलीघर की ओर खुलती है, पर उसके पीछे भी अपरिचित और अमूर्त की उन्हीं प्रेरणाओं का निमंत्रण है।

इस निमंत्रण को स्वीकार कर लेने के बाद जो मन:स्थिति बनती है उसमें उस साक्षात्कार के लिए अपने भावयंत्र को निरन्तर माँजते, निरन्तर तराशते, निरन्तर पारदर्शी करते जाना है और इसके लिए अनुभूतियों के एक निश्चित ताप में अपने को निरन्तर कसते जाना है। ठंडे काँच की दीवार में एक साथ निर्वैयक्तिक तटस्थता और भावयंत्र की पारदर्शिता—जिससे कवि अपनी जिज्ञासा के केन्द्रों की सत्ता के प्रति अधिक-से-अधिक आत्मीय हो सके—दोनों ही गुण हैं। काँच दृश्य के साथ-साथ ताप भी सम्प्रेषित करता है जो शायद अस्तित्ववादी प्रश्नों की निपट निरावरण प्रखरता के अनुकूल नहीं पड़ती, इसलिए दीवार (कवि का भावयंत्र) ठंडी है—असम्पृक्त, मर्यादित

और किसी भी अतिरेक या विभोर भावाकुलता से रहित। कवि अपने काव्यानुभव को सर्जनात्मक ग्रहणशीलता की जिस भूमि से उठाता है वह मानव-आवेगों की परस्पर गुत्थमगुत्थगी से न तो गंदली या दलदली है, न अस्पष्ट कुहासाछिन्न। इसीलिए इस सर्जनात्मक ग्रहणशीलता से उपजी भाषा जो स्फटिक की तरह साफ़-सफ़्फ़ाफ़ है, उसके अलावा 'कुछ और' लिये हुए होने का भ्रम अपने बारे में नहीं पैदा करती। वह भाषा अपनी प्रकृति में पारदर्शी है, लचीली नहीं। उसका अपना 'डाइनैमिज़्म' कोई नहीं है, वह कवि के जादुई स्पर्श से ही झंकार करती है। वह कवि-व्यक्तित्व को वहन करके ही 'जीवित' का आचरण करती है। वह दीवार है और ठंडी है। काव्य-आशयों की परतें जो अनजान क्षितिजों का आभास देती हैं, काव्यानुभवों के गोपन कक्ष जो 'कुछ और' का एहसास कराते हैं, अभिव्यक्ति में अधूरेपन का स्वाद जो माल को खपाने की रुचि पैदा करता है भाषा के पारदर्शी गुण का सहज धर्म है, भाषा की आन्तरिक सर्जनात्मकता का उपक्रम नहीं। भाषा की आन्तरिक सर्जनात्मकता के सन्दर्भ में अधूरा वह है जो टूटकर बनते-बनते रह गया हो, गोपन वह है जो शब्दातीत की सम्भावना से स्पंदित हो, अनजान वह है जिस तक पहुँचने की कोई निश्चित पगडंडी न हो।

भाषा के इस परिमार्जित संयत रूप के रहते जीवन-जगत का वह वास्तविक अधूरापन, अँखुआपन, उद्वेग और उफान, मूल्य संशय की तिलमिलाहट और आक्रोश, एक मानवीय स्थिति और दूसरी मानवीय स्थिति के बीच ग़लत और सही के सही और ग़लत बन जाने की अनिश्चितताएँ नहीं चल सकतीं। उस क़िस्म की भाषा के सन्दर्भ में ये चीज़ें 'प्रोफेन' हैं, कुछ हद तक अशिष्ट और 'वल्गर' भी। हाड़-मांस के मनुष्य के बजाय मनुष्यत्व के बुनियादी तात्त्विक रूपों की ओर बढ़ने वाली भाषा पावनता की भाषा हो सकती है : उस सूक्ष्म सौन्दर्य और चिन्तन के रस की भाषा, जो अपनी आँच से झुलसाती नहीं, एक अजब शान्ति, पावनता और परिष्कार प्रदान करती है। ठंडी दीवार पर होंठों की छुअन ऐसा ही 'प्लेटोनिक' सौन्दर्य है जिसमें मांसल स्थूलता की भौतिक गरमाई न होकर कोमल रूपकात्मकता (नाज़ुक फूलों, सफ़ेद सीपियों और सदाबहार पत्तियों जैसी) की आँच है जो भावावेग की उत्कटता के स्थान पर सन्तुलित भाव-तरंग की 'हॉरमनी' का परिचय देती है। वह 'हॉरमनी' समरसता की 'हॉरमनी' है, इसके बीच कोई अविवेकी उद्दंड शरारती स्वर नहीं आ टपकता।

यह आवश्यक नहीं कि इस प्रकार की भाषा के गठन में अमूर्तताएँ भरी हों और उसकी भंगिमा सदा से उदात्त या गम्भीर हो। इस भाषा के शब्द-समूहों में, शब्द-खंडों और शब्द-सन्धियों में, दरअसल एक सादापन होता है जिसमें एक ओर अपरिचित होकर भी परिचित लगने जैसी आत्मीयता होती है तो दूसरी ओर परिचित होकर भी अपरिचित लगने जैसी व्यंजनात्मक भंगिमा—हालाँकि परिचित को कसकर पकड़

रखने और उसके सम्भावना-क्षेत्र का अनुसन्धान करने जैसी व्याकुलता उसमें नहीं होती। वह सादापन प्राय: आम बोलचाल के शब्दों और वाक्य-संरचना के इस्तेमाल में प्रकट होता है। इससे ऐसा भ्रम पैदा हो सकता है कि यह भाषा आज के समय की बोलती हुई धड़कनों के समानान्तर है और आज के जीवन की अन्तर्धारा से उसकी पटरी बैठ रही है। पर अधिक गहराई से देखने पर यह भ्रम टूट जाता है क्योंकि इस भ्रम को उस प्रकार की भाषा के सन्दर्भ में पालना उस भाषा की अन्त: प्रवृत्ति और नियति के साथ भी अन्याय करना है।

इतिहास, प्रकृति और द्युलोकों की गूढ़ विधायक शक्तियों में मानव-कविता की खोज पावन भाषा के माध्यम से अन्ततः जब 'शुद्ध कविता' की खोज में बदल जाती है तब कविता का उद्दिष्ट प्रभाव ऊँचे शिखर की हवा की तरह भाव-चित्त का परिशोधन हो जाता है। यह अवश्य है कि यह निर्मल काँच की तरह पारदर्शक तरल हवा उन्हीं लोगों को नसीब होती है जो पहाड़ की कठिन चढ़ाइयाँ चढ़ सकते हों। उस शिखर तक पहुँचने के लिए एक ऊँचे दर्जे का पलायन—कवितालोक में पलायन—एक अनिवार्य शर्त है। वहाँ मन को झकझोरकर तोड़ देनेवाला वेदना का रूप नहीं मिलेगा, बल्कि वेदना को एक मूल्य, एक 'निर्निमेष' दृष्टि प्रदान करने वाला रूप मिलेगा। चाहे कवि ने अपनी यात्रा सामान्य मनुष्यों के बीच से ही शुरू की हो, इस शिखर पर उसकी कविता पाठक को जगत के जंजालबोध से दूर रखती है और मन के एकान्त में उन आधारभूत खौफनाक प्रश्नों को उकसाती है जिनसे निर्भीक साक्षात्कार के लिए प्राचीनकाल में ऋषि-मुनि पर्वतवास किया करते थे।

अब सवाल यह है कि पर्वत शिखर पर पहुँचकर भी कविता कविता कैसे बनी रह सकती है, दर्शनशास्त्र या अध्यात्मशास्त्र का कोई सूत्र क्यों नहीं बन जाती है? 'मछलीघर' कविता में इसका स्पष्ट जवाब नहीं है, पर उसकी आन्तरिक बनावट में उसके संकेत देखे जा सकते हैं। कविता में शुरू से आख़िर तक एक नियंत्रित भाव-संवेग मौजूद है—प्रारम्भिक पंक्तियों में ही अपने अनुभव में शरीक होने का आमंत्रण और उस अनुभव में सिर्फ़ डूब जाने का नहीं, उसमें निहित दृष्टि का अनुसरण करने का आमंत्रण अपने पीछे एक संयत भाव-संवेग लिये हुए है, जो अन्त तक कायम रहता है। अत: कविता केवल अनुभूति के प्रवाह के सहारे आगे नहीं बढ़ती, न पाठक पर अनुभूति के दबाव की छाप छोड़ने की आतुरता दिखाती है, वह अनुभूति के क्रमिक संचरण को विश्लेषित करती चलती है। उसमें संवेदित विचार की एक लय है जो क्रमश: रूपकात्मक दृश्यों और कल्पनाओं को नियोजित करती जाती है। सम्पूर्ण कविता के ऊपर भाव-संवेग का एक वितान तना हुआ है जो उस विचार को संयत रूप से 'उत्तेजित अवस्था' में रखता है। पावन भाषा की उदात्त मुद्राओं और उसकी सीमाओं के बीच यह उत्तेजना—विचार की झंकृति—ही कविता को बचाए रखती है।

एक भाषा होती है जो कवि की 'सीमा' होती है, एक भाषा होती है जो कवि की 'स्थिति' होती है। सीमा तोड़ी या बढ़ाई या बदली जाती है—जा सकती है, 'स्थिति' बस होती है या नहीं होती है, यानी या तो जो 'जीती हुई' होती है या 'मरी हुई' होती है। मछलीघर का कवि 'सीमा' के दायरे में है या 'स्थिति' के दायरे में, यह बताना यहाँ अप्रासंगिक है। हाँ, इस चर्चा के शुरू में रचना-प्रक्रिया के सम्बन्ध में 'एकालाप' और 'संलाप' की जो बात उठाई गई थी उसका थोड़ा विस्तृत निरूपण यहाँ प्रासंगिक होगा, ख़ासकर इसलिए कि मछलीघर कविता के विश्लेषण में इस निरूपण के संकेत छिपे हुए थे और उस विश्लेषण को एक व्यापक सन्दर्भ में देखना यहाँ आवश्यक हो गया है।

अनैतिक और विशृंखल युग में कवि-कर्म के प्रति नैतिक सम्पृक्ति की दृष्टि क्यों? शायद इसलिए कि कवि जीवन के प्रत्यक्ष साक्षात्कार में एक ऐसी व्याकुलता का अनुभव करता है जो उसे मानव-जीवन के सतही रूपों से परे मानव-अस्तित्व की बुनियादी शर्तों और चुनौतियों की ओर आकर्षित करती है। शायद यह अपने आपमें किसी मूल्य की तलाश है, चाहे इस मूल्य का रूप कुछ भी क्यों न हो। कवि-कर्म में आस्था अपने आपमें एक मूल्य है और अनैतिक विशृंखल युग में ज़िम्मेदारी का बोध भी एक मूल्य ही है। कवि की युग-दायित्व के प्रति सम्पृक्ति निश्चय ही सर्जनात्मकता के मूल आग्रहों के भीतर ही कोई माने रख सकती है। इसी तरह यह नैतिक सम्पृक्ति जिस प्रकार की सर्जनात्मकता द्वारा अपने को व्यक्त करती है वह भी महत्त्वपूर्ण है—बदलते हुए समय की नब्ज को पकड़ने वाली कविता के सन्दर्भ में तो यह और भी महत्त्वपूर्ण है। क्योंकि नैतिक सम्पृक्ति अपने आपमें एक आदर्श स्थिति हो सकती है, पर यह सम्भव है कि बदलते समय के समानान्तर चलती टूट-टूट कर बनती सर्जनात्मकता के साथ वह न चल पाए। बदलते समय के समानान्तर चलती सर्जनात्मकता से मेरा मतलब उस सर्जनात्मकता से है जो वर्तमान की 'स्थिति' और 'सम्भावना' को काफ़ी दूर तक आगे प्रक्षेपित कर सके। अपनी बात को स्पष्ट करने के लिए कुछ उदाहरण देना ज़रूरी है।

साही की 'मछलीघर', कुँवर नारायण की 'आत्मजयी' और अज्ञेय की 'आँगन के पार द्वार' की कविताएँ और विशेषकर उनकी काव्यकृति 'उत्तर प्रियदर्शी' को लें। इन तीनों ही कवियों में युग-जीवन के प्रति नैतिक सम्पृक्ति का स्वर है। इस नैतिक सम्पृक्ति को घटाकर यदि कवि और उसके परिवेश के परस्पर सम्बन्ध के धरातल पर लाएँ तो मिलेगा कि यह सम्बन्ध 'एकतरफ़ा' है, यानी वह परिवेश कवि के व्यक्ति-मन में ही केन्द्रित है। व्यक्ति मन के संस्कार पर ही उस परिवेश का संस्कार निर्भर है, वही उसे नियंत्रित, परिसीमित और परिभाषित करता है। व्यक्ति-मन चाहे जिस किसी स्रोत या प्रणाली से ऊर्जा पाता हो वह अपनी ऊर्जा से ही परिवेश में अर्थ की सम्भावना विकसित करता है और उसे अपनी ही ऊर्जा से पुष्ट

करता है। यह एक तरह से कवि-व्यक्तित्व बनाम परिवेश का मामला हुआ। इसमें सर्जनात्मक प्रक्रिया की क्षमता उस कवि-व्यक्तित्व को निरन्तर पुष्ट और संस्थापित करते जाने की क्षमता से आँकी जाती है। कवि की दृष्टि जितनी ही उदार, व्यापक, उच्च होगी, परिवेश को अर्थ देने की प्रक्रिया में कविता उतनी ही उदार, व्यापक, उच्च भाव-भूमि पर प्रतिष्ठित होने के लिए बढ़ेगी। यह 'एकतरफ़ा' सर्जनात्मकता है। इस 'एकतरफ़ा' सर्जनात्मकता में कवि-व्यक्तित्व के 'ख़त्म' होने के बाद ही कविता चुकती है, जबकि इसके विपरीत 'दोतरफ़ा' सर्जनात्मकता में—जिसमें कवि और परिवेश का सम्बन्ध समान धरातल पर एक-दूसरे के लिए एक अनवरत तनावपूर्ण चुनौती के रूप में होता है—कविता 'ख़त्म' होने के साथ कवि ख़त्म होता है। 'एकतरफ़ा' सर्जनात्मकता में कविता इसीलिए एकालाप में सम्प्रेषित होती है और अस्थायी होती है, क्योंकि संलाप की स्थिति में सम्बन्धों में निरन्तर एक बदलाव और तज्जनित तनाव होता है जो टूट-टूट कर बनता और बन-बन कर टूटता चलता है। इसलिए 'दोतरफ़ा' सर्जनात्मकता का आदर्श महान, या यदि पहले के शब्द इस्तेमाल करें तो, उदार, व्यापक, उच्च नहीं होता, वरन् वह होता है जो उनके बिना भी कविता को सार्थक रख सके।

साही, कुँवर नारायण और अज्ञेय की उल्लिखित कृतियों में 'एकतरफ़ा' सर्जनात्मकता है, इसीलिए वे 'एकालाप' में व्यक्त हो पाती हैं जो अपने प्रभाव में या तो आपको ऊँचाई पर ले जाकर परिशोधित करती हैं या फिर विरक्त करती हैं। साही की नैतिक सम्पृक्ति की सर्जनात्मकता उन्हें द्युलोकों तथा विचित्र अतिमानवीय परिदृश्यों में ले जाती है, कुँवर नारायण मृत्यु और जीवन के प्रश्नों की अर्थवत्ता की परीक्षा उपनिषत्कालीन नचिकेता के मानस-लोक में करते हैं, अज्ञेय 'आँगन के पार द्वार' में आत्मा के रहस्य लोक और 'उत्तर प्रियदर्शी' में ऐतिहासिक किंवदन्ती के नरक में 'करुणा प्रभामय' का पावन आलोक देखते हैं। इस प्रकार मानव-नियति के आधारभूत प्रश्नों को ये एक ऐसा कालातीत नैरन्तर्य प्रदान कर देते हैं जिसमें उन प्रश्नों की तात्कालिक सार्थकता का सन्दर्भ लुप्त हो जाता है और एक तरह से ये प्रश्न जिस सन्दर्भ और जिस भूमि में उठने चाहिए और जिस सन्दर्भ और भूमि में उनका सामना किया जाना चाहिए वह न होकर एक 'नो मैन्स लैंड' में उठने वाले प्रश्न हो जाते हैं, अर्थात् वे सनातन शाश्वत प्रश्न बन जाते हैं। और शाश्वत प्रश्नों के उत्तर के लिए कोई निजी सन्दर्भ, कोई यथार्थ भूमि, कोई जीवित परिप्रवेश ज़रूरी नहीं होता। यह बात दूसरी है कि कवि केवल प्रश्न ही उठाकर रह जाए। साही और कुँवर नारायण ने सिर्फ़ प्रश्न उठाए हैं, अज्ञेय ने उत्तर भी दे डाले हैं। मुख्य बात यह है कि इन कृतियों में सर्जनात्मकता का स्तर या तो प्रश्नों के एकालाप का है या फिर प्रश्नों और उत्तरों के एकालाप का। इनमें अनुभूति का 'अपनापन' है, अनुभूति का 'दूसरापन' नहीं। इनकी सर्जनात्मकता की गति को इस रूप में रखा जा सकता

है : कविता—'शुद्ध' कविता—'महान्', (या उदार, व्यापक, उच्च) कविता, क्योंकि इसमें कवि का रूपान्तरण होता जाता है। जबकि 'दोतरफ़ा' सर्जनात्मकता के कवि की गति यों होगी : कविता—कविता—कविता, क्योंकि इसमें कविता का नया जन्म होता जाता है। नैतिक सम्पृक्ति की दृष्टि से 'दोतरफ़ा' सर्जनात्मकता के कवि के रूप में रघुवीर सहाय की कविताएँ द्रष्टव्य हैं। इनकी नैतिक सम्पृक्ति में कवि स्वयं परिवेश के बीच केन्द्रित होता है और उस परिवेश को सम्प्रेषित करने में ही अपने व्यक्ति-मन का आविष्कार करता है। उनका कवि अपने को 'सक्रिय' रखने के लिए अपने परिवेश को 'सक्रिय' रखता है, यह दूसरी बात है कि किस औजार से परिवेश और अपने को भी सक्रिय रखना है इसका निर्णय स्वयं कवि का विवेक करता है। पर हर हालत में वह परिवेश पर या परिवेश उस पर हावी नहीं होता। रघुवीर सहाय अपनी नैतिक सम्पृक्ति में ख़ुद को और अपने परिवेश को सक्रिय रखने का औजार राजनीति को मानते हैं। यदि केवल औजार से सक्रिय बनाने-होने को लिया जाए तो विपिन कुमार अग्रवाल की कविताएँ भी उसी 'दोतरफ़ा' सर्जनात्मकता का परिचय देती हैं। लेकिन इसका विवेचन एक अलग ही प्रसंग है।

[1966]

डबडबाई आन्तरिकता

यह लेख सर्वेश्वरदयाल सक्सेना की पुस्तकों 'बाँस का पुल' और 'एक सूनी नाव' को समीक्षास्वरूप लिखा गया। मूल पुस्तक (कविता से साक्षात्कार) में इनका समीक्षाकाल क्रमश: 1964 और 1967 इंगित है। पुस्तक में विविध समय में की गई इन समीक्षाओं को एकीकृत कर डबडबाई आन्तरिकता शीर्षक दिया गया है। इन दो समीक्षाओं को एक साथ रखने का लक्ष्य यह भी है कि मलयज का मानना है कि 'एक सूनी नाव' को समझने के लिए 'बाँस का पुल' की कविताओं को समझना ज़रूरी है, कारण 'बाँस का पुल' दरअसल 'एक सूनी नाव' का सन्दर्भ है और 'एक सूनी नाव' की कविताएँ 'बाँस का पुल' की कविताओं का विस्तार। 'एक सूनी नाव' को 'बाँस का पुल' की कविताओं से जोड़ते हुए मलयज निष्कर्ष निकालते हैं कि 'एक सूनी नाव' की कविताएँ सर्वेश्वर के काव्य-स्वर की थकान की कविताएँ हैं जिसका एहसास स्वयं कवि (सर्वेश्वर) को भी है। **—तरुण**

"बाह्य परिस्थितियों को बदलने से ही काम नहीं चल सकता, आदमी को भीतर से ही बदलना पड़ेगा...नया सबेरा आ रहा है, नई रोशनी आएगी, नई ज़िन्दगी आएगी, उसे कोई रोक नहीं सकता...निश्चय ही। लेकिन उसका आधार इनसानियत पर होगा, करुणा और संवेदना पर होगा..."

ये पंक्तियाँ यद्यपि सर्वेश्वरदयाल सक्सेना के लघु-उपन्यास 'सोया हुआ जल' में आती हैं जो सर्वप्रथम 1955 में प्रकाशित हुआ था, पर उनके काव्य-व्यक्तित्व के निर्णायक तत्त्वों की छानबीन करने में, तथा उनकी विशिष्ट रचना-स्थिति का मूल्यांकन प्रस्तुत करने में भी, इनका उपयोग बेखतर होकर किया जा सकता है। क्योंकि 'काठ की घंटियाँ' से 'बाँस का पुल' तक की यात्रा में ऊपर की पंक्तियों में निहित कवि का मूल विश्वास कभी निस्संकोच आग्रह बनकर, कभी विवश मोह बनकर बराबर ध्वनित होता रहा है। यात्रा के जिन पड़ावों पर उसका मोहभंग व्यक्त हुआ है और जहाँ वह फिर-फिर लौट आने को विवश अनुभव करता है, वे भी उस मूल विश्वास के परिप्रेक्ष्य में ही भोगे हुए व्यंग्य की मार्मिक भंगिमा ग्रहण कर सके हैं। अन्तर केवल इतना हुआ है कि पहले की सी दो-टूक विज्ञप्ति

दे सकने की स्फूर्ति अब एक कातर प्रतीक्षा में बदल गई है अथवा मौन में सिमट गई है। पर इस पर हम आगे विचार करेंगे।

सर्वेश्वर की काव्य-प्रतिभा जिन स्रोतों से परिचालित होती है उनमें 'आन्तरिकता' के प्रति बिना शर्त विश्वास एक केन्द्रीय धरातल पर प्रतिष्ठित है; और इसका एक ऐतिहासिक सन्दर्भ भी है जिसकी ओर पुनर्दृष्टिपात कर लेना यहाँ गैरमुनासिब न होगा। नयी कविता के पहले साहित्य चेतना का नियमन अक्सर उन मूल्यों एवं कसौटियों के आधार पर होता था जिनका मनुष्य इकाई के रूप में व्यक्ति की आन्तरिकता—प्रचलित शब्दावली में कहें तो स्वानुभूति—से कोई सीधा सम्बन्ध नहीं होता था; बल्कि जितने ही अंश में वह सम्बन्ध दूरतर और परोक्ष होता था उतना ही काव्य को यथार्थ का प्रतिनिधि माना जाता था। इस दृष्टिकोण ने छायावाद और प्रगतिवाद के दो मूल्य-स्तरों पर जिस रूढ़ि एवं हठधर्मिता का रूप अख़्तियार कर लिया और उससे काव्य-मूल्यों की जो हानि हुई उसके विपरीत वह बिलकुल उलटा दृष्टिकोण विकसित हुआ, जिसने शुद्ध प्रतिक्रिया का फेन निथर जाने के बाद नयी कविता के आन्दोलन का रूप ग्रहण किया। नयी कविता ने अपने उन्मेषकाल में—जिसका एक छोर प्रयोगवाद से जुड़ा हुआ था—न केवल उस आरोपित बाह्यलोक को नहीं माना वरन् स्वतंत्र सर्जनात्मक प्रक्रिया के महत्त्व को प्रतिपादित कर एक अपना अन्तर्लोक भी रचा और मनुष्य को उस लोक के केन्द्र में प्रतिष्ठित किया। ध्यान देने की बात है कि बाह्यलोक का विरोध कर नया अन्तर्लोक रचने का काम छायावाद ने भी किया था, जैसा कि अन्तर्लोक का विरोध कर बाह्यलोक को प्रतिस्थापित करने का काम प्रगतिवाद ने किया। परन्तु छायावाद का विद्रोह किसी नवीन मानव-सम्बन्ध स्थापन की प्रेरणावश नहीं हुआ था, इसीलिए वह मुख्यतः अमूर्त विचारों एवं प्रत्ययों का काव्य बनकर रह गया। यदि सर्वेश्वर की काव्य-पीढ़ी में छायावादी तत्त्वों से तारतम्य और विरोध ढूँढ़ना हो तो इस अन्तर को दृष्टि में रखना ज़रूरी होगा। इस काव्य-पीढ़ी के सामने बाह्यलोक और अन्तर्लोक प्रत्यक्ष विद्यमान थे और उसकी समस्या उनमें एक सार्थक सन्तुलन की खोज की थी। अज्ञेय ने दूसरा सप्तक में 'तथ्य' और 'सत्य' अथवा 'वस्तु-सत्य' और 'कवि-सत्य' के जिस फ़र्क़ पर ज़ोर दिया है, ग़ौर करें तो उसकी पृष्ठभूमि में उस समय की हवा में साथ-साथ तैरते उन दोनों लोकों की ही टकराहट सुनने को मिलेगी। सर्वेश्वर की आदमी को भीतर से बदलने की बात को भी उसी सिलसिले की अगली कड़ी के रूप में देखा जा सकता है।

अज्ञेय और सर्वेश्वर की तुलना यहाँ मेरा उद्देश्य नहीं है, पर कम से कम आन्तरिकता के प्रति उनकी इस समान मूलदृष्टि एवं विश्वास की तुलना से 'बाँस का पुल' के कवि को समझने में कुछ मदद मिल सकती है। अज्ञेय ने जब एक

बार यह विवेक कर लिया कि क्या 'तथ्य' है और क्या 'सत्य', तब उनके सामने कोई उलझन नहीं रह जाती। उसके बाद से उनका काम रह जाता है कि अपने उस 'काव्य-सत्य' में गहराई के अधिक से अधिक आयाम भरें या उसे उच्चतम शिखर तक ले जाएँ। उनका निर्मम काव्य-संयम और उदात्त अभिव्यंजना शक्ति न सिर्फ़ उस उलझन के अस्तित्व का ही निराकरण कर देती है वरन् वह उसका कारण भी है। युग-सत्य को कवि-सत्य के माध्यम से उपलब्ध करने के प्रयास में अज्ञेय की सफलता-असफलता का आकलन यहाँ समीचीन नहीं, पर इस दृष्टिकोण की अपर्याप्तता सर्वेश्वर की काव्य-संवेदना को अवश्य रेखांकित करती है। सर्वेश्वर यह कहते ज़रूर हैं कि मनुष्य की आन्तरिकता ही मूल्य-रचना का आधार है, युग-सन्दर्भ में वही उसका एकमात्र सच्चा एवं प्रामाणिक पक्ष है, किन्तु उनकी कविताएँ हमें यह भी बराबर महसूस कराती हैं कि वे इस दृष्टिकोण से अपने महत्त्वाकांक्षी काव्य-व्यक्तित्व की सम्पूर्ण संगति नहीं बिठा पाते। अन्दरूनी सचाई से बाहर उससे तटस्थ निरपेक्ष भी एक सचाई है, जो है, और जिसे एकमेव कवि की निपट असहायता की प्रतीति ही झेलने योग्य बना सकती है, दृष्टि के किसी ख़ास कोण से उसे अनुभूति में पचा ले जाने की सामर्थ्य नहीं। सर्वेश्वर के लिए वे दो लोक दो स्वतंत्र इकाइयाँ न होकर एक ही इकाई की दो तहें हैं; उनके अन्तर्लोक में भी उनका बाह्यलोक प्रतिबिम्बित होता रहता है, एक स्तर पर तो उस बाह्यलोक के फैलाव का अन्तर्लोक के सामने मौजूद रहना उसके अस्तित्व के लिए ही ज़रूरी हो जाता है। सर्वेश्वर आन्तरिकता की ही कसौटी पर बाह्य से तदाकार होते हैं, पर साथ ही उस अन्तःप्रदेश के बाहर जो निरा 'तथ्य' ('सत्य' की सम्भावनाओं का समूह) है, उसके प्रति भी वे 'सबल उत्कंठा, नवल आवेग' महसूस करते हैं। जीवन के विविध लोकपक्षीय रूपों में उनकी सम्पृक्ति का यही राज है। उनके आन्तरिक विश्वासों की रची हुई लय से छूटा हुआ 'बाहर' का जटिल तथ्यात्मक विश्व उन्हें बार-बार चुनौती देता है, सर्वेश्वर उस चुनौती को स्वीकार करने के लिए जब-जब सिर उठाते हैं तब-तब उन्हें चोट मिलती है। चोट से उपजी अनुभूति का क्षण उनके लिए एक संभ्रम का भी क्षण होता है जो यह व्यंजित करता है कि वे दोनों लोकों का पूर्ण पार्थक्य नहीं स्वीकार करते—कहीं दोनों ही एक-दूसरे में अन्तर्भुक्त लगते हैं, शायद वही आज के जीवन का व्यंग्य है। अनिर्णय की इस अनुभूति को सर्वेश्वर व्यंग्य-विपर्यय की ही स्थिति में झेलते हैं, और जितना ही अधिक वे उन परस्पर अन्तर्भुक्त लोकों की स्थिति के प्रति संवेदित होते हैं उतना ही अधिक वह व्यंग्य प्रखर और मार्मिक बनता है।

दोनों लोकों का यह सह-अस्तित्व एक बेचैन तनाव बनकर सर्वेश्वर की काव्य-रचना पर छाया हुआ है। इन दोनों लोकों के पीछे वास्तव में कवि का भिन्न मूल्यबोध ही स्पंदनशील है। बाह्यलोक यदि उसका युगधर्म है तो अन्तर्लोक

स्वधर्म। युगधर्म को वैचारिक स्तर पर वह परधर्म की तरह भयावह, अत: त्याज्य, नहीं मानता : पर वह उसकी संवेदना दृष्टि के आगे समसामयिक जटिल जीवन-रूपों का एक ऐसा विषम ताना-बाना प्रस्तुत करता है जो उसकी सहज अविकृत उदार जीवन-लालसा के अनुकूल नहीं पड़ता। न सिर्फ़ वह अनुकूल नहीं पड़ता वरन् वह उसकी आन्तरिकता—उसके सहज जीवनबोध—का मखौल उड़ाता, उसे काटता-पीटता-सा भी लगता है। सर्वेश्वर की खोज उस जटिल युगबोध के भीतर ही सहज जीवन-रूपों की खोज है। उनकी सर्जनात्मक कल्पना उस जटिलता को अपने आन्तरिक सहज रागबोध की उन्मुक्त पावन तरलता में घुलाकर रिक्त-शेष नहीं करना चाहती, वरन् उस जटिलता के परिप्रेक्ष्य में ही सहजता की मूल्यवत्ता सिद्ध करना चाहती है।

पर यह युग की जटिलता आख़िरकार है क्या? वस्तुतः इसका निर्धारण उन सहज जीवन-मूल्यों पर कवि के आग्रह एवं अनुरक्ति, उनके प्रति उसके अनन्य रागात्मक तादात्म्य से ही हो जाता है जिनसे फूटती आलोक-धारा में बाहर का सब कुछ कुंचित, वक्र और जटिल लगने लगता है, क्योंकि वह अन्ततः जीवन की सहज लालसा को विकृत करता है या उससे सीधे साक्षात्कार में बाधक होता है। इसीलिए अपने आन्तरिक सहज जीवन-मूल्यों के आदर्शलोक के बाहर सर्वेश्वर को जो लोक दिखाई देता है वह एक मुखपोश लगाए हुए लोगों का, पोस्टरों का-सा शोख पर खोखला जीवन जीने वाले यंत्रचालित व्यक्तियों और ऊपरी मानवीय रूपों के पर्दे में अमानवीयता का विष पनपाने वाले 'तमाम समझदार लोगों' का लोक है; ऐसा लोक जहाँ सभी कुछ बिकता है, थोथा है, दिखावा है, जहाँ आन्तरिकता की पग-पग पर हत्या होती है, जहाँ व्यक्ति के तेजस्वी रूप को काट-छाँट कर लोग लघुता के साँचे में ढाल देते हैं और 'सोचते हैं (कि) उसे सुख और आराम दे रहे हैं।' यदि प्रस्तुत संग्रह से केवल एक कविता का उदाहरण देना हो तो मैं 'दिवंगत पिता के लिए' का उल्लेख करूँगा, यद्यपि मेरे विवेचन को पुष्ट करने के लिए इससे अधिक प्रभावपूर्ण कविताएँ 'बाँस का पुल' में मौजूद हैं। इस कविता के पीछे काव्यानुभूति में उन दो मूल्य-दृष्टियों के टकराव की गूँज और तज्जनित मार्मिक करुणालाप बड़े सहज आवेग के स्तर पर व्यक्त हुआ है। इसके साथ ही कविता में व्याप्त आत्म-विपर्यय का टोन मानो उन मूल्य-दृष्टियों की अनिवार्य टक्कर पर कवि की अनभूत्यात्मक टिप्पणी प्रस्तुत करता है। दिवंगत पिता स्वयं उन्हीं मूल्यों के प्रतीक हैं जिनसे कवि की भी सम्पृक्ति है, और जो अपनी सचाई के बावजूद सर्वत्र झूठे ही प्रमाणित हुए हैं। 'सोया हुआ जल' में सर्वेश्वर ने नए सबेरे को जिन मूल्यों पर आश्रित बताया था वह थे इनसानियत, करुणा और संवेदना। इसमें कोई आश्चर्य नहीं कि दिवंगत पिता के रूप में उन्होंने जिन मूल्यों को सराहा है और जिनकी

'मृत्यु' पर अपनी मूक शोकांजलि अर्पित की है वे आज के जीवन परिवेश में आबद्ध एक आधुनिक मनुष्य की मूल्याकांक्षा के प्रतीक न होकर जीवन के सहज रूप को आत्मसमर्पण करने वाले एक निष्ठावान मनुष्य के मूल्य हैं। फ़र्क़ सिर्फ़ इतना है कि 'सोया हुआ जल' में सर्वेश्वर उनके प्रति आश्वस्त थे, पर 'बाँस का पुल' में उनके मन में यह शंका घिर गई है कि इन मूल्यों ने उन्हें अनाथ, निराश्रित और विपन्न ही बनाया है। पर केवल इसीलिए वे उन्हें त्याग सके हों, ऐसी बात नहीं; अत: उनके स्वर में नवीन युग परिस्थितियों, दिशाओं एवं सम्भावनाओं के स्वीकार से उत्पन्न कोई नया संकल्प न होकर एक विगत अनुभूति-कथन के मिथ्या हो जाने का दर्द और कचोट भर है!—'पिता! तुम्हारी अन्तिम यात्रा में वे नहीं आए/वे नहीं आए।'

जीवन के जिन जटिल क्रूर रूपों में सर्वेश्वर मानवीय मूल्यों का स्खलन देखते हैं, उसे वैसा व्यंग्य की अनेक स्थितियों में भोगते हुए भी, वे उसकी नियति से अपने को काट नहीं सकते, इसलिए उसके लिए अपने को भी उत्तरदायी मानते हैं। सम्भवत: यही कारण है कि वे बेहद निर्मम होकर अपना निरीक्षण करते हैं—

कभी-कभी ऐसा लगता
कि मुझे मेरे शरीर से अलग कहीं
प्रतिष्ठित कर दिया गया है,
मैं अपने ही तन से निर्वासित हूँ

'कभी-कभी लगता है'

वह क्या है
जिसने मुझे पंगु कर दिया है,
जिसके कारण मैं स्वयं से डरता हूँ?

'कभी-कभी लगता है'

अपने से 'निर्वासित' होकर कभी वे 'साथी अहं' पर हँसते हैं और कभी अपनी ही परछाईं के माध्यम से अपने ऊपर व्यंग्य करते हैं । इसी आत्म-व्यंग्य के एक गहन स्तर पर उनकी अनुभूति-दृष्टि का वह बाह्यलोक और अन्तर्लोक दोनों ही पीछे छूट जाते हैं और कवि अस्तित्व के निपट अकेलेपन की स्थिति में 'हवा की मार से चीथड़ा हुए निस्तेज फीके झंडे' सा अपने को अनावृत्त बेगाना खड़ा पाता है—'यह वह दुनिया नहीं है जहाँ मेरे पूर्वज रहते थे,/या जहाँ रहने के लिए मैं पैदा हुआ हूँ।' 'कभी-कभी लगता है' अपने उस उत्तरदायित्व से ऊपर उठकर उस दर्द को पी जाने की इस बेलौस अनुभूति के क्षण से सर्वेश्वर जब

वापस लौटते हैं तो उस उत्तरदायित्व का बोध उनकी रागात्मक तंत्री को और भी झनझनाने लगता है। वे 'बाहर' की रिक्तता को अपने अन्दर के 'रस' से पूरना चाहते हैं। शायद इसी तरह वे उस उत्तरदायित्व का निर्वाह कर सकते हैं।

किन्तु बाहर की खोखल को भीतर के रस से पूरने का काम दिनोंदिन मुश्किल होता जाता है—'जिसमें जितना ही रस होता है, वह उतना ही निःशब्द टूटता है।' अतः ऐसा कर पाने के विश्वास के खंडित हो जाने पर कवि 'होंठ काटकर रह जाता' है। 'बाँस का पुल' की अधिसंख्य कविताओं में सर्वेश्वर की राग-तंत्री से फूटने वाली झनकार विवशता और असफल प्रतीक्षा की झनकार बन जाती है। वे स्वीकार करते हैं कि उनके लिए 'यात्रा! अब धर्म नहीं विवशता है।' वह विवशता सर्वेश्वर की कविताओं में मुद्रा बनकर नहीं प्रकट हुई है, उसे वे एक निष्ठा की तरह जीते-से लगते हैं। विवशता की यह निष्ठा ही उन्हें व्यापक मानव-मर्म से जोड़ती है, और यही इनके काव्य स्वर की आत्मीयता का भी कारण है। सम्भवतः इस ऋजुताशील आत्मीयता के कारण ही सर्वेश्वर की कविताओं में कहीं भी कुछ ऐसा ठोस वैचारिक तत्त्व नहीं होता जिसे पकड़कर सीधे कवि के व्यक्तित्व को स्थानबद्ध किया जा सके : कवि अपनी कविताओं में एक ख़ुशबू की तरह बसा हुआ लगता है। सर्वेश्वर के सामान्य पाठकों को उनकी यह चीज़ ही सबसे अधिक आकर्षित करती है।

पर काव्यानुभूति की इस ऋजुता में कहीं-कहीं अनुभूति का सौन्दर्यात्मक पक्ष भी पीछे छूट जाता है। ऐसी कविता—जिसके उदाहरणस्वरूप प्रस्तुत काव्य-संग्रह की कम से कम एक कविता 'ओ युद्ध भूमि में लड़ने वाले सैनिको' का नाम लिया जा सकता है—मानो कविता होने की सीमा को भी अतिक्रान्त कर देने को उत्सुक दिखाई देती है। सर्वेश्वर अपनी अभिव्यक्ति में अपने अनुभूत युगबोध का जटिल रूप-विधान नहीं रचते, सम्भवतः उससे कतराते भी हैं। इसके विपरीत उनमें यह चेष्टा (उनकी सहज जीवन-मूल्योन्मुखी ऋजुता के आग्रहवश ही) अवश्य दिखाई देती है कि वे अपनी बात का सीधा मर्म जगाने के लिए कविता पर से 'कविता' का मुखौटा भी उतार दें।

एक-दूसरे स्तर पर सक्रिय सौन्दर्यबोध की कमी उन कविताओं में भी दिखाई देती है जो महज प्रकृति के दृश्य-रंगों को ही उभारती हैं। उदाहरण के लिए संग्रह की 'सूरज : नट', 'साँझ एक चित्र', 'दस्तकारी की दुकान', 'जाड़े की धूप', 'आए महंत बसंत' आदि कविताओं को लिया जा सकता है, जो चित्रात्मक वर्ण शिल्प, ध्वनि-रंग-संयोजन और मँजी हुई अभिव्यक्ति की दृष्टि से पूर्ण होते हुए भी किसी सक्रिय सौन्दर्यबोध का पक्ष नहीं उद्घाटित करतीं। प्रकृति-सम्बन्धी कुछ ऐसी भी कविताएँ हैं जिनमें कवि द्वारा अपनी आन्तरिक रिक्तता को बाहर की मनोरम दृश्य-रंगानुभूति में बिसरा देने की मनःस्थिति के अंकन की चेष्टा है। पर इस चेष्टा

में भी वह हमेशा सफल नहीं होता स्मृति की सूखी डाल रह-रहकर हिल जाती है।

सर्वेश्वर की प्रतिभा प्रश्नमुखी है, यद्यपि यह सही है कि मोह और विवशता की मन:स्थितियों से उबरकर वे किसी क्रियात्मक जीवनबोध के स्तर पर आघात नहीं करते। वे अपनी काव्य-चेतना के जिस सन्धि-बिन्दु पर हैं वहाँ मानो आकर परस्पर मिलती हुई उनके बाह्यलोक तथा अन्तर्लोक की दो धाराएँ अपनी चरम उपलब्धि प्राप्त कर चुकी हैं; इसलिए उनका प्रश्न जो आह्वान बनकर व्यक्त हुआ है (निडर आगे बढ़ो—/तुम्हारी राह में यह एक छोटा-सा बाँस का पुल है) उनके काव्य-स्वर की थकान में एक फीकी लालसा बनकर रह गया है—

अब मैं कुछ कहना नहीं चाहता,
सुनना चाहता हूँ
एक समर्थ सच्ची आवाज़
जो कहीं हो।

'अन्त में'

सर्वेश्वर अपनी संघर्षशील काव्य-पीढ़ी की विरासत के समर्थ और सच्चे कवि हैं। उन्होंने अपनी पीढ़ी की विसंगतियों और व्यंग्य-स्थितियों को काव्य के स्तर पर सबसे अधिक जागरूक, सम्पृक्त और आत्मीय रूप में पहचाना है पर उनकी काव्य प्रक्रिया अनुभूतिगत परिवेश की जिन वैयक्तिक मजबूरियों तथा भावबोध के जिन विशिष्ट संवेदनों से परिचालित होती है उन्होंने उनकी दृष्टि के आगे एक ऐसा बन्धन लगा रखा है जो उन्हें कविता के तटस्थ एवं निर्वैयक्तिक भावबोध की आधुनिकता के साथ-साथ आगे जाने नहीं देता। उनमें अपने बन्धनों को तोड़ने की कामना ज़रूर है, पर यह कामना उनमें या तो एक भावुक आवेश पैदा करके रह जाती है या फिर प्रतीक्षा के अन्धकार में डूब जाती है। परिणामत: जिस बाह्यलोक और अन्तर्लोक की परस्पर टकराहट से उद्भूत रचनात्मक प्रश्नशीलता के उद्रेक से सर्वेश्वर की कविताएँ शुरू होती हैं वहीं पर वे समाप्त भी हो जाती हैं। सर्वेश्वर की विफलता उनकी पीढ़ी की विफलता है और उनकी उपलब्धि उनके व्यक्तित्व की उपलब्धि, जो नयी कविता की भी उपलब्धि है। 'बाँस का पुल' उनकी और नयी कविता की उन्हीं उपलब्धियों का सूचक है, आगे की सम्भावनाओं का संकेत चाहे वह न भी हो।

(1964)

'एक सूनी नाव' की कविताएँ सर्वेश्वर की काव्य-संवेदना के विस्तार की कविताएँ नहीं हैं, न ही वे नयी कविता की संवेदना के विस्तार की कविताएँ हैं। वे सर्वेश्वर के काव्य-स्वर की थकान की कविताएँ हैं। और यह बिलकुल अजब नहीं कि इस बात का सबसे अधिक एहसास स्वयं कवि को ही है, क्योंकि 'एक सूनी नाव' की

कविताएँ मूलतः इंस्टिंक्ट पर चलने वाले एक ईमानदार आदमी की कविताएँ हैं।

लेकिन कवि में यह थकान क्यों है? कवि के पिछले काव्य-संग्रह (बाँस का पुल) की कविताओं को याद कर इस संग्रह की कविताएँ पढ़ते समय इस प्रश्न का उत्तर किसी भी जागरूक पाठक को मिल जाएगा। नहीं तो स्पष्ट रूप से स्वयं कवि ने ही लिखा है :

अपने को दोहराते-दोहराते
अब मैं थक गया हूँ
...
जिसको आना हो आए
जाता हूँ मैं

यह मात्र काव्य-उक्ति नहीं है, बल्कि इस कथन में कवि की अनुभूति की पूरी सचाई व्यक्त हुई है। उस 'दुहराव' की अनुभूति की सचाई का इससे बढ़कर सबूत और क्या होगा कि कुछ इसी आशय की पंक्तियाँ अनुभूति की पूरी सचाई के साथ 'बाँस का पुल' में भी व्यक्त की गई थीं :

अब मैं कुछ कहना नहीं चाहता
सुनना चाहता हूँ
एक समर्थ सच्ची आवाज़...

यहाँ फ़र्क़ सिर्फ़ यह है कि 'बाँस का पुल' में यह थकान कवि को यात्रा के अन्त में महसूस हुई थी और 'एक सूनी नाव' में यह थकान कमोबेश शुरू से ही मौजूद है और संग्रह के अन्त तक पहुँचते-पहुँचते अन्तिम कविता में बड़े वेग से अपने ऊपर फेंकी गई तोहमत की तरह व्यक्त हो गई है।

इस तरह एक बात स्पष्ट है कि 'एक सूनी नाव' की कविताओं के कवि को अधिक नज़दीक से समझने के लिए 'बाँस का पुल' की कविताओं में बार-बार जाना पड़ेगा, दरअसल अनेक स्तरों पर दोनों के बीच एक समान पथ जाता है जिधर से होकर कवि गुजरा है। यह अप्रासंगिक नहीं कि 'बाँस का पुल' की शुरुआत 'यात्रा अब धर्म नहीं, विवशता है' के आत्म-स्वीकार से होती है और 'एक सूनी नाव' की पहली कविता इस बोध को रेखांकित करती हुई समाप्त होती है कि 'अक्सर एक व्यथा यात्रा बन जाती है।' इसके अलावा स्थूल रूप से लें तो काव्य-विषय, चित्र बिम्ब और प्रतीक तथा बहुत कुछ भाषा के मामले में भी दोनों संग्रहों में बहुत-सी समानताएँ हैं। और तो और 'एक सूनी नाव' की कई कविताओं में 'बाँस का पुल' की कविताओं की अनुगूँज, स्वर का ख़ास लहजा और भाव-संगीत भी सुनाई पड़ जाता है। जैसा कि ऊपर संकेत किया गया, सिर्फ़

एक चीज़ दोनों संग्रहों को अलग करती है—अनुभूति की तीव्रता। दोनों में अनुभूति का प्रकृतिगत स्तर समान होते हुए भी 'एक सूनी नाव' में उसकी विशिष्टता खो गई है, क्योंकि उसमें 'बाँस का पुल' की तीव्रता नहीं रही। अनुभूति की इस तीव्रता, दूसरे शब्दों में अनुभूति की विशिष्टता, का न होना ही वह थकान है जिसे पाठक के साथ-साथ ख़ुद कवि भी महसूस करता है।

इस थकान का उत्स सर्वेश्वर के कवि-व्यक्तित्व की उस प्रकृति में निहित है जिसमें न सिर्फ़ कोई तात्त्विक परिवर्तन घटित नहीं हुआ, वरन् जो किसी भी परिवर्तन को चुनौती देकर ही खड़ा रह सकता है। 'एक सूनी नाव' के फ़्लैप पर छपी इन पंक्तियों पर ग़ौर कीजिए जहाँ 'बाँस का पुल' के बिम्ब (बिम्ब या प्रतीक?) की व्याख्या करते हुए कहा गया है कि बाँस का पुल 'लचकीला, केवल नमन-शील नहीं होता बल्कि (उसका गुण) विस्थापित होकर भी फिर बिना विकृति के अपने स्थान पर लौट आता है।'

अत: यह कहा जा सकता है कि कवि की थकान एक जगह सतत खड़े रहने से उपजी थकान है। आश्चर्य यहाँ उस थकान के होने में नहीं है, बल्कि इसमें है कि क्यों कवि 'विकृत' हो जाने के भय से जीवन की कर्ममय सम्पृक्ति की वाहक दृष्टि का निषेध कर ख़ुद ही अपनी यात्रा का मार्ग बन्द कर देता है।

लेकिन इस पहलू के विस्तार में जाने से पहले उस ज़मीन का विश्लेषण कर लेना आवश्यक है जिस पर कवि खड़ा है। 'बाँस का पुल' के विवेचन सन्दर्भ में कुछ बातों पर विचार किया गया है। यहाँ मैं कवि की सर्जनात्मकता के मूल प्रेरक तत्त्व, उसके आत्मसंघर्ष को ही, प्रस्तुत काव्य-संग्रह के परिप्रेक्ष्य में फिर से उठाऊँगा।

सर्वेश्वर का आत्मसंघर्ष मनुष्य-जीवन के 'भीतर' की सचाई और 'बाहर' की सचाई को लेकर है। कवि एक के लिए दूसरे का परित्याग नहीं कर पाता वरन् दोनों की परस्पर टकराहट को भोगता है। इस टकराहट में वह मानव-अनुभूतियों की उन क्राइसिसों का साक्षात्कार करता है जिनकी व्याप्ति आज के विपर्ययग्रस्त मानव-मूल्यों और जीवन के कटु विद्रूपों तक है। यहाँ यह समझ लेना भूल होगी कि सर्वेश्वर की बेचैनी 'भीतर' और 'बाहर' की उस टकराहट के बीच कोई अर्थपूर्ण सामंजस्य स्थापित करने की—उन्हें किसी एक तीसरे सत्य में संघटित करने की है। इसके विपरीत 'बाहर' और 'भीतर' का आपस में निरन्तर तनावपूर्ण सह-सम्बन्ध बनाए रखना कवि को अपने 'जीवित' होने को महसूस करने के लिए आवश्यक प्रतीत होता है। यह उसकी संवेदना को पैना और धारदार बनाने के साथ-साथ उसे 'यात्रा' का—मानव-सत्यों की प्रतीति के अन्तराल में चलते रहने का—भी बोध देता है। इस तनावपूर्ण सह-सम्बन्ध की आग को सर्वेश्वर अपने भाव-संवेगों की आहुति देकर जीवित रखते हैं, इसीलिए वे उस तनाव को 'प्रबल आवेग' से महसूस करते हैं और हमेशा उस 'हरहराते निर्मल, निर्द्वंद्व प्रवाह' की कामना करते हैं जो उन्हें

बहा ले जाए और चूर कर दे। वस्तुत: उस तनाव को अक्षुण्ण रूप से महसूस करते रहना कवि के लिए एक आस्था का दर्जा रखता है। इसीलिए जब कभी 'बाहर' और 'भीतर' के तनावपूर्ण सह-सम्बन्ध की चेतना को कवि अपनी अनुभूति में एक चुभते हुए काँटे की तरह बनाए रखने में असमर्थ हो जाता है, तब उसे लगता है : कि वह अपने कवि-धर्म से चूक गया है, अपने आप से निर्वासित स्वयं के लिए पराया हो गया है जिससे उसकी परछाईं तक घृणा करने की हकदार हो जाती है।

भाव-संवेगों के कवि सर्वेश्वर की यह शक्ति ही मानी जाएगी कि अपनी काव्ययात्रा के आरम्भ से लगभग अब तक वे बाहर-भीतर के उस तनावपूर्ण सह-सम्बन्ध को अपनी अनुभूतियों में बराबर जिलाते आए हैं और नयी कविता से आज की कविता के क्रमश: अलग होते हुए भावबोध के वृत्त से निरन्तर छूटते जाकर भी आज के जीवनबोध के मूल में निहित व्यापक सर्जनात्मक बेचैनी और असन्तोष से जुड़े रह सके हैं। किन्तु 'बाँस का पुल' के अन्त तक पहुँचकर कवि को यह भी लगने लगा कि केवल 'सम्पूर्ण आवेगों' की ही शक्ति पर बाहर-भीतर के अन्तर्द्वंद्व का यह नाज़ुक सन्तुलन तेज़ी से बदलते हुए समय-परिदृश्य में अधिक देर तक कायम नहीं रह सकेगा। सर्वेश्वर उस तनाव को किसी अमूर्त जीवन-दर्शन में अतिक्रमित नहीं कर सके तो इसकी वजह यह है कि उसके लिए जिस सजग बौद्धिक आधार की आवश्यकता होती है, वह उनमें नहीं है। दूसरे, जैसा कि पहले कहा गया, इस तनाव को कायम रखने के सिवा किसी समाधान या अन्वेषित सत्य की तरफ़ बढ़ना कवि का अभीष्ट भी नहीं है। यह आवश्यक नहीं कि कवि किसी समाधान अथवा अन्वेषित सत्य की ओर बढ़े ही, पर सर्वेश्वर के कवि-व्यक्तित्व की ट्रेजेडी यह है कि वे उस तनाव को सिर्फ़ और सिर्फ़ भाव-संवेगों के धरातल पर ही बनाए रखना चाहते हैं। उनकी काव्य-दृष्टि उन तनावों के अधिक जटिल और गहन नैतिक रूपों तक नहीं जाती। दरअसल वे कोई बड़ा जोखिम उठाना नहीं चाहते, अपने को नैतिक रूप से किसी अराजक स्थिति में डालना नहीं चाहते। अफ़सोस तो यह है कि जोखिम से बचने की प्रक्रिया में वे अपने कवि-कर्म की बुनियादी ज़मीन—बाहर-भीतर के तनावपूर्ण सह-सम्बन्ध की चेतना को भाव-संवेगों की लौ से दीप्त रखने की प्रक्रिया—पर भी हमेशा की तरह मज़बूती और आस्था से टिके नहीं रह सके हैं। 'एक सूनी नाव' की कविताएँ इसे बखूबी स्पष्ट कर देती हैं।

इस संग्रह की कविताएँ पढ़कर दो बातें सामने आती हैं—एक तो इस संग्रह में प्रेमपरक कविताओं की संख्या सबसे ज़्यादा है, दूसरे इसमें बाहर-भीतर की टकराहट का वैसा सीधा और प्रखर साक्षात्कार नहीं है जैसा हमें 'बाँस का पुल' में मिलता है। प्रेम का विषय कवि के लिए अधिकांश में टकराहट के दंश से पलायन कर स्मृति के अन्तरंग क्षेत्र में जाने की सुविधा प्रदान करता है। इस पलायन का एक विषय प्रकृति भी है, पर सर्वेश्वर की कविताओं में अक्सर प्रेम और प्रकृति एक-दूसरे में

घुल-मिल कर आते हैं। लेकिन 'बाँस का पुल' की प्रेमपरक कविताओं की पृष्ठभूमि में उस तनाव की अनुगूँज बराबर सुनाई पड़ती है—कवि समर्पण और प्रेम-विस्मृति के क्षण में भी अपने अन्तर्द्वंद्व को छिपा नहीं पाता—और इसी कारण उन कविताओं का स्वर अधिक गहरा और तीखा है और मार्मिक करुणा की एक सक्षम लकीर उनमें शुरू से आख़िर तक दौड़ती है। अंत: उनकी अभिव्यक्ति में एक ऐसा संश्लिष्ट कसाव है जो ख़ूब खींचकर छोड़े गए तीर की तरह अपने निशाने पर अचूक बैठता है। 'एक सूनी नाव' की प्रेमपरक कविताएँ उस तनाव की छाया से मुक्त है, पर उनमें पूर्ण तन्मयता भी नहीं है। स्मृति के क्षणों में पहले वाली डुबान, डूबकर उबरने की तड़फड़ाहट और उनके छूटते जाने की गतिजनित तीव्रता नहीं रही, बल्कि अब स्मृतियों को मक्खियाँ समझने के सिनिसिज़्म का भाव भी आ गया है। असल में ये कविताएँ प्रेम की कविताएँ न होकर प्रेम की प्रतिध्वनि की कविताएँ हैं। प्रकृति का रूप भी इनमें काफ़ी हद तक पालतू हो गया है। सर्वेश्वर अपनी अभिव्यक्ति के बहुत से औजार प्रकृति से ही जुटाते हैं, पर बार-बार के इस्तेमाल से ये औजार अब भोथरे हो गए हैं और सधे उपयोग के बावजूद मन पर मर्म की कोई खरोंच नहीं पैदा कर पाते। इसके अलावा 'एक सूनी नाव' की कुछ कविताओं में, जिनमें अपेक्षाकृत जटिल नगरबोध-जनित काव्य-संवेदना का अंकन किया गया है, प्रकृति से लिए गए अभिव्यक्ति के इन औजारों का उपयोग बचकाना लगता है। 'चाँद जेब में पड़ा हुआ', 'सूरज को गिलहरी पेड़ पर बैठी खाती है', 'दुनिया मटर का दाना', 'दृष्टि कनटोप-सा लगाती है', 'ख़ामोशी कपड़े पहनाती है', 'नीला जाँघिया पहने चाँद', 'बादलों का सुथन्ना पहने भविष्य', 'किरनों के छाते लिये बूँदें', 'बर्फ के मोजे पहने प्यार' आदि (ये उदाहरण संग्रह के शुरू की केवल दो कविताओं से हैं) तथा और भी इसी तरह के प्रयोग गाँव और क़स्बे के भावबोध वाली कविताओं के साथ तो खप सकते हैं पर शहर के वयस्क और जटिल भावबोध वाली कविताओं में ऐसे प्रयोग बदमजगी ही पैदा करते हैं। फिर कवि के इस तीसरे संग्रह में भी इन प्रयोगों को देखकर—जो कि रचनात्मक अन्वेषण के जोखिमपूर्ण काम के स्थान पर रचनात्मक सुविधा को पकड़े रहने की वृत्ति से उपजे हैं—इसी बात की पुष्टि होती है कि कवि एक बिन्दु पर ठहर गया है। उसके स्वर में वह पहले वाली लड़खड़ाहट नहीं रही जो रचनात्मक द्वंद्व की तीव्रता का परिचय देती थी, बल्कि एक निश्चितता आ गई है, अभिव्यक्ति का एक सधापन जो उन्हीं-उन्हीं औजारों के बार-बार प्रयोग करने के अभ्यास से आता है।

नए औजारों की तलाश रचनात्मक स्तर पर मानव-अनुभूतियों की नई क्राइसिसों के साक्षात्कार में होती है और थकान के जिस मूड में कवि इस संग्रह की कविताओं में पहुँच चुका है, उसमें वह किसी नई क्राइसिस में पड़ना नहीं चाहता। कवि की रचनात्मक चेतना में वह बाहर-भीतर का संघर्ष समाप्त नहीं हो गया है, पर वे अब एक-दूसरे के

प्रति तीव्रता से प्रतिक्रिया नहीं करते। कभी-कभी तो यह भी लगता है कि उनके आपसी सम्बन्धों में उदासीनता का तत्त्व भी आ गया है। न सिर्फ़ यह, बल्कि कवि में उनकी द्वंद्वात्मक स्थिति की रचनात्मक अर्थवानता के प्रति एक अनिश्चय और सन्देह का भाव भी विकसित होता दिखाई पड़ने लगा है। सर्वेश्वर जब यह कहते हैं कि :

भेद कठिन कुट्टिम छत
टपकी एक बूँद
इस घोर वृष्टि से
पूर्ण पृथक् हो
...
वह मेरी है
मैं उसका हूँ
बाहर का विशाल जल-प्लावन सदा पराया।

'एक बूँद'

या

मेरा एकान्त ही मेरा विजय स्थल है
जहाँ मैं हर दौड़ के बाद
गर्व से जाकर खड़ा हो जाता हूँ...

'इस अपरिचित नगर में'

अथवा जब एक सात्त्विक रोष में वे यह गुहार लगाते हैं कि :

मैं स्वयं एक युद्ध हूँ
मेरा किसी और के लिए
निर्माण मत करो

'युद्ध-स्थिति'

तब वे उसी अनिश्चय को व्यक्त करते हैं जिसमें वे बाहर की चुनौती और उसके कसाव से छुटकारा पाने के बीच ज़बरन अपने को एक पक्ष में झुकाने की विवशतापूर्ण आत्म-प्रवंचना में मुब्तिला होते हैं। बाह्य सचाई, नियम, सिद्धान्त, मतवाद एवं आदर्श और इन सबको मनुष्य की आन्तरिक सचाइयों पर आरोपित करने के विरुद्ध आवाज़ उठाना सर्वेश्वर की कविता का नया स्वर नहीं है, लेकिन ऐसा करते समय कवि के पास निश्चित विकल्प के रूप में एक मज़बूत भीतरी आधार—सार्वजनीन मनुष्य की आन्तरिक सचाइयों की मूल्यवत्ता में आस्था का आधार—रहता था, जो बाह्य सचाइयों की उपस्थिति में ही शक्ति प्राप्त करता था। अब जब सर्वेश्वर बाह्य सचाइयों पर

आक्रमण करते हैं तब जैसे अपने भीतरी आधारों को ही कमज़ोर बनाते हैं, क्योंकि उन आधारों पर अब कवि की भी सम्पूर्ण आस्था नहीं रह गई हैं :

गाँव से क़स्बे और क़स्बे से शहर की यात्रा में आधुनिक सभ्यता के संशय ने उसे डस लिया है। पहले बाह्य अनुशासन के विरुद्ध वे सार्वजनीन मानव-मूल्यों की तरफ़ से लड़ते थे, अब इस लड़ाई का उद्देश्य अपने क्लान्त-व्यक्ति मन के लिए एक छायादार कोना तलाश कर लेना है, जहाँ उन्हें अपनी चेतना की फटकार न सुननी पड़े। इसके बावजूद जब कभी कवि बाहर-भीतर की लड़ाई में भीतर को तरजीह देता है तो लगता है, वह उन डूबते आधारों को ही मज़बूती से पकड़ लेना चाह रहा है—सार्वजनीन मनुष्य—में आस्था के आधारों को। वह उनकी ओर एक बार फिर लौटना चाहता है, हालाँकि वह यह भी जानता है कि नगरबोध के संशयग्रस्त मूल्यों का ज्ञान उनके 'जूतों से चिपक रहा है।' अपने आदि तेजस्वी कवि रूप की याद कर वह किसी साहस और संकल्प के क्षण में यह निश्चय भी दुहराता है कि :

यूँ छोड़ने को मैं
ये जूते भी छोड़ सकता हूँ,
बिलों और बसों के टिकटों पर
पैर रखता हुआ
राह मोड़ सकता हूँ,
पर दुकानें बन्द हैं
और मुझे अपनी कीमत चुकानी है

'एक शहर'

कीमत चुकाने की बात कवि की ईमानदारी हो सकती है, पर हम जानते हैं कि जिन सिक्कों (भावसंवेग) में वह कीमत चुकाएगा, वे अपना मूल्य खो चुके हैं। ईमानदारी के ही क्षण में शायद कभी कवि को यह लगे कि 'एक सूनी नाव' की कविताएँ एक बार फिर उसे चुनौती दे रही हैं कि वह अपने को इस ठहराव की जड़ता से मुक्त करे। कवि इस चुनौती को स्वीकार करेगा या नहीं, यह हम नहीं जानते। पर इतना निश्चित है कि इस ठहराव से मुक्त होने के लिए उसे अपने को नई रचनात्मक 'क्राइसिसों' में झोंकने के साथ-साथ लड़ाई के नए औजार भी तलाश करने होंगे। कल के औजारों से आज की लड़ाई नहीं लड़ी जा सकती।

[1967]

औसत भारतीयता का कवि

('दिगन्त' पढ़ने के बाद एक प्रतिक्रिया)

त्रिलोचन की पुस्तक 'दिगन्त' पढ़ने के बाद प्रतिक्रियास्वरूप लिखा गया यह लेख (जिसे स्वयं मलयज समीक्षा नहीं कह रहे) उन लेखों की श्रेणी में शामिल है जिसकी वजह से कई लेखकों ने मलयज को कलावादी, रूपवादी घोषित कर दिया और कहा कि मलयज वामपंथी लेखकों के साथ दोयम दर्जे का व्यवहार कर रहे हैं, कि मलयज अज्ञेय को तवज्जो देते हैं पर त्रिलोचन, मुक्तिबोध और शमशेर को नहीं। श्याम कश्यप ने तो मलयज के शमशेर के सम्बन्ध में कहे गए कथन कि 'शमशेर की कविता अपने अपरिभाषित रूप में ही सार्थक है' को एक गुनाह के रूप में लिया है। हालाँकि मलयज पर शोध करने के पश्चात् मुझे आशंका होती है कि मलयज के लेखों को पढ़ने की जगह सिर्फ़ शीर्षकों को पढ़कर ऐसे निष्कर्ष निकाले गए हैं। क्योंकि इन लेखों को पढ़ने के उपरान्त ऐसा कहना मुश्किल है। यह सच है कि 'दिगन्त' को पढ़ने के उपरान्त प्रतिक्रियास्वरूप लिखे लेख को मलयज ने 'औसत भारतीयता का कवि' नामक शीर्षक दिया है पर साथ ही मलयज ही हैं जो त्रिलोचन के सम्बन्ध में यह निष्कर्ष निकालते हैं कि 'हिन्दी में शायद त्रिलोचन ही एकमात्र कवि हैं जिन्होंने अपने को लोकजीवन से पूरी तरह जोड़ लिया है सौन्दर्य की एक अन्त:गरिमा के साथ।' त्रिलोचन और शमशेर पर उनकी डायरियों में जो टिप्पणियाँ बिखरी हैं वो इस बात को प्रमाणित करती हैं। —**तरुण**

चाहे जिस भी नज़र से देखें, घूम-फिर कर एक ही बात मन में आती है कि त्रिलोचन की कविता एक ठेठ भारतीय जन की कविता है। इस एहसास के साथ ही कहीं यह प्रश्न भी मन में अंकुरित होता है कि यह भारतीय जन कैसे अब भी भारतीय रह गया है? इस प्रश्न की गुत्थी के तागे अलग-अलग करने की कोशिश करता हूँ तो इसमें से दूसरे कई प्रश्न और निकलते हैं, जो मूल प्रश्न की गुत्थी को सुलझाने के बजाय स्थिति का एक जटिल रूप सामने रखते हैं। 'भारतीयता', इस शब्द-प्रत्यय से जूझने की चेष्टा राजनीतिक, सांस्कृतिक और साहित्यिक स्तरों पर पिछले दिनों

बहुत जोर-शोर से की गई। यह चेष्टा अभी ख़त्म नहीं हो गई है। उसकी गूँजें मेरे दिमाग़ में हैं। क्या 'भारतीयता' अब भी एक जीवंत मूल्य-बोध है या वह महज़ एक इतिहासबोध रह गई है, जिसका अर्थ सिर्फ़ हमारी 'स्मृति' में सुरक्षित है और जिससे हमारी संवेदना, हमारी दृष्टि और हमारा कर्म एक लाचारी की हालत में जुड़े हुए हैं?

तो क्या त्रिलोचन की कविता भारतीयता के इतिहासबोध की कविता है?—भारतीयता के एक ऐसे बोध की कविता, जो हममें सूखे नल की तरह बूँद-बूँद अब भी रिसता है?—मूल्यवान पर व्यर्थ, सार्थक पर अप्रासंगिक?

मूल्य विकल्पहीनता के तनाव में संवेदना की शिराएँ खिंचती चली जाती हैं—इस खिंचाव के चरम छोर पर उदासीनता और ऊब बैठी है—कि ऐसे ही किसी क्षण में (ऐसा दुर्लभ क्षण, जब स्वयं पर से चेतना का अंकुश थोड़ा ढीला पड़ जाता है) भारतीयता के इतिहासबोध की झरी हुई लाचार बूँदें इकट्ठी हो जाती हैं। बदली हुई परिस्थितियों से अर्जित आधुनिकता (और अन्तरराष्ट्रीयता) की प्रखरता और सजगता भी रस-स्निग्ध भारतीयता को जला-तपा कर महज़ रिसता हुआ इतिहासबोध ही बना पाई (मृतक का स्मारक नहीं), उसका एक खंड-खंड आकार उभरने लगता है। त्रिलोचन की कविता पढ़ने पर लगता है जैसे वे खंड-खंड आकार हममें अब भी कहीं जीवित पड़े हैं।

भारतीयता शब्द का इस्तेमाल आज ख़तरे से खाली नहीं है, जानता हूँ। इसमें लोगों को संकीर्णता और अबौद्धिकता की बू आने लगी है। पर मूल्य विकल्पहीनता की स्थिति में जो एहसास अब भी हमारी संवेदना के इर्द-गिर्द मँडराते हैं, उनकी पहचान के लिए भारतीयता से बढ़कर उपयुक्त और कौन-सा शब्द हो सकता है?

हाँ, अपनी यही पहचान हम त्रिलोचन की कविता में पाते हैं। एक दुखती हुई पहचान। यह पहचान, हमें हमारी उन जड़ों की ओर ले जाती है, जिनमें से कुछ सूख गई हैं, कुछ सूख रही हैं, पर कुछ में से अब भी रस फूट रहा है। त्रिलोचन की कविता ख़ुद उन जड़ों की उपज है, पर साथ ही उन जड़ों की पहचान करवाने वाला गुण भी उसमें है, यानी तटस्थता। त्रिलोचन उन जड़ों के प्रति सम्पृक्त हैं, पर उनकी सम्पृक्ति जागी हुई है, स्वप्नमोहाविष्ट नहीं।

यहाँ ध्यान रहे कि त्रिलोचन की भारतीयता के गुण स्पृहणीय का पर्यायवाची नहीं है, बल्कि वह इस देश की जातीय काल-परम्परा का वह चिह्न-समूह है जिसके नक्श यहाँ के औसत आदमी के दिलो-दिमाग़ पर अब भी कायम हैं। त्रिलोचन की कविता उसी औसत भारतीय आदमी की कविता है। इस औसत भारतीय की ज़िन्दगी में एक ओर जहाँ यथार्थ की कटु सचाइयों से दो-चार होते रहने से उपजा पोढ़ापन है, तो दूसरी ओर वह सहज भावुकता भी है जो जरा-सी आँच लगते ही सुख-दुख के तरल रंगों में पिघलने लगती है। उसकी दृष्टि की पकड़ अत्यन्त वस्तुपरक, ठोस मूर्तमान है। वह अँधेरे को अँधेरा ही कहना जानता है, बल्कि अँधेरे

को अँधेरा कहने को अपना अधिकार मानता है। अगर आसपास हरियाली न हो तो यथार्थ को हरा दिखाने के लिए हरे चश्मे की छलना उसे पसन्द नहीं। त्रिलोचन के प्रकृति और जीवन के सूक्ष्म सटीक ब्योरों में, ठेठ भाषा-प्रयोग में, और जीवन के घटित को छोटे-छोटे सजीव पात्रों की सृष्टि कर नाटकीय यथार्थ में बदल देने के पीछे भी क्या इस औसत भारतीय जन की अचूक व्यावहारिक प्रतिभा नहीं काम कर रही है? इस वस्तुपरक दृष्टि के रहते ही वह औसत आदमी अपनी औकात जानता है, अपनी शक्ति और कमज़ोरी, अपनी इच्छाएँ जो आकाश छूने का दम्भ नहीं पालतीं, अपनी मर्यादा और नेम, आहत होकर भी न झुकने का अभिमान और तब तक सब कुछ सहन करने का अटूट धैर्य जब तक कि पूरब में उजास न फूटे।

पर आमतौर पर मूर्त और ठोस को साथ रखने वाले इस औसत आदमी के भीतर कहीं एक छोटा-मोटा दार्शनिक भी छिपा बैठा है। जीवन के मूर्त प्रसंगों में सुख-दुख के क्षणों को तीव्रता से भोगते हुए भी पता नहीं किस पल में उसका चित्त उचाट हो जाता है और उसकी संवेदना-दृष्टि अमूर्त की ओर मुड़ जाती है। जो कुछ उसका अपना नितान्त निजी है, वह सहसा सार्वभौमिक, सार्वलौकिक हो जाता है। ज़िन्दगी के तन्मय क्षणों की कथा-कहानी कहते-कहते उसका स्वर एकाएक उदात्त हो उठता है और व्यक्ति का सत्य सम्पूर्ण मानव का सत्य बनकर किसी सूक्ति में फूट पड़ता है। इस तरह की सूक्तियों से 'दिगन्त' भरा पड़ा है। यह आदमी राग के प्रबल क्षणों का आकर्षण महसूस करते हुए, विराग की रागिनी अलापने लगता है। भावना के हिलकोरों में बहते-बहते गूढ़ ज्ञान की बातें करने लगता है। एक साधारण जन के अ-रोमांटिक जीवन-संघर्ष में खटते हुए भी, उसे तात्कालिक अर्थ-सन्दर्भों में व्यक्त न कर प्रकाश और अन्धकार की शाश्वत लड़ाई की उदात्त रूपक वाली भाषा में व्यक्त करता है।

उसके जीवन-संघर्ष का स्वर भी जुझारू या लड़ाकू नहीं है, बल्कि बहुत कुछ अपने को उद्बोधन देने-जैसा है। उसमें संकल्प का ओज है, वह दहकती हुई आग नहीं जो अन्याय और असमानता को जलाकर राख कर दे। इसीलिए उसके क्रान्ति के आह्वान में भी एक शान्त, गम्भीर मंत्रणा का पुट है, व्यवस्था और तंत्र की ईंट-से ईंट बजा देने वाली आक्रोशी ललकार नहीं। उसके जीवन-संघर्ष की आँच बाहर से अधिक भीतर को प्रकाशित करती है। हृदय में घुटते हुए एहसास उसे थोड़ी देर के लिए निराश चाहे भले कर दें, हताश नहीं कर सकते। उसके पास एक गुण है—करुणा, जिसमें उसकी अपनी और दूसरों की भी कुंठा और निराशा घुल जाती है और उसे दारुण अकेलेपन की उस यातना से बचा लेती है जो आज के आधुनिक मनुष्य की नियति बनती जा रही है। उसे इस करुणा में एक दृष्टि मिलती है, दूसरों के भीतर झाँक सकने की, और साथ ही एक सामर्थ्य, तम से लड़ते रहने, उजाले की विजय की प्रतीक्षा करते रहने की।

ऐसा क्या है इस आदमी में जो हमें आकृष्ट करता है? शायद उसकी सहजता और भीतरी दृढ़ता। इस सहजता और भीतरी दृढ़ता के पीछे कोई किताबी दर्शन नहीं है, बल्कि वे उस धरती की ही उपज हैं जिससे अपने अस्तित्व के गहन रागात्मक स्तरों पर यह आदमी अब भी सम्पृक्त है। यह आदमी अब भी एक समर्पित व्यक्ति है—एक गहरे अर्थ में अब भी आस्थाशील है। इसके पास आस्था की, अनुराग की और मानव करुणा की विनयशीलता है—'पथ का वह रजकण हूँ जिस पर छाप पगों की/यहाँ-वहाँ है; मूक कहानी सहज डगों की/' उसके कड़वे-मीठे अनुभवों ने उसे सत्यदर्शी की-सी ऋजुता और बेलौसपन दिया है—'जीवन है दुनिया का सपना,/जब तक आँखों में है तब तक ज्योति बना है,/अलग हुआ तो आँसू है या तिमिर घना है/बने ठीकरा तो भी मिट्टी को है तपना।' उसकी रचनाशीलता ऐसी है, जैसे चुपचाप, रातोंरात धूल में कोई फूल उग आए। उसके प्रेम के क्षणों में तन का नहीं, मन का विनिमय होता है, उनमें चंचल उफान या घोष नहीं, बल्कि एक ऐसा गहन मौन राग है जिसकी धारा पृथ्वी और सौरमंडलों तक को आप्लावित करती हुई प्राणों में चुपचाप बहती है।

त्रिलोचन इसी औसत भारतीय आदमी के चितेरे हैं। वे मानव अनुभूतियों की विशिष्टता के नहीं, मानव अनुभूतियों की मार्मिकता के कवि हैं। वे अनुभूति की जटिलता को नहीं, उसकी सम्पन्नता को पकड़ते और अपनी कला में साधते हैं। वे मानव-मर्म के किसी नए स्तर का उद्घाटन नहीं करते, वरन् जीवन-जगत् की आपाधापी में जो सहज मानव-सत्य आँख की ओट हो गए हैं, उन्हें एक नई और विश्वसनीय पहचान के साथ हमारे सामने लाते हैं। उनकी काव्य-अनुभूतियाँ सरल हैं (सपाट नहीं), जैसे आकाश, जैसे 'नींद की इच्छाएँ' (शमशेर)। सरल और सबकी। थोड़े को बढ़ाकर और बड़े को घटाकर रखने वाली वक्रता, कवि की दृष्टि में महज़ 'नवीन ऐयारी' है, छूछा अभिनयकौशल।

त्रिलोचन की कला सेल्फ-कांशस कला नहीं है। उसमें संशय अथवा द्विविधा की दरार नहीं पड़ी है। वह जिस वस्तु को उठाती है, मुजस्सिम उठती है। त्रिलोचन का काव्य-स्वर चेतना के अन्तर्विरोधों से कँपकँपाता हुआ निश्चय और अनिश्चय के बीच झूलता डगमग स्वर नहीं है। रचनात्मक तनाव में इस काव्य-स्वर के पीछे कार्यरत साँस बहुत दूर तक खिंची रह सकती है, उसके बीच में ही टूटकर खंडित हो जाने का अंदेशा नहीं रहता। यह एक साथ कवि की स्नायविक ऊर्जा और उसके काव्य-संयम दोनों को ही उजागर करता है। कवि का अपने ऊपर अद्भुत नियंत्रण है, उसकी रचनात्मक ऊर्जा अभिव्यक्ति के चौखटे को तोड़कर मुक्त नहीं बहने पाती। इसीलिए त्रिलोचन को पढ़ते समय एक कसाव का अनुभव होता है। कहीं-कहीं यह कसाव बहुत अखरता भी है। त्रिलोचन का क्लासिक की हद तक छूने वाला काव्य-संयम अक्सर हमारा ध्यान उनकी सम्प्रेष्य अनुभूति से हटाकर उनके शिल्प

की तराश और चुस्ती पर ज़्यादा केन्द्रित कर देता है। हम उनकी कविता के रूप-बन्ध की चातुरी पर मुग्ध होने लगते हैं। ऐसा शायद अनुभूति के ताप में कमी रह जाने—या अनुभूति को कम ताप वाले स्तर से उठाने—के कारण होता है। अनुभूति त्रिलोचन के यहाँ वैसे भी 'पिच' पर नहीं होती—यह उनकी कविता के क्लासिक स्वभाव के विपरीत पड़ता। त्रिलोचन अनुभूति का पका हुआ रूप रखते हैं, शान्त और ओजपूर्ण, जिसकी सह-अनुभूति क्षुब्ध संवेगों के घात-प्रतिघात के स्तर पर नहीं, विवेकयुक्त अन्तर्दृष्टि के स्तर पर की जा सकती है। त्रिलोचन की कविता इसीलिए एक सहृदय एवं परिपक्व मानसिकता की माँग करती है। इस कविता को भागते हुए तीव्र एहसासों के क्षण में पकड़ पाना मुश्किल, बल्कि दुस्साध्य है। इसे पकड़ने के लिए थोड़ा इत्मीनान वाला भाव लाना होगा, जिसमें आप इसके अन्तरंग सौष्ठव का, उसकी बनावट की एक-एक सजीव पत्ती का आनन्द ले सकें।

इस कविता की भाषा के पीछे जो रक्त बजता है, उसे सुनने के लिए आपको उसकी धमनी पर कुछ देर तक हाथ रखना होगा। यह भाषा तनाव-जर्जर, तनिक से स्पर्श से बिखर पड़ने वाली भाषा नहीं है। यह भाषा ठोस मज्जा और रुधिर से बनी भाषा है। यह भाषा अपनी जड़ों से कटी हुई, हवा से रस चूसने वाली दुस्साहसी भाषा नहीं है, इसके निर्माण में एक पूरी परम्परा बीज रूप में मौजूद है। यह भाषा तटों के बीच से ही अपना मार्ग खोजती है। इस भाषा के शब्दों में अर्थ सिमटा कसा, केन्द्रित-सा रहता है और लक्ष्य पर सीधी चोट करता है (या फिर लक्ष्य चूक जाने पर ऐसा नहीं कर पाता)। इस भाषा में अर्थ शब्दों के चारों ओर फूट-पसर कर संदिग्ध (सम्भावनापूर्ण?) व्यंजना का घेरा नहीं बनाता। इस भाषा में अस्पष्ट कुछ नहीं है, सब कुछ क्रिस्टल के समान है—अनेक पहलुओं वाला, पर साफ़। अर्थ और अर्थ के बीच किसी तीसरे अर्थ का अन्तराल इस भाषा के शब्दों में नहीं है। यह कवि की अनुभूतियों की तरह ही एक सरल भाषा है (सपाट नहीं)। दूसरे शब्दों में, यह अपने काव्यनायक उस औसत भारतीय आदमी के समान ही, और उसके मर्म की अभिव्यक्ति के लिए उपयुक्त, एक औसत भाषा है।

हिन्दी में शायद त्रिलोचन ही एकमात्र ऐसे कवि हैं, जिन्होंने अपने को लोकजीवन से पूरी तरह जोड़ लिया है, सौन्दर्य की एक अन्तर्गरिमा के साथ! सृजन के आह्लादकारी अनुभव के साथ, रचना की एक बराबर की साझेदारी के साथ। त्रिलोचन के लिए रचना किसी तनाव से मुक्त होने में नहीं, बल्कि जीवन का कुछ खोजने, पाने और फिर उसे बाँट देने में होती है। इसीलिए उनकी कविता की रचना-प्रक्रिया का कोई रहस्यमय पक्ष नहीं है। कला त्रिलोचन के लिए एक ऐसा आईना है जिसमें वे अपनी और दूसरों की अनुभूतियों के मर्म को सजीव थिरकते हुए रूपों में दिखा सकें। और इसमें उनकी कलाकारिता बस इतनी है कि वे उस आईने पर जरा भी धूल-धब्बा न पड़ा रहने दें, उसे झकाझक साफ़ पारदर्शी रखें।

अन्त में एक सवाल त्रिलोचन की कविता को लेकर किया जा सकता है : क्या उनकी कविता का औसत भारतीय आदमी समसामयिक वर्तमान की विसंगतियों के भीतर से उभर रहे नए आदमी में अपने को ढाल सकता है? क्या वह अपनी आस्था और समर्पण के आधारों को तोड़-फोड़ कर उस व्यापक मूल्य-अंराजकता का अंग बन सकता है, जो आज की निपट नंगी और चीखती हुई सचाई है? या फिर वह उस इतिहासबोध का जुज बनकर ही रह जाएगा जो बदलती हुई सामाजिक शक्तियों में तेज़ी से धुँधला पड़ता जा रहा है? क्या त्रिलोचन की कविता अपना कायाकल्प करने का जोखिम उठाने को तैयार है? त्रिलोचन का काव्य-विवेक अत्यन्त पुष्ट है, क्या वे समय के विवेक को अपनी रचनाशीलता में जगाह देंगे?

इन प्रश्नों के उत्तर की सरल सुविधा फ़िलहाल त्रिलोचन की कविताएँ हमें नहीं देतीं। अत: इन उत्तरों को पाने की आशा सिर्फ़ कवि से ही की जा सकती है, जो इन कविताओं का रचनाकार है। शायद कभी वह दे। जब तक औसत भारतीय आदमी के आज के नए बदलते हुए आदमी में रूपान्तरण की प्रक्रिया असमंजस और द्विविधा के स्तरों पर भूलती-भटकती रहेगी तब तक हमें कवि के उत्तरों की प्रतीक्षा करनी ही पड़ेगी।

[1970]

एक ख़ानाबदोश यात्रा

यह लेख प्रभाकर माचवे के कविता-संग्रह 'मेपल' की समीक्षा है जो सन् 1967 में लिखा गया था। बाहर और भीतर को हम भूमिका में मलयज की आलोचना के केन्द्रीय शब्द बता चुके हैं यह लेख इन केन्द्रीय शब्दों के माध्यम से मेपल की कविताओं के बंध खोलने का प्रयास करता है। और यह देखना दिलचस्प है कि इस समीक्षा में कविताओं के बंध खोलते-खोलते स्वयं प्रभाकर माचवे की संवेदना, रचना-प्रक्रिया और व्यक्तित्व का भी उद्‌घाटन मलयज करते चलते हैं। मलयज की ख़ूबी है कि वे अपने निष्कर्षों को बिलकुल स्पष्ट लिखते हैं, इन्हें लिखने में मलयज किसी तरह की उदारता या सॉफ्टटूल्स का प्रयोग नहीं करते। **—तरुण**

आधुनिक कवि में एक चीज़ पाई जाती है निस्संगता—अनुभूति के क्षणों में बहते हुए भी उससे जुदा रह सकने की क्षमता, भोगते हुए भी द्रष्टा बने रह सकने की स्थिति। इस निस्संगता का ही परिणाम है कि वह जीवनानुभूतियों को अपने भाव-यंत्र पर टूट पड़ते, उनके वेग के नीचे अपने को पिसते (और चिचियाते) अनुभव कर सकता है। इस प्रक्रिया में इतना तो निश्चित है कि एक स्तर पर अनुभूति की अपर्याप्तता कवि के सामने भी उद्‌भासित हो जाती है, हालाँकि चेतन रूप से वह इस अपर्याप्तता की स्थिति को लेकर अपने ऊपर सिर्फ़ झुँझलाहट ही पैदा कर पाता है, अपने भीतर किसी खामी के दर्शन करता है, और प्रकारान्तर से अनुभूति से अपने सम्पूर्ण व्यक्तित्व की संगति न बिठा सकने पर भी अनुभूति को ही कसकर पकड़ लेना चाहता है। वह अनुभूति से चल पुनः अनुभूति की ओर वापस लौटता है। अन्तराल में संशय और संशय से उपजी नई राह खोज लेने की छटपटाहट होती है, और इन क्षणों में कवि की सृजन-प्रक्रिया में अनुभूति से चलने और अनुभूति को वापस जाने की दो 'गतियों' के अलावा एक तीसरी 'गति' का आयाम भी पैदा हो जाता है। पर वह बहुत कुछ प्रातिभज्ञान पर आधारित होता है, उस पर सचेतन हाथों की पकड़ नहीं होती, इसलिए वह तीसरी गति का आयाम पीछे पड़ जाता है।

प्रभाकर माचवे अपनी इधर की कविताओं में (जो संकलित रूप में 'मेपल' शीर्षक के अन्तर्गत प्रकाशित हुआ है) उसी संशय के अन्तराल में खड़े दिखाई देते हैं। उनके दोनों ओर अनुभूति-सन्दर्भों की निजी व्यथाएँ हैं—एक ओर उस विगत की, जिसकी छाया से दूर चलकर वे आए हैं और जो सुदूर प्रकाश की छविमयता-सा उनमें अब भी रह-रहकर मोह जगा जाता है, और दूसरी ओर उस आगत की, जो उनके वर्तमान में निहित विगत-मूल्यों का हो 'प्रोजेक्शन' मात्र बन पाने की विवशता से जन्मती है। माचवे न भूतकाल के कवि हैं न भविष्य के, वे समसामयिकता के कवि हैं, पर उनकी समसामयिकता मिथ्या भूत और अमूर्त भविष्य के भावनात्मक अवशेषों से बनी है। वे अतीत और भविष्य को एक साथ जीते हैं, और यह जीना एक भावनात्मक नैरन्तर्य में होता है, पर चूँकि इस जीने का कोई वैचारिक नैरन्तर्य वे नहीं ढूँढ़ पाते—नहीं ढूँढ़ सकते—इसलिए वे अपने को आत्म-निर्वासित अनुभव करते हैं और संसार को 'एक ग्रांड होटल, पुल या कारवाँ सराय' जहाँ प्रस्थान-बिन्दु बहुत पीछे छूट चुका होता है और मंज़िल का कहीं पता नहीं।

अपने आप से निर्वासन की यह स्थिति अक्सर कवि में रोमांटिक प्रतिक्रियाओं के रूप में प्रतिफलित होती है। प्रभाकर माचवे की मूल भावभूमि भी रोमांटिक ही है। आज के जटिल जीवनबोध से उनकी चेतना अप्रभावित नहीं है, पर उसके प्रति अन्त तक जूझ जाने वाली रचनात्मक सम्पृक्ति भी उनमें नहीं है। अभिव्यक्ति में वे चाहे आधुनिक युगबोध के कितने ही स्थूल-सूक्ष्म उपकरण और उपजीव्य लाते हों (और सामान्य पाठक की निगाह में 'बौद्धिक' होने का भ्रम पैदा करते हों), उनके भीतर का प्रच्छन्न रोमांटिक उन्हें आज के समय की अनिवार्य जटिलता में डूबने नहीं देता। यह अकारण नहीं है कि माचवे की अधिसंख्य कविताएँ 'मैंने देखा' से शुरू होती हैं या 'मैंने देखा' के कथ्य के चारों ओर घूमती हैं। अपने आत्मनिर्वासन में उनका कवि एक ख़ानाबदोश की तरह सब कुछ सिर्फ़ 'देखते' या दूसरों को 'दिखाते' हुए 'बाज़ार से गुज़रा हूँ ख़रीदार नहीं हूँ' की-सी तटस्थता बरतता है। वह आकर्षित सबके प्रति होता है, समर्पित किसी एक के प्रति भी नहीं।

किसी एक के प्रति समर्पित न होने को ही शायद माचवे अपना 'नॉन-कन्फ़र्मिज़्म' बताते हैं। यह नॉन-कन्फ़र्मिज़्म उनके काव्य व्यक्तित्व की शक्ति भी है और कमज़ोरी भी। पर यहाँ पहले इतना स्पष्ट कर देना होगा कि माचवे का नॉन-कन्फ़र्मिज़्म कोई वैचारिक मान्यता नहीं है, अर्थात् काव्यगत आचरण में वे उसे किसी प्रत्यय या विचार-परिपाटी के रूप में मानकर नहीं चलते, बल्कि वे उसे एक स्वभावगत आग्रह के रूप में स्वीकारते हैं। किसी निश्चित विकल्प को रखकर किसी जीवन-पद्धति अथवा दर्शन, सिद्धान्त, मत आदि का खंडन करने के पीछे जो मानसिक कट्टरता या हठधर्मिता प्राय: पाई जाती है उसका माचवे में अभाव है। नॉन-कन्फ़र्मिज़्म का अर्थ उनके लिए एक प्रकार की काव्य-उन्मुक्तता

भर है, जो उनकी निगाह को हमेशा खुली रखता है और उनके काव्य को मानव अनुभूतियों की विविधता एवं गरमाई बटोरने तथा शिल्प-प्रयोगों की रंगारंग झाँकी प्रस्तुत करने के लिए सदैव तत्पर। माचवे का नॉन-कन्फ़र्मिज़्म उनके कवि का एक ऐसा फक्कड़ मूड है जिसमें वह दर-दर रमते हुए ख़ानाबदोश की तरह जीवनानुभव और काव्य-शिल्प के तरह-तरह के रंग-बिरंगे कपड़े अपने तन पर धारण करता जाता है। उससे उन्हें इस हद तक छूट मिल जाती है कि किसी मानवीय अनुभूति-सन्दर्भ की रचनात्मक जटिलताओं एवं सम्भावनाओं में उलझने और उसे भोगने के बजाय वे उसकी पूरी 'टोपोग्राफ़ी' आपके सामने पेश कर सन्तुष्ट हो लें। जीवनानुभूति के सर्जनात्मक प्रेषण की अपेक्षाकृत दिक़्क़ततलब प्रक्रियाओं में धँसे बिना पाठक को उसके वर्णन से चमत्कृत कर दें। लेकिन यह एक ऐसी छूट है जिसका इस्तेमाल माचवे ख़ूबी और सधे हाथों से करते हैं।

यहाँ इस प्रसंग में प्रभाकर माचवे की उन कविताओं की चर्चा की जा सकती है जिन्हें मोटे तौर पर 'अख़बारी कविता' कहना उपयुक्त होगा। माचवे उन बहुत थोड़े-से कवियों में हैं जिन्होंने सफल कविताओं के साथ-साथ ढेरों ऐसी कविताएँ लिखी हैं जिन्हें चालू ज़बान में 'कूड़ा' कहा जाता है। मज़े की बात यह है कि ऐसी ही 'कूड़ा' कविताओं के साक्ष्य पर माचवे को 'बौद्धिक' कवि मान लिया जाता है, हाँ तब यह तय कर पाना ज़रूर मुश्किल हो जाता है कि आलोचक-समीक्षक 'बौद्धिक' होने का अर्थ 'उपहासास्पद' तो नहीं लगा रहे हैं! अगम्भीर को गम्भीर रूप में और गम्भीर रूप को अगम्भीर रूप में लेने की परम्परा हिन्दी कविता के आलोचकों के लिए नई नहीं है। इस परम्परा को अपने लिए चालू रखने में स्वयं माचवे भी आलोचकों के कम सहाय सिद्ध नहीं होते। उनका काव्य के बारे में किसी निश्चित एवं समान रुचि का पता न देना एक उदाहरण हो सकता है, जिसे आलोचक अपने पक्ष में आसानी से मोड़ सकता है। कवि का इस हद तक नॉन-कन्फ़र्मिस्ट होना उसके लिए अपनी शक्ति हो तो हो, आलोचक के लिए वह ग़ैर-ज़िम्मेदारी और ढुलमुलपन भी तो हो सकता है। मेरे कहने का यह तात्पर्य नहीं कि माचवे के काव्य पर ग़ैर-ज़िम्मेदारी अथवा ढुलमुलपन के परिप्रेक्ष्य से विचार नहीं किया जा सकता, मेरा कहना सिर्फ़ यह है कि जिन अख़बारी कविताओं को उस विचार का आधार बनाया जाता है वह माचवे के व्यक्तित्व की केवल तटवर्ती धाराएँ हैं, उनकी मूल अन्तर्वर्ती धारा नहीं, और किसी भी जागरूक पाठक के सामने वह अन्तर बहुत स्पष्ट होना चाहिए।

नॉन-कन्फ़र्मिज़्म को आज के युगबोध की एक स्वाभाविक परिणति के रूप में भी देखा जा सकता है। तेज़ी से बदलते हुए काल-सन्दर्भों में प्रत्येक सिद्धान्त, मत और जीवनदर्शन अपना स्थायित्व खो चुका है। कवि की निगाह में उनकी स्थिति नाटक के उन पात्रों की-सी हो गई है जो स्टेज पर सीन बदल जाने के बाद

भी अपनी जगह पर खड़े हुए हों। प्रजातांत्रिक चेतना के विकास के साथ व्यक्ति-स्वातंत्र्य का एक ऐसा पक्ष आया है जिसमें किसी ऊपरी अनुशासन को मानने का मतलब अपनी बौद्धिक ईमानदारी की हत्या कर देना हो गया है। ये सब चीज़ें अब स्वीकृत-सी मान ली जाकर आज के कृती-कर्म का आवश्यक जुज बन चुकी हैं। परन्तु व्यक्ति-स्वातंत्र्य के इस स्वीकृत अधिकार-विशेष का प्रयोग कृतिकार अभी तक स्थापित चीज़ों को अस्वीकार करने में जितना करता रहा है उतना किसी चीज़ को स्वीकार करने में नहीं। इस बीच उसकी सम्पृक्ति सचमुच ही यदि किसी से रही है तो वह गढ़नरहित और किसी निश्चित बनावट के साँचे से पूर्व की जीवनानुभूतियों से ही। किन्तु जीवनानुभूति की समूची व्याप्ति और तीव्रता भी स्थापित मूल्यों को अस्वीकार कर देने के बाद से उत्पन्न हुए वैचारिक वैक्यूम को भर सकने में असमर्थ रही है। इस स्तर पर कवि का 'आत्म-निर्वासन' और 'वैचारिक बैकुअम' एक ही सिक्के के दो पहलू बन जाते हैं। इस वैचारिक बैकुअम में 'भारहीन तिरता' हुआ कवि जीवनानुभूतियों के कुहासे में चक्कर लगाता रहता है। 'घर' को छोड़कर भी 'घर' की स्मृति से मुक्त नहीं हो पाता, 'अपने' को निर्वासित करके भी उसकी खोज का लक्ष्य 'अपने' को ही पाना होता है, उसका सफ़र भी अपने से बाहर अपनी ही ओर जाना है।

प्रभाकर माचवे का नॉन-कन्फ़र्मिज़्म अन्तत: उन्हें इस वैचारिक बैकुअम पर ही लाकर छोड़ता है। भाव-चेतना के स्तर पर जब माचवे इस स्थिति को भोगते हैं तो रोमांटिक हो उठते हैं और जब कभी बौद्धिक स्तर पर उस स्थिति से टकराते हैं तब उनकी कविताएँ जटिल अनुभव-स्थितियों का समापन सरलीकृत फार्मूले के रूप में करने लगती हैं। इन फार्मूलों के प्रति यदि कवि सचमुच ही आस्था रख सकता तो बात उतनी बुरी न होती, पर कठिनाई यही है कि स्वयं कवि भी उन्हें अपनी अनुभूति के एकान्त में नाकाफी करार दे चुका होता है। वह भरसक यह विश्वास दिलाने की चेष्टा करता है कि समस्या चाहे कितनी भी जटिल और उलझी हुई हो उसका समाधान उसके पास है—और कवि के स्वर में व्यक्त पीड़ा भी इसी बात की रहती है कि उसके समाधान को व्यापक समर्थन नहीं मिल रहा है—पर हम जानते हैं कि कवि यथार्थ अनुभूति के दबावों को महसूस करते हुए भी उनसे केवल बच निकलने का शार्टकट ढूँढ़ रहा है। असल में होता यह है कि उस वैचारिक बैकुअम के कारण कवि के संस्कारबद्ध मूल्य उसकी रचना-प्रक्रिया में घुस आते हैं और उसकी काव्याभिव्यक्ति का नियमन करने लगते हैं। उदाहरण रूप में माचवे की वे कविताएँ ली जा सकती हैं जो विदेश-सन्दर्भ या सामाजिक विसंगतियों पर लिखी गई हैं। इन कविताओं को पढ़ने से लगता है कि इनमें व्यक्त काव्यानुभव के साथ कवि की पूरी रचनात्मक सम्पृक्ति नहीं है, उनमें कवि एक प्रकार का मानसिक अलगाव बनाए रखता है। यह मानसिक अलगाव कवि के एक ख़ास दृष्टिफ्रेम के कारण

कविता में झलकता है जिसके पीछे से कवि काव्यानुभव को देखता चलता है। इस मानसिक दूरी के कारण काव्यानुभव और स्वयं कवि के रचना-विधान के बीच एक द्वंद्वात्मक तनाव की स्थिति हो जाती है जो अनुभव-परिवेश की तात्कालिकता और समसामयिकता का तो ज़रूर आभास देती है पर चूँकि कवि उस द्वंद्वात्मक तनाव को अधिक देर तक झेल नहीं पाता—और इस तरह किसी नए सर्जनात्मक अर्थ-आयाम की सम्भावना विकसित नहीं कर पाता इसलिए कविता के अन्त तक पहुँचते-पहुँचते वह तनाव एक उदात्त भाव-भंगिमा में अतिक्रान्त हो जाता है। वास्तव में अनुभूति के भीतर न डूब सकने की सतर्कता और अनुभूति से नया न रच सकने की विवशता के बीच परिवेशजन्य तनावों से मुक्ति का बस एक ही उपाय कवि के पास बच रहता है—काव्यानुभव पर एक पूर्व-अर्जित निर्णय थोप देना। इसीलिए माचवे की कविताएँ किसी सूक्ति, आदर्श या ज्ञान-वाणी से समाप्त होती हैं। कवि की असफलता यहाँ किसी निर्णय को स्वीकारने में नहीं, बल्कि इसमें है कि उसकी अनुभूति उस निर्णय का अनुसरण करने लगती है और अपने को तदनुरूप ढालने लगती है। अनुभूति का तत्त्व रचना का नियामक तत्त्व न रहकर उस पूर्व-अर्जित निर्णय का अनुवर्ती तत्त्व हो जाता है और ऐसा लगने लगता है मानो कवि एक बार के जिये हुए सत्य को दुबारा जीना चाहता है।

यह पूर्व-अर्जित निर्णय भावनात्मक और बौद्धिक दोनों ही रूपों में व्यक्त होता है। यदि विदेश जीवन के कुछ अनुभव कवि में उदासी, नॉस्टेल्जिया, विरक्ति या कटुता का भाव भरते हैं तो यह उस पर भावात्मक निर्णय हुआ। यदि कवि को विदेश जीवन की कृत्रिमता, स्वार्थलिप्सा, हृदयहीनता आदि के सन्दर्भ में बार-बार विवेकानन्द वाणी, रवीन्द्र वचनामृत या तुकाराम के अभंग (और इसी तरह भारतीय चिन्तन के सन्दर्भ में प्रेम, करुणा, निःस्वार्थता, साधुता आदि के सनातन मूल्य) याद आने लगें तो यह बौद्धिक निर्णय हुआ। दोनों ही स्थितियों में माचवे का यथार्थ अनुभव एक आग्रहशील आदर्शबोध में परिणत हो जाता है। फ़र्क़ सिर्फ़ इतना है कि जिस आदर्शबोध से वे अपने यथार्थ अनुभव को जोड़ने की कोशिश करते हैं वह उनकी ईमानदार भाव-संवेदना के परिप्रेक्ष्य में भी प्रामाणिक नहीं ठहरता। वस्तुतः यह अन्तर्विरोध ही मूल्यचेतना के स्तर पर उन्हें प्रतिगामी होने से बचा लेता है। उनकी उदासी एक समाप्त हो गई दुनिया के लिए न होकर उस दुनिया के लिए है जिस पर कोई भी छाप छोड़ने में वे असमर्थ हैं। इस असमर्थता के बोध से ही अपने कमज़ोर क्षणों में वे अतीत का स्मरण करते हैं और सोचते हैं कि आदर्श और यथार्थ के बीच की खाई को विश्व इतिहास एवं मानव-संस्कृति के पुराख्यानों से पाटा जा सकता है। पर स्वप्नभंग के क्षण में कवि समसामयिक वर्तमान से अनिवार्यतः जुड़ी अपनी काव्य-नियति को पहचानता है और इससे भी वह उदास हो जाता है। नए मूल्यों की खोज की संक्षुब्ध पृष्ठभूमि को वह भोगता है, पर उस

खोज की प्रक्रिया में भीतर घुसकर जोखिम उठाने की स्फूर्ति उसमें नहीं होती।

अपने काव्य-व्यक्तित्व की इस भीतरी अन्तर्विरोधात्मक बनावट के बावजूद यदि माचवे भावुकता के ख़तरे से उबर पाते हैं तो इसका कारण उनका व्यंग्य-संस्कार ही है। उनका ख़ानाबदोशी फक्कड़पन जिस सहजता और भोलेपन के साथ आधुनिक युगजीवन की जटिलता में प्रवेश करता है वह अपने आपमें व्यंग्य की सृष्टि कर देता है, हालाँकि इस प्रकार के व्यंग्य में कवि दूसरों की बनिस्बत अपने को ही ज़्यादा उघाड़ता है—अपनी रुचि, अपने आदर्श और जीवन-मान! व्यंग्य की इस धारा को उनकी कविताओं से निकाल दीजिए और माचवे सिर्फ़ एक उदात्त रोमांटिक या संसार के प्रपंच से परेशान एक सूफी बच रहते हैं—एक ऐसा ख़ानाबदोश जिसकी रंग-बिरंगी पोशाक छीनकर उसे किसी महानगर की अत्याधुनिक सड़कों पर उदास मन के रेशे उधेड़ने या इतिहास के शानदार झरोखों से स्मृति के तिनके बटोरने के लिए छोड़ दिया गया हो (ऐसा कवि प्रभाकर माचवे ने अपने उपन्यास 'जो' में किया भी है)। इसीलिए माचवे 'घर' का दरवाज़ा बन्द पाकर—यथार्थ के कठिन शिकंजों से पलायन की कोई राह न देख—जीवनानुभूतियों की अपने भाव-यंत्र पर मार खाकर 'मैंने जिया नहीं, मुझे जिया गया' मार्का आत्मदया से पीड़ित होने के बजाय पाठकों को दुनिया भर के तमाम मशहूर शहरों के किस्से और लतीफे सुनाने लगते हैं। किस्से सुनाने की इस कला में कवि को अद्भुत महारत हासिल है। शब्दों, तुकों तथा नए-पुराने छन्दों के नाना प्रकार के पैंतरे दिखाकर पाठक को वे अपने काव्य के उस गुण से आनन्दित करते हैं जिसे शमशेर बहादुर सिंह ने उनकी 'वर्चुआसिटी' कहा है ('कृति' कविता विशेषांक, 1960)। इस स्तर पर माचवे की अभिव्यक्ति इतनी सहज और आयासहीन होती है कि वह स्वयं उनके अपने व्यक्तित्व से पाठक को सुनाकर बाँची गई एक रोचक वार्ता बन जाती है। उस वार्ता से पाठक चाहे तो सारे जहान की बहुत-सी जानकारी बटोर सकता है, समाज की नई-नई समस्या का परिचय पा सकता है, मानव मन की गुप्त खन्दकों-खाइयों के सुरागों का पता चल सकता है, और काव्य से उसकी माँग बहुत गहरी न हो तो विविधता का आह्लादजन्य सन्तोष भी प्राप्त कर सकता है।

माचवे की कविताओं में संकेत को अक्सर कम स्थान मिल पाता है, वे सब कुछ ख़ुद ही खोल-उघार कर रख देने में विश्वास करते हैं। ऋजुता उनके काव्य-व्यक्तित्व का बुनियादी गुण है, ख़ासतौर पर उन कविताओं में जिनमें अनुभूति का दबाव इतना अधिक नहीं है कि वह सिर्फ़ बिम्बों या प्रतीकों में व्यक्त होने का रुख अपनाए, अर्थात् अपना रचनात्मक धरातल ढूँढ़ने का काम इस वर्णनप्रिय ख़ानाबदोश कवि के हाथों में न सौंपकर ख़ुद ही करे। इस ऋजुता के ही अनुरूप माचवे का व्यंग्य भी ऋजु होता है, उसमें कोई वक्रता नहीं होती। आधुनिक युग-जीवन की विसंगतियों को जब वे अनुभूति के स्तर पर झेलते हैं तो अक्सर उनकी प्रतिक्रिया या

तो सात्त्विक रोष की होती है या फिर विरक्ति की, जो अन्तत: एक भावुक प्रतिक्रिया है। इसलिए उनका व्यंग्य उस विसंगति के बाह्य रूपों का ही स्पर्श करता है। भीतर से कचोटने वाला व्यंग्य प्रभाकर माचवे की केवल उन्हीं कविताओं में मिलता है जिनमें उस भावुक प्रतिक्रिया से वे अपने को बचा पाए हैं। उदाहरण के रूप में 'निराला' सम्बन्धी उनकी कुछ कविताएँ आधुनिक जीवन के हृदयहीन मान-मूल्यों के सन्दर्भ में एक निष्ठावान व्यक्ति की 'मिसफिट' स्थिति के व्यंग्य को एक गहरे दर्द की अनुभूति के साथ जोड़कर उभारती है। व्यंग्य-विपर्यय के गहरे बोध से पूर्ण कुछ ऐसी ही कविताएँ उनके काव्य-संग्रह 'मेपल' में भी हैं जो कवि के एक नए विकास-क्रम को सूचित करती हैं।

प्रभाकर माचवे के अन्तर्वर्ती काव्य-व्यक्तित्व में अभी तक एक असमान बनावट और अनमेलता पाई जाती रही है। गम्भीरता और अगम्भीरता की पंचमेल खिचड़ी, सम्पृक्ति में एकाएक विरक्त और उन्मन हो उठने की प्रवृत्ति, और अपने भोगे हुए को रचनात्मक स्तर पर अधिक देर झेल न पाने—अपने 'फैलाव' को किसी एक बिन्दु पर केन्द्रित न कर पाने की असमर्थता की प्रक्रिया में उपजी उनकी कविताएँ एक मिश्रित प्रभाव छोड़ती रही हैं। ऐसे में उनकी रचना-प्रक्रिया को स्थानबद्ध कर सकना मुश्किल हुआ है। उनकी सर्जनात्मकता अधिकतर ग्रहणशीलता के स्तर पर ही काम करती रही है। नए-नए अनुभव संचित करने और दुनिया को प्रश्नवती आँखों से देखने में ही, न कि अनुभूति-केन्द्रित रचना-दृष्टि से ऊपर उठकर अपनी सर्जनात्मकता को अपेक्षाकृत अधिक ठोस मूलाधारों पर प्रतिष्ठित करने में वे अपनी प्रतिभा का प्रयोग करते हैं। इसीलिए तात्त्विक दृष्टि से माचवे का काव्य तात्कालिकता की आँच से भरपूर होते हुए भी मैच्योर काव्य नहीं रहा है। उनके काव्य में व्यक्त उनकी दृष्टि हद-से-हद एक सार्वभौमिक दृष्टि ही रही है, अद्वितीय दृष्टि नहीं जो आधुनिकता की प्रथम शर्त है। अब यदि उनकी उस सार्वभौमिक दृष्टि को भी समर्थन और अनुमोदन नहीं मिल सका तो इसका कारण उनके व्यक्तित्व का वह संशय ही है जिसकी ओर इस लेख के प्रारम्भ में इशारा किया गया। उनकी दिक़्क़त—एक तरह से छोटी-मोटी ट्रेजेडी भी—यह रही है कि एक ओर तो काव्य की सार्वभौमिक सचाई से वे अपना दामन नहीं छुड़ा पाते व दूसरी ओर अद्वितीयता को पा लेने की बेचैनी भी उनमें है। वे 'समग्र सत्य' पाने की आकांक्षा रखते हैं पर यह भूल जाते हैं कि आधुनिक कवि की खोज समग्र सत्य न होकर अनुभूति की समग्रता होती है जिसमें से वह अपना एक विशिष्ट सत्य रचता है।

माचवे की इधर प्रकाशित कुछ कविताओं में उनकी वह बेचैनी साफ़ झलकती है। अभी तक जैसे वे शब्दों की 'बाजीगरी' करते रहे थे, अनुभूति के ब्योरेवार 'वर्णन' की चमत्कारिता में ही उलझे रहे थे और यह समझते रहे थे कि भाषा को तोड़-मरोड़ कर अपनी सहज रचनात्मकता में ही वे किसी नई उपलब्धि को पा लेंगे।

जिस वैचारिक बैकुअम के अस्तित्व को अनुभूति के स्तर पर जानकर भी वे उसके तनाव के साथ सीधे मुठभेड़ से बचते रहे थे उसे अब स्पष्ट चेतना के स्तर पर भी अनुभव करने लगे हैं। पहले की फाकामस्ती अब एक गहरी करुणा में बदल गई है। कवि में स्वयं अपनी रचनात्मकता के प्रति एक प्रश्न-भाव—उसकी सार्थकता का कोई एक मूलाधार खोजने की घनीभूत जिज्ञासा—उदित हुई है। पहले अपनी शक्ति को ठौर-कुठौर लुटाने में आनन्द आता था, अब उसे किसी केन्द्र की ओर नियोजित करने की पीड़ा है (किस विराट के घर में यह झाड़ू फेर रहा हूँ)। 'शब्दों की पूँजी को दाँव पर लगाने वाले' कवि को एक तरह का आत्मसाक्षात्कार-सा हो रहा है—वह नए सिरे से अपने अस्तित्व के सन्दर्भ में 'निज' को व्यक्त करने के साधन-रूप शब्दों के सही रूप की तलाश करने को आतुर है—'मेरे सच्चे शस्त्र किसी शमी वृक्ष की खोखल में छिपे पड़े हैं क्या?' (ज्ञानपीठ पत्रिका, नवम्बर, 1665) कवि के इस नए रूप में ही उसके आगामी विकास की सम्भावनाएँ कहीं छिपी हुई हैं और उसके संकेत भी छिटपुट रूप से प्रकट होने लगे हैं।

[1967]

यथार्थ से आधी मुठभेड़

श्रीराम वर्मा रिश्ते में मलयज के मामा थे लेकिन उम्र में बहुत फ़ासला नहीं था। श्रीराम वर्मा के पहले कविता-संग्रह 'ग्रीन विच' की समीक्षा करते हुए भी मलयज किसी तरह की आत्मीयता नहीं बरतते, ये देखना दिलचस्प है कि जो उनका जितना ज़्यादा करीबी है उनकी पुस्तकों की समीक्षाओं के शीर्षक उतने कठोर दिए गए हैं। चाहे त्रिलोचन हों, शमशेर हों, या फिर श्रीराम वर्मा। श्रीराम वर्मा और शिवकुटीलाल वर्मा मलयज के पुराने मित्र थे लम्बी दोस्ती थी। मलयज की मृत्यु के उपरान्त पूर्वग्रह के मलयज स्मृति अंक में श्रीराम वर्मा और शिवकुटीलाल वर्मा के संस्मरण इस गहरी दोस्ती की तस्दीक करते हैं। कभी-कभी अजीब लगता है कि मलयज लेख का शीर्षक देते हैं 'यथार्थ से आधी मुठभेड़'। लेकिन समीक्षा करते वक़्त लिखते हैं कि 'श्रीराम वर्मा यथार्थ को सिर्फ़ भोगते नहीं बल्कि उसे रचते भी हैं और इस प्रक्रिया में यथार्थ अनुभव के आयाम को विकसित करते हैं न केवल विकसित बल्कि अपने तमाम ब्योरों के साथ सटीक भी।' शीर्षक और आन्तरिक कथन में यह विरोध न जाने मलयज किस नीति के तहत करते हैं। पर इससे कवर देखकर पुस्तक की समीक्षा करने वालों को चुनौती तो निश्चित ही मिलती है। **—तरुण**

ओ रे, लाल—गोदी के
क्या तू ही है पिता—मानव का?

गली का परिवेश (क ख ग—2)

श्रीराम वर्मा की कविताएँ पढ़ते हुए वड्र्सवर्थ की एक कविता का शीर्षक रह-रहकर याद आता है—'चाइल्ड इज द फ़ादर ऑफ़ मैन'। श्रीराम वर्मा के व्यक्तित्व में उस कविता-शीर्षक का शिशु भी है और वह आदमी भी। दोनों एक-दूसरे में छिपे हुए। अपने अस्तित्व के लिए एक-दूसरे पर आश्रित, एक-दूसरे के सन्दर्भ में ही अर्थवान। श्रीराम वर्मा के काव्य-संग्रह 'ग्रीनविच' की पहली कविता का कवि-मन एक आकार लेता हुआ मन है, कोरे काग़ज़-सा ऋजु, धारणशील और श्रुतिधर्मा। जटिल और दुर्वह वर्तमान को अपना छोटा भाई मानने का और उसे जिधर चाहे

मोड़ सकने का सरल विश्वास भी उसमें है। पर संसार के विराट चक्रव्यूह को छोटे भाई की नूतन पाठशाला और अपने को उसका अकेला अध्यापक बताने में जो तस्वीर हमारे सामने उभरती है वह हाथ में छोटी-सी छड़ी लिए ऐनक लगाए एक मिनि-मास्टर से क्या कुछ ज़्यादा रोबदार है? इस कविता के बाद अब आइए संग्रह की अन्तिम कविता पर। क्या यह सिर्फ़ संयोग है कि इस कविता का केन्द्रीय चित्र भी एक पाठशाला है—किसी पाठशाला में टँगे हुए श्यामपट्ट का जिस पर प्रश्नों के हल निकालना अब कवि को व्यर्थ लगने लगा है? अध्यापक की प्रत्यक्ष उपस्थिति इस कविता में नहीं है। हल निकालने वाला भी अब 'मैं' न रहकर 'हम' हो गया है—कवि आत्ममुग्ध भावबोध की कक्षा से चलकर वयस्क आत्मबोध की कक्षा में पहुँच गया है। उसने 'ज्ञान' का फल चख लिया है। उसके स्वर में भले-बुरे की पहचान वाली दृष्टि है, और एक काट करनेवाला व्यंग्य-विद्रूप भी। पहली कविता का वह छलक-छलक पड़ने वाला आत्मविश्वास अब यथार्थ के एक ठंडे स्वीकार में बदल चुका है।

श्रीराम वर्मा के व्यक्तित्व के ये दो स्तर हैं। लेकिन ये दोनों स्तर न तो उनकी काव्य-यात्रा के आरम्भ के और न ही अन्त के बिन्दु हैं। उनमें जहाँ 'शिशु' का मन बोलता है वहाँ भी आदमी के अनुभव की कर्री ज़मीन दूर नहीं, और जहाँ 'आदमी' के अनुभवलोक की सरासर विसंगतियों का तना हुआ जाल-माल है वहाँ भी वह 'शिशु' अपनी 'झाँ' करने से बाज नहीं आता। श्रीराम का कवि-मन इस दोहरी बाट के धागों से ही बुना हुआ है। यह बुनावट समान नहीं है और वह व्यक्तित्व भी अनुभव की आँच में पककर अभी प्रौढ़ नहीं हुआ है, इसे हम आगे देखेंगे। अभी उस शिशु-मन की टोह लें।

यह शिशु-मन प्रकृति प्रेमी है—प्रकृति के सहज और शान्त मन:स्थिति वाले रंगारंग रूप उसे भाते हैं। उड़ते बादल, हिरन, आकाश, किरन, ओस और कुहरा, चिड़ियाएँ और गिलहरी आदि देखना और दिखाना उसे अच्छा लगता है। दृश्यों के साथ बह जाना, शब्दों में उनकी लड़ी बाँधते जाना—एक आत्मविमुग्ध कौतुक के साथ, एक आत्मसजग विभोरता के साथ, कभी-कभी इतने सघन रूप में कि इससे कविता की संवेदना ठस-सी लगने लगती है। दृश्य-चित्र स्फटिक की तरह साफ़ और चमकदार लगते हैं पर कुछ ख़ास झलकाते नहीं। चित्र की रेखाएँ निहायत बारीक, रची हुई कटावदार, पर अर्थ के मामले में एक जरा-से भावुक धब्बे के अलावा कोई विशेष हरकत नहीं। ऐसे में दृश्य दृश्य तक ही रह जाता है। इसकी वजह शायद भाषा का वह छायावादी संस्कार है जिससे श्रीराम वर्मा मुक्त नहीं हो सके हैं। इस भाषा-संस्कार के पीछे जो साहित्यिक सौन्दर्यबोध है उसे भी वे पूरी तरह झटक नहीं पाए हैं। पर भाषा की बात आगे, अभी मन।

पावनता, सरल इच्छाएँ और जिज्ञासा इस मन का धर्म है, प्रयोग और खिलवाड़

उसकी प्रकृति। जीवन के सरल रूपों से प्यार और उस रूप को विकृत करनेवाली स्थितियों के प्रति एक उदासी। जीवन को एक तुतलाहट में पकड़ने-बाँधने की चेष्टा और उल्लास। शुरू की लगभग सारी कविताएँ इस बच्चा-मन को समर्पित कविताएँ हैं। स्वाद में पुरानी और आज के सख़्त भावबोध के सामने खामख्वाह को पसीजी हुई-सी। पर उनका भोलापन आपको निरस्त्र कर देता है :

दिल और जूता

∴ *मुझमें दिल था :*
लोग कहते थे, तुम अभी बच्चे हो।

∴ *मैंने दिल को मज़बूत किया :*
लोग कहने लगे तुम बिलकुल कच्चे हो।

∴ *मैंने दिल की जगह एक जूता टाँग दिया :*
लोग चिल्ला उठे, अरे तुम कितने सच्चे हो।

इसमें एक चिढ़ भी है, पर वह निकली कहाँ से है? उस सहज मन से ही न, जो अपने से विपरीत दिशा में जा रही दुनिया के व्यवहार से चकित है।

यही भोलापन प्रेमानुभूति-सम्बन्धी कविताओं में भी है। तभी तो देह का गीत गाते समय भी 'खरहेपन' की बातें नहीं भूलतीं। उपसंहार शीर्षक कविता की प्रियदर्शना अपार सहानुभूति के स्वरों में रँभाती हुई नदी की तरह सम्पूर्ण दिशाओं को आप्यायित कर उसके सम्पूर्ण को कंगारू शैली में ले भागती है। प्रेम के अनुभव में ऐन्द्रिक मांसलता या तीव्र संवेगात्मक जटिलता नहीं, एक तरल रूमानीपन, एक कैशोर्य स्वप्निलता है। इस प्रेम में कुछ अधिकारपूर्वक माँगने से ज़्यादा प्रेम के आगे स्वयं बिछकर एक सुरक्षा पा लेने की कामना है। स्तन, उरोज, छाती, जाँघ, चुम्बन जैसे शब्द ज़रूर आते हैं, पर वे अपने साथ भावनाओं की कोई उत्तेजक ऊष्मा, वयस्क सौन्दर्य की कोई मर्द-अनुभूति नहीं, एक चंचल औत्सुक्य का भाव ही लेकर आते हैं। एक वर्जित प्रदेश में उझककर झाँकने की कुछ झिझक कुछ साहसपूर्ण चेष्टा की तरह, पवित्र और मासूम। प्रेम में भोलेपन का यह अन्दाज़ कि 'कइयों ने गाली दी। हमें देख। गाय ने भी जुगाली की' देखकर कौन नहीं कायल हो जाएगा! ऐसे मन का प्रेम 'हवा मिठाई' सा हल्का और मीठा है, वह दाहता नहीं, सिर्फ़ गिलहरी की तरह कुतरता है।

और इस मन का शुद्ध खिलवाड़ देखना हो तो 'सुनिए' शीर्षक कविता देख जाइए। शर्त सिर्फ़ एक है कि इसमें कविता ढूँढ़ने की कोशिश न कीजिए—'वहाँ से हटा लीजिए/अपना वह हाथ/जिसमें कलम है/(और अँगूठा भी।)/देखते नहीं/

(परछाईं)/गधे के कान चौकन्ने।' खिलवाड़ और भी कई जगह हैं, जैसे 'सिरदर्द' में और खिलवाड़ से मिलता-जुलता प्रयोग भी, जैसे कि 'कोरस', 'दूज का चाँद' और 'नुक्कड़ पर घूरे ने कहा' में। ये प्रयोग कुछ इसी तरह के हैं जैसे कोई शरारती लड़का कुछ देर के लिए एकाएक गम्भीर हो जाए। प्रयोग यहाँ अपनी ताकत आज़माने के लिए है, जीवनानुभूति के भीतर से फोड़कर निकली किसी गहरी सर्जनात्मकता की अभिव्यक्ति के लिए नहीं। इन प्रयोगों में शब्दों के भीतर टोह लेने की सजग कोशिश है, उन्हें हाथ में लेकर तौलने-अन्दाजने की। यह कोशिश बाद में रंग लाई, शब्दों के स्वभाव की अच्छी पहचान से कवि एकदम चकित करने वाले अर्थ की सृष्टि कर सका, इसका उदाहरण हमें सिंची छत से...'तिप्-तिप्' में मिलता है।

'युद्ध के किनारे' तक आते-आते कवि-मन के भीतर का 'आदमी' उसके 'शिशु' को पीछे कर ख़ुद सामने आने लगता है। रास्ते से गुज़रती रोशनियाँ यथार्थ-बोध के एक ज़ंगल की तरह उसके मन के चारों ओर घेरने लगती हैं। कवि शायद पहली बार महसूस करने लगता है कि 'रोशनी का मतलब/है/हथियार डालना'। अगली कविता है 'आईना' जिसमें वह 'शिशु' और वह 'आदमी' एक साथ आमने-सामने प्रकट होते हैं। आईना कवि का वह अपनापा है—'हमसे स्वतंत्र, पर विश्वसनीय,/ अत्यन्त निजी' ('शुक्र-3')—जिसमें वह जीवन की राह देखता-पाता रहा है। पर तभी :

आते हैं जंगल से मेरे सगे,
फूत्कारते, हँसते
लम्बे दाँत वाले, नीले फिकरे कसते
खीलें वारते

यह है यथार्थ का चेहरा जिससे उसे निबटना होगा। अपने एकान्त और पावन निजत्व को खंडित करने वाले चेहरों के आगे एक बार तो 'बच्चों की तरह उस समय/हाथ फेंकता है वह', पर दूसरे ही क्षण अपने निजत्व के आईने में ख़ुद को देखकर उसमें यह बोध जागता है कि वह अब अखंडित नहीं रहा। अपनी सरल जीवनेच्छा को खंडित करने वाले विष उगलते चेहरों को सगा बताने के पीछे कहीं यह स्वीकार है कि उसकी दुनिया उसके भीतर नहीं अब बाहर उस यथार्थ में ही है। कविता के अन्त का यह कथन कि 'अब मैं वह नहीं रहा' को अगर अक्षरशः सत्य न भी मानें तो भी यह अनुभव कर सकना मुश्किल नहीं कि परिवर्तन की कोई रासायनिक क्रिया उस मन में शुरू हो चुकी है। ठीक इस कविता से ही नहीं, पर यहाँ आकर उस क्रिया के टूटते-बनते रंग और फूटते बुलबुले देखे जा सकते हैं।

इस संयुक्त मन पर यथार्थ की प्रतिक्रिया का एक चित्र 'पावस : प्रेक्षागृह' में मिलता है। इस कविता में बदले हुए सामाजिक परिवेश और उससे जुड़े मूल्यों के बदलाव का अंकन है। कविता के शब्द चयन पर ग़ौर कीजिए तो एक तरफ़ दर्जी

की दुकान, रेलें, छापेखाने, योजना, गलियाँ, नहरें, तलवार, संगीन, बिजली, कारें, बत्तियाँ, टाइपराइटर, मेढक और कुकुरमुत्ते हैं तो दूसरी ओर बौछार की कुसुमित लता, काँपती हवाएँ, बसंतोत्सव, समुद्र, हृदय, पल्लवित आभा, कपोल के आँसू, पुरइन, घटाओं में आम्रपल्लव, अधर, मंजरियाँ और इन्द्रधनुष हैं। जिस भाव-संस्कार से ये शब्द उपजे हैं वह एक नहीं दो हैं। एक महत्त्वपूर्ण बात इस कवि को समझने में यह है कि भाव-संस्कार के ये दोनों स्तर आमने-सामने होते हुए भी परस्पर टकराते नहीं। इनके बीच का विरोधाभास न तो कवि की अनुभूति में है न उसके द्वारा सम्प्रेषित अर्थ में। भाव के ये भिन्न बोध-स्तर बिना किसी द्वंद्व या टकराव की चेतना के एक सह-अस्तित्व में श्रीराम वर्मा में दूर-दूर तक मिलते हैं। इनकी राजनीति-मुखर चेतनावाली कविताओं तक में। इन दो भिन्नताओं के बीच किसी 'गैप' को तीव्रता से महसूस न करना—इस 'गैप' में अपनी सर्जनात्मक कल्पना की कमंद फेंककर किसी नए अर्थ की तलाश न करना—श्रीराम वर्मा की काव्य-उपलब्धि को हमारे लिए काफ़ी कुछ सीमित कर देता है। श्रीराम की चेष्टा अधिकांश में तो इन दो विरोधी तत्त्वों को आपस में घुलाने की ही रहती है, उनके अन्तर्विरोधों को उभारने की नहीं। विडम्बना यह है कि ये विरोधी तत्त्व परस्पर घुलनशील नहीं हैं।

कवि-व्यक्तित्व के ये दो भिन्न बोध-स्तर आख़िर हैं क्या? श्रीराम वर्मा ने जब अपनी काव्य-यात्रा शुरू की तब उनके पास सिर्फ़ अपनी अनुभूति की पूँजी मात्र नहीं थी, बल्कि साथ में एक ऐसी पूँजी भी थी जो उन्हें हिन्दी की काव्य-परम्परा से मिली थी। तब नयी कविता की ज़बान पर छायावाद का स्वाद पूरी तरह मरा न था। नयी कविता मूल रूप में एक साहित्यिक आन्दोलन था—साहित्य परिवर्तन की एक नई दृष्टि। अपनी प्रेरणा में वह बदले हुए परिवेश से ही उद्‌भूत थी, पर उसने स्वयं उस परिवेश को बदलने की भूमिका नहीं निभाई। यह काम आगे आने वाली पीढ़ियों के हाथों होना था। इसलिए नयी कविता का भावबोध नए मानव-मूल्यों की रचना पर आग्रह के बावजूद 'साहित्यिक' था। छायावाद जितना घनिष्ठ साहित्यिक तो नहीं, पर प्रगतिवाद में जन-भावना की मुक्त अभिव्यक्ति में 'साहित्य' को 'रोक' (सेंसर) मानने की जो व्यापक प्रवृत्ति पनपी थी उसे देखते हुए, काफ़ी दृढ़। नयी कविता परम्परा के प्रति विद्रोह करते हुए भी उस परम्परा को ज़रूरत से ज़्यादा नष्ट होने नहीं देना चाहती थी। उसकी चेतना में निर्माण से कहीं ज़्यादा रक्षा का भाव निहित था। रक्षात्मकता की इस निषेधात्मकता के कारण ही नयी कविता में एक प्रकार की सतर्कता, डूबने में भी चौकन्नेपन का भाव, शिल्पगत सफ़ाई और भाव-संयम मिलता है। श्रीराम वर्मा के भावबोध का एक स्तर हिन्दी कविता के इस इतिहास से निर्मित है। श्रीराम जीवनानुभूति के तीव्र क्षणों में भी साहित्य से स्खलित नहीं होते। अनुभव की अराजकता में से गुज़रते हुए भी उससे एक मुनासिब दूरी वे बनाए रखते हैं। उनकी कविताओं के शीर्षक ही देखिए : वे कविता की रचना-प्रक्रिया में से छिटककर तो

निकले हैं, पर कुछ इतने दूर जा छिटके हैं कि कविता और उनके बीच एक अन्तराल-सा बन गया है—एक साहित्यिक अन्तराल। वे काव्यात्मक सूझबूझ के साथ कविता पर चिपकाए गए से लगते हैं।

कविता के भीतर भी एक ओट उनके और रचना का आकार लेते अनुभव के बीच रहती है। प्रकृति इस ओट का एक उपादान है। श्रीराम की काव्य-संवेदना में यह प्रकृति भिनी हुई है। छायावाद में प्रकृति एक स्वतंत्र सत्ता थी जिसके प्रति कवि बराबर के एक संवाद में उन्मुख होता था (निराला की 'तुम और मैं' शीर्षक प्रसिद्ध कविता की यहाँ याद हो आती है)। नयी कविता में प्रकृति मानव-अनुभूति के अन्तर्वर्ती स्तरों पर कवि की सहचारिणी बनी। पर आज की कविता में प्रकृति भाषा में घुल-मिलकर उसका एक ज़रूरी उपादान बनकर रह गई है। पहले प्रकृति कुछ कहने का 'माध्यम' थी—इस 'माध्यम' से कवि का तादात्म्य स्थापित कर लेना एक का दूसरे पर आरोपण था—कवि की बात कवि के मुख से न निकलकर प्रकृति के मुख से निकली, प्रकृति और मनुष्य के बीच द्वैध की स्थिति में कोई मौलिक अन्तर न था। नयी कविता ने माध्यमत्व दोनों का स्वीकार किया—प्रकृति का भी, मनुष्य का भी। पर आज के औद्योगिक समाज के बदलते हुए परिदृश्य में प्रकृति न तो माध्यम है, न मनुष्य के समानान्तर कोई अन्य सत्ता कि जिस पर कुछ आरोपित किया जाए। सूर्योदय, बादल, आसमान, चिड़ियाएँ छायावाद में प्रकृति-सत्य की मूर्तिमान जीवंत सत्ताएँ थीं, नयी कविता में वे प्रतीक और बिम्ब बनीं, और अब वे भाषा-कोश में निश्चित अर्थ देनेवाले शब्दों में बदल गई हैं। बात यह है कि प्रकृति अब एक सपाट हक़ीक़त है, जैसे कि मनुष्य एक सपाट हक़ीक़त है—दोनों का ही कोई 'साहित्यिक' उपयोग नहीं रहा। कहने वाले कह सकते हैं कि समसामयिक कविता प्रकृति-काव्य की दृष्टि से विपन्न हो गई है। पर अब प्रकृति की ओट न रहने से अनुभूति के खरेपन की जाँच ज़्यादा आसान हो गई है और यथार्थ के साथ सीधा साक्षात्कार सम्भव हो सका है, यह वे भी मानेंगे।

श्रीराम वर्मा में प्रकृति स्वतंत्र नहीं है, वह मनुष्य के साथ ही चलती है, हाँ, कभी-कभी इस चलने में मनुष्य थोड़ा पिछड़ ज़रूर जाता है। पर श्रीराम की यह प्रकृति नयी कविता वाली ही है, आज की नितान्त भाषा-चेतना वाली नहीं। उनकी प्रकृति साहित्य से अलंकृत है। ये अलंकार कुछ तो छायावाद-नयी कविता के हैं और कुछ सीधे संस्कृत साहित्य-परम्परा से लिए गए हैं। 'साहित्य'-स्मृति में सुरक्षित कवि-समय ('बाँबी से इन्द्रधनुष'), उपमाएँ ('चाँदनी की मछलियाँ', 'बर्फ के बादल'), शब्द ('दिक्काल चक्रवाल', 'सायंतनी', 'रविकोरक', 'अनामय', 'ज्वलन्त रश्मि-गति के चक्राकार वर्ष में स्वयं प्रकाश') और अभिव्यंजना कौशल, यह सब श्रीराम वर्मा की कविता में है। ये सब उनकी अनुभूति को महज़ चित्रात्मक बनाते हैं, अर्थ-व्यंजना की कोई नई लकीर नहीं डालते। अपनी अभिव्यक्ति के

लिए प्रकृति के उपादानों पर आग्रह श्रीराम का मोह नहीं है (मोह देर-सबेर दूर हो सकता है), बल्कि काव्य-चेतना का एक अभिन्न स्तर है और वह उनके व्यक्तित्व के उस दूसरे स्तर के पड़ोस में ही है।

श्रीराम वर्मा के कवि-व्यक्तित्व के दूसरे स्तर का ताल्लुक़ उनकी ज्ञानात्मक संवेदना से है। यह उनकी प्रतिभा के लिए अर्जन का क्षेत्र है, जिसमें उनकी सर्जनात्मक कल्पना ने उनका पूरा साथ दिया है। यथार्थ को श्रीराम केवल अनुभूति के स्तर पर ही नहीं, एक कल्पनात्मक ऊर्जा के रूप में भी ग्रहण करते हैं। उनका यथार्थ पंखयुक्त यथार्थ है। यह कल्पनात्मक ऊर्जा उन्हें यथार्थ के नए-नए रूपों, प्रदेशों का आविष्कार करने को प्रेरित करती है। यह उल्लेखनीय है कि श्रीराम वर्मा की आविष्कार-क्षमता साहित्यिक परम्परा से प्राप्त संवेदन के क्षेत्र में उतनी नहीं (वहाँ प्राय: सब कुछ निश्चित और ठस है), जितनी यथार्थ के संवेदन-क्षेत्र में क्रियाशील होती है। उनकी इस क्षमता के सशक्त उदाहरण नयी कविता 7 और 8 में प्रकाशित उनकी 'शब्दों की शताब्दी' और 'भैंस' शीर्षक कविताएँ हैं। इस संग्रह में 'परिवार नियोजन' शीर्षक कविता का यह अंश देखिए :

दाईं जेब में ज़रूरत की सारी चीज़ें
बाईं में रोज़गार दफ़्तर।
भैंस के पेट में बजता ट्रांजिस्टर।
भाई हवाई जहाज़ पर बर्राय
भतीजा पानी के पोत पर इतराय।
धोबी का कुत्ता (न घर का न घाट का)
मुहावरा बदलकर क़ीमती साबुन से नहाय।

इस तरह श्रीराम वर्मा यथार्थ को सिर्फ़ भोगते नहीं उसे रचते भी हैं और इस प्रक्रिया में यथार्थ अनुभव के आयाम को विस्तृत करते हैं। न सिर्फ़ विस्तृत, बल्कि अपने तमाम ब्योरों के साथ सटीक भी। वे यथार्थ को लेकर उड़ जाते हैं, पर साथ ही ज़मीन का वह टुकड़ा भी साथ ले जाते हैं जिस पर वह यथार्थ टिका होता है। यथार्थ की उनकी पहचान नंगी आँखों की पहचान नहीं है, पर यथार्थ पर उन्होंने नयी कविता के कवियों की तरह दार्शनिकता का चेहरा भी नहीं चढ़ाया है। उनका यथार्थ रक्त में बजता, अनुभूति की तात्कालिक ऊष्मा में स्पन्दित यथार्थ है, ठंडा, निरावेग या बुद्धि की आँखों देखा हुआ नहीं, हालाँकि जहाँ ऐसा कहीं है वहाँ भी वह मार्मिक और चोट करनेवाला है, जैसे कि 'चौराहे पर ग्रीनविच का एकालाप' में। एक बानगी :

क्या तुम्हें नहीं लगता कि जूँ तक हमसे ज़्यादा आज़ाद हैं,
सुखी हैं। और दरअसल क्या यह सभ्यता उन्हीं की नहीं है?

श्रीराम वर्मा का यथार्थ आज के समय में घटता हुआ यथार्थ है और इस यथार्थ की भाषा भी वे अपने आसपास से ही चुनते हैं। पर कभी-कभी लगता है कि वह यथार्थ श्रीराम की अनुभूति में न होकर उनकी भाषा में है, अनुभूति और शब्द के बीच की सन्धि में नहीं, शब्द और शब्द के बीच की सन्धि में। वे भाषा में ही उस यथार्थ की अनुभूति को पाते हैं। पाने के पहले खोजते और छूते हैं। सर्जनात्मक भाषा का अवश्य ही यह एक ऐसा आयाम है जहाँ भाषा केवल अनुभूति को अभिव्यक्त करने का माध्यम मात्र न होकर अनुभूति को रचने और स्वायत्त करने की प्रक्रिया का अंग बन जाती है। इस भाषा के जरिए ही श्रीराम अपने परिवेश के यथार्थ की तरफ़ बढ़ते हैं। यह यथार्थ उन्हें अपनी ओर खींचता है, उनके केन्द्र से बाहर एक व्यापक परिधि की ओर। प्राप्त अनुभव से अर्जित अनुभव की ओर। श्रीराम वर्मा की ज्ञानात्मक संवेदना की यह सहज और स्वाभाविक गति है। इसीलिए थिराई अनुभूति के यथार्थ की अपेक्षा वे घटित हो रहे अनुभव के यथार्थ की तरफ़ ज़्यादा आकृष्ट होते हैं, चाहे यह यथार्थ चुनाव हो, युद्ध हो या राजनीति। श्रीराम वर्मा की समस्या यह है कि वे अपनी कविता में केन्द्र और परिधि दोनों को ही खपाना चाहते हैं। मूलतः साहित्यिक सौन्दर्यबोध और वैयक्तिक अनुभूति में ही पनाह खोजती भाषा से निर्मित वह केन्द्र एक तरफ़ है और उससे छूटकर फैलती-पसरती, आधुनिक परिवेश में पनपती चेतना दूसरी तरफ़। दोनों की परस्पर विरुद्ध गतियाँ—एक की केन्द्रोन्मुख (सेन्ट्रीपीटल), दूसरे की केन्द्रविमुख (सेन्ट्री-फ्यूगल)। श्रीराम जितना ही इन दोनों को पास लाने की चेष्टा करते हैं उतना ही इनके बीच की दूरी (कंट्रास्ट) को बढ़ाते हैं। अपनी कल्पना-ऊर्जा द्वारा कभी वे उन्हें आपस में घुलाने की भी कोशिश करते हैं, जैसे 'सो गए लक्ष्मीकान्त' शीर्षक कविता में। उनकी यथार्थ-चेतना के प्रवाह में जो बड़े-बड़े 'साहित्यिक' टीले और पत्थर हैं वे उनकी भाषाचेतना और उसके माध्यम से उनकी अनुभव चेतना की गति को सुस्त और धीमा बनाते हैं। कई बार जहाँ कहीं उनकी अनुभूति यथार्थ-चेतना को आगे कर बढ़ती है वहाँ उनकी भाषा उसे पीछे खींचने लगती है। जहाँ इस तरह के अवरोध नहीं हैं—जैसे कि 'सिंची छत से...तिप्-तिप्' में—वहाँ उनकी सर्जनात्मकता मुक्त और आत्मीय है, भाषा से एक रंग, अनुभूति से एकाग्र जुड़ी और अर्थ-सृष्टि में नई :

रेंकरेंकरेंकरे
क्या करें
रामरामरामरामरा
मरा करें
या मारें
एक-एक को

तक-तक के
क्या करें
न दीन-हीन
हम अभी
यही करें वही करें
नहीं करें
क्या करें
कें कें कें कें
रीं-रीं चें-चें पें-पें
कब तक
तौल
पिस्तौल
पिस पिस पिस-
ते रहें
कब तक

यह मानो शब्द के साम्राज्य में घुसकर मनचाहा अर्थ लूट ले आने की चेष्टा है—साहसिक और सुखकर। इस चेष्टा में कभी-कभी बहक जाने का भी ख़तरा बना रहा है—और इसका उदाहरण भी इसी कविता में मिलेगा—पर यह एक ऐसी राह है जिस पर चलते समय कवि अपने व्यक्तित्व के दुहरे दंश से मुक्त रह सकता है। श्रीराम वर्मा को इस राह पर चलने में मज़ा भी ख़ूब आता है। पर जैसा कि कहा गया, उनकी असली समस्या अपने व्यक्तित्व के उन दो पक्षों को एक में संघटित करना है, न कि उन दोनों में समझौता कराना। श्रीराम वर्मा अगर अपने लिए यह संघटन सम्भव नहीं कर पाए हैं तो इसकी वजह है उनमें पर्याप्त बौद्धिक ऊर्जा का अभाव। दो पक्षों को एक में संघटित करने का जो रास्ता हमें आज सुलभ हो सकता है वह है उन्हें एक तीसरे पक्ष में अतिक्रान्त करना, और इसमें बौद्धिक ऊर्जा एक निर्णायक भूमिका निभाती है। रोमांटिकों (निराला) और बिम्बवादियों (शमशेर) के पास दो पक्षों को एक में संघटित करने का साधन था उनकी उच्च तापवाली भावनात्मक ऊर्जा। इस प्रक्रिया में बनी रचना में भावना का रंग चटक होता है और उस रचना का तनाव भी भावावेग के स्तर पर ही सक्रिय होता है।

जिसे लक्ष्मीकान्त वर्मा 'शरारतपूर्ण सह-संयोजन' कहते हैं उसमें गम्भीर और अगम्भीर के दो पक्षों को अगल-बगल रख देने मात्र से नए अर्थ की सृष्टि नहीं हो जाती। गम्भीर और अगम्भीर का संयोजन चमत्कृत करने वाले अर्थ की रचना के लिए बौद्धिक ऊर्जा की माँग करता है। विपिन कुमार

अग्रवाल और विनोद कुमार शुक्ल की 'शरारतों' के पीछे वही बौद्धिक ऊर्जा है, जबकि श्रीराम वर्मा की 'शरारतों' में कल्पनात्मक ऊर्जा ज़्यादा काम करती दिखाई देती है। इसीलिए उनको शरारतें एक भिन्न प्रकार का स्वाद देती हैं। इस स्वाद में उनके व्यक्तित्व का हमारा परिचित वही भोलापन मिला हुआ होता है। चीनी आक्रमण के सन्दर्भ में लिखी उनकी 'बेवजह एक सामना' कविता देखिए :

ये हमारी मेड़ें हैं,
जहाँ खड़े होकर वे
हमसे कहते हैं :
तुमने चुराई हैं
हमारी भेड़ें।

जरा सी दुनिया पर जमी नहीं हमारी धाक,
वे बोल पड़े : तुम ले गए हमारे कुछ याक।
बड़े तुक्कड़ हैं,
जिन्हें हमने कवि समझा था।

माओत्सेतुंग (कवि) जैसे 'गम्भीर' 'शत्रु' पर 'तुक्कड़' के 'अगम्भीर' निशाने का वार हमें गुदगुदाता हुआ 'विचलित' कर देता है। आगे इन शत्रु महोदय का एक चित्र यों है :

कैंडेबाज इतने
कि साइकिल चलाओ
चौकस
और अचम्भे के बच्चे की तरह
भौचक
सामने आकर पकड़ लेते हैं
हैंडिल,
और मुश्किल कर देते हैं
सँभलना सँभलना तक।
कि हम आगे न जा सकें।

ऐसे शत्रु से कोई नफ़रत करे या प्यार, या उस पर मुस्कराए? न, यह कविता केरिकेचर नहीं है। ख़ासतौर से जब हम कविता की अन्तिम पंक्तियों पर आते हैं तो इस बात में सन्देह की गुंजाइश नहीं रह जाती कि कवि की मंशा एक गम्भीर

वस्तुस्थिति और उसके प्रति अपने लगाव को अनुभूति की ईमानदार संजीदगी के साथ अभिव्यक्त करना ही है :

क्या बात हो सकती है
इस तरह
जब उठ रहा हो धुआँ?
या तो इस धुएँ को ख़त्म करो
या इतना हौंको
कि भट्ठी आ जाए—
बात चले न चले,
बात ख़त्म हो जाए।

दरअसल इस कविता में गम्भीर आशय और अगम्भीर तेवर का संयोजन किसी सजग बौद्धिक प्रेरणा से नहीं, कवि के शिशु-मन की सहज तरंग के कारण सम्भव हो सका है। यह तरंग जब तक अगम्भीर रंग में रहती है तब तक हमें शरारत का रचनात्मक सुख देती रहती है, पर जहाँ वह गम्भीर बनने की कोशिश करती है वहाँ कविता के अनुभव के सरलीकरण की ओर बढ़ने लगती है। वयस्क बनने की चेष्टा में कवि उद्‌बोधक बनता नज़र आने लगता है। 'वेवजह एक सामना' का अन्त भी एक उद्‌बोधन में ही होता है। यही उद्‌बोधन 'पावस: प्रेक्षागृह' के अन्त में भी है—'आओ,/उसे सूँघें/टोहें,/दृढ़ता से चुनें/और नए चेहरों पर बुनें!' जहाँ अगम्भीर की मिलावट से रहित श्रीराम खालिस गम्भीर होते हैं वहाँ पर वे खालिस उद्‌बोधक होते हैं—देखिए 'न्यायदंड' शीर्षक कविता।

वस्तुस्थिति यह है कि आज के ज्ञान संवेदनात्मक (गम्भीर) यथार्थ के प्रति खुली दृष्टि रखते हुए भी श्रीराम इस यथार्थ को अधूरे रूप में ही जी पाते हैं, क्योंकि यथार्थ को पूरा जीना उसे भाव-ऊर्जा के साथ-साथ बुद्धि-ऊर्जा में भी जीना है, जो फ़िलहाल वे नहीं कर पाते। आज के लिए प्रासंगिक काव्य के अनुभव में सिर्फ़ भाव के सहारे ही नहीं, बुद्धि के सहारे भी बैठना और उसको रचना में रूपान्तरित करना होता है। श्रीराम वर्मा यह काम ज़्यादातर अपनी कल्पना से लेते हैं। पर इससे उनके अनुभव के यथार्थ पर एक तरह की अयथार्थता छा जाती है और रचना का अर्थ ज़्यादा से ज़्यादा सम्प्रेषणीय बनने के बजाय कवि के मन में ही सिमटता चला जाता है। शायद यही कारण है कि उनकी कविता में आम बोलचाल की भाषा की उपस्थिति तो है पर उस भाषा के पीछे की धार नहीं। यह कविता आज के जीवन के निकट आते-आते कहीं एकदम पीछे ही ठिठक जाती है। श्रीराम आज के अनुभव को रचना में अनावृत करने के बजाय उसकी कविता बनाने लगते हैं, जहाँ उन्हें सीधे-सीधे उस अनुभव से निबटना चाहिए वहाँ वे रुककर उस पर कसीदा काढ़ने

लगते हैं। उनकी कविता ख़ुद उस अनुभव के लिए एक ओट बन जाती है और इस कविता से वे अनुभव के ताप को सह लेते हैं। इस प्रक्रिया में वे अपने पाठक के पास उस अनुभव का ताप नहीं, उस ताप को सह लेने का एक कवि सन्तोष ही पहुँचा पाते हैं।

कविता का काम भाषा में यथार्थ को रचना है, पर यह काम यथार्थ को शब्दों के भीतर बाँधने से नहीं, उसे शब्दों के बाहर ले जाने से होता है। भाषा में होते हुए भी भाषा से बाहर, यह है आधुनिक रचना की नियति। सिर्फ़ भाषा में सीमित यथार्थ एक साहित्यिक यथार्थ—और इससे स्खलित होने पर 'शाब्दिक' यथार्थ—होगा। यह सही है कि कविता का यथार्थ भाव-ऊर्जा की ज़मीन पर ही जन्म लेता है, रस और पोषण भी उसे उसी से मिलता है, पर उसे गतिशीलता बुद्धि ऊर्जा ही प्रदान करती है। बुद्धि ऊर्जा निरन्तर अनुभव की छानबीन, उसकी पड़ताल और उसके विभिन्न अवयवों के बीच एक तनावपूर्ण सन्तुलन बनाए रखने—और इस तरह अनुभव को एक गहन नैतिक एकाग्रता के धरातल पर स्वायत्त करने का काम करती है। वह जो संवेदन है उसे अनुभूति तक और जो अनुभूति है उसे रचना के जटिल अनुभव-स्तर तक उठाती है। वही अनुभव पर भाषा को फफूँद की तरह जमने नहीं देती, वही भाषा में स्थिर हो रहे अनुभव को झिंझोड़कर उसे पुन: शब्दहीन अराजकता की ओर ढकेलती रहती है। भाव-ऊर्जा कविता के यथार्थ को अगर ज़मीन प्रदान करती है तो बुद्धि-ऊर्जा आकाश। आधुनिक रचना इन दोनों के बीच के किसी तनाव-बिन्दु पर सम्भव होती है—रचना में तनाव व्यक्ति और वस्तु के बीच वह रिश्ता है जिसमें भाव-तन्मयता भी है और बौद्धिक झनझनाहट भी। श्रीराम वर्मा की कविता इस तनाव के केन्द्र की तरफ़ बढ़ती ज़रूर है—अपनी खुली दृष्टि के कारण ही—पर उसको पूरी तरह दे दी नहीं जाती। 'शिशु' आदमी बनते-बनते भी अपना 'शिशुपन' छोड़ने को तैयार नहीं दीखता।

यह तो हुई यथार्थ के प्रति रवैये और उसे रचना में साधने की बात। अब देखना यह है कि उस यथार्थ के प्रति आख़िर श्रीराम वर्मा की प्रतिक्रिया है किस क़िस्म की? यह कहने की आवश्यकता नहीं कि आज के यथार्थ—और जो व्यवस्था इस यथार्थ को सम्भव बनाती है—के प्रति पहली प्रतिक्रिया श्रीराम वर्मा की असहमति की ही है। मोहभंग और उसके दर्द की गूँजें—जिनका कोरस नयी कविता के किसी भी नुक्कड़ पर सुना जा सकता था—इन कविताओं में नहीं हैं। कारण कि मोहभंग के बाद के माहौल में ही श्रीराम की यथार्थ आँखें खुलती हैं। इन आँखों में जो चित्र है वह यह है :

न छवि-गृह, न पर्वत खुदे चित्र, न कोई थाप चट्टान के तबले की।
न मृगद्राव, न स्तूप, न सारनाथ के खँडहर,

न हरे संगमरमर, न बुद्ध के उपदेश लिखे स्तम्भ, न दीपशिखा,
न ही शान्त कछार वरुणा की,
न पदचिह्न, न झरती दीवार के स्वत: बने रूपाकार
न ही दूध-भात खाई हुई थाली फूल की।
सिर्फ़ बूचड़खाने के फ़र्श की तरह
सुबह का चिरकुट आसमान :
खून के ऊपर राख
अनंकित अँधेरा ज्यों बूढ़ा हो गया हो :

पर इन आँखों के लिए यथार्थ अब भी सम्भावना है, एक आदर्श। और यथार्थ की तरह यथार्थ की सम्भावना का आदर्श भी कवि को अरक्षित करता है। आदर्श से अरक्षित होकर वह पुन: उसी की गोद में शरण पाने को विह्वल भागता है—संग्रह के शुरू की अधिसंख्य कविताओं में माँ और शिशु के सन्दर्भ इसी परिप्रेक्ष्य में देखे जा सकते हैं और यथार्थ के प्रति अरक्षा का भाव उसे उसमें भीतर तक घुसकर उसकी विसंगतियों को उघारने को प्रेरित करता है। एक उसे उदास और खिन्न बनाता है, दूसरा असन्तुष्ट और कटु। आदर्श ने उसकी ज़िन्दगी हराम की थी, यथार्थ उसे सभ्यता की तरह ज़रूरी लगता है जिसके बाहर वह जा नहीं सकता।

कवि को अरक्षित करने वाला वह अनिवार्य यथार्थ श्रीराम का वर्तमान है और उससे वे असन्तुष्ट हैं। उनकी दृष्टि इस वर्तमान के नासूरों पर नश्तर-सी पड़ती है। वे उस पर हँसना भी और उसकी चिन्दी उड़ाना भी जानते हैं। किन्तु उनका विरोध उस यथार्थ का पोषण करने वाली व्यवस्था के प्रति सक्रिय विरोध नहीं है। उनकी दृष्टि व्यवस्था से असहमति की है, उसको बदलने की नहीं। इससे उनके विरोध का अन्त एक एकालाप में होता है। इसी से यथार्थ से उनकी मुठभेड़ आधी मुठभेड़ रह जाती है। पूरी टक्कर नहीं, हर बार कुछ बगल से निकल जाता है। टक्कर जितनी है उतने से सिर्फ़ धुआँ निकलता है, आग नहीं।

ग्रीनविच के नाम से यूरोप और अमरीका के हिप्पियों की याद अनायास हो आती है, शायद इसलिए कि 'ग्रीनविच विलेज' शुरू में उस तरह के आन्दोलन का केन्द्र था। हिप्पियों को 'फ्लावर चिल्ड्रेन' भी कहा गया है, सो इसीलिए कि यथार्थ-व्यवस्था के प्रति असहमति और विरोध का भाव उन्हें उस व्यवस्था से रूठकर उसे छोड़कर उसके बाहर आ जाने को प्रेरित करता है। श्रीराम वर्मा अपने व्यक्तित्व में वर्तमान 'शिशु' के बावजूद यथार्थ का निषेध नहीं करते, वे यथार्थ से और यह यथार्थ जिस समय में है उस समय से भी रूठकर उसके बाहर नहीं जाना चाहते। उनका संकट तो यह है कि इस व्यवस्था को :

उलट दूँ तो मैं
नहीं रहता मैं।
—मैं हो जाता हूँ।
पर वह लेकर मैं कहाँ जाऊँ?
आक्टोपस की तरह वह मुझे आविष्ट करता
मुझ पर थूकता काला थूक
नहीं होने देता जूँ। और इस सभ्यता से बाहर
अकेला रहकर मैं क्या करूँगा।

फिर अपने इस पहले कविता-संग्रह का नाम 'ग्रीनविच' क्यों?

[1975]

‘पहचान’ के चार कवि

आलोचना के सम्बन्ध में मलयज अपने समय के लेखन (नवलेखन) को न सिर्फ़ देख रहे थे बल्कि इस लेखन की समकालीनता की भी समीक्षा कर रहे थे। अपने समय के चार कवियों (आग्नेय, शिवकुटीलाल वर्मा, सोमदत्त और विष्णु नागर) की कविताएँ इस लेख का आधार हैं। 1975 में लिखे इस लेख में मलयज ने बताने की कोशिश की है कि इन चारों कवियों में संवेदना और समय का फ़ासला है, समय और संवेदना के इस फ़ासले ने कविता में नए तेवर और मिज़ाज को पैदा किया है। इसी वजह से एक ही विषय को कहने की भाषा, शिल्प और यहाँ तक कि पूरी थीम में बदलाव आ गया है। —**तरुण**

ये कवि हैं, आग्नेय, शिवकुटीलाल वर्मा, सोमदत्त और विष्णु नागर। आग्नेय की कविताएँ तब से छपने लगी थीं जब नयी कविता का आन्दोलन अपने चरमोत्कर्ष पर था। शिवकुटीललाल वर्मा की कविताएँ भी नयी कविता की कोख से ही पैदा हुई हैं। पर विष्णु नागर एकदम युवतम पीढ़ी के कवि हैं और अपने से काफ़ी पहले लिखना शुरू करने वाले सोमदत्त की तरह उनकी कविता में भी नयी कविता की कोई स्मृति नहीं है। इस तरह आग्नेय की कविताएँ यदि एक छोर पर हैं तो विष्णु नागर की बिलकुल दूसरे छोर पर। दोनों छोरों के बीच समय और संवेदना का काफ़ी लम्बा फ़ासला है। इस फ़ासले को जैसे भीतर अनुभूति की गहराई में वैसे ही बाहर भाषा की सतह पर भी महसूस कर सकना मुश्किल नहीं। चीज़ों को देखने, उनसे जुड़ने या अलग होने का ढंग और संवेदना की ज़मीन पर उस देखने, जुड़ने, या अलग होने को शब्दों में अभिव्यक्त करने का तेवर-कविता के ‘मिज़ाज’ का निर्माण करते हैं। मिसाल के लिए आग्नेय की कविता में फूल, धूप, चिड़िया, सूर्य आदि चीज़ों से कवि का जो सम्बन्ध है वह उन्हें चीज़ नहीं रहने देता, ये तमाम चीज़ें उनके यहाँ अनुभूतियों के सजीव स्पन्दनशील आकार बन जाती हैं, जिनके माध्यम से कवि कोई अर्थ रचना और सम्प्रेषित करना चाहता है। ‘माध्यम’ शब्द पर ग़ौर कीजिए। कवि एक छायावादी कवि की तरह चीज़ों से अपनी अनुभूति या कल्पना में एकात्म नहीं हो जाता, इसके विपरीत उसके

और वस्तुजगत के बीच एक दूरी हमेशा बनी रहती है। इस दूरी को निरन्तर साधते रहना और उसी मनोदशा में कोई बात कह जाना उसका कविकर्म है। छायावादी कवि की अपेक्षा मुश्किल कविकर्म। नयी कविता के कवि के लिए चीज़ें न तो चीज़ें हैं, न शुद्ध अनुभूति के छायाचित्र। वे माध्यम हैं, जिनमें चीज़ों का चीज़त्व भी सुरक्षित है और अनुभूति की गतिशीलता भी—

धूप
एक बूढ़े की तरह अख़बार पढ़ती है।
चमकीला सूर्य
खरगोश की तरह
मेरी आयु के अँधियारे घर में घुसता है।

(आग्नेय)

यह नयी कविता का मुहावरा है। प्रकृति के साथ एक ऐसी आत्मीयता जिसमें प्रकृति केवल वस्तु नहीं कि जिसका काव्यात्मक इस्तेमाल किया गया हो, बल्कि अनुभूतिसत्य के समानान्तर चलती एक अलग हस्ती भी हो, जो जब अनुभूतिसत्य के दायरे में प्रवेश करती हो तब उससे टकराकर एक स्वतंत्र अर्थसत्ता को जन्म दे सकती हो।

आकाश रुक गया था
पक्षी भी रुक गए थे
गलियाँ सहमी हुई थीं
और सड़कें जैसे चलते-चलते जम गई थीं
फूल खिलते-खिलते रुक गए थे
और पेड़ों में न नई पत्तियाँ उग रही थीं
और न पुरानी झड़ रही थीं

(शिवकुटीलाल वर्मा)

मुहावरा वही है, पर यहाँ एक फ़र्क़ आ गया है। दृश्य की पहचान पर अनुभूति की तरलता और लयात्मकता (जो हमें आग्नेय के यहाँ अक्सर मिलती है) नहीं, एक विचारवान खुलापन है। अनुभूति के दृश्य में जैसे किसी आशय के संकेत में गुँथी हुई प्रकृति साफ़-साफ़ अंकित है। प्रकृति अभी भी अनुभूति और वस्तु-सत्य के बीच दुभाषिए का काम करती है, पर अब वह यह काम पूरे मन से नहीं करती, क्योंकि उस मन में फाँक पड़ गई है, चीज़ों के माध्यमत्व में कहीं कोई दरार पैदा हो गई है।

चीते-सी चालाक
व्यवस्था में
जिन पौधों को वृक्ष बनाने के लिए
हमें
इस्तेमाल किया जा रहा है
उन पौधों के फूल-पत्ते
इस क़दर दिलकश होते हैं
कि आप
खिंचे चले जाएँ, उन्हें छुएँ
छूते ही
फूल मगरमच्छ के जबड़ों से
बन्द हो जावें
पत्ते छिपकलियों की सफ़ाई से
बढ़कर
आप को लील लें

(सोमदत्त)

सोमदत्त की कविता में प्रकृति से ली गई चीज़ें कम हैं—फूल, पेड़, पत्ती, चिड़िया की अपेक्षा जानवर, कुर्सी और दफ़्तर का बाबू उनकी कविता के आशयों को ज़्यादा सहजता से ग्रहण और व्यक्त कर पाते हैं। सोमदत्त की कविता का मिज़ाज एक तरह से प्रकृति विरोधी है। ऊपर जो उद्धरण दिया गया उससे स्पष्ट है कि प्रकृति के उपादान जो आग्नेय और शिवकुटीलाल वर्मा के यहाँ कवि और वस्तुजगत के बीच एक ख़ास क़िस्म की संवेदना के रिश्ते को फलीभूत करते थे, यहाँ सिर्फ़ वस्तुओं के नाम हैं, जैसे—पूँछ, नाल, जबड़ा, सड़क, अख़बार आदि ठोस हक़ीक़तों को सूचित करने वाली वस्तुओं के नाम हैं। काव्यात्मक आन्तरिकता का वह संस्कार जिसमें वस्तुएँ अपने वस्तुपन की आधारभूत सत्ता को सुरक्षित रखते हुए भी अनुभूति की चुम्बकीय तरंगों के खिंचाव में एक भिन्न अर्थसत्ता को रचने लगें, सोमदत्त को विरासत में नहीं मिला। इसीलिए उनमें वह अनावश्यक रहस्यात्मकता भी नहीं है, जो अनुभूति और वस्तुजगत के बीच के नाज़ुक सन्तुलन में किसी गड़बड़ी के कारण पैदा होती है। सोमदत्त इससे बरी हैं। वे चीज़ों को चीज़ों की तरह ही लेते हैं, नंगी और सपाट। उनकी चीज़ों से जो कविता-संसार बनता है वह कवि और उन चीज़ों के बीच किसी ख़ास क़िस्म के रिश्ते से नहीं, वह बनता है उन चीज़ों के आपसी सम्बन्ध और आचरण से। कवि का इस सम्बन्ध को बनाने और उनके आचरण को नियंत्रित करने में

कोई दख़ल नहीं। इसलिए सोमदत्त की कविता में चीज़ों के अनुभव हैं, चीज़ों की अनुभूति नहीं।

चीज़ों को अनुभव की आदत से मुक्त कर वस्तुबोध की एक नई स्वच्छन्दता के पास वापस लाने की—और इस तरह चीज़ों के साथ कवि के एक नए सम्बन्ध को प्रस्तावित करने की—कोशिश विष्णु नागर में नज़र आती है :

चिड़िया
मैं फिर कहता हूँ चिड़िया
अपने घोंसले से बड़ी है
घोंसले से बड़ी चिड़िया का
अपना कोई मोह नहीं होता
वह दूसरे के चुगे दानों में
अपना त्याग बीनती है।

(विष्णु नागर)

यहाँ 'चिड़िया' के साथ उस तरह के काव्यात्मक संस्कार नहीं जुड़े हैं जैसे कि आग्नेय या शिवकुटीलाल के यहाँ, इसलिए कवि और वस्तुजगत के रिश्ते में चिड़िया का स्थान निश्चित नहीं है, वह न तो वस्तु है, न अनुभूति की स्क्रीन पर चलती-फिरती कोई छाया, न माध्यम। वह अर्थ की एक ऐसी सम्भावना है जो अनुभूति में होते हुए भी अनुभूति से बाहर है।

नयी कविता से आज लिखी जाने वाली कविता के फ़र्क़ को ये कवि एक प्रक्रिया की तरह अपनी कविताओं में अंकित करते हैं, पर स्वयं उस प्रक्रिया को अपने पक्ष में मोड़कर रचना की किसी स्वतंत्र ऊँचाई तक नहीं पहुँचते। इनके लिए रचना में स्वतंत्रता का अर्थ फ़र्क़ की उस प्रक्रिया को अधिक से अधिक पारदर्शी करते जाना और ऐसा करने में अपने कवित्व की एक विशिष्ट छवि उभारना है। पर यहाँ भी सब समान रूप से सफल नहीं हो सके हैं।

आग्नेय की कविताओं के मनोविज्ञान में अन्तर्जीवन और बाह्य परिवेश के बीच एक नाजुक सन्तुलन को बनाए रखने की वही चेष्टा दिखाई देती है जो नयी कविता की मनोरचना का बुनियादी पहलू है। लेकिन आग्नेय इस सन्तुलन की केवल व्यवस्था अपना पाते हैं, उससे फूटती हुई ऊर्जा नहीं। उनकी अभिव्यक्ति में जो सफ़ाई और सतर्कता है और उनकी भाषा में जो रखरखाव है वह यही ज़ाहिर करता है कि वे अपनी काव्यानुभूति के अवयवों को करीने से एक क्रम में व्यवस्थित कर लेते हैं। उनमें कोई लड़खड़ाहट नहीं। उनमें नयी कविता की संवेदना की तरलता और रागात्मकता है, पर साथ ही यह भी स्पष्ट है कि उनमें उस संवेदना का ताप और भावनात्मक गुंफन नहीं है। नयी कविता के मिज़ाज में

एक ऐसी घुलावट थी जो यथार्थ के बखान के बावजूद यथार्थ की नोकें चुभने न देती थीं, और अगर वे चुभती भी थीं तो 'दर्द' की शक्ल में। आग्नेय की कविताएँ उस 'दर्द' को हल्के-फुल्के रंगों के बिम्ब और चित्र बनाकर पेश करती हैं : 'मेरे प्रेम का एक सूर्य था।/उस सूर्य में बादल की रंग-बिरंगी चिड़िया/उड़ती है।/वह बादल उड़ता-उड़ता आता है,/वह चिड़िया विभक्त होती है/मेरे हृदय में/मेरे हृदय में एक नदी थी/उस नदी में एक पीली मछली बहती है।/सूर्य का एक बहुत बड़ा टुकड़ा/टूट जाता है/तुम्हारे प्रेम में' (प्रणय-वेला के उत्तरार्द्ध में)।/'हृदय का एक आकाश होता है/तुम्हारा चन्द्रमुख स्मरण आने पर/मैं उसमें उड़ते पक्षियों की संख्या/गिनता।/ हाय! मेरे हृदय! तुम आकाश ही/क्यों न हुए?/मैं प्रेम के इस उतरते बसंत को,/तुम्हारे सूर्य-वक्ष पर चित्रित/करता/(आकाश)।

आग्नेय की ज़्यादातर कविताओं की थीम है प्रेम। किन्तु आश्चर्य है कि इन कविताओं में प्रेम का कोई गहन अन्तर्संघर्षपूर्ण संवेदन और उसका आवेग नहीं, एक सरल भावुकता और उदास अन्तर्मुख चिन्तन मिलता है। इसका कारण शायद यह है कि प्रेम का अनुभव कवि के लिए यथार्थ का अनुभव न होकर आदर्श का अनुभव है। प्रेम उसे जीवन के सुन्दर रूपों से जोड़ता है, पर कवि प्रेम की सिद्धि के लिए चेतना की किन्हीं गहराइयों या सचाइयों में नहीं उतरता, अगर उतरता तो वहाँ उसे प्रेम की दुर्गमता और जटिलता से दो-चार होना पड़ता। इसके विपरीत कवि अपने प्रेम में उत्तेजक कल्पना के स्वनिर्मित संसार की सतह पर ही रह जाता है। इसीलिए आग्नेय के प्रेम की स्त्री एक काल्पनिक स्त्री है, वह मूर्त नहीं, आकाश, नदी, चिड़िया, वसन्त, धूप, इन्द्रधनुष, शाम, फूल आदि के सूक्ष्म बिम्ब-चित्रों में अमूर्त और पकड़ से परे है। कवि अपने कल्पना-नेत्रों से उसे देख सकता है, अनुभूति की संश्लिष्ट ऊष्मा में छू नहीं सकता, न अनुभव की साझेदारी में पा सकता है। दरअसल यह प्रेम वैसा ही अन्यथार्थ, क्योंकि अनर्जित है, जैसे कि इन कविताओं में माँ, पिता, भाई-बहन के रिश्ते अयथार्थ हैं, क्योंकि ये सभी आदर्शीकृत हैं। इस रिश्ते में कवि-संवेदना को उभारने के लिए पिता हमेशा बूढ़ा और असहाय होता है, माँ हमेशा एक अच्छी माँ की तरह अपने दुलारे बेटे के लिए थाली सजाए रखती है, छोटे भाई-बहन हमेशा भाई को हीरो का-सा आदर देते हैं, भाभी हमेशा देवर के प्रति ममतालु होती है, घर में हमेशा तुलसी के बिरवे का घरेलू प्रतीक मौजूद रहता है, और स्वयं कवि पता नहीं क्यों इन सबकी अपेक्षाएँ पूरी नहीं कर पाता, उनसे सिर्फ़ लेता ही रहता है, देता (सिवाय अपनी कवि-सुलभ संवेदना के) कुछ नहीं। यह सब 'नवगीत'—काल में ही अच्छे-खासे लटके बन गए थे, यह विडम्बना ही है कि आग्नेय की काव्य-प्रक्रिया इन लटकों में निहित विसंगति के एहसास से नहीं, उनके अनुकरण से शुरू होती है।

आग्नेय की कविताओं का काव्यानुभव और काव्यानुशासन अर्जित किया हुआ नहीं, प्राप्त किया हुआ है। अर्जित करने के लिए व्यक्ति और परिवेश के सम्बन्ध से बनने वाले अनुभव में डूबना और उससे भिड़ना होता, जबकि आग्नेय अपने निजत्व और अपनी परिवेश-चेतना दोनों के ही हाशिए पर नज़र आते हैं। इस हाशिए पर नयी कविता के जिये गए अनुभवों की गूँजें हैं और उसके सिद्ध किए कला-शिल्प की खोखलें। एक थका हुआ सौन्दर्य उस पुरुषार्थ में है जो उन गूँजों में अपनी आवाज़ तलाश करना चाह रहा है और उन खोखलों में अपनी संवेदना का जीवन—

मेरे कविमन! तू इस घोर कठोर सत्य को
अन्तिम मानने से
आज क्यों इनकार करता है?
तू जो अपने गर्भ की पीड़ा में ही
विनष्ट हो जानेवाला भ्रूण है।
तेजस्वी इतिहास-पुरुष का
गौरव-मुकुट धारण करने के लिए
किस तरह व्याकुल है?
(तू जो रचना की अष्टवक्रता से पीड़ित-मुग्ध युवक है।)

इन पंक्तियों में एक सात्त्विक ओज है, एक चोट खाये व्यक्ति की दृप्त मुद्रा, किन्तु उसके पीछे अनुभव के किसी नए शिखर के साथ साक्षात्कार नहीं, हताशा और मोहभंग का तपता हुआ बंजर पठार है। प्रेम-कविता की यह विफलता—प्रेम को कविता में एक सार्थक रचनात्मक अनुभव के रूप में नियोजित न कर पाने की विफलता—क्या एक कवि के आत्मसामर्थ्य की विफलता है? या इस बीच कविता की समकालीन मानसिकता में ही कुछ ऐसा घटित होता गया है जिसके कारण प्रेम धीरे-धीरे विघटित होकर अप्रासंगिक होता चला गया? नयी कविता का अच्छा-खासा हिस्सा प्रेमकाव्य है, कहीं प्रेम के क्षरण का बीज वहीं तो नहीं?

नयी कविता में बाह्य परिवेश और कवि का अन्तर्जीवन दोनों एक-दूसरे के सहृदय पड़ोस में एक सन्तुलनपूर्ण सामंजस्य के तहत रचना का समशीतोष्ण माहौल निर्मित करते थे। इस माहौल में अन्तर्जीवन की संघर्षमालाएँ भी छनकर आती थीं और बाह्य परिवेश की अनिवार्य सचाइयाँ भी। इस दुहरे 'एक्सपोजर' में नयी कविता का कवि मानव-सम्बन्धों के प्रति एक बराबरी का दृष्टिकोण अपनाता था। प्रेम में पड़े हुए नयी कविता के कवि के लिए स्त्री न तो कल्पना की वस्तु थी, न उपभोग की। मुश्किल पर यह है कि वह रचना के बाहर कहीं थी भी नहीं। अपने प्रेम का स्रष्टा कवि स्वयं था। शायद प्रेम कवि के लिए एक अनिवार्यता था, बाह्य परिवेश और उसके अन्तर्जीवन को मिलाने वाले एक पुल

की तरह। उस प्रेम में सुरक्षा न थी, एक तनाव था। इस प्रेम में स्त्री-पुरुष सम्बन्ध का सामाजिक-आर्थिक विवेक नहीं, केवल उस सम्बन्ध की रचनात्मकता सिद्ध होती थी। कवि प्रेम को अपने रचनात्मक सन्तुलन में झेलता था और यह देखता था कि इसका तनाव टूटकर रचना की परिधि के बाहर स्खलित न हो जाए। क्योंकि प्रेम के तनाव के बाहर स्त्री रचना में स्रष्ट हो जाने वाली मानव-सम्बन्ध की एक अर्थवान इकाई नहीं, एक वस्तु में बदल जा सकती थी। शायद इसीलिए नयी कविता की श्रेष्ठ प्रेम-कविताओं में एक तरह की ज़बरदस्त स्नायविक ऊर्जा मिलती है, एक गहन भावाविष्ट रचनात्मक मानसिकता, प्रेम की आश्वस्ति और शीतलता नहीं। तनाव के टूटने और प्रेम के बिखर जाने का डर रचना के गठन और शिल्प को भी प्रभावित करता है। प्रेम नयी कविता के अनुभव को उदार खुलापन नहीं प्रदान करता, उसमें मानव-राग की अन्य इकाइयों को शामिल नहीं करता, बल्कि अनुभूति के एक बिन्दु पर समेटता, केन्द्रित करता, घना करता जाता है। उदाहरण के लिए अज्ञेय और शमशेर की प्रेम-कविताएँ देखिए। उनकी कविताओं का प्रेम आपको कसता है, एक मार्मिक सघन राग में जकड़ता है, आपको तपाता है। उन प्रेम-कविताओं में यात्रा करना जैसे एक बीहड़ अनुभूति-प्रदेश में से होकर गुजरना है। इन कविताओं के प्रतीक और बिम्ब आपको उलझाते हैं, इनके शब्द बहुत कम बोलते और खोलते हैं, ज़्यादातर आपको लुभाकर फँसाते हैं। कुल मिलाकर ये प्रेम-कविताएँ एक ऐसे जटिल संश्लिष्ट और मार्मिक अनुभव के निकट आपको ले जाती हैं जहाँ न बूड़ना होता है, न उबरना, जहाँ आपका सामना सिर्फ़ अपने से है। प्रेम यहाँ अपने आपको ही जीना और मारना है। प्रेम का होना रचना के निमित्त सिर्फ़ रचनाकार के लिए है और इस प्रेम-संवेदन की प्रेषणीयता सिर्फ़ उस तक है जो उस रचनात्मक अनुभव में शरीक हो सकने की पात्रता रखता हो। प्रेम का यह अनुभव एक कला-अनुभव है, एकान्त और स्वनिर्भर। इस कलानुभव को खुराक उस रचनात्मक सन्तुलन से ही मिलती है।

नयी कविता का यह प्रेमानुभव निराला के प्रेमानुभव से कितना भिन्न है। निराला के प्रेम में मानव-जीवन के और रिश्ते भी सन्दर्भ रूप में मौजूद रहते हैं, उस प्रेम में प्रेमी-प्रेमिका के साथ वह पूरा परिवेश और उसकी घरेलू आत्मीयता भी एक जीवंत तत्त्व के रूप में वर्तमान रहती है, सिर्फ़ एक दर्शक के तौर पर नहीं, बल्कि प्रेम को पुष्ट करने वाले गतिशील तत्त्व की तरह। निराला अपनी प्रेम-कविताओं में अनुभूति-संवेदन की आँच में पककर निकले सिर्फ़ सत्य को ही नहीं लेते, बल्कि तथ्य की सम्भावनाओं को सूँघकर उन्हें बुलाते फिरते हैं। निराला के प्रेम में एक निस्संकोच खुलापन है, एक बेझिझक मांसलता, सिर्फ़ ऐन्द्रिकता नहीं। यह प्रेम रचना के भीतर रचना की शर्तों पर (एक अनुभूति ताप-नियंत्रित माहौल में) रचा गया नहीं है, बल्कि यह रचना के बाहर का मानवीय यथार्थ है जिसे निराला अपनी

रचना में उसके पूरे जड़-पत्ते सहित रोपते हैं। इसके विपरीत नयी कविता में प्रेम कला के शीशमहल में क़ैद एक ऐसा राग है जिसे निपुण उँगलियाँ ही छेड़ सकती हैं। इस शीशमहल (कला का रचनात्मक सन्तुलन) के बाहर प्रेम भी एक तथ्य है, यानी एक जैविक सचाई। सैक्स।

यह बात गौरतलब है कि जब कला के इस शीशमहल में रचना का दम घुटने लगा तब उसे मुक्त करने के लिए जो पत्थर फेंका गया वह यही तथ्य था, सैक्स, एक जैविक यथार्थ। इस काम के लिए हिन्दी में एक भूखी-नंगी पीढ़ी उठ खड़ी हुई जिसने स्त्री और सैक्स को एक हथियार की तरह इस्तेमाल किया। सैक्स एक नया यथार्थ बना। यथार्थ का एक नया अनुभव। राजकमल चौधरी ने सैक्स के यथार्थ को अपनी रचनाओं में कुछ ज़्यादा सामर्थ्य के साथ आजमाया। उन्होंने स्त्री को एक बम की तरह इस्तेमाल किया जिसका धमाका एक पूरे काव्य-दशक में कभी सिलसिलेवार और कभी रुक-रुक कर सुनाई देता रहा। राजकमल की मंशा भद्रलोक के लिजलिजे पाखंड का भंडाफोड़ करना था। पर साथ ही समकालीन यथार्थ में एक बुनियादी रद्दोबदल की माँग करना भी था, जिसकी अपेक्षाकृत साफ़ तस्वीर उनके 'मुक्ति प्रसंग' में मिलती है। किन्तु जो लोग राजकमल के बाद आए उनके हाथ में सैक्स तोड़-फोड़ की एक ग़ैर-ज़िम्मेदार, अराजक और असाहित्यिक कार्रवाई के अस्त्र के रूप में ही रहा। उनका साधन और साध्य एक ही थे सैक्स। सैक्स अन्तर्जीवन की जटिलताओं और बाह्य परिवेश के दबाव दोनों से ही छूटकर रचना की नैतिक ज़िम्मेदारी से बाहर भाग निकलने का एक रास्ता बन गया।

अपने अयथार्थ प्रेम की वंचना और कलाबोध की जकड़बन्दी को तोड़ने के लिए आग्नेय भी सैक्स का ही इस्तेमाल करते हैं। पर ऐसा वे एक झटके या शॉक के साथ नहीं करते। उनके मन में प्रेम का रहस्यालोक, उसका स्वप्नजाल और काव्य की संगीतध्वनियों में सिमट आने वाले उसके महान सौन्दर्य का मोह काफ़ी देर तक बना रहता है। आत्मपरीक्षण के क्षण में पहले एक अफ़सोस उन्हें घेरता है—'दुख की बात है/कितनी जल्दी मन का सौन्दर्य नष्ट हो जाता है/इस संसार में।' फिर एक ज़बरदस्त ग्लानि—'मेरे प्रेम की नारी! अग्निमा! मैं तुम्हारे प्रेम की विराटता को धारण करने में सर्वथा अयोग्य हूँ/मैंने तुम्हें प्रेम करना बन्द कर दिया है।' लेकिन आख़िर क्यों? शायद इसलिए कि जिस 'रहस्यमय प्रेम' 'काल्पनिक प्रेम' और 'अनिर्वचनीय प्रेम' के अन्दर काली चट्टानों-सी 'गर्भवती शारीरिक अनिवार्यताएँ' अब तक कवि को मथ रही थीं उन्होंने उसे बेपर्दा, असुन्दर, अस्वस्थ करना शुरू कर दिया है। कवि को लगने लगा है कि 'अपने सुखों को अनिश्चित काल तक/ स्थगित करते जाने की मूर्ख चेष्टाओं में/मैं भावुक प्रेम के शिशु संकोच जैसा लगता हूँ।' इस मोहभंग की प्रक्रिया के पूरा होने पर यह शोकरहित ज्ञान उदित

होता है : 'उदार प्रेम, तटस्थ प्रेम की व्याख्या से रचा मेरा जीवन/काम-युद्ध की ज्वाला में भस्म हो गया है।/और तभी से मैं अपनी कविताओं के मुख से/प्रेम की काल्पनिक स्त्री के स्तनों को/काटता/पृथ्वी को वेश्या, वेश्या उच्चारित करता हूँ।'

दरअसल आग्नेय की असली समस्या कविता है, प्रेम नहीं। प्रेम न कर पाने की विफलता एक तरह से बदलते हुए समय में बदली हुई कविता न लिख पाने की विफलता है। आग्नेय के प्रेम का आधार स्वप्निल कैशोर्य संवेदन है, स्त्री-पुरुष सम्बन्ध की कोई दायित्वपूर्ण गहन समझ नहीं। अपने प्रेम में वे अकेले हैं, नारी की उपस्थिति के बावजूद। इस प्रेम में सम्पृक्ति नहीं, इसलिए प्रेम से मोहभंग की पीड़ा भी आसानी से सैक्स की फुरफुरी में डुबोई जा सकती है। जैसे पहले प्रेम से, वैसे ही बाद में सैक्स की इस फुरफुरी से आग्नेय ने अपनी कविता लिखनी चाही है। प्रेम से वे अपनी कविता को अर्थ-सम्पुष्ट न बना सके, सैक्स की फुरफुरी से वे सिर्फ़ थोड़ा चौंका भर सके हैं, पर यह चौंकाने का काम भी अकवितावादी इतनी तत्परता से और इतनी देर तक करते रहे हैं कि अब सैक्स कविता में कोई फुरफुरी नहीं पैदा करता, एक ऊब और विरक्ति पैदा करता है।

आग्नेय ने सैक्स और राजनीति का एक अकवितावादी घोल भी बनाया है और उसे अपनी 'वियतनाम' शीर्षक कविता में ताल ठोंककर पेश किया है। इसमें भाषा का विन्यास और रेटारिक तो श्रीकान्त वर्मा का है, पैरोडी अकवितावादियों की है, और प्रहार उस अधकचरी राजनीतिक समझ पर किया गया है जो देश की हर समस्या का हल किसी विदेशी मसीहा या क्रान्तिकारी के आप्तवाक्यों में ढूँढ़ती है। इस तरह आग्नेय ने एक तीर से तीन शिकार करना चाहा है। पर दुर्घटनावश शिकार वे ख़ुद हो गए हैं। श्रीकान्त वर्मा के मैनरिज़्म की बखिया उधेड़ना एक दृष्टि से वाजिब हो सकता है, क्योंकि श्रीकान्त वर्मा के मैनरिज़्म के साथ अपने को एकात्म करके कवि ख़ुद अपनी कविता के मैनरिज़्म को भीतर से तोड़ना चाह रहा है। पर अकवितावादियों के सैक्स और अपने उत्साह में अतिरेक तक पहुँचे हुए वामपंथियों को एक ही तराजू पर रखना आग्नेय की राजनीतिक समझ और सर्जनात्मक परिपक्वता पर ही प्रश्नचिह्न लगा देता है। व्यंग्य एक दुधारी तलवार है। इसके इस्तेमाल में पुष्ट काव्य-विवेक के अलावा जिस तटस्थता की ज़रूरत होती है वह आग्नेय में नहीं है। व्यंग्य उनका औजार नहीं है। व्यंग्य के लिए जो सामाजिक चेतना और विसंगतिबोध चाहिए वह उन्होंने अपनी प्रेम-कविताओं के जीवनकाल में अर्जित ही नहीं किया। व्यंग्य का इस्तेमाल आग्नेय अपने मन की भड़ास निकालने के लिए करते हैं, किसी सार्थक उद्देश्य की पूर्ति के लिए नहीं। इसीलिए सैक्स पर व्यंग्य करते-करते वे स्वयं सैक्स का रस-पान करने लगते हैं। जिस तरह शुरू की कविताओं में आग्नेय का मकसद प्रेम और कविता को एक-दूसरे में खोजना और पाना रहा है, उसी तरह संग्रह की अन्तिम

कुछ कविताओं में वे सैक्स और कविता की मिलावट से कुछ कर गुज़रना चाहते हैं। सैक्स में भी कविता उनका पीछा नहीं छोड़ती, यह उनकी 'अपने ख़िलाफ़' शीर्षक कविता से ज़ाहिर है। यहाँ पहली बार पूरी कविता का नायक 'मैं' नहीं, 'वह' है, गोकि दरहक़ीक़त यह 'वह' 'मैं' से किसी क़दर भिन्न नहीं। इस 'वह' के बारे में कवि कहता है—

वह अपनी कविता का
सही इस्तेमाल करना चाहता है
लेकिन कविता कर लेने के बाद
वह अपने को सुखी सन्तुष्ट और तनावहीन पाता है।

यह तनावहीनता किसी रचनात्मक उपक्रम की चरम परिणति के रूप में नहीं, 'एक औरत के गरम जिस्म पकी-पकाई गरम रोटियों/और बिछे हुए नरम बिस्तर को' पा लेने के बाद की तनावहीनता है। आग्नेय की कविता का अन्त इसी सन्तुष्ट तनावहीनता में होता है, तनाव के अनगिनत अपरिभाषित सिलसिलों की शुरुआत में नहीं। यह निर्णय हम आग्नेय पर ही छोड़ते हैं कि यह स्थिति उनकी अपनी कविता के ख़िलाफ़ जाती है कि नहीं।

आग्नेय यदि नयी कविता की रागात्मकता से जुड़े, तो शिवकुटीलाल वर्मा नयी कविता की वैचारिकता से। शायद इसीलिए उन्होंने आग्नेय से पहले, सिर्फ़ एहसास के धरातल पर नहीं, एक सजग विवेक के स्तर पर यह देख लिया कि नयी कविता का वह रचनात्मक सन्तुलन अपने तनावनिर्भर अस्तित्व में हिन्दी कविता को किस सँकरे और लगभग अमानवीय रास्ते की तरफ़ ले जा रहा है—

कविताएँ सिर्फ़ कविता ही दिखने के लिए
अपने स्वर को इस हद तक मुलायम करती हैं
कि उखड़ती हुई साँस की घरघराहट एक सधे हुए संगीत में
बदल जाती है और अभ्यस्त कानों को
मौलिक बेसुरेपन का पता तक नहीं चल पाता।

इस मौलिक बेसुरेपन के कारण ही शिवकुटीलाल वर्मा नयी कविता के भीतर भी एक संदिग्ध और ग़ैर-व्यक्ति की तरह रहे हैं, गोकि हरचन्द कोशिश उनकी यही रही है कि वे नयी कविता के भावबोध और कलाशिल्प के साथ अपने कवि का तालमेल बिठा सकें। पर एक तो उनकी अनुभूतियों का स्वभाव कुछ इतना बीहड़ रहा है कि वे नयी कविता के कठोर काव्यविवेक से टकराकर खंड-खंड हो जाती रही हैं, दूसरे

उनके पास भाषा का वह सजग कौशल भी नहीं कि अनुभूति के उन टुकड़ों को चुनकर वे उन्हें एक नए क्रम में सजा सकें। फिर परिवेश की चेतना ने उनके भावयंत्र को और भी जटिल बनाया। अनुभूति का वेग जब अविकसित भाषाबोध से टकराता है तब प्रायः बिम्ब की रचना होती है। बिम्ब एक तरह से दृश्य में बोलने की मजबूरी है। इसीलिए शिवकुटीलाल की कविताओं में बिम्ब उनके भावयंत्र को फोड़कर ख़ून से सने हुए निकलते हैं—अनायास और बेकाबू। अनुभूतियाँ अपनी अभिव्यक्ति का कोई सहज तारतम्ययुक्त धरातल न पाकर बिम्बों में सिमट आती हैं। ये बिम्ब न सिर्फ़ गुंफित अनुभूतियों और जटिल संवेदनों के चित्र हैं, वरन् शिवकुटीलाल की अनुभूति का सर्जनात्मक और मार्मिक अंश प्रायः इन बिम्बों में ही अभिव्यक्त होता रहा है। ये बिम्ब उनके काव्यमर्म को निचोड़कर पूरी कविता में अलग से चमकते हैं। इन बिम्बों पर कवि के अन्तर्संघर्षों की चमक है और एक खुरदरी पकड़। ये अधूरेपन के तड़फड़ाते बिम्ब हैं। हर बिम्ब का मूल्य शिवकुटीलाल वर्मा अपनी स्नायविक ऊर्जा से चुकाते हैं और हर बिम्ब-कविता उनके लिए अपने जीवित रहने का एक सबूत बन जाती है। बिम्बों में एक कवि द्वारा अपने अस्तित्व को तलाश करने और पाने का यह इतिहास शिवकुटीलाल के काव्य-वर्तमान का अविभाज्य अंग है, और जो लोग पत्र-पत्रिकाओं में शिवकुटीलाल वर्मा की कविताएँ पढ़ते रहे हैं वे इस इतिहास से परिचित हैं। दुर्भाग्य से मात्र अठारह कविताओं के इस संग्रह 'कविताएँ' में उस इतिहास की महीन आहट ही सुनाई पड़ती है, उसकी भरपूर उपस्थिति नहीं। वह उपस्थिति निश्चय ही न सिर्फ़ शिवकुटीलाल के काव्य व्यक्तित्व को आलोचना के औजारों से जाँचने-परखने की एक अपेक्षाकृत अधिक सम्पूर्ण दृष्टि दे सकती, वरन् नयी कविता को भी कुछ ज़्यादा नज़दीक से देखना सम्भव बना पाती।

नयी कविता से आज की कविता में यथार्थ के प्रति दृष्टि का जो बदलाव आया है उसे समझने के लिए शिवकुटीलाल वर्मा की कविताएँ एक अच्छा साक्ष्य हैं। नयी कविता का आग्रह यह था कि जो यथार्थ जैसा दिख रहा है उसे कवि वैसा नहीं, बल्कि एक नए यथार्थ के रूप में कविता में रचे। यह यथार्थ भी केवल अनुभूति में झलकता था, कविता के भीतर, संवेदनशील मन की भाव-परम्परा में एक सगे आत्मीय की तरह। यह यथार्थ कवि अपनी साँसों पर लटकती हुई तलवार के रूप में महसूस करता था और चूँकि यह यथार्थ भीतर ही था, इसलिए उससे निबटना भी भीतर ही होता था—कवि का मर्मस्थल उस कार्रवाई का मैदान होता था। करुणा और विपर्यय इस भीतरी कार्रवाई की अभिव्यक्ति है। बाहरी कार्रवाई का अधिक मौजूँ हथियार व्यंग्य और आक्रोश होता है। शिवकुटीलाल वर्मा की कविता भीतर-बाहर की सन्धि पर है। वे बार-बार भीतर जाना चाहते हैं—नयी कविता की उस मानसिकता के भीतर जहाँ रचना में साक्षात्कृत अनुभव ही कवि का वास्तविक जीवन है—पर हर बार वे बाहर की अकाव्यात्मक असुरक्षा और चुनौती के बीच फेंक

दिए जाते हैं। शिवकुटीलाल ने इस स्थिति का अधिकतम लाभ उठाने की कोशिश की है। भीतर से बाहर फेंक दिए जाने पर हर बार उन्होंने अपनी अनुभूतियों को देख सकने, परख सकने और अपनी भावनात्मक गुत्थियों को सुलझाकर उनमें से कुछ नया खोज सकने की तटस्थता प्राप्त की है, एक ऐसा अलगाव जिसके रहते कवि अपनी अनुभूतियों के कसते दायरों में एक पीड़ित गूँज बनकर न खो जाए। यहाँ नयी कविता के कवि से शिवकुटीलाल की कविता का फ़र्क़ स्पष्ट है। नयी कविता का कवि अपने अनुभूति-केन्द्र में रहकर बाहर पर दृष्टिपात करता था और अपने लिए भीतर-बाहर सम्बन्ध की रागात्मक प्रणालियों को नियमित करता था। शिवकुटीलाल इसके विपरीत अपने अनुभूति केन्द्र के बाहर वस्तुबोध की ज़मीन पर आते हैं और वहीं से उस केन्द्र को आँकते और तौलते हैं। पर तौलने के जो बाट वे काम में लाते हैं वह उन्होंने ख़ुद नहीं निर्मित किए। वे नयी कविता के ही बाट हैं। कविता का अन्त:अनुशासन नयी कविता का एक प्रमुख बाट (मूल्य) है। यह अन्त:काव्यानुशासन शिवकुटीलाल वर्मा को अपनी बीहड़ और अराजक अनुभूतियों को कसने के लिए ज़रूरी लगता है। उनकी विडम्बना किन्तु यह है कि अनुशासन में ज़्यादा कसने पर उनके भावयंत्र के टूट जाने का ख़तरा रहता है और न कसने पर अनुभूतियों के बिखर जाने का। शिवकुटीलाल की कविताओं में दोनों ही तरह के ख़तरों के निशान मिलते हैं।

वे यह बराबर महसूस करते हैं कि रचना से इतर उनकी अनुभूतियाँ एक जेलखाना है। उनका जीवन-संघर्ष, उस संघर्ष में मिली हारें और चोटें, परिवेश का दबाव और उस दबाव में निजत्व की टूटनें और दरारें—ये सब उस जेलखाने की सलाखें हैं। कवि यदि इस जेलखाने से उबरना चाहता है तो उसे इनसे पलायन नहीं, इन्हें एक ऐसे रचना-संसार में रूपान्तरित करना होगा जहाँ वे सलाखें मानव-सत्य की विविध अर्थच्छवियों में ढल जाएँ। यह तर्क शिवकुटीलाल वर्मा को कविता के स्वायत्त संसार की ओर ले जाता है। पर वे कविता की उन कठिन शर्तों का पालन नहीं कर पाते जो जीवन को रचना के अटूट, अखंड और नीरन्ध्र रिश्ते के सातत्य में बाँध लेना चाहती है। इस प्रकार भीतर और बाहर की दुहरी प्रक्रिया के खिंचाव में शिवकुटीलाल की कविता विस्थापित हो जाती है। अपने आप से विस्थापित होने की यह मार्मिक स्थिति उनके संग्रह की नवीं कविता में सशक्त ढंग से व्यक्त हुई है। यह कविता उनकी उन सफल कविताओं में से है जो कथ्य को भाषा-संवेदना के भीतर से लड़ते-भिड़ते मुजिस्सम तौर पर निकाल ले आती है। कविता यों है—

किसी पागल कुत्ते की कटी हुई
जबान-सी सुबह
या दिवास्वप्नों की ज़िन्दगी पर

टँका हुआ एक खूबसूरत मज़ाक़ है
कि बीते हुए कल में
शाम की वमन की हुई शबनम को सूँघता
(कतल किया जाने को)
निठल्ला एक ख़्वाब
इधर-उधर भटकता रहा।
कुत्ते ले जाने की गाड़ी
वह सींखचेदार रात आई।
हर थकी भटकन को एक पनाह!
हर भूखे भ्रम को पुचकारती-सी एक छाँह!
पर ख़्वाब वह ख़ुशी से चीखा नहीं,
गाड़ी के भीतर जा सहमा-सा खड़ा रहा।
सींखचों के भीतर से क़ैदी का सिर
लुभावने दृश्यों पर हिलता रहा।
सींखचेवाली गाड़ी हर मानस के
सीमित धरातल पर दौड़ी।
हर जूठी रोटी,
हर चुसी हुई हड्डी
साक्षी रहे
भ्रम के प्रति
इस समर्पण की
कि वह दृश्य-जगत से उत्पन्न सहानुभूतियाँ थीं
जिनकी भँवर में
गाड़ी वह डूब गई।
यतीम स्वीकृतियाँ
बेहोश ख़्वाब के
मरने तक सिसकती रहीं।
उस सचाई की तारीकी से
कटा हुआ
एक बेजान लम्हा!
यह सुबह!
अमृत पानेवालो
ख़ुश हो
कि अब एक पागल कुत्ता मर चुका है

पागल कुत्ते की कटी हुई ज़बान-सी सुबह सचाई की तारीकी से कटा हुआ एक बेजान लम्हा बन जाती है। क्या ख़ूब कि जो ख़्वाब था, 'दिवास्वप्न' था वही असली हक़ीक़त थी, क्योंकि उसी में कवि और उसका संघर्ष और करुणा जीवित थी, पर जब वह 'ख़्वाब' सच बना तब वह वाकई पराया हो गया, एक दुःस्वप्न, एक यतीमियत, एक मौत में बदल गया। 'ख़्वाब' की रेखाएँ स्पष्ट हैं, उसके एक-एक रंग में यथार्थ का ख़ून बोलता है, वह किस क़दर कवि-संवेदना की पकड़ में है कि कवि उसे साक्षात् अपनी अनुभूतियों के मंच पर एक नाटक की तरह रख सकता है। पहले वर्तमान का एक छोटा-सा स्नैप चित्र, फिर फ़्लैशबैक 'बीते हुए कल में', जहाँ वही निठल्ला 'ख़्वाब' सुबह के भूले की तरह शाम को भटकता हुआ दिखाई देता है कि तभी रात की सींखचेदार गाड़ी में क़ैदी की तरह पकड़ लिया जाता है। क्यों? इसलिए कि वह 'पागल' था, बाह्य अनुशासनबद्ध व्यवस्था के लिए एक ख़तरनाक चीज़। यहाँ संग्रह की अन्तिम कविता की ये पंक्तियाँ अनायास याद आती हैं—'मनुष्यता की रक्षा के लिए जब से/फाँसी की सजा समाप्त कर दी गई/तब से हर असभ्य या बगावत भरे विचार को/इसी प्रकार अनुशासित किया जाता है।' 'ख़्वाब' की जगह 'विचार'—यह भी मार्क करने की बात है। यह व्यवस्था कवि की अनुभूति के बाहर कोई मूर्त सत्ता नहीं है। वह ख़्वाब भी क्या है? जीवन को अपने ढर्रे से जीने का एक बेलौस स्वच्छन्द विचार या भाव-तरंग। पर यह उस नियम आश्रित व्यवस्था को असह्य है। ख़्वाब अराजक है, जबकि अनभूति के बाहर का यथार्थ एक साँचा जिसमें वह ख़्वाब एक विद्रोही-बिम्ब की तरह फिट नहीं बैठता। ऐसे में 'पर ख़्वाब वह ख़ुशी से चीखा नहीं' की अनायास आयरनी मर्म पर सीधे बैठती है। 'सींखचों के भीतर से क़ैदी का सिर/लुभावने दृश्यों पर हिलता रहा' में एक मासूमियत है—यथार्थ की रात में खोये हुए एक ख़्वाब की मासूमियत—जो लुभावने दृश्यों पर सिर हिलाते रहने की चाक्षुष गतिशीलता से आपके लिए एकदम सजीव और संवेद्य हो उठती है। उस ख़्वाब के भेष में उस मासूमियत को जैसे आप छूने लगे हों, सह-अनुभूति की एक झनझनाहट के साथ—जैसे सींखचेदार गाड़ी के पहिये आपकी चेतना के धरातल पर खड़खड़ कर दौड़ पड़े हों। उस यथार्थ का चेहरा 'हर जूठी रोटी/हर चुसी हुई हड्डी' में सामने आता है, नहीं चेहरा नहीं, उस चेहरे पर के दाँत—रात की तारीकी में एक व्यंग्य की तरह चमकते हुए। इसके ठीक बाद की पंक्तियों में ख़्वाब का यह नाटकीय-अतीत एक निरीह समर्पण में समाप्त हो जाता है—'यतीम स्वीकृतियाँ/बेहोश ख़्वाब के/मरने तक सिसकती रहीं।' हम पुनः वर्तमान में वापस आते हैं और पीछे जैसे कुछ छोड़कर आते हैं। अब उस करुणा के बाहर एक व्यंग्य है, एक खूबसूरत मज़ाक़, पर वह किस पर है? शायद अपने आप पर, अपनी निष्कवच संवेदना पर, जो अपने को कहीं रोप नहीं पाती, न भीतर न बाहर। और

कविता की आयरनी? शायद यह कि यह निष्कवच संवेदना एक पागल कुत्ते की तरह मरकर भी मर नहीं सकती।

शिवकुटीलाल वर्मा में गुस्सा नहीं है, अगर होता तो वे अपनी विस्थापित चेतना की साँसत से मुक्त हो सकते। भीतर-बाहर की सन्धि पर न बैठे रह सकते। बाहर के संघर्ष जगत से अपनी संवेदना का रिश्ता कायम करके भी बार-बार भीतर कविता के स्वायत्त-संसार की शरण में न जाते। भीतर जहाँ 'दबावों की भाषा' है, 'तनावों की भाषा' है, पर आक्रोश की भाषा नहीं। आक्रोश शिवकुटीलाल के भीतर-बाहर के यथार्थभेद को नष्ट कर सकता है और ऐसा करने में उनके उस संवेदन-यंत्र को भी नष्ट कर सकता है जो वस्तुस्थिति की जटिलता का मर्म सपाटबयानी में नहीं, केवल संकेतों की लिपि में ही खोलता है। यथार्थ का यह जटिल बोध शिवकुटीलाल को ठस नहीं बनाता, बल्कि उनमें आत्मव्यंग्य की एक ऐसी क्षमता पैदा करता है जिसमें कवि न ख़ुद को बख्शता है, न दूसरों को। —'कीड़े लगे चुटकुलों के बीच/वह मुझे टुघलाता रहा/असमाप्त कथा-वस्तुओं अर्धजीवित पात्रों के बीच/ ढूँढ़-ढूँढ़/वह अकारण ही मुझ पर तरस खाने लगा।/मुझे जरा अजब लगा। तो मैं उसे छकाने लगा!/जितना ही वह हँसता, मुस्कराता/उतना ही मैं पिराता!' यदि शिवकुटीलाल यथार्थबोध के सामने अक्सर अपने को छीलने लगते हैं तो इसलिए कि अपने को ज़्यादा पैना बना सकें, ताकि उस यथार्थ से ज़्यादा कारगर तरीक़े से मुठभेड़ कर सकें। इस मुठभेड़ को वे कविता के बाहर ले जाना चाहते हैं और वहीं अपनी लड़ाई लड़ना चाहते हैं। पर उनके संघर्ष का हथियार आदतन बिम्ब रहा है जो उन्हें ज़बरन वस्तु-संवेदन की आन्तरिकता की तरफ़ ले जाता है, जहाँ लड़ाई की सिर्फ़ धमक होती है, लड़ाई का प्रकट जुझारूपन नहीं। इस तरह शिवकुटीलाल वर्मा के बिम्ब ऐसे लड़ाकू बिम्ब बनकर रह जाते हैं जो दुश्मन पर चोट पहुँचाने से ज़्यादा ख़ुद कवि के मर्म पर ही आक्रमण करने लगते हैं। शायद इसीलिए उनके आत्मव्यंग्य का पर्यवसान आत्मकरुणा में होता है।

बिम्ब की इस आन्तरिकता के बाहर जाने की कोशिश भी शिवकुटीलाल में है। अपनी कुछ कविताओं में व्यंग्य का मुँह उन्होंने बाहर मोड़ने की चेष्टा की है। उस व्यंग्य की नोक पर एक नई वैचारिकता है और उसका लक्ष्य वर्तमान विसंगतियों को उघाड़ना है, एक ठंडे आवेश में वस्तुस्थिति की अमानवीयता को चिन्दी-चिन्दी करना है। इस दृष्टि से प्रस्तुत संग्रह की दसवीं कविता द्रष्टव्य है, गोकि इसमें भी बीच-बीच में वे बिम्ब की आन्तरिकता के मोह से बच नहीं सके हैं—'वह देखो!/कटे हुए नाखून की तरह चाँद आसमान के गले में लटका है/उसकी राँगेवाली रोशनी में/दूर वहाँ तालाब के पानी में/खरगोश की उधड़ी सफ़ेद खाल की भाँति/तुम्हारे तड़फड़ाते, छटपटाते सपने तैर रहे हैं।' व्यंग्य की वैचारिकता शिवकुटीलाल का

एक ज़्यादा सूक्ष्म हथियार है अपनी असुरक्षा और बाहरी संकट से जूझने का। इस बात के संकेत उनकी कविताओं में हैं कि वे बिम्ब-चिन्तन की अन्दरूनी भूलभुलैया से बाहर निकलकर भाषा के शब्दधर्मी और वस्तुधर्मी रूप के खुलेपन के निकट आ रहे हैं। यह स्थिति उन्हें नयी कविता के आगे ले जाती है। यह वैचारिकता उन्हें अपनी काव्य-संवेदना की हदों को फिर से परिभाषित करने को उकसा रही है। वे अपने भावनात्मक स्वभाव पर इस वैचारिकता की नई धार चढ़ाने को उत्सुक हैं। बिम्ब कविता में उनकी समस्या भाषा में अनुभूतियों का रचनात्मक उन्मोचन प्राप्त करने की थी, अब इस विचार-कविता में उनकी समस्या-विचार को जीवन-ऊर्जा से जोड़ने की—अपने जीव-बोध को एक नए वैचारिक रिद्म में बाँधने की—हो गई है। भाव-ऊर्जा ने उनकी कविता में गाँठें पैदा की थीं, विचार-ऊर्जा उन गाँठों को पिघलाकर उनके जीवनबोध को एक दिशा दे सकती है। पर कहाँ है वह विचार-ऊर्जा? वह अभी भी भाव-ऊर्जा की सन्धियों में से रिस रही है। कवि उसे बूँद-बूँद एकत्र कर रहा है और प्रतीक्षा में है।

पर जैसे कहीं कुछ ऐसा बँध गया जो खलता नहीं। समय के भागते जाने का एहसास है और यह एहसास उस समय को लेकर एक जगह रुक गया है। शिवकुटीलाल वर्मा की काव्य-संवेदना में एक खरापन है, एक बेलौस ईमानदारी, पर लोच नहीं है। उनकी हर कविता, चाहे वह भाव-बिम्ब या विचार-बिम्ब की हो, एक ही दुखते राग को कभी आधी ज़बान से, कभी मूक रहकर, कभी मुँह खोलकर बजाती है। इसलिए परिवर्तनकामी होने के बावजूद शिवकुटीलाल की ये कविताएँ मार्मिक रूप से कहीं पीछे छूट गई लगती हैं—

हर शाम घर लौटने पर पत्नी से पूछता हूँ
मेरा कोई पत्र?
और उत्तर पाता हूँ 'नहीं'
हर शाम अपने आप से सवाल करता हूँ
कोई नया अनुभव?
और उत्तर पाता हूँ 'नहीं'
दो-चार साल बाद
एक ठेले पर सारी गृहस्थी लाद कर
जबरन एक चहारदीवारी से निकलकर
दूसरी चहारदीवारी में प्रवेश करता हूँ
और एक नए संक्रमण की प्रवंचना में
कुछ समय को डूब जाता हूँ

सोमदत्त इस तरह की किसी साँसत में नहीं हैं। वे खुल्लमखुल्ला बाहर हैं—मैदान में, जहाँ न किसी साहित्यिक वृक्ष की छाया है, न किसी अन्दरूनी रहस्य की आड़। उनके यहाँ सब कुछ स्पष्ट है, जलती हुई धूप की तरह, तपती हुई ज़मीन की तरह। अपनी स्थिति इन शब्दों में वे यों बयान करते हैं—'मैं/जंगल के उजड़ने/और शहर के बसने/यों अर्थ के खोने और पाने के/बीच का/अर्थच्युत/आतंकित/मैदान आदमी हूँ।' इस तरह सोमदत्त न तो जंगल के नाना रूप-रंग-ध्वनि वाले आदिम संवेगों की जटिलता से पीड़ित हैं (जैसे कि धूमिल रहे हैं) न शहर ही उनके लिए सम्भावना है। उनके यहाँ अतीत और भविष्य दोनों ही अप्रासंगिक हैं, वे सिर्फ़ वर्तमान में जीते हैं। ज़ाहिर है कि सोमदत्त तक आते-आते कविता का ध्रुवीकरण हो गया है—कविता साफ़-साफ़ भीतर और बाहर के खेमों में बँट गई है। भीतर स्मृति है, इतिहास है, संस्कार है। बाहर चुनौती है, ख़तरा है, युद्ध है। बाहर रहने के कई फायदे हैं। वहाँ कोई सीमा नहीं जहाँ अटक जाना पड़े। अगर आपकी आँखें खुली हैं तो सब कुछ आपकी निगाह के सामने है। वहाँ अनुभूति के अन्तर्विरोधों में फँसकर एक जगह ठिठक जाने का ख़तरा नहीं। कोई अवरोध नहीं जिसे फलाँगना पड़े। सब कुछ सपाट है। वहाँ हर समय बहुत कुछ घटित होता रहता है, अतः सतह की एक सनसनी हमेशा मौजूद रहती है। ख़बरें बनती हैं, मिटती हैं। और आज की ताजा ख़बर क्या है? एक 'कुर्सीनुमा संसार' में 'मौकापरस्त पॉलिसी' के तहत आदमी का चौपाए में बदल जाना। यह आदमीरूपी चौपाया कभी तो 'चौपायी व्यवस्था का/पट्टी-बँधा बैल' होता है और कभी भेड़िया या लकड़बग्घा, कभी उसका भेजा अपनी ही जमात को काटते हुए कुत्ते का होता है, तो कभी वह गिद्ध-सा गोश्त चोंथता नज़र आता है और कभी 'खतरे के आभास से/कछुए की तरह/पेट के कवच में' छिपता हुआ। उसकी आत्मा कभी तो 'दब्बू हो गई है टुकड़खोर/बिलार-सी' और कभी वह 'बिसधर, जोंकों और रक्तखोर जनाऊर' में तब्दील होकर कुर्सियों में, अदालत की पोथियों में और कभी 'कुरतों, टोपियों की सेंध में/नेवले और साँप' की तरह चिपका होता है। चरित्र की गिरावट का यह हाल है कि आदमी तो आदमी प्रकृति के फूल-पत्ते तक मगरमच्छ और छिपकली की शक्ल में बदले दिखाई देते हैं, रोशनी केकड़े की तरह ज़मीन खोदती है और शब्द चालू हैं। इस चौतरफ़ा अवमूल्यन के केन्द्र में ही है सोमदत्त की कविता, कभी तेज और कभी मन्द बुड़बुड़ाहट में अवमूल्यन को झेलती हुई। सोमदत्त इस हद तक आत्मसजग नहीं हैं कि इस अवमूल्यन की जड़ में जाएँ और उन बुनियादी सवालों और परिस्थितियों से टकराएँ जो आदमी को जानवर बनाने को ज़िम्मेदार हैं। वे सतह के कवि हैं, जो जैसा देखते हैं लिखते हैं। उनके देखने में पर्याप्त पैनापन है, निर्ममता है, ईमानदारी भी है। पर उनका लिखा ज़्यादातर एक प्रभावशाली रिपोर्ताज़ लगता है काव्याभास देता हुआ, कविता कम।

उनकी आन्तरिकता सिर्फ़ मैं-बोध तक महदूद है—सोमदत्त जानना चाहते हैं कि इस बिगड़े हुए वक़्त में जहाँ 'आदमी के चरित्र की/तासीर/बदल लेना/कितना आसान है' वह ख़ुद क्या हैं? उनकी सम्पृक्तियाँ क्या हैं? उनके लगाव और उलझाव क्या हैं? उनके चारों ओर जो कुछ घटित हो रहा है उसमें उनकी अपनी भूमिका क्या है? किन्तु ये प्रश्न बिना किसी रचनात्मक चुनौती का सामना किए उठते हैं और बुझ जाते हैं। इन प्रश्नों को पकड़कर सचाई के किसी गहरे तल में प्रवेश कर पाने की उत्सुकता या अकुलाहट उनमें नहीं है। उन्हें केवल इस बात का सन्तोष है कि 'मैं/इस तमाम नाटक का/पात्र रह चुका हूँ।' पर हक़ीक़त यह है उस नाटक में 'मैं' की भूमिका एक अभिनेता की नहीं, एक दर्शक की है। व्यवस्था के 'बबुए-जंगल' में फँसा एक व्यक्ति जिसका व्यवस्था अपने पक्ष में इस्तेमाल कर फेंक देती है। सोमदत्त की कविता का मुख्य कथ्य यही है। इस कथ्य को वह कविता एक नाटक की तरह पेश करती है और सोमदत्त का 'मैं' इस नाटक में बिना कोई प्रतिरोध कि 'ख़ामोशी और अन्धेपन' के बीच एक दमित व्यंग्य को पीता सब कुछ देखता रहता है।

यह नाटक चेतना की किसी भीतरी पर्त पर बिम्ब और प्रतीक की जटिल संश्लिष्टता लिये हुए नहीं घटित होता। यह नाटक बिना किसी मंच-सज्जा अथवा 'प्रकाश-व्यवस्था' के गाँव या क़स्बे में प्राय: एक नुक्कड़ नाटक के रूप में घटित होता है। मन:स्थितियाँ नहीं, सिर्फ़ स्थितियाँ इस नाटक में आमने-सामने होती हैं। यह नाटक कभी एकालाप में और कभी संवाद में होता है। सोमदत्त इस नाटक को सटीक ब्योरों के साथ, नाटक की मूल आवश्यकता के अनुकूल मुहावरों और बोलचाल की भाषा में प्रस्तुत करते हैं। उनके संग्रह 'रेल बोगदे में' तीसवीं कविता के कुछ अंश :

आपने तो भलमनसाहत से
दिया था पन्द्रह अगस्त
तिरंगा झंडा और एक गीत
आपने तो
यहाँ तक कि भला भी चाहा था
चाभी देकर आपने सरेआम कह दिया था, कि
ताला खोल लेना
घर में रहना और देखना चमत्कार

... ...

भूमि भोगने का गूदा

धेले भर भी
हममें नहीं रहा,
वीर होते तो आपकी तरह न जोत लेते
रातों रात
पन्द्रह अगस्त

... ...

वे जंगल छोड़ शहरों में बस गए
बोलचाल ढब-ढौरा सीख लिया
राजकाज की दुकान चलाने लगे
उनके मुँह में लगे ख़ून का, आप
क्या करें
उनके दाँत उखाड़ने के लिए
आप क्या अपने हाथ कटवाएँगे।
राम कहो!

एक दूसरी कविता की ये पंक्तियाँ देखिए—'उसने/फटे दूध की दही-सी हँसी। बिलोते हुए कहा/दादू भइया/आप नाम से और हम/महक से/माटी पहचानते हैं/अक्किल और भैंस/बराबर हों चाहे हमारे लिए/हमें मालूम है/अन्त हर किस्से का/फ़ौज-फाटे में चाहे करोड़ों रहें/तिलिस्म सदा/ राजा के बेटे से टूटा है। इस तरह के मैदानी नाटक में ज़ाहिर है सर्जनात्मक तनाव, मुठभेड़ या अन्तर्द्वंद्व की ख़ास गुंजाइश नहीं होती। पर इसका व्यंग्य भी सिर्फ़ हल्की-सी खरोंच पैदा करके रह जाता है। इसका आशय इतना स्पष्ट होता हैं कि काव्यात्मक प्रभाव की दृष्टि से सपाट लगने लगता है। इसका कारण यह है कि सोमदत्त के पास अनुभव के प्रामाणिक ब्योरे और स्थितियाँ तो हैं, पर उन्हें रचना में एक उत्तेजक अर्थ सृष्टि के रूप में गूँथने वाली दृष्टि नहीं। कहीं-कहीं, उनकी अभिव्यक्ति प्रभावशाली सूत्रों और उक्तियों में इस प्रकार होती है—'हर एक की जेब में है आँखों का/उतरा हुआ पानी/हर एक के दिमाग़ में है अपने/नाम का/किताब भर मोटा/मानी।' कभी अनुभव का सारा निचोड़ कुछ थोड़े से शब्दों में यों व्यक्त होता है—'यानी आग चाहिए/दरख्तकद मकानकद/आदमकद उजाले के लिए।' यह सब सोमदत्त की अनुभव-प्रौढ़ता का ही संकेत करते हैं। असली दिक़्क़त तब शुरू होती है जब सोमदत्त इस अनुभव की कविता बनाने चलते हैं। उनका जाना-बूझा सोचा-समझा यथार्थ उनकी रचना के बाहर ही पड़ा रह जाता है, और जब कभी वह भीतर आता भी है तो मन की एक 'भड़ास' और 'अकबकाहट' बनकर, शब्दों के एक फालतू ढेर के साथ।

तो क्या सम्पूर्ण बाहर आने की यही नियति है? गड़बड़ी शायद बाहर आने में नहीं, अपने साथ भीतर का कुछ न लेकर आने में भी नहीं, बल्कि बाहर आकर बाहर से पूरी गहराई और लपक, विविधता और विस्तार से जुड़ न पाने—इस जुड़ने के लिए हाथ-पैर न हिलाने—में है। सोमदत्त में न कहीं से आने का संक्रमण है न कहीं जाने की गति। अपने वर्तमान में वे कविता-रचना की उन्मुक्त सम्भावनाओं से नहीं, बोगदे (सुरंग) में खड़ी रेल के अँधेरे से घिरे हैं। उनके कविता-संग्रह को पढ़कर अगर नसीहत मिलती है तो यही कि केवल बाहर आ जाना ही काफ़ी नहीं। बाहर आना सपाट हो जाना नहीं है, क्योंकि सपाट हो जाना रचना में बाहर की सम्भावनाओं का पराजित हो जाना, अवमूल्यित हो जाना है। बाहर आना दरअसल एक नए वस्तुबोध में मानव-संघर्ष और मानवगरिमा को अर्थान्तरित करने का अवसर पाना है। एक नई गहराई का उदय—वहाँ बाहर—व्यक्ति और वस्तु के नए सम्बन्धबोध में बीज-रूप में निहित है। यह सम्बन्धबोध उस पुराने कलावाद के बाहर है जिस पर शीत-युद्ध की छाया थी। कला के भीतर के इस शीत-युद्ध में व्यक्ति अपने ही दो टुकड़े कर उन्हें एक-दूसरे के प्रतिद्वंद्वी के रूप में—अपनी अनुभूतियों की ज़मीन पर—स्थापित करता था और उनकी लड़ाई को, उस लड़ाई से छिटकने वाली चिनगारी को, अपनी संवेदना की ढाल पर झेलता था। जो झिल जाता था वह रचना का सत्य होता था, जो नहीं झिल पाता था वह रचना से बहिष्कृत कच्चा माल। बाहर आना कला के इस आत्मयुद्ध के बाहर उस बृहत्तर युद्ध में शामिल होना है जो आज अधिक मूर्त भौतिक शक्तियों के बीच लड़ा जा रहा है, मनुष्य के अस्तित्व की ज़मीन पर। यह भीतर के बरक्स बाहर का नया अस्तित्ववाद है।

नयी कविता की मानसिकता से अलगाव के क्रम में जहाँ तक हम पहुँच चुके हैं वहाँ बाहर की सर्जनात्मकता को उदाहृत करने के लिए विनोद कुमार शुक्ल की कविताओं को होना चाहिए था। विष्णु नागर की कविताएँ उस सर्जनात्मकता के प्रवेश-द्वार पर सिर्फ़ दस्तक देती हैं। उनमें वह नया वस्तुबोध है जो चीज़ों और स्थितियों के पूर्व-निर्धारित सम्बन्धों को तोड़कर एक नए पैटर्न में रखता है। जो लोग कविता का हर पैटर्न अनुभूति के दबाव की भाषा में ही समझने के आदी हैं उनको यह नया पैटर्न पहेली लग सकता है। ऐसे लोगों को हमेशा यही भय लगा रहता है कि कहीं कविता से अनुभूति उड़ न जाए, अनुभूति जिसको वे शब्दों में हाथ से छू सकें, ज़बान से चख सकें, नाक से सूँघ सकें। वास्तविकता किन्तु यह है कि अब अनुभूति को शब्दों में आँख से देखने, अन्तर्विवेक से जानने और कर्म से पहचानने का युग है। अनुभूति का काव्यशास्त्र एक दलदल बन चुका है और बाहर के अस्तित्ववाद की चुनौतियों से निबटने के लिए नाकाफी हो चुका है। इधर विष्णु नागर भी जब 'मैं फिर कहता हूँ चिड़िया' कहते हैं तब वे अनुभूति

को बिलकुल उड़ा नहीं दे रहे होते हैं, बल्कि उसके लिए बाहर एक नया नीड़ बना रहे होते हैं। बाहर की सर्जनात्मकता दरअसल अनुभूति का नहीं, अनुभूति के काव्यशास्त्र की संकीर्ण दृष्टि का बहिष्कार करती है।

यह एक अजीब बात है, आज की बहुत-सी जनवादी या प्रतिबद्धतावादी कविताएँ भी जनता से जुड़ने के नाम पर परोक्ष रूप से इस अनुभूति के काव्यशास्त्र को ही बल प्रदान करती हैं। वे समकालीन यथार्थ की अनिवार्य चेतना से सम्बद्ध होने के बावजूद प्राप्त अनुभूत-सामग्री की न तो छानबीन और विश्लेषण करती हैं ताकि उनके मूल उत्सों की शक्ति को आँक कर उन्हें अधिक कारगर तथा जुझारू तरीक़े से रचना में समायोजित किया जा सके, न उनमें वर्तमान की सतह पर क्रियारत उन परस्पर विरोधी ऐतिहासिक शक्तियों के द्वंद्वात्मक तनावों और उनकी टूटन की पहचान ही है जिनके भीतर से रचना का क्रान्तिकारी अर्थ एक विकल्प की तरह पैदा होता है। वे 'जनवादी' कविताएँ क्रान्तिकारी अनुभव और सर्जनात्मक कर्म के बीच की खाई को एक जज़्बे से भर देती हैं और यह जज़्बा मनुष्य के सुख-दुख, संघर्ष और आकांक्षा में कवि के भागीदार होने का सबूत मान लिया जाता है। जनता से जुड़ने का जज़्बा जनता से जुड़ने का पर्याय बन जाता है। इस जज़्बे के जुड़ने में प्रयोग और निर्णय की अग्निपरीक्षाएँ, उनका ताप और ओज और सर्जनात्मक उछाल और मानव-कर्म तथा मानव निष्ठा को निर्मित करने वाले असंख्य छोटे-छोटे सन्दर्भ और ब्योरे और रूप-रंग नहीं होते, बल्कि एक क़िस्म की अमूर्तता होती है। इस अमूर्तता को जब शब्दों में रेटारिक का जामा पहनाया जाता है तब अक्सर वह वाग्स्फीति और कभी-कभी नारे की शक्ल में सामने आता है। जिस व्यवस्था के ख़िलाफ़ कविता की लड़ाई ठनी हुई है उसमें यह अमूर्त जज़्बावाद न सिर्फ़ आज की बदली हुई कविता के लिए नुकसानदेह है, बल्कि उस लड़ाई के लिए भी अहितकर है जिसमें हिस्सा लेना प्रकटतः जनवादी कविता का उद्देश्य है।

विष्णु नागर की कविताओं की उम्र अभी इतनी कम है कि उनसे उस लड़ाई के समूचे सन्दर्भ और उसकी जटिल प्रक्रियाओं को झलकाने की माँग करना (और इस माँग को पूरा होते न देखकर निराश हो जाना) मुनासिब नहीं है। कलावाद की स्मृति से रहित और अनुभूतिवाद के दलदल से सुरक्षित विष्णु नागर की संवेदना अपनी सहजता में उस तरह की रचना के लिए उन्मुख है जो व्यक्ति और परिवेश का एक बदला हुआ सम्बन्ध बनाना चाहती है। उनकी कविताएँ इस दिशा में अभी पेंसिल-खिंची रेखाओं के समान हैं, मन पर उस बदलाव का हल्का-सा प्रभाव छोड़ती हुईं, आने वाली काव्य दिशा की आहट सुनती हुईं। मेरी इस प्रतीति का आधार उनके संग्रह 'मैं फिर कहता हूँ चिड़िया' की वे तीन-चार कविताएँ हैं जो इतनी छोटी हैं कि उन्हें यहाँ विचारार्थ पूरा उद्धृत किया जा सकता है। उनकी बाक़ी कविताएँ अधिकांशतः

क्षणिकाएँ ही हैं, कुछ में बदले हुए तेवर का सिर्फ़ रफ है और कुछ में नौसिखुए अन्दाज़ की भोली शरारतें मात्र।

1. *पाँच बड़े-बड़े, बड़े-बड़े दल*
ग़ौर फरमाएँ, पाँच बड़े-बड़े दल
एक हो जाएँ
तो राधिके
अपने स्तन हिलाओ और देखो
पाँच बड़े-बड़े दलों की निगाह
तुम्हारे स्तन पर है या और कहीं?
स्तन पर है
तब राधिके तुम कहो
राजनीति बड़ी गन्दी है
इसलिए मैं कविता लिखती हूँ।
भाषा है मेरा अस्त्र
और मुझे अपने स्तन बचाने हैं।

2. *पाठक जी, पाठक जी हैं, कविता नहीं हैं*
कविता, कविता है, पाठक जी नहीं है
यह अलग बात है
कि पाठक जी लड़खड़ा कर गिरे, तो कविता पर ही
और कविता पिचक कर पाठक जी की हो गई।

3. *कविताएँ मेरी विवस्त्र थीं इस ठंड में*
वे कविताओं के बजाय मनुष्य हो सकती हैं
मौत की ख़बरों में चुपचाप शामिल
बल्कि उसमें भी छूटी हुई।

4. *झटपट नहा*
कपड़े बदल
राजा की सवारी आएगी।
कान बन्द रख
आँखें खोल
राजा भाषण करेंगे।

फुर्ती से उठ
चूतड़ झाड़
राजा प्रस्थान करेंगे।
सबसे कह
राजा अच्छा बोले।

पहली तीन कविताओं में कविता का ज़िक्र आया है, लेकिन जो अर्थ विष्णु नागर ने इस कविता शब्द से सम्प्रेषित करना चाहा है वह कविता के अलावा कुछ और है। तीसरी कविता में एक संकेत है कि कविता मनुष्य है या वह मनुष्य भी हो सकती है। लेकिन मनुष्य के साथ कविता का यह एकात्म किसी भावनात्मक दलदल में लिथड़ा हुआ नहीं है। अगर कविता मनुष्य के साथ है तो ऐसा वह एक स्वतंत्र सत्ता की हैसियत से है। कविता का मनुष्य साथ दे इसके लिए ज़ाहिर है कि पहले वह मनुष्य से अलग कोई इकाई हो, एक सर्वप्रभुता सम्पन्न इकाई, तभी वह मनुष्य के संघर्षों में उसका साथ दे सकती है। इसी को विष्णु नागर यों कहते हैं—'पाठक जी पाठक जी हैं, कविता नहीं हैं/कविता कविता है, पाठक जी नहीं है।' यह कविता है क्या? मनुष्य की सर्जनात्मकता। कविता के बाहर की पल-पल घटित होती हुई मानवीय सचाई, जो कविता के बावजूद है और जिसे सामर्थ्य भर हर कवि कविता के भीतर ले आता है? या कला का एक छल, यथार्थ के साक्षात्कार से बचने के लिए ('राजनीति बड़ी गन्दी है/इसलिए मैं कविता लिखती हूँ/भाषा है मेरा अस्त्र/और मुझे अपने स्तन बचाने हैं।')? मनुष्य एक स्थिति भी है और एक सम्भावना भी। कविता मनुष्य की स्थिति में भी है और उससे छूटकर उसकी सम्भावना में भी। वह मनुष्य के होने की ख़बर में भी है और उस ख़बर में कहीं छूटी हुई भी है। वह एक जगह बँधी हुई नहीं है, क्योंकि वह शब्दों में नहीं है, शब्द और शब्द के बीच के अन्तराल में है जिसकी पदचाप कवि सुनता है। और वह मनुष्य भी कविता में नहीं, कविता के बाहर है जिससे कवि 'मुँहजोरी' करता है। यह मनुष्य और कविता का एक नया सम्बन्ध है, जिसमें दोनों एक-दूसरे की जड़ता (स्थिति) से नहीं, एक-दूसरे की गतिशीलता (सम्भावना) से जुड़े होते हैं। यह सम्बन्ध गड़बड़ाता तब है जब कविता और मनुष्य एक-दूसरे को रचनात्मक कर्म की चुनौती देने के बजाय एक-दूसरे का इस्तेमाल करने लगते हैं। जब वे रचनात्मक तनाव के सह-सम्बन्ध में न रहकर एक-दूसरे पर हावी होने लगते हैं, तब होता यह है कि 'पाठक जी लड़खड़ाकर गिरे तो कविता पर ही/और कविता पिचककर पाठक जी की हो गई।' कविता का अर्थ कविता के होने की द्वंद्वात्मक शर्त में है, यह शर्त भंग होने पर कविता भावना में लथपथ (पिचपिची) या विचार के सरलीकरण में सपाट (पिचकी) हो जाती है।

चौथी कविता में कविता के बाहर की सचाई का एक खाका है। एक व्यंग्य है, क्योंकि एक तटस्थता है जिसके तहत उस सचाई को कवि बड़ी सफ़ाई से अपने परिवेश से चुनकर उठाता है और उससे बिना लिथड़े या उसका सरलीकरण किए उसे कविता और आज के सर्वहारा मनुष्य के तनावपूर्ण सम्बन्ध के बीच रख देता है, अपनी तरफ़ से कोई कवि-टिप्पणी दिए बग़ैर। इसमें एक जो अगम्भीरता है वह इसलिए कि कवि से कुछ चिपक नहीं रहा है कि अपने साथ कवि को भी लिये-दिए कविता में लड़खड़ाकर गिर पड़े। कवि कविता में होते हुए भी उससे मुक्त है—ऐसा हल्का-फुल्कापन, जो कवि के संवेदन-यंत्र को चुस्त और तैयार रखता है। यह मुस्तैदी पहली कविता के पदविन्यास में इस तरह है कि कथ्य को अर्धविराम के झटके देकर, कहीं उस पर बलाघात देकर, तो कहीं उसकी एक नाटकीय मुद्रा उभारकर कविता के वर्णनात्मक ढाँचे को एक जैसा एक जगह पड़ा रहने नहीं दिया गया है, बल्कि उसे हरकत में डाला गया है। कविता का वास्तविक अर्थ उसके कथ्य में स्थिर नहीं, पद विन्यास की इन हरकतों में गतिशील है।

आज के समय में संघर्ष के यथार्थ को यदि नई अर्थवत्ता प्रदान करनी है तो उसे इसी मुस्तैदी और चुस्त रचना-लाघव से पकड़ना होगा। अभी तक हमारे कवि यथार्थ को पकड़कर रचना में गुरुगम्भीर पालथी मारकर बैठ जाते रहे हैं (ज़्यादातर कविताओं के एकरस और समूहवाची होने का यही राज है), कविता के भीतर वह यथार्थ धीमी-धीमी आँच में पकता रहा है और कवि के स्नायुओं को तेजाब की मानिन्द काटता और छीजता रहा है। इस पल-पल जीने और छीजने में ही रचना की नई-नई आकृतियाँ बनती-मिटती रही हैं। कविता के भीतर योग साधने का अपना प्रभामंडल है और कविता-केन्द्रित रचना इस प्रभामंडल के इर्द-गिर्द घृणा-प्यार के तर्क से, हमेशा मँडराती रहती है। धूमिल जैसे समर्थ जनवादी कवि तक इस प्रभामंडल के प्रभाव से मुक्त नहीं रह सके हैं। संघर्ष की आग को कविता में बाँधने की उनकी सामर्थ्य को प्राय: उनकी शक्ति माना जाता है, किन्तु दरअसल वह धूमिल की शक्ति नहीं, बल्कि उस संघर्ष का तिरस्कार है जो कविता के बाहर की कविता में है और जिसके होने का संकेत स्वयं धूमिल की कविताओं में ही मिलता है। कविता में जीवन-संघर्ष को साथ-साथ लिये चलना धूमिल के लिए उस संघर्ष को सह्य बना देने का एक उपक्रम बन जाता है, जबकि संघर्ष को अगर कारगर होना है तो उसे असह्य होना चाहिए। धूमिल की कविता में संघर्ष और क्रान्ति से हमारी चमड़ी छिलती नहीं, उलटे हम उससे प्रेम करने लगते हैं। इस प्रभाव का कारण शायद यह है कि धूमिल रेटारिक में व्यक्त अपनी तमाम मानसिक फुर्ती और चौकन्नेपन के बावजूद इस क़दर ऊभ-चूभ रूप से गम्भीर रहे हैं कि कविता को संघर्ष का पर्याय मान बैठे हैं, जिसका परिणाम यह है कि कविता उनके लिए संघर्ष का अस्त्र बन जाती है ('कविता भाषा में आदमी होने की तमीज है')। इससे न सिर्फ़

कविता बल्कि वह संघर्ष भी नष्ट होता है। संघर्ष का काम कविता की तेजस्विता और सक्रियता को पैदा करना है, कविता से एकात्म हो जाना नहीं। संघर्ष कविता से एकात्म होकर अपना वास्तविक कर्म भूल न जाए इसके लिए कवि को गम्भीर रूप से अगम्भीर होना पड़ेगा। संघर्ष कवि को तपाए, झुलसाए, जलाए और एक नए मनुष्य में आकार दे, इसके लिए कवि को क्रान्तिकारी कविता के पास नहीं, क्रान्तिकारी संघर्ष के पास जाने की ज़रूरत है। तभी कविता का वह प्रभामंडल टूटेगा।

[1975]

नए प्रतिमान : पुराने निकष

सन् 1967 में लिखा गया यह लेख सम्बद्ध पुस्तक की समीक्षा करने से पहले अपने समय और गुज़रे समय की समीक्षा करता है। इस लेख में मलयज राजनीतिक परिस्थितियों में साहित्यिक सक्रियता और उनसे उपजे निष्कर्षों को समझने का प्रयास करते हैं। इस लेख में सम्भवत: पहली बार (डायरी की टिप्पणियों से अलग) मलयज नेहरू के सम्बन्ध में बड़े तीखे शब्दों का इस्तेमाल करते हैं। यह लेख स्वतंत्रता के समय की पीढ़ी और नेहरू के अवसान (मरणोपरान्त) के बाद सक्रिय पीढ़ी के मध्य मौजूद द्वंद्व की भी पड़ताल करता है। **—तरुण**

यह संयोग की ही बात है कि जिस समय लक्ष्मीकान्त वर्मा की पुस्तक 'नए प्रतिमान : पुराने निकष' मुझे उस पर विचार करने के लिए मिली, उनकी लेखमाला 'हिन्दी साहित्य के पिछले बीस वर्ष' का 'कल्पना' में प्रकाशन आरम्भ हुआ। मेरा विचार है कि यह लेखमाला लक्ष्मीकान्त वर्मा की इस पुस्तक का एक अच्छा पूरक अध्ययन पेश करती है। 'हिन्दी साहित्य के पिछले बीस वर्ष' देश के राष्ट्रीय सन्दर्भ और उसकी सांस्कृतिक-साहित्यिक परिणतियों के बारे में आत्मालोचन के ढंग पर उस पीढ़ी का चिन्तन प्रस्तुत करती है जो 'सन् 42 में किशोरावस्था में थी और जिसने स्वतंत्रता-संग्राम में भाग लिया।' यह पीढ़ी 'डिसएल्यूजंड' और पराजित पीढ़ी है—'डिसएल्यूजंड' अपनी अग्रज पीढ़ी की धुरीहीनता से, और पराजित इसलिए कि मूल्य-संक्रमण की अनेक स्थितियों में यथार्थ के व्यंग्य को भोगते हुए भी वह किसी निश्चित सत्य और 'दृष्टि' (विजन) की उपलब्धि तक नहीं पहुँच सकी। उसका विरोध राजनीतिक स्तर पर एक ओर अग्रज पीढ़ी के नेहरू जैसे अनर्गल स्वप्नद्रष्टा और समझौतावादी नेताओं के प्रति है, जिन्होंने अनेक राष्ट्रीय प्रश्नों के सन्दर्भ में उनकी युवा भावनाओं को और आदर्शों को बरगलाया तो दूसरी ओर उन कम्युनिस्टों से भी है जो 'अराष्ट्रीय' और 'पूर्वनियतिवादी' हैं। इन्हीं दोनों के बीच लेखक की यह युवा पीढ़ी है जो दोनों ही किनारों से बार-बार टकराती हुई और उस टकराव की चेतना को तीव्रता

से महसूस करती हुई नए मानव-मूल्यों की खोज के पथ पर अग्रसर होती रही।

इस टकराहट में जिस क़िस्म का व्यक्तित्व बनता है उसमें द्वंद्व की चेतना एक स्थायी तत्त्व है। द्वंद्व की इस चेतना की भूमि से ही 'नए प्रतिमान : पुराने निकष' में विभिन्न साहित्यिक प्रश्नों पर चिन्तन किया गया है। इस मूल द्वंद्व का संकेत पुस्तक के शीर्षक में ही निहित है। यह द्वंद्व कभी आक्रोश और व्यंग्य बनकर व्यक्त हुआ है, कभी संशय और भटकाव बनकर, तो कभी मोह और मोह-भंग बनकर। उसके साथ एक बेचैन प्रश्नशीलता और 'आदिम जिज्ञासा' भी है जो इन सारी स्थितियों के निर्मम विश्लेषण का रूप अख़्तियार करती है और ऐसा लगने लगता है जैसे लेखक उस द्वंद्व चेतना की सीमाओं—और एक स्तर पर अपने व्यक्तित्व की भी सीमाओं—से ऊपर किन्हीं तटस्थ निष्कर्षों तक पहुँचना चाहता है। यानी एक पीढ़ी-विशेष के चिन्तन को आज की 'नितान्त समसामयिक' पीढ़ी के चिन्तन तक ले जाना चाहता है। जहाँ तक इस दूसरी बात का सम्बन्ध है यह कहा जा सकता है कि लक्ष्मीकान्त वर्मा को इसमें बड़ी दूर तक सफलता मिली है। इसे उनके व्यक्तित्व की उपलब्धि माना जा सकता है। लेकिन यह याद रखना भी ज़रूरी है कि वे उस द्वंद्व-चेतना की सीमाओं से ऊपर उठने में ही सफल हुए हैं, उससे मुक्त होने में नहीं। उनके 'अवाँ गार्द' चिन्तन का अनुसरण करते समय भी रह-रह कर ऐसा आभास होता है जैसे उनके कथन और उनके विश्वास के बीच की कोई कड़ी छूट गई है—केवल पाठक के लिए ही नहीं, स्वयं लेखक के लिए भी छूट गई है। पूरी पुस्तक में जगह-जगह विभिन्न प्रसंगों-सन्दर्भों में जो प्रायः खिजा देने वाला दुहराव भरा पड़ा है उसके पीछे उनके चिन्तन का यही संकट व्यक्त होता है, उनके लेखक का 'लस्टम-पस्टमपन' उतना नहीं।

आज की समसामयिक पीढ़ी की अनुभूति-दृष्टि एवं मनःस्थिति को लक्ष्मीकान्त वर्मा ने अपनी उदार 'साहित्यिक सहानुभूति' और 'रागात्मक एकात्मकता' से समझने और उसके साथ तादात्म्य स्थापित करने की चेष्टा की है। इसमें जो चीज़ सबसे अधिक सहायक होती है वह है लेखक का अपनी पूर्व-पीढ़ी से मोहभंग और तज्जनित अनास्था, कटुता, व्यंग्य-विद्रूप एवं 'सिनिसिज़्म' और अनुभूत-संसार की अराजक स्थिति में नए मानवीय मूल्यों की खोज की छटपटाहट। ये दोनों ही स्थितियाँ अपने अमूर्त गुणों के कारण किसी भी काल के संक्रमणजन्य संकटबोध में एक पीढ़ी को दूसरी पीढ़ी से जोड़ देती हैं। आने वाली हर नई पीढ़ी शायद हमेशा अपनी पूर्व-पीढ़ी से यह संकटबोध ही विरासत में पाती है। लक्ष्मीकान्त वर्मा का संकटबोध और आज की पीढ़ी का संकटबोध इस दृष्टि से एक ही भूमि पर प्रतिष्ठित हैं, वैसे भी दो पीढ़ियों के अन्तर में विधायक तत्त्व यह व्यापक संकटबोध नहीं हुआ करता, बल्कि मूल्य के प्रति दृष्टिकोण हुआ करता है, और इस दृष्टिकोण का निर्धारण बहुत कुछ उस परिवेश के हाथ में होता है जिसमें एक पीढ़ी अपने को पाती है।

इसीलिए हो सकता है कि जिन मूल्यों के लिए पूर्व-पीढ़ी सब कुछ करने को तैयार हो, वह अगली पीढ़ी को बिलकुल असंगत और अर्थहीन मालूम पड़े। लक्ष्मीकान्त की पीढ़ी में ऐन्द्रिक संवेदनों से अनुभूति-सत्यों और मूल्यों की यात्रा चलती है, और मूल्यों का निर्माण अनुभूतियों के भीतर से होता है। मुझे ऐसा लगता है कि आज की पीढ़ी के सामने मूल्य न होकर मूल्य-'रिफ़्लेक्सेज' हैं, जो उसकी अनुभूतियों को परिचालित करते हैं। मूल्य और मूल्य-'रिफ़्लेक्स' में अन्तर यह है कि मूल्य अर्जित किए जाते हैं और उसका एक स्थायी रूप होता है (जो मूल्य 'झूठे' पड़ जाते हैं उनका भी स्थायी रूप 'स्मृति' में होता है) जबकि मूल्य-'रिफ़्लेक्सेज' परिवेश के साथ व्यक्ति के गतिशील सम्बन्धबोध में ही अस्तित्व रख सकते हैं, अत: उनका न तो कोई स्थायी रूप होता है न उनके 'झूठे' पड़ जाने से उनके साथ किसी 'स्मृति' के जुड़ने की स्थिति होती है। मूल्य अनुभूतियों के 'आचरण' की चरम परिणति होते हैं, जबकि मूल्य-रिफ़्लेक्सेज में अनुभूतियाँ एक ख़ास क़िस्म की मानसिकता में स्थितियों के प्रति प्रतिक्रियाशील होती हैं। 'मूल्य-रिफ़्लेक्स' एक ऐसी खोखल है जिसमें से मूल्य उठ चुका है, लेकिन जो अपने अन-आकारात्मक अस्तित्व के कारण ही व्यक्ति में प्रतिक्रिया उत्पन्न करता है। मूल्य और मूल्य-रिफ़्लेक्स एक ही युग-सन्दर्भ में दो मुहावरे हो सकते हैं, अन्तर इस बात से पड़ता है कि कौन-सा मुहावरा क़िसके पास है, और मुहावरे का यह अन्तर ही लक्ष्मीकान्त की पीढ़ी की चिन्तन-दृष्टि को आज की नई पीढ़ी के मिज़ाज से अलग कर देता है।

सबसे पहले यह अन्तर उन मुद्दों के सम्बन्ध में सहज ही देखा जा सकता है जिन पर बहस की कोई गुंजाइश नहीं है। आज की पीढ़ी के लिए वे मुद्दे बहस की दृष्टि से अप्रासंगिक हो चुके हैं। उदाहरणार्थ रस-सिद्धान्त या प्राचीन शास्त्रीय पद्धति से कलासृजन का मूल्यांकन करने की बात आज की पीढ़ी के लिए इतनी बेमानी और वाहियात सिद्ध हो चुकी है कि उस पर लक्ष्मीकान्त वर्मा की-सी गम्भीरता से चर्चा या बहस करना हास्यास्पद है। यही बात श्लील और अश्लील के प्रश्न को लेकर है। यह प्रश्न लगता है कि उन प्रश्नों में से एक है जिस पर कभी भी अन्तिम परिणाम तक नहीं पहुँचा जा सकता, और इसीलिए दिमाग़ी कसरत के लिए इस पर स्कूली 'डिबेट' तो की जा सकती है, पर अपनी प्रकृति के इस शाश्वतपन के कारण ही ऐसे प्रश्न आज की पीढ़ी की प्रौढ़ मन:स्थिति में ऊब पैदा करते हैं। इसी प्रकार साहित्य 'स्वान्त: सुखाय' है या 'बहुजन हिताय' वाली बहस भी सिर्फ़ एकेडमिक दिलचस्पी की चीज़ होकर रह गई है।

इसके बाद उन कुछ शब्दों का अध्ययन किया जा सकता है, जो लक्ष्मीकान्त की पीढ़ी के अपने शब्द हैं और जिनका इस्तेमाल प्रस्तुत पुस्तक में लगभग शुरू से आख़िर तक किया गया है। ये शब्द अपनी जगह पर अलग-अलग प्रत्यय हैं जो मिलकर उस पीढ़ी की साहित्यिक-सर्जनात्मक मान्यताओं का चित्र पेश

करते हैं—वैयक्तिक स्वातंत्र्य, आत्मानुभूति, आन्तरिक व्यवस्था, विशुद्ध मानव-मुक्ति, मानव-मूल्य, सार्थक कलासृजन, यथार्थ-भोग, दायित्वबोध, क्षण-मुक्त यथार्थ, व्यक्ति-मर्यादा, व्यक्ति-सत्य, विवेक, संकल्प, पावनता आदि-आदि। ये शब्द-प्रत्यय जिस आन्दोलन के दौरान उपजे उसकी राजनीतिक एवं सांस्कृतिक पृष्ठभूमि की चर्चा 'हिन्दी साहित्य के पिछले बीस वर्ष' में की गई है। यहाँ उस आन्दोलन की सार्थकता-असार्थकता का विवेचन हमारा अभीष्ट नहीं है, पर इतना कहा जा सकता है कि किसी आन्दोलन के दरमियान उपजे शब्द-प्रत्यय तथा अवधारणाएँ मूल रूप में तब तक ही अपना अर्थ और चमक कायम रख सकते हैं जब तक प्रत्यक्ष या अप्रत्यक्ष रूप से उन्हें उस आन्दोलन-चेतना की रोशनी मिलती रहे, ख़ास कर साहित्य में आ जाने के बाद। आन्दोलन का सन्दर्भ बदल जाने से उन शब्दों-प्रत्ययों में आन्तरिक परिवर्तन भी घटित हो सकते हैं और यदि इस परिवर्तन की क्षमता या लोच उनमें हुई तो वे आगे भी चलते रह सकते हैं। केवल जिस आन्दोलन की वे उपज थे उसकी स्मृति क्रमशः धुँधली पड़ जाती है। कोई भी प्रत्यय या अवधारणा अपने भीतर निहित अन्तर्विरोध के कारण ही आगे भी 'जीवित' रह सकती है, क्योंकि अन्तर्विरोध की स्थिति में ही उसमें परिवर्तन और विकास सम्भव है। अन्तर्विरोध से शून्य प्रत्यय 'ठस' होते हैं, उनके मूल में किसी विकल्प की गुंजाइश नहीं होती, इसी से बदलते समय के साथ वे चल नहीं पाते और सक्रिय चिन्तन में केवल गतिरोध ही पैदा करते हैं। इसे एक तरह से सौभाग्य ही मानना चाहिए कि लक्ष्मीकान्त की पीढ़ी का आन्दोलन अन्तर्विरोधों से शून्य नहीं था। इसीलिए उस आन्दोलन को मूर्त रूप देने वाले शब्द-प्रत्यय भी अपने भीतर निहित अन्तर्विरोध के कारण अपने अर्थ और सन्दर्भ में बराबर बदलते और विकसित होते चले गए। उनका न सिर्फ़ अर्थ-स्तर बदला बल्कि उसमें कुछ नितान्त भिन्न अर्थ-स्तर भी जुड़े, और उन्हें प्रायः ही अब उनके पुराने नामों से नहीं जाना जाता। इसका एक बहुत मामूली-सा कारण यह है कि आज की पीढ़ी का साहित्यकार अपने चिन्तन एवं मनःस्थिति को उतने भारी-भरकम शब्दों वाली महिमामंडित भाषा में व्यक्त नहीं कर सकता।

लेकिन यहाँ रुककर उस माहौल पर भी एक नज़र डाल लेना ज़रूरी है जिसमें इस तरह की भाषा सम्भव हो सकती थी। उस माहौल में एक ओर प्रगतिवाद का खोखला समाजवादी यथार्थ अपना शोर मचा रहा था, और दूसरी ओर 'स्वर्णकलश', 'स्वर्णधूलि' और 'स्वर्णजाल' के ताने-बाने में नपुंसक महामानव अवतरित किया जा रहा था।' (पृष्ठ 93) महामानवों की संस्कृति तो खैर हवाई थी ही और उससे हवाई फायर करके भी जूझा जा सकता था, लेकिन मार्क्सवाद-प्रेरित प्रगतिवाद की कट्टर वस्तुवादी विचारधारा से लड़ने के लिए क्या नितान्त आत्यन्तिक अनुभव स्रोतों से निकली भाषा का सौन्दर्यशास्त्र का शास्त्रीय जामा पहनाकर उसे उतना

ही रूढ़ और अर्थहीन बनने देना ज़रूरी था जैसा कि प्रगतिवाद की भाषा के साथ हुआ था? इसके साथ ही आज जब हम सोचते हैं कि लक्ष्मीकान्त की पीढ़ी ने प्रगतिवाद की इस हाड़-मांस वाली सत्ता को 'अनुभूति', 'दर्द', 'आत्म-सत्य', 'संकल्प', 'भोग', 'मर्म-वेदना' जैसे 'विशुद्ध मानववादी' भाव-सूक्ष्म हथियारों से लड़कर तोड़ना चाहा था तो कई प्रश्न जाग्रत हो उठते हैं। जिस प्रकार लक्ष्मीकान्त की अग्रज पीढ़ी ने देश से विदेशी शासन-सत्ता के निष्कासन को वास्तविक स्वतंत्रता का पर्याय समझा और स्वतंत्रता को किसी सुनिश्चित कार्यक्रम के परिप्रेक्ष्य में मानव-भविष्य की कोई स्पष्ट परिकल्पना नहीं दी, उसी तरह लक्ष्मीकान्त की पीढ़ी ने एक मूर्ति तोड़ने में किसी विकल्प का प्रारूप नहीं रखा। उसने उस विकल्प के अधिकार की माँग ज़रूर बुलन्द की, पर उस माँग-पूर्ति की प्रणाली को अस्पष्ट ही रह जाने दिया। उनकी लड़ाई अनिवार्य थी, पर उसे लड़कर एक तरह से उन्होंने आधी लड़ाई ही लड़ी। फलस्वरूप मूर्ति हटने के बाद हम एक ऐसा अनिश्चय और संशय पाते हैं जिसमें एक ओर तो अनुभूतिमात्र को सर्जन के लिए पर्याप्त समझा जाता है, व्यक्तिगत सत्य को सब व्यवस्थाओं और सत्यों से ऊपर माना जाता है, बल्कि इससे भी आगे बढ़कर 'क्षण' का आविष्कार किया जाता है और 'क्षण' के यथार्थ को इतिहास सत्य से श्रेष्ठ करार दिया जाता है, तो दूसरी ओर अनुभूति की सार्थकता, दायित्वबोध, मानव-मूल्य, विविधता, समग्र भावबोध और व्यापक सत्य से जुड़ने की स्थिति पर भी बल दिया जाता है। एक ओर कलाकार को अराजक होने की हद तक स्वतंत्र होने की छूट देने का औचित्य बताया जाता है, कलाकार के 'ऊलजलूलपन' और 'ऐब्सर्ड' होने को कलासृजन की आन्तरिक आवश्यकता घोषित किया जाता है तो दूसरी ओर कलाकार से दृष्टि (विजन) सम्पन्न होने की भी अपेक्षा की जाती है। व्यवस्था का अस्वीकार जितनी तीव्रता से किया जाता है, उतनी ही आतुरता से सन्तुलन, तार्किक संगति और सामंजस्य की अनिवार्यता भी प्रतिपादित की जाती है। एक ओर शास्त्रीय चिन्तन-पद्धति को दकियानूसी और आज की संवेदना के सन्दर्भों को समझने-समझाने में नाकाफी करार दिया जाता है और दूसरी ओर शुद्ध और गरिष्ठ शास्त्रीय चिन्तन और भाषा-शैली में सौन्दर्यवादी मान-मूल्यों का विश्लेषण और व्याख्या की जाती है (द्रष्टव्य है 'सौन्दर्य-तत्त्व : अनुभूति और व्यवस्था', 'अनुभूति : प्रज्ञा और दृष्टि', 'अनुभूति एवं बोधत्रयी' आदि निबन्ध)। यही अन्तर्विरोध वहाँ भी दिखाई देता है जहाँ आधुनिक संवेदना और यथार्थ को वहन करने में नयी कविता की अभिव्यक्ति-संकट के सन्दर्भ में 'चार्ज्ड भाषा' का विरोध और 'ताजी कविता' की प्रौढ़ मन:स्थिति के अनुरूप 'रागात्मक अतिरंजना, शब्दों की अतिरंजना' आदि से रहित भाषा की वकालत नितान्त 'चार्ज्ड भाषा' में की गई है और विरोधी पक्ष की जड़ उखाड़ने में शब्दों, बिम्बों का जी खोलकर इस्तेमाल किया गया है। और इस पर मज़ा यह कि आज

की जटिल एवं प्रौढ़ मन:स्थिति की अभिव्यक्ति के लिए आदर्श भाषा के रूप में मैथिलीशरण गुप्त की भाषा का समर्थन किया गया है जिसमें 'इतनी शक्ति तो थी कि वह भावों की सम्प्रेषणीयता में सहायक होती थी' और 'उस भाषा में वह क्षमता थी कि वह भाव को ऊपर और भाषा को नीचे, भाव को आगे और भाषा को पीछे अनुगामिनी बनाकर ले चलती थी।' (पृष्ठ 301)। यहाँ यह मालूम करना मुश्किल है कि लक्ष्मीकान्त वर्मा ने 'सम्प्रेषणीयता' का किस अर्थ में प्रयोग किया है। (इसी तरह कई निबन्धों में 'रागात्मक ऐश्वर्य' को हेय बताते हुए 'आभिजात्य' को किस अर्थ में स्पृहणीय गुण माना गया है यह समझ में नहीं आता।)। फिर मैथिलीशरण गुप्त की भाषा यदि किसी वजह से किसी का आदर्श हो सकती है या नहीं हो सकती है तो इसलिए कि उसमें न तो भाव आगे रहते हैं न भाषा पीछे, बल्कि दोनों साथ-साथ रहते हैं, कदम-ब-कदम साथ। उस भाषा से नपा-तुला जितना कहलाया जाता है उतना ही वह कहती है, उसमें भावों को 'कुदक्काबाजी' करने की छूट नहीं है, न भाषा को पीछे छोड़कर सरपट आगे दौड़ जाने की। वह पूर्णत: मर्यादित आचरण करने वाली भाषा है, उसमें लीच नहीं है, और यही चीज़ उसे आज की जटिल संवेदनाओं की अभिव्यक्ति के लिए अनुपयुक्त बना देती है।

इन समस्त अन्तर्विरोधों की एक व्याख्या तो उस जटिल मन:स्थिति के सन्दर्भ में की जा सकती है जो आज एक आधुनिक मनुष्य की नियति बन चुकी है। एक दूसरी व्याख्या उस 'मनोग्रंथि' के रूप में भी की जा सकती है जो संवेदना के विभिन्न स्तरों पर वस्तुस्थितियों की एक साथ प्रतिक्रिया होने और प्रतिक्रिया के प्रत्येक स्तर को अपनी पूरी ईमानदार दृष्टि सौंपने के परिणामस्वरूप उत्पन्न होती है। इसीलिए अराजकता और आदिम व्यवस्था की हिमायत के पीछे यदि यह भय प्रतीत होता है कि कहीं व्यवस्था परम्परावादी शास्त्रीय चिन्तन की रूढ़ पद्धति और कम्युनिस्ट विचारधारा की पूर्वनिश्चित आरोपित व्यवस्था न बन जाए, तो सन्तुलन, तार्किक संगति, समग्रता और सार्थकता पर आग्रह के पीछे यह भय काम करता दिखाई देता है कि कहीं 'विशुद्ध मानववादी' मुक्ति, व्यवस्था और अराजकता का ऊलजलूलपन एक ओर चमत्कार एवं 'फ़ैंटेसी' को अनर्गलता और भूखी-बीटनिक पीढ़ी की रोमांटिक भावुकता में न बदल जाए और दूसरी ओर कम्युनिस्टों और अराजकतावादियों की रक्त-क्रान्ति तथा विध्वंसक विचारधारा प्रजातांत्रिक समाज-व्यवस्था के आधारों एवं बुनियादी मूल्यों को ही न ध्वस्त कर दे। इसीलिए जहाँ कहीं भी इस तरह की घोषणा की गई है कि 'साहित्य को तो केवल अनुभूतिप्रधान होना चाहिए' (पृष्ठ 66) या 'व्यक्ति-मर्यादा को व्यक्तिगत उपलब्धि और व्यक्ति-सत्य की अर्जित विभिन्नता तक स्वीकार करने में ही सम्पूर्ण मानव (होल मैन) की दृष्टि मिल सकती है' (पृष्ठ 42) या यह कि 'प्रत्येक रचना अथवा कलाकृति की सार्थकता अनुभूत सत्य होना है न कि शिव होना। मेरा तो

व्यक्तिगत मत यह है कि प्रत्येक अनुभूत सत्य की उपलब्धि अपने आपमें शिव है' (पृष्ठ 70), वहाँ यह भी चिन्ता व्यक्त की गई है कि व्यक्ति की सत्ता भी कायम रहे और सामूहिक चेतना के माध्यम से सामाजिक मूल्यों का अस्तित्व भी सजग रहे (पृष्ठ 187) या 'व्यक्ति की सत्ता को उतने ही सबल रूप में स्वीकार करना होगा जितना कि सामाजिक तत्त्वों को' (पृष्ठ 197) या यह कि 'आन्तरिक स्तर की अनुभूति को भी व्यापक चेतन विश्व से कुछ-न-कुछ सापेक्षता स्थापित करनी ही पड़ती है' (पृष्ठ 270)। इस प्रकार ऐसा लगने लगता है कि लक्ष्मीकान्त वर्मा व्यक्तिवादियों के बीच सबसे अधिक सामाजिकतावादी हैं और सामाजिकतावादियों के बीच सबसे अधिक व्यक्तिवादी। फिर भी कुल मिलाकर ज़ोर उनका अनुभूति पर ही है, और कभी-कभी अपनी इस द्वंद्व-चेतना से उबरकर वे इस निष्कर्ष पर पहुँचते हैं कि 'अनुभूति की प्रक्रिया में व्यक्ति-सत्य और बाह्य-सत्य के कक्ष बाँटे नहीं जा सकते' (पृष्ठ 271)। इस तरह अनुभूति को सही-गलत का अन्तिम प्रमाण मानकर वे निश्चित हो जाते हैं। यहाँ सवाल यह नहीं है कि अनुभूति के सिवा भी किसी को प्रमाण बनाया जा सकता है या नहीं, बात सिर्फ़ इतनी है कि अनुभूति से पूर्ण अराजकता का रास्ता जितना सीधा है, अनुभूति से मूल्य सृजन और मूल्य-दृष्टि का उतना नहीं। अनुभूति की प्रक्रिया अपने आपमें कल्याणकारी है और वह बिना किसी व्यक्तिनिरपेक्ष सत्ता या अनुशासन के मनुष्य को अन्ततः शुभ की ओर ले जाती है, इसे प्रतिपादित करने के लिए लक्ष्मीकान्त के पास या तो सौन्दर्यवादी अमूर्त विश्लेषण-पद्धति है जिसमें वे अनुभूति के सारे दोष भावुकता के मत्थे मढ़कर अनुभूति को विशिष्ट अनुभूति में बदल देते हैं या फिर 'संकल्प-शक्ति', 'आत्मबल', 'इच्छाशक्ति', 'वैयक्तिक क्रियाशीलता' (पृष्ठ 52) आदि के हथियार हैं जिनसे वे अतीत रूढ़ि, क्लासिकी, नैतिकतावादियों और व्यक्ति-निरपेक्ष बाह्य व्यवस्थावादियों से लड़ाई लड़ते हैं। शायद कृति-साहित्य के विवेचन की यह सीमा होती है कि उसमें कुछ इसी प्रकार के हथियार इस्तेमाल करने होते हैं। शायद इस प्रकार की लड़ाई के लिए अधिक उपयुक्त हथियार राजनीति के क्षेत्र के होते हैं। लक्ष्मीकान्त इन हथियारों के वजूद से अपरिचित हों ऐसी बात नहीं। जहाँ भी मौक़ा मिला है वे एक क्षेत्र के हथियारों का दूसरे क्षेत्र में भी इस्तेमाल करने से परहेज नहीं करते।

यह एक क्षेत्र के हथियारों से दूसरे क्षेत्र में जाकर लड़ाई लड़ने की प्रवृत्ति लक्ष्मीकान्त वर्मा की पीढ़ी के माहौल में ही थी जिसमें दोनों ही पक्षों के लोग शामिल थे। इस लड़ाई में साहित्यिक मूल्य सबसे अधिक खेत रहे, और वह भी मार्क्सवादी प्रगतिवादी लेखकों के हाथों ज़्यादा। यह भी सही है कि मार्क्सवादी-प्रगतिवादी आलोचकों ने अवसरवादिता का परिचय भी सबसे अधिक दिया और आत्मालोचन से तो वे लगभग शून्य ही रहे। इसकी साहित्यिक परिणति इस रूप

में देखने को मिली कि एक जमाने में जो कामू और काफ्का और सार्त्र 'टैबू' माने जाते थे, वही बाद में चलकर वरेण्य हो गए। साहित्यिक स्तर पर यह शीतयुद्ध ग़ैर-कम्युनिस्ट तथा तथाकथित स्वतंत्रचेता पीढ़ी के लेखकों की धारणाओं को भी प्रभावित करता था। मुक्तिबोध जैसे लेखक केवल इसलिए तिरस्कृत हो उठे (इस अर्थ में कि उनके लेखन के उचित मूल्यांकन की आवश्यकता नहीं समझी गई) क्योंकि वे कम्युनिस्ट विचारधारा के समर्थक थे। कम्युनिज़्म के समूहवाद और सम्प्रदायवाद का इतना बड़ा हौवा खड़ा किया गया कि मानव-संवेदना को 'भीड़' की संवेदना और व्यक्ति की संवेदना में बाँट दिया गया और इस वर्गीकरण के आधार पर एक पूरा सौन्दर्यशास्त्र रच दिया गया। उस वक़्त यह पता नहीं था कि आगे चलकर इस सौन्दर्यशास्त्र के जाल में ख़ुद ही फँस जाना पड़ेगा।

'नए प्रतिमान : पुराने निकष' में इन सबकी प्रतिध्वनियाँ हैं। किन्तु महत्त्वपूर्ण बात यह भी है कि साहित्यिक स्तर पर जिस सौन्दर्यशास्त्र के निर्माण में लक्ष्मीकान्त वर्मा ने तत्परता दिखाई थी जो 'नयी कविता और छायावाद के अर्द्धचेतन में समझौते' का कारण बना (पृष्ठ 292), उसे तोड़कर उसमें रूढ़िबद्ध मानव-संवेदना को मुक्त करने की सजग चेष्टा का भी उन्होंने परिचय दिया। राजनीतिक स्तर पर उनके कुछ पूर्वग्रह चाहे अब भी हों पर साहित्यिक स्तर पर 'ताजी कविता' के विचार-प्रसंग में उन्होंने अपनी 'साहित्यिक सहानुभूति' एवं 'रागात्मक एकात्मकता' का अवश्य विस्तार किया है। आज की पीढ़ी के मिज़ाज को, जिसको 'ताजी कविता' के अन्तर्गत उन्होंने प्रतिनिधित्व देना चाहा है, छूने में वे सफल हुए हैं जब वे यह कहते हैं : 'नयी कविता...उत्तेजित मन:स्थिति 'हाई टेम्पो' की कविता है। ताज़ी कविता उससे (चारों ओर की निरर्थकता) टकराने की अपेक्षा उसकी निरर्थकता को पहचानती है, इसीलिए यह उसमें रागात्मक ऐश्वर्यवादी की भाँति सराबोर नहीं होती। वह उसके प्रति उदासीन है।' (पृष्ठ 307) इन दो वाक्यों में अपनी पीढ़ी और आज की पीढ़ी के दृष्टिकोणों के अन्तर को सही ढंग से प्रस्तुत किया गया है। लक्ष्मीकान्त की पीढ़ी अनुभूति और भोगे हुए सत्य के बाद जिस चीज़ पर सबसे अधिक बल देती है वह है 'दृष्टि' (विजन) और 'मूल्य'। आज की पीढ़ी अनुभूति की बात तो विभिन्न सन्दर्भों में उठाती है पर 'विज़न' और 'मूल्य' की चर्चा उसमें सुनाई नहीं पड़ती। इसका कारण यह है कि मूल्य और विजन की धारणा में एक दिशा का इंगित होना है जिसकी ओर कृतिकार अपनी संवेदना की समस्त शक्तियाँ केन्द्रित करता है। और ऐसा हो सकने के लिए एक उस तरह का परिवेश आवश्यक होता है जिसमें विकल्प पैदा होने के संकेत मौजूद हों—जैसे कि किसी मूल्य या व्यवस्था के विरोध में ही एक वैकल्पिक मूल्य या मूल्य की धारणा अंकुर रूप में निहित होती है। आज स्थिति बिलकुल बदल गई है। इसे राजनीतिक स्तर पर भी इस तरह देख सकते हैं : लक्ष्मीकान्त वर्मा की पीढ़ी के सामने लगभग एकमात्र

प्रतिपक्षी दल कम्युनिस्टों का ही था, अतः वे अपनी विचारधारा को वैकल्पिक रूप में विरोध के स्तर पर ध्रुवाभिमुख कर सकते थे। यह उनके लिए एक ऐसी सहूलियत थी जो आज की पीढ़ी को सुलभ नहीं। सहूलियत इसलिए कि उस विरोध को वैकल्पिक मूल्यों-धारणाओं की लड़ाई का रूप दिया जा सकता था और तदनुसार अपने हथियार सँभाले जा सकते थे। इस विरोध की सहूलियत प्रदान करने वाला राजनीति का वह सीमित रंगमंच आज बिखर गया है, न सिर्फ़ बिखर गया है बल्कि उसके अनेक छोटे-छोटे महत्त्वाकांक्षी केन्द्र स्थापित हो गए हैं जो आज की पीढ़ी की विचार-संवेदना को अपनी-अपनी ओर आकर्षित करते हैं। ऐसे में आज किसी मूल्य का विरोध करते समय किसी दूसरे मूल्य का विकल्प सामने नहीं रहता। और युग इतनी अनिश्चितताओं का है कि स्वयं अपनी भोगी हुई अनुभूतियों के सत्य के प्रति भी लेखक संशयग्रस्त हो उठा है, उससे 'दृष्टि' उपजाने और मानव-मूल्यों की सृष्टि की तो बात ही दूर। इसके अलावा वर्तमान परिवेश और वस्तुस्थितियों में (जिसके निर्माण में राजनीति की चेतना का हाथ दिनोंदिन बढ़ता जा रहा है। उसके वास्तविक संघर्ष का स्वरूप क्या होगा इसका निर्णय भी वह वस्तुस्थिति को सफ़ेद और काले खानों में बाँटकर नहीं करेगा।

[1967]

पिछले दशक के युवालेखन के बारे में कुछ मूलभूत बातें

यह लेख कविता से साक्षात्कार पुस्तक में अन्तिम लेख के रूप में संकलित किया गया था इसका रचनाकाल सन् 1970 के आसपास का है। मसलन सन् 1970 में खड़े होकर मलयज पिछले दशक पर दृष्टिपात कर रहे हैं। ग़ौर करें पिछला दशक वही समय है जब नई कहानी, नयी कविता का उत्कर्ष होता है, यही समय है जब स्वतंत्रता के बाद की पीढ़ी जवान होती है, और एक नए भारत का स्वप्न पालती है, निश्चित ही यह स्वप्न उन्हें जवाहरलाल नेहरू के नेतृत्व से मिला था, सन् 1947 में मिला यह स्वप्न साठ के दशक में आकर स्वप्नभंग में बदल जाता है इसी दशक में चीनी आक्रमण (1962) होता है, और इसी दशक में नेहरू और मुक्तिबोध की मृत्यु (1964) होती है। यह लेख दरअसल इन सब घटनाओं-दुर्घटनाओं के बीच युवालेखन की पड़ताल करता है। अगर कहा जाए कि यह लेख सरोज-स्मृति वाले लेख के बाद 'कविता से साक्षात्कार' पुस्तक का सबसे दमदार लेख है तो ग़लत नहीं होगा। इस लेख में नेहरू और उनके बौद्धिक मानस के सम्बन्ध में मलयज ने नए निष्कर्ष निकाले हैं और नई बातें कही हैं। इस लेख में बाहर और भीतर के बंध भी खुलते हैं और साथ ही छठवें दशक के निर्वासन और सत्तर के निर्वासन में गहरा फ़र्क़ बतलाते हुए मलयज अपने समय के निर्वासन को दोहरे निर्वासन की संज्ञा देते हैं। **—तरुण**

पिछले दशक (1960-70) के युवालेखन पर दृष्टिपात करने पर एक बात जो सहज ही उभरकर आती है वह यह कि इस दौरान हमारी जीवन-प्रक्रिया तेज हुई है और, इससे सृजन-प्रक्रिया में भी कुछ मूलभूत परिवर्तन हुए हैं। लेकिन पिछले दशक के युवालेखन को देखने से यह बात भी उतनी ही स्पष्टता से उभरकर आती है कि तेज होती गई जीवन-प्रक्रिया के मुक़ाबले सृजन-प्रक्रिया में तेज़ी नहीं आ पाई है। इस स्थिति के कारणों और उनकी सर्जनात्मक परिणतियों के विश्लेषण में जाने के पूर्व यहाँ मैं इतना संकेत दे देना चाहूँगा कि पिछले दशक का ज़्यादातर युवालेखन

सर्जनात्मक अपेक्षाओं को जगाकर उन्हें पूरा न कर पाने का लेखन रहा है। ऐसा चाहे जीवन-प्रक्रिया और सृजन-प्रक्रिया के बीच किसी बुनियादी अन्तर्विरोध के कारण हो या स्वयं रचनाकार के असामर्थ्य के कारण, पर अपेक्षाएँ जगाकर उन्हें पूरा न कर पाने में जो एक प्रकार की नैतिक ज़िम्मेदारी निहित है उसका एहसास युवा लेखक को भी है। दरअसल यह नैतिक एहसास ही वह ध्रुव बिन्दु है जिससे प्रतिक्रिया यदि एक ओर ग़ैर-ज़िम्मेदार लेखन के मूल में है तो दूसरी ओर ज़िम्मेदार लेखन के मूल में भी है। लेकिन इसके विस्तार में जाने के पहले जीवन-प्रक्रिया और सृजन-प्रक्रिया के बीच उत्पन्न उस अन्तराल को अर्थ-सन्दर्भ देने के लिए एक पृष्ठभूमि प्रदान करना आवश्यक है।

उस ऐतिहासिक मोड़ को जिसके आगे का रास्ता युवालेखन की यात्रा से सीधे जुड़ जाता है चाहे उसे हम नेहरू युग की समाप्ति की संज्ञा दें या 'सन् साठ के बाद' जैसी सीमा-विभाजक काल-रेखा से परिभाषित करें, इस स्थिति में कोई फ़र्क़ नहीं पड़ता कि तभी से वह प्रक्रिया अपने नंगे और क्रूर रूप में तेज होती गई है जिसे व्यक्ति के निर्वासन की प्रक्रिया कहा जा सकता है। व्यक्ति के निर्वासन की धारणा को हिन्दी में अभी तक प्राय: समाजशास्त्र और अर्थशास्त्र के चश्मे से ही देखा जाता रहा है, सर्जनात्मकता के सन्दर्भ में इस पर विचार लगभग नहीं के बराबर हुआ है—जो कुछ हुआ भी है वह भी समाजशास्त्र और अर्थशास्त्र के साहित्यिक उच्छिष्ट के रूप में (इसका एक अपेक्षाकृत ताजा उदाहरण डॉ. रामविलास शर्मा का आलोचना-9 में प्रकाशित 'अस्तित्ववाद और नयी कविता' शीर्षक लेख है)। आलोचना-4 में युवालेखन पर बहस का प्रारूप प्रस्तुत करते समय डॉ. नामवर सिंह ने भी मूलत: व्यक्ति के निर्वासन की मार्क्स की व्याख्या को ही ग्रहण किया है, इस व्याख्या को एक मतवाद के रूप में न लेकर उन्होंने संगत ढंग से हिन्दी के युवालेखन से जोड़ने की कोशिश की है। उनके अनुसार समसामयिक परिवेश से संसक्ति ने व्यक्ति को 'बाहर' (निर्वासित) कर दिया है—असत्य और बेईमानी और शोषण पर आधारित व्यवस्था में घुस पाने और उसका अंग बनकर उसके रस पर ही जीवित रह सकने में अशक्य इस दौर का व्यक्ति बाहर कर दिया गया है। चूँकि पिछले दशक में समसामयिक जीवनबोध को तीव्र करने में सबसे अधिक हिस्सा राजनीति का रहा है, अत: साहित्य के सन्दर्भ में राजनीति द्वारा लाए गए व्यक्ति के निर्वासन की चर्चा यहाँ अप्रासंगिक न होगी।

जो पीढ़ी स्वतंत्रता के बाद जन्मी वह पिछले दशक में ही वयस्क हुई। यह पीढ़ी चार आम चुनावों के माहौल में पली-पुसी पीढ़ी है और राजनीति इसके लिए किसी यूटोपिया को सिद्ध कर दिखाने का सिद्धान्त अथवा आदर्श न होकर उसके पल-पल कठिन होते जाते जीवन-संघर्ष को तेज करते जाने की प्रक्रिया का ही नाम है। हिन्दुस्तान के इस दौर में राजनीति एक ऐसा प्रजातंत्र है जो

व्यक्ति के मूल अधिकारों और विकास की सम्भावनाओं की चेतना को जाग्रत करता है और फिर एक सुस्त व्यवस्था और अकल्पनाशील प्रतिष्ठान द्वारा उन अधिकारों के हनन का अनुभव भी देता है। इस दौर की सिद्धान्तहीन राजनीति के इस अनुभव की नेहरू युग की राजनीति से जरा तुलना कीजिए। नेहरू युग की राजनीति 'भारत की खोज' के आधार पर आशावाद से ग्रस्त एक ऐसी राजनीति थी जिसके पैर यथार्थ पर कम स्वर्णिम मानव-भविष्य के स्वप्न पर अधिक टिके थे। ऐसी आदर्शवादी राजनीति का अन्त यदि मोहभंग में हो तो कोई आश्चर्य नहीं। यह राजनीति मुख्यत: राजनेताओं की राजनीति थी—प्रतिभा के गौरव से सम्पन्न विशिष्ट राजनेताओं की राजनीति—और ऐसी राजनीति के कारण हुए मोहभंग में भी एक प्रकार की ट्रेजिक शान थी। नेहरू युग का साहित्य इसी शानदार मोहभंग का साहित्य है। इसके विपरीत नेहरू युग के बाद की राजनीति आम आदमी की राजनीति है। छात्र-असन्तोष, घेराव और दल-बदल में आम आदमी की ही नस बजती है। जिस राजनीति के अन्तर्गत न्यूनतम कार्यक्रम का झंडा पार्टी सिद्धान्तों के चिथड़े को सिलकर बनाया गया हो वहाँ मोहभंग की कोई गुंजाइश रह ही नहीं जाती : आम आदमी की राजनीति स्थिति के इस कटु स्वीकार से ही शुरू होती है। पिछले दशक का साहित्य बुनियादी तौर पर इस स्थिति के कटु स्वीकार और उसमें उत्पन्न प्रतिक्रियाओं का साहित्य रहा है।

राजनीति को यदि एक जीवित मानव-समूह की आशाओं-आकांक्षाओं को मूर्त करने वाली द्वंद्वात्मक प्रक्रियाओं के रूप में परिभाषित करें तो हम यह कह सकते हैं कि यह द्वंद्वात्मक प्रक्रिया पिछले दशक में ही मुखर हुई है। वैसे भी नेहरू युग की 'प्रगतिशीलता' और 'आधुनिकता' के मूल में विज्ञान की वह चुनौती ही थी जो गौरवशाली सांस्कृतिक परम्पराओं वाले एक अल्पविकसित राष्ट्र को विकसित एवं नवचेतना से उत्सर्जित देश को पश्चिमी राष्ट्रों की चेतना-परम्परा से मिली थी। अपने अतीत सांस्कृतिक वैभव और वर्तमान की विपन्नता का एहसास फिर प्रतिस्पर्धा और अनुकरण का भावविज्ञान की चुनौती के ही परिणाम थे। पर विज्ञान के साथ यह मुठभेड़ धीरे-धीरे एक संकट में बदलती गई। विज्ञान ने जो अपेक्षाएँ जगाई थीं वे पूरी न हो सकीं। क्यों? क्योंकि विज्ञान के साथ नेहरू युग की व्यक्ति चेतना का कोई द्वंद्वात्मक रिश्ता कायम नहीं हो सका। नेहरू युग का विज्ञान मानव-चिन्तन की प्रक्रिया को तेज कर उसे समसामयिक परिवेश के सन्दर्भ में जागरूक मानव-कर्म से जोड़कर व्यक्ति और समाज के सम्बन्धों के ढाँचे में कोई मूलभूत परिवर्तन करने के लिए नहीं था, बल्कि चीन की लम्बी उछाल की तरह बिना उस प्रक्रिया-चक्र को पूरा किए उपलब्धि की परिणति तक पहुँचने की साहसिकता थी। गति के नियम की अवहेलना से प्राप्त इस रोमांटिक साहसिकता का दुखद अन्त मोहभंग में ही हो सकता था। विज्ञान के साथ द्वंद्वात्मक रिश्ते के बनने में परम्परा का बोध बाधक

था—एक गौरवशाली अतीत वाली परम्परा का बोध, जिसे जाग्रत करने में विज्ञान का भी हाथ था और जिसका सिर्फ़ एक अस्पष्ट किन्तु आकर्षक बिम्ब भर रह गया था। नेहरू युग की 'आधुनिकता' दरअसल परम्परा के इस आकर्षक बिम्ब के साथ एक समझौता थी। नेहरू ने जब भाखड़ानंगल को 'आधुनिक युग के तीर्थ' की संज्ञा दी थी तब वे उस छद्म आधुनिकता की ही भाषा इस्तेमाल कर रहे थे जो परम्परा के साथ समझौते से पैदा हुई थी। नेहरू ने विज्ञान को एक जीवन-दर्शन की-सी ऊँचाई प्रदान की और उसे एक नवस्वतंत्रता-प्राप्त राष्ट्र के समक्ष एक विकल्प के रूप में प्रस्तावित किया। यह समय की माँग को देखते हुए ही था। स्वतंत्रता-प्राप्ति के बाद के वर्षों में बराबर महसूस किया जाता रहा कि राजनीतिक स्वतंत्रता ही काफ़ी नहीं है, भारत को आर्थिक दृष्टि से भी स्वतंत्र होना है, और इस दृष्टि का सीधा ताल्लुक़ विज्ञान से माना गया। बड़े-बड़े कारख़ाने और इनसे प्रेरित एक व्यापक सक्रिय वैज्ञानिक चेतना जिससे आर्थिक उत्पादन को गति मिलती रहे। इस दीर्घसूत्री वैज्ञानिक भविष्यवाद में आम आदमी की ज़रूरतें और उनको आधार प्रदान करने वाला बुनियादी अर्थतंत्र छिप गया, न इस अर्थतंत्र के उपलब्ध साधनों का उपयोग किया गया, न ही उन साधनों का विकास कर एक सुदृढ़ इन्फ्रास्ट्रक्चर निर्मित करने की कोशिश की गई जिसकी बुनियाद पर एक औद्योगिक समाज की नींव रखी जा सके। फलस्वरूप विज्ञान का विकल्प अर्थवान नहीं हो पाया। समाज के भीतर गतिशीलता के न रहने से वह द्वंद्वात्मक प्रक्रिया अपेक्षित तेज़ी से नहीं चलने पाई जो विज्ञान की प्रेरणा को एक वास्तविक जीवन-दर्शन के रूप में साकार कर पाती। विज्ञान की द्वंद्वात्मक प्रक्रिया के प्रवाह से अधूरे रूप से जुड़ पाने, बल्कि कालान्तर में धीरे-धीरे उससे कटते जाने का एहसास ही व्यक्ति को निर्वासित करता है।

इस व्यापक पृष्ठभूमि के सन्दर्भ में यह देख सकना मुश्किल नहीं होगा कि नेहरू युग का निर्वासन विज्ञान के साथ अधूरे साक्षात्कार के कारण था, जबकि नेहरू युग के बाद का निर्वासन राजनीति के साथ अधूरे साक्षात्कार के कारण है। फ़र्क़ सिर्फ़ यह है कि पहले निर्वासन की परिणति मोहभंग में हुई थी, जबकि दूसरे निर्वासन की परिणति एक महान साँसत की स्थिति में। पहले निर्वासन में व्यक्ति भीतर से बाहर कर दिया गया था : आदर्शवाद की जिस स्वनिर्मित मीनार में वह बैठा था वह धराशायी हो गई थी : भीतर के रस से 'तथ्य को सत्य' बनाने वाली आन्तरिकता झूठी पड़ गई थी। इस निर्वासन में 'भीतर' के विकल्प के रूप में 'बाहर' की सत्ता थी और बदले हुए समय में यह सत्ता राजनीति की थी—वैज्ञानिक भविष्यवाद की आदर्शवादी तस्वीर के मुक़ाबले अधिक यथार्थ और ठोस, जिसकी धड़कन एक आम आदमी अपनी नब्ज में महसूस कर सकता था। सन् 1967 के आम चुनाव के बाद यह धड़कन सबसे अधिक तेज़ी से महसूस की गई। पर दुर्भाग्य से यहीं से उस राजनीतिक आशावाद और कुंठा का भी जन्म हुआ जिसकी

परिणति उस दूसरे निर्वासन में हुई। नेहरू युग की यह विडम्बना थी कि विज्ञान जैसी वस्तुपरक सत्ता एक प्रगतिशील विकसित समाज का सपना देखने वाली आँख के लिए 'आदर्श' बन गई। पिछले दशक की यह विडम्बना रही कि राजनीति जैसी वस्तुपरक सत्ता जो वायवीय अमूर्तन की काई से व्यक्ति-चेतना को मुक्त करने के साधन के रूप में थी, आत्मनिर्वासन की कारा में बदल गई। इस दूसरे निर्वासन में व्यक्ति 'बाहर' से भी बाहर कर दिया गया। पर इस बार शरण लेने के लिए 'भीतर' जैसी कोई वैकल्पिक सत्ता नहीं थी। इस तरह यह निर्वासन एक स्तर पर व्यक्ति का दुहरा निर्वासन था—'भीतर' से भी 'बाहर' से भी। पिछले दशक के लेखन में 'अस्मिता की तलाश', 'जड़ों की खोज', 'आदिमता की ओर' आदि के स्वर प्रकारान्तर से उस क्षत-विक्षत 'भीतर' की पुनर्रचना कर उसे स्थापित करने के ही प्रयत्न ज़ाहिर करते हैं।

स्वचेतनता का निर्वासन से सीधा सम्बन्ध है। नेहरू युग के विज्ञान ने अपने सूक्ष्म विश्लेषणात्मक औजारों से स्वचेतनता की प्रक्रिया को तेज किया था। व्यक्ति-चेतना का 'भीतर' और 'बाहर' की इकाइयों में विभाजन उस स्वचेतनता की ही देन है। इसलिए विज्ञान द्वारा लाया गया निर्वासन व्यक्ति का अपने आप से निर्वासन था—व्यक्ति अपने मूल उद्वेगों और संवेदनों तक के प्रति स्वचेतन हो उठा। आत्यंतिक जैसी कोई वस्तु नहीं रह गई। छायावाद के जमाने से चले आ रहे 'रहस्य' के अवशिष्ट भी विज्ञान प्रेरित स्वचेतनता में छिन्न-भिन्न हो गए। ऐसे में राजनीति जैसी कर्मप्रधान ठोस वस्तुरूप सत्ता व्यक्ति की एक तात्त्विक आवश्यकता थी। चीज़ों को उनके सही नाम से पुकारने का आग्रह यदि नेहरूयुगीन छलावे से मुक्त एक प्रकार की जुझारू सामाजिकता थी, तो दूसरी ओर उस स्वचेतनता के दंश से मुक्त होने की कोशिश का परिणाम भी था। क्योंकि स्वचेतनता झूठे भ्रमों और सत्य के छायाभासों को जहाँ तोड़ती है वहीं एक घनघोर दुविधा पैदा कर किसी भी सजग कर्म को मुश्किल भी बना देती है। पिछले दशक की साहित्यचेतना ने स्वचेतनता की उस कारा से मुक्त होने के लिए बहुत हाथ-पाँव मारे हैं—इस दौर में हुए विभिन्न प्रकार के साहित्यिक और अर्धसाहित्यिक आन्दोलन तथा नारे उसी चेष्टा के अंग हैं। पर पिछले दशक की मुख्य समस्या अन्ततः निर्वासित 'भीतर' की रचना करने की समस्या ही रही है। दरअसल इस दशक की ट्रेजिडी यह रही है कि इसमें व्यक्ति न तो लौटकर पूरी तरह 'भीतर' की ओर जा सकता था, न अपने को पूरी तरह 'बाहर' को ही समर्पित कर सकता था। यह एक ऐसी साँसत थी जो नेहरू युग में नहीं थी।

मुक्तिबोध की लम्बी कविता 'अँधेरे में' नेहरू युग के निर्वासन को समझने में हमारी कुछ मदद कर सकती है। 'अँधेरे में' का काव्यनायक उसी मनोभूमि की उपज है जब विज्ञान और प्रविधि व्यक्ति के सामने एक गम्भीर सांस्कृतिक

चुनौती के रूप में उपस्थित थे। विज्ञान की तेज सर्चलाइट ने इस काव्यनायक की मन-गुहा के तार-तार प्रकाशित कर दिए हैं और वहाँ इतिहास के मलबे के नीचे दबी हड्डियाँ और कंकाल नज़र आ रहे हैं। सारे मोहक भ्रम टूट चुके हैं और अब एक निर्मम तटस्थता से अपने भीतरी घावों का जायजा लेना और अपने कृत्यों की बखिया उधेड़ना बच रहा है। इस खौफनाक स्थिति से घबराकर काव्यनायक 'भीतर' से 'बाहर' भागता है—'भीतर' का मैं 'बाहर' भागकर एक-दूसरे 'मैं' की सृष्टि करता है। इस भीतरी त्रास से बचने के लिए काव्यनायक 'राजनीति' (परिवेश की सजग सक्रिय चेतना) की तरफ़ जाता है, एक व्यापक अर्थ में अपने को 'प्रतिबद्ध' महसूस करता है। भीतर से बाहर जाने की क्रिया एक प्रकार का माइग्रेशन है जिसमें पुराने नीड़ से बिछुड़ने की कचोटती हुई मर्मव्यथा और नए नीड़ की सम्भावनाओं का आतुर उल्लास दोनों ही होता है। 'अँधेरे में' का एक स्वर गहन अवसाद और करुणा का भी है। साथ ही उसमें बाह्य परिवेश के प्रति एक ज़बरदस्त खिंचाव और उस परिवेश की मूल प्रेरक शक्तियों के भीतर तक घुस पड़ने वाली एक अन्तर्वेधी दृष्टि भी है। जिस विज्ञान ने उसे स्वचेतन बनाकर उसे अपने 'भीतर' से निर्वासित किया वही अब 'राजनीति' में उसके लिए विश्लेषण का एक प्रखर औजार सिद्ध हो गई है। 'अँधेरे में' का काव्यनायक यदि अँधेरे के बाहर आ सकेगा तो इसी औजार की मदद से—यथार्थ-चेतना को विकृत करने वाली आदिम रहस्यमय गुहाशक्तियों के जंजाल काटता हुआ।

पर सन् साठ के बाद वाले दौर में स्थिति इससे भिन्न है। इस दौर के लेखन में जो काव्यनायक प्रतिष्ठित है उसे 'बाहर' के प्रकाश में अपने अँधेरे से मुक्ति नहीं मिलती। वह 'बाहर' की चकाचौंध से भागकर फिर 'भीतर' जाना चाहता है, पर वहाँ एक मौन रक्तपात है, स्वयं अपने ही हाथों की गई एक हत्या है। एक नए कवि के शब्दों में कहें तो हालत यह है कि 'बेहद निजीपन की हत्या और शिनाख्त ही आज कविता है' (देवेन्द्र कुमार, आलोचना-4)।

अपने हाथों की जाने वाली इस हत्या का सिलसिला अभी बन्द नहीं हो गया है, बल्कि मेलोड्रामा ही हद तक पहुँच चुका है।

डॉ. नामवर सिंह ने अपनी बहस के प्रारूप में जब युवा पीढ़ी के 'बाहर' कर दिए जाने की बात कही थी तब निराला की यह पंक्ति "बाहर मैं कर दिया गया हूँ भीतर पर भर दिया गया हूँ" उद्धृत करते हुए यह भी कहा था कि आज की युवा पीढ़ी भीतर से भर दी गई है। मेरे विचार से यह दूसरी बात शायद वे निराला की पंक्ति को युवा पीढ़ी के सन्दर्भ में सम्पूर्णतः सटीक दिखा देने के उत्साहवश कह गए हैं क्योंकि उनके लेख में युवा पीढ़ी की आन्तरिक सम्पन्नता और भराव का कोई विवेचन-विश्लेषण नहीं मिलता। बल्कि लेख के स्वर से तो कुल मिलाकर यही लगता है कि डॉ. नामवर सिंह युवा पीढ़ी से आशान्वित चाहे भले हों, आश्वस्त नहीं हैं। इस दुविधा

के कारण ही उनके लेख में युवा पीढ़ी के 'बाहर' से निर्वासन की क्रूर विडम्बना का न तो स्पष्ट चित्र बनने पाता है, न ख़ून से लथपथ 'भीतर' की अनिवार्य ट्रेजिडी का मर्म ही उघर पाता है। दरअसल इस प्रकार की वकालत उस रक्तरंजित 'भीतर' को छिपाने का एक 'डिफ़ेन्स मैकेनिज़्म' है जिसमें कवियों-लेखकों के साथ कुछ आलोचक-समीक्षक भी शामिल हैं।

स्थिति यह है कि बाहर और भीतर के हाशिए के बीच आज की रचनाशीलता विकेन्द्रित-सी झूल रही है। इसीलिए उसमें एक निरन्तर गति है, गति की तेज़ी है, क्योंकि अनुभूति के एक बिन्दु और दूसरे बिन्दु के बीच कुछ भी थिर रहने नहीं पाता, अनुभूति किसी केन्द्र की सघनता में कसने, क्रिस्टल बनने के पहले ही स्वचेतनता की आँच में पिघलकर तरलायित हो जाती है, गति का नैरन्तर्य और उस नैरन्तर्य की ऊब और थकान। समकालीन लेखन में वह गति भी है और वह ऊब भी—अपने तमाम 'डिफ़ेन्स मैकेनिज़्म' के बावजूद।

यह गति और ऊब एक ही चक्की के दो पाट हैं, और वह चक्की है आत्मनिर्वासन। मुक्तिबोध ने लिखा है—

पिस गया वह भीतरी
औ बाहरी दो कठिन पाटों बीच
ऐसी ट्रेजिडी है नीच।

चक्की के ये दो पाट हैं परिवेश के साथ तीव्र लगाव और किसी केन्द्र स्थान का न होना। एक तरह से यही ट्रेजिडी मुक्तिबोध की भी थी। यदि उनका व्यक्तित्व विकेन्द्रित होकर बिखरने नहीं पाया तो सिर्फ़ इसलिए कि वे एक अद्‌भुत स्नायविक ऊर्जा से इन दोनों पाटों के बीच अन्त तक एक तनावपूर्ण सन्तुलन बनाए रख सके। फ़ैंटेसी की रचना एक प्रकार का आन्तरिक पलायन है, पर मुक्तिबोध की फ़ैंटेसी में भी उस तनावपूर्ण सन्तुलन की सक्रिय और भौतिक ध्वनियाँ सुनाई पड़ती हैं। दरअसल तनाव में व्यक्त होने वाली स्नायविक ऊर्जा के कारण ही मुक्तिबोध की कला-संवेदना एक पतली झिल्ली के नीचे धड़कते हुए जीवित मांस-पिंड की तरह संवेद्य लगती है जिसे मानो उँगली से छुआ जा सकता है। और इस अपार स्नायविक ऊर्जा के कारण ही मुक्तिबोध की कला बच जाती है, अन्यथा आधुनिक मनुष्य के जिस भय और संत्रास का दबाव वे झेलते हैं वह उनके व्यक्तित्व के द्वंद्वात्मक सन्तुलन को छिन्न-भिन्न कर दे सकता था।

सर्जनात्मक तनाव और अन्तर्निष्ठा के परस्पर सम्बन्ध के सन्दर्भ से मैंने तनाव के एक 'ख़तरनाक बिन्दु' की चर्चा की है और यह दिखाने का प्रयत्न किया है कि एक कलाकार की अन्तर्निष्ठा अपनी कला-संवेदना को उस 'ख़तरनाक बिन्दु' के अधिक से अधिक निकट रखकर उस पर पड़ने वाले सारे दबावों को शिद्दत से

महसूस करते हुए सर्जनात्मक तनाव को बिखरने न देने में है। इस तरह अन्तर्निष्ठा कायम रखने का प्रश्न अन्ततः स्नायविक ऊर्जा को अटूट बनाए रखने का प्रश्न बन जाता है। मुझे ऐसा लगता है कि पिछले दशक के युवालेखन ने समसामयिक युगबोध के समूचे फैलाव और उसकी अनिवार्य संसक्ति से उत्पन्न तनावों को उस ख़तरनाक बिन्दु तक रखकर अन्तर्निष्ठा बनाए रखने लायक भरपूर स्नायविक ऊर्जा नहीं प्रदर्शित की है।

समकालीन जटिल परिवेश का तीव्र एहसास और सर्जनात्मक धरातल पर उसकी चुनौती को फलीभूत न कर पाने की स्थिति में ही अक्सर सरलीकरण की प्रवृत्ति पनपती है जिसका विघटित रूप संवेदना और भाषा दोनों के ही फार्मूलाबद्ध हो जाने में दिखाई देता है। सरलीकरण एक प्रकार का शार्टकट है जो स्नायविक ऊर्जा की कमी का संकेत देता है। बहुत पहले शमशेर बहादुर सिंह ने प्रयोगवाद को 'नर्वस ब्रेकडाउन' की कला कहा था। आज की ज़्यादातर कविता को अगर 'नर्वस डैबिलिटी' की कला कहा जाए तो शायद अत्युक्ति नहीं होगी। आज का न सिर्फ़ अधिकांश लेखन बल्कि विद्रोह की मुद्राएँ भी क्यों शाब्दिक लगती हैं? इसलिए नहीं कि उसके पीछे अनुभूति की प्रामाणिकता नहीं है या वह भोगे हुए यथार्थ से नहीं उपजा है, बल्कि इसलिए कि संवेदना और उसकी धारक भाषा के बीच कार्यरत तनाव ढीला पड़ गया है या बिखर गया है। ऐसा होने पर सच्ची संवेदना के रहने पर भी शब्द मुर्दा पड़ जाते हैं और प्रामाणिक लेखन छद्म लेखन बन जाता है। कहना न होगा कि संवेदना और भाषा के बीच कार्यरत उस तनाव को खुराक स्नायविक ऊर्जा से ही मिलती है।

मैंने स्नायविक ऊर्जा की कमी को किसी जीवनमूलक कसौटी के रूप में नहीं, बल्कि सर्जनात्मक प्रतिफलन के रूप में ही ग्रहण किया है। युवालेखन के सन्दर्भ में अक्सर 'विद्रोह' और 'आक्रोश' जैसे शब्द प्रत्ययों का प्रयोग किया जाता है। आलोचना-4 की युवालेखन पर बहस में भी यह बात उभरकर आई है कि युवा पीढ़ी ने अपनी विशेष और अद्वितीय ऐतिहासिक स्थिति के कारण वह कुछ कर दिखाया है—चाहे वह यथार्थ का बिना लाग-लपेट का चित्रण हो, सैक्स और राजनीति हो अथवा आडम्बरहीन प्रत्यक्ष संवेदनों से उत्पन्न ग़ैर-रूमानी भाषा-प्रयोग—वह पूर्व पीढ़ी और बिचली पीढ़ी के बूते का न था। मेरे विचार से विद्रोह और आक्रोश तथा इनसे जुड़ने वाले सभी सन्दर्भ यही प्रकट करते हैं कि युवा पीढ़ी ने एक परिवर्तित ऐतिहासिक भूमिका में अपनी स्थिति को साहसपूर्वक स्वीकार किया है, और कम-से-कम इस साहसपूर्ण स्वीकार के कारण ही युवालेखन महत्त्वपूर्ण माना जाएगा। पर जिस तरह से यह विद्रोह और आक्रोश धीरे-धीरे चीख़ और हुल्लड़ के एक पैटर्न का रूप अख़्तियार करता गया है—इस हद तक कि कुछ लोग भाषा और संवेदना के अवमूल्यन की बात करने लगे हैं—उससे यही लगता है कि

उस ऐतिहासिक भूमिका में पड़ जाने के बाद उसकी नियामक जीवन-प्रक्रिया के साथ गहन स्तरों पर तो युवालेखन बराबर चलता रहा, किन्तु सृजन-प्रक्रिया कहीं पीछे पड़ती चली गई। सृजन-प्रक्रिया के मन्द पड़ जाने के कारण ही विद्रोह और आक्रोश झूठा पड़ने लगा है।

इसके बावजूद युवालेखन में 'मानवीयता की अनुपस्थिति' ढूँढ़ना या उसे नैतिक असंवेदन का लेखन करार देना उसके साथ ज़्यादती करना है। युवालेखन का जो ग़ैर-ज़िम्मेदार अंश रहा है उसे भी इस दृष्टि से ख़ारिज नहीं किया जा सकता। जैसाकि इस लेख के प्रारम्भ में ही संकेत दिया जा चुका है, ग़ैर-ज़िम्मेदार लेखन के मूल में भी जीवन-प्रक्रिया और सृजन-प्रक्रिया के बीच के अन्तराल का एहसास ही है। ग़ैर-ज़िम्मेदार लेखन में अक्सर जीवन-प्रक्रिया सृजन-प्रक्रिया पर हावी रहती है। फलस्वरूप उसमें सर्जनात्मक तनाव उपस्थित नहीं होता। जबकि ज़िम्मेदार लेखन में दोनों ही प्रक्रियाओं के बीच एक समानान्तर सर्जनात्मक तनाव बराबर बना रहता है। इस प्रकार ग़ैर-ज़िम्मेदार लेखन सर्जनात्मक दृष्टि से विकेन्द्रित या स्वचालित लेखन होता है। विकेन्द्रित अथवा स्खलित लेखन का पूरा विवेचन प्रस्तुत कर सकना यहाँ सम्भव नहीं है, पर उसके बारे में इतना अवश्य कहा जा सकता है कि ग़ैर-ज़िम्मेदार लेखन अप्रासंगिक होते हुए भी अप्रामाणिक नहीं है। अप्रासंगिक इसलिए कि उसके आधार पर किसी स्पृहणीय सृजन मूल्य की कसौटी नहीं निर्धारित की जा सकती और अप्रामाणिक इसलिए नहीं क्योंकि उसमें जीवनानुभवों का दबाव प्रतिपल महसूस होता रहता है। जिसमें यह दबाव भी न हो वस्तुतः उसे ग़ैर-ज़िम्मेदार लेखन नहीं कहना होगा, बल्कि उसे लेखन ही नहीं कहना होगा। अकविता और 'अ' उपसर्ग मूलक सब साहित्य-आन्दोलन भी इस अर्थ में अलेखन नहीं हैं।

अन्त में, ग़ैर-ज़िम्मेदार लेखन और छद्म लेखन में फ़र्क़ करना ज़रूरी है। ग़ैर-ज़िम्मेदार लेखन में कम-से-कम जीवनानुभूतियों का दबाव तो रहता है, चाहे वह दबाव सर्जनात्मक परिणति तक पहुँचने के पहले ही बिखर जाए। देखें तो ग़ैर-ज़िम्मेदार लेखन की समस्या भी यही है कि वह परिवेशजन्य प्रतिक्रियाओं के तनावों को एक निश्चित तापमान पर बराबर कायम नहीं रख पाता। अतः इसमें रचना तनावों में नहीं, तनावों से मुक्त होने में होती है। सर्जनात्मक स्तर पर तनाव से मुक्त होने की कोशिश एक प्रकार से रचना के नैतिक दायित्व से चूकने का लक्षण है, एक असामर्थ्य का द्योतक। इस चूक और असामर्थ्य के कारण ही नीयत में ईमानदार होते हुए भी ग़ैर-ज़िम्मेदार लेखन अप्रासंगिक लेखन हो जाता है। छद्म लेखन के साथ इस प्रकार की कोई समस्या नहीं होती, क्योंकि वह जीवनानुभूतियों का नहीं जीवन की मुद्राओं का लेखन होता है। मुद्राएँ आकर्षक भी हो सकती हैं और चौंकाने वाली भी, और जिस माहौल में जीवन-मूल्यों और सृजन-मूल्यों का

स्पष्ट विवेक न हो वहाँ वे जीवित का भ्रम भी पैदा कर सकती हैं। इस बात की सम्भावना बहुत अकल्पनीय नहीं दीखती कि हिन्दी का बहुत-सा युवालेखन एक ओर यदि ज़िम्मेदार लेखन और ग़ैर-ज़िम्मेदार लेखन के बीच के किसी स्तर पर चल रहा है तो दूसरी ओर ग़ैर-ज़िम्मेदार लेखन और छद्मलेखन के बीच के किसी स्तर पर भी चल रहा है। इन तमाम स्तर-भेदों की सूक्ष्म पड़ताल युवालेखन की सर्जनात्मकता पर निश्चय ही कुछ नया प्रकाश डाल सकती है।

[1970]

अमूर्त ज्यामिति से बाहर

यह लेख मलयज की मृत्यु के पश्चात् राजकमल प्रकाशन से 1984 में प्रकाशित पुस्तक 'संवाद और एकालाप' का प्रथम लेख है। यह लेख विजय सोनी के चित्रों की प्रदर्शनी की समीक्षा के रूप में लिखा गया था। इस लेख को पढ़ने के उपरान्त मलयज के चित्रकारी के शौक़ और चित्रों में उनकी रुचि की झलक ही नहीं मिलती अपितु उनकी कलादृष्टि को समझने के लिए यह लेख आधार मुहैया कराता है। इस लेख में कहीं-कहीं मलयज की बातें दर्शन की हद में जाती मालूम पड़ सकती हैं पर मलयज यहाँ विजय सोनी के चित्रों के बहाने आधुनिकता में अमूर्तन की स्थिति और सौन्दर्यचेतना पर विचार कर रहे हैं। **—तरुण**

विजय सोनी के अभी हाल में नई दिल्ली की कोणार्क कलावीथी में प्रदर्शित चित्रों को देखकर जो पहला अनुभव होता है वह यह कि आकृतिमूलक चित्रकार न होते हुए भी सोनी अमूर्तन के चित्रकार नहीं हैं। यह अनुभव सोनी की चित्र-रचना की मूल बनावट और स्वभाव को समझने में एक महत्त्वपूर्ण शुरुआत भी साबित हो सकती है। सोनी की चित्र-रचना के सन्दर्भ में अमूर्तन की चर्चा इसलिए और भी प्रासंगिक हो उठती है कि प्राय: अमूर्तन को आधुनिकता का पर्याय मानने का रुझान हमारे यहाँ काफ़ी व्यापक हो चला है। यह सही है कि आधुनिक कला-रचना में अमूर्तन एक मूलभूत प्रतिज्ञा है, पर किसी केन्द्रवर्ती सृजनात्मक तनाव के अभाव को आधुनिकता के चालू मुहावरों और 'क्लीशे' की ऊपरी तड़क-भड़क में छिपा देने में भी अमूर्तन बड़े काम का सिद्ध होता है। अमूर्तन दरअसल अनुभवों की विस्तारप्रक्रिया की एक दृष्टि-युक्त दिशा है; पर जहाँ दृष्टि नहीं वहाँ यह अनुभवों की सीमाओं को ही उजागर करता है। अमूर्तन का कला में प्रयोग एक शैली-विशेष को अपनाने का आग्रह मात्र नहीं है, वरन् यह रचनात्मक अनुभव की प्रकृति का भी निर्देश करता है। अत: जहाँ अमूर्तन को मात्र शैली के रूप में ग्रहण किया जाता है वहाँ इस बात की अधिक आशंका रहती है कि कहीं वह शीघ्र ही चालू मुहावरों के दलदल में फँसकर सम्पूर्ण कला-रचना को 'लिटरेरी' अथवा 'डिजाइन' के रूप में न बदल दे।

एक अमूर्तन उस प्रकार का भी होता है जिसमें कैनवस पर रंग और रूपाकार एक अतीन्द्रिय सत्ता बन जाते हैं—अति सूक्ष्म, बौद्धिक संवेदनों द्वारा ही ग्राह्य—जैसे कि साहित्य में अर्थ से परे का नाद-सौन्दर्य—जो हमारे मन-पटल पर किसी 'कंक्रीट' अर्थ की चेतना अंकित नहीं करता, बस एक अरूप विचार अथवा बिम्ब का आभास देता है। ऐसा अमूर्तन एक स्तर पर प्रेक्षक/भावक को उसकी औसत भाव-विचार-संवेग-जटिल मानसिकता से निर्वासित कर उसे एक विरल और परिशुद्ध बौद्धिक संवेदन-लोक में ले जाता है जहाँ रंग सिर्फ़ रंग हैं और आकार सिर्फ़ आकार, और रचना इतनी निर्वैयक्तिक कि वह प्रेक्षक/भावक को इस बात की पूरी छूट दे देती है कि वह उसमें कोई सार्थक संयोजन तलाश कर ले। इस तलाश की कोशिश में हमेशा सफलता नहीं भी मिल सकती है और तब प्रेक्षक/भावक के लिए इस बात की छूट होती है कि वह ऐसी कला-रचना को महज़ बुद्धि-विलास की चीज़ मान ले।

दिल्ली में आए-दिन होती रहनेवाली चित्र-प्रदर्शनियों को देखकर अमूर्तन के इन दोनों ख़तरों का स्वरूप कुछ अधिक स्पष्ट हो जाता है।

विजय सोनी अभी अमूर्तन की उस सीढ़ी पर हैं जहाँ वह उन्हें एक नए अनुभव-संसार में प्रवेश करने और उस अनुभव-संसार को रचना-संसार में रूपान्तरित करने को प्रेरित करती है, बस। क्योंकि सोनी के पास कहने को कुछ 'ठोस' है—हालाँकि उनके चित्र 'उस कुछ' के कहने की बनिस्बत 'उस कुछ' की खोज के दस्तावेज़ ज़्यादा मालूम पड़ते हैं। महत्त्वपूर्ण बात यह है कि सोनी अपने आत्मकथ्य की खोज रचना की बुनियादी शर्तों पर करना चाहते हैं। उनके चित्रों के पीछे कार्यरत एक बेहद उग्र बेचैनी का आभास मिलता है; उनके गहरे रंग अपने भीतर कोई सुलगती हुई शान्त आग छिपाए लगते हैं, उनकी रेखाकृतियाँ बार-बार जैसे एक ही विलम्बित लय के तीव्र खंडों को लपेटकर रखती हुई प्रतीत होती हैं। लेकिन इस आग और उग्र बेचैनी के बावजूद कहीं कोई एक सीमा-रेखा है जो सोनी को उनकी अनुभूति में निहित अराजकता के संसार से बचाए रखती है। उनके चित्रों की सफ़ाई, रंग-स्पर्श से झलकनेवाली कोमलता, आत्मीयता और अन्तरंगता, आकृतियों का सहज लयात्मक सन्तुलन उनकी कला के गम्भीर आत्मसंयम का ही संकेत देते हैं।

सोनी अपने आत्मकथ्य की खोज के लिए 'बाहर' नहीं, 'भीतर' की ओर देखते हैं। उनके चित्रों में स्पष्ट अथवा अस्पष्ट रूप से दीख पड़नेवाले चिड़िया, मछली, चन्द्रमा और कुछ हद तक मानव-देहाकृतियों का सरोकार किसी बाह्य दृश्य-सत्ता से उतना नहीं जितना उनके अन्तर्मन में जन्म ले रहे रूपाकारों से होता है। सोनी के कुछ चित्रों में, विशेष रूप से स्त्री-अंगों को लेकर पाए जानेवाले 'डिस्टार्शन' के पीछे यही तर्क काम करता है—वे वस्तुओं को वस्तुओं की तरह नहीं पकड़ते, बल्कि अपने अन्तर्मन की किन्हीं सजीव भाव-सत्ताओं की छायाओं

की तरह पकड़ते हैं। इस प्रयास में सोनी किसी मानवीय सचाई को यथार्थ की शक्ल नहीं देते, वरन् उस मानवीय सचाई को अन्वेषित करने में अपनी उत्कट लालसा का गति-चित्र पेश करते हैं। इसी से उनके चित्रों में एक प्रकार का गत्वर प्रवाह मिलता है। उनके रंग स्थिर कैनवस पर चिपके हुए नहीं लगते, बल्कि आँखों से गिरनेवाले प्रकाश का अनुसरण कर इधर-उधर बेचैन डोलते नज़र आते हैं; उनकी रेखाओं का कैनवस के 'स्पेस' पर विभाजन एक सन्तुलन की सृष्टि-भर नहीं करता, बल्कि एक सन्तुलित फ्रेम में किसी गतिशील अनुभव केन्द्र की ओर खिसकता-बढ़ता लगता है। जहाँ उनके रंग गहरे और जमे हुए हैं वहाँ वे किसी शान्त विस्फोट की पूर्व-सूचना-से लगते हैं।

इस सन्दर्भ में सोनी के एक चित्र, जिसे मैं सुविधा के लिए 'लाल कैनवस' कहूँगा, का विशेष रूप से उल्लेख किया जा सकता है। इस चित्र में रचना के कई स्तर हैं। एक स्तर पर गहरा लाल रंग है जो कहीं-कहीं इतना गहरा है कि कालिमा की हदों को छूने लगता है, मानो गाढ़ा रक्त भूरा-नीला पड़कर जम गया हो। यह लाल रंग समग्र रूप से इस चित्र का एक माहौल बनाता है—एक ऐसी पृष्ठभूमि का माहौल जिस पर कुछ नाटकीय 'घटित' होनेवाला हो। दूसरा स्तर इस सम्भावनागर्भित लाल पृष्ठभूमि को सहसा एक अत्यन्त गतिशील प्रवाह में विस्फोटित कर देता है : प्रकाश के कुछ धब्बे, मछली जैसे दिखनेवाले कुछ रंग-रेखाकार, घने और तरल रंग-स्पेस : रंगों के सौरमंडल में घूमते हुए आकार-पिंड—ये सब अपनी 'उपस्थिति' से एक ओर तो 'वस्तुओं' का भ्रम जगाकर 'स्पेस' पर लाल रंग के एकाधिकार को ख़त्म करते हैं, और दूसरी ओर लाल पृष्ठभूमि में निहित उस नाटकीय सम्भावना को सचमुच ही 'घटित' करते हैं। सोनी के इस चित्र की तुलना उनके एक दूसरे चित्र से की जा सकती है जिसे मैं यहाँ 'सफ़ेद कैनवस' कहूँगा। इस चित्र के आधे निचले भाग में गहरे नीले रंगों से परस्पर गुँथी हुई, पर स्पष्टतः रंग-रेखांकित, आकृतियाँ हैं, और प्रायः आधा-सा ऊपर का भाग सफ़ेद रंग से पुता है। इसमें भी रचना के कई स्तर हैं। नीचे की गहरी नीली, कहीं-कहीं काली पड़ी हुई नीली, आकृतियाँ नियंत्रित गहन उद्वेग को व्यक्त करती हैं; और इस प्रभाव को उभारता है ऊपरी भाग का सफ़ेद पटल नीचेवाले भाग के उद्वेग की गहनता को एक निर्मम तटस्थता प्रदान कर। इस चित्र में रचना के ये दोनों स्तर एक-दूसरे के पूरक हैं, पर एक-दूसरे से इन्वाल्व्ड नहीं, जैसे कि वे लाल कैनवस में हैं। लाल कैनवस में चित्र-रचना के प्रत्येक अवयव और घटक जैसे एक-दूसरे को काट और बना रहे हैं, और इस प्रकार एक गतिशील प्रवाह की सृष्टि कर रहे हैं। सफ़ेद कैनवस में वैसी गति नहीं है, बल्कि एक गहराई है। उसकी नीली आकृतियाँ भावनाओं के गहरे सागर की चट्टानें लगती हैं, सख़्त और निस्पन्द। ऊपरी भाग की सफ़ेदी एक कंट्रास्ट प्रस्तुत कर मानो इस गहराई और उस चट्टानी प्रभाव को पुष्ट करती है।

सोनी प्रेक्षक की कल्पना को उत्तेजित कर उसे अमूर्त प्रत्ययों अथवा ख़ामख़यालियों से बने किसी परिशुद्ध बौद्धिक लोक में निर्वासित नहीं करते, बल्कि चेतना के उस सन्धिस्थल की ओर ले जाते हैं जहाँ ऐन्द्रिकता का ताप और वेग एकबारगी स्थूल प्रभावों की ओर मुड़ने के बजाय एक पारदर्शी मासूम सौन्दर्य में छनने लगता है। सोनी की आकृतियों के घुमाव और मोड़—जो प्राय: मानव-देहों के परस्पर गुम्फित आकारों की शक्ल अख़्तियार कर लेते हैं—स्पष्टत: उनकी उत्कट ऐन्द्रिय चेतना का आभास देते हैं। उनके रंग गाढ़ी लालसा की चमक से चमकते और उसकी तरलता से फीके पड़ने लगते हैं। किन्तु यह ऐन्द्रिय चेतना प्रबल होते हुए भी बहुत मुखर नहीं है। शायद सोनी के अन्तश्चेतन में अब भी एक भावुक सम्भ्रम बना हुआ है जिसे वे यथार्थ के सीधे साक्षात्कार के नाम पर तोड़ देना पसन्द नहीं करते। शायद यही कारण है कि सोनी के चित्रों की आकृतियाँ उद्दाम इच्छा से तनी मानव-देहाकृतियों के साथ-साथ कभी पक्षी के डैने तो कभी मछली और चाँद के सरल और मासूम आकारों जैसी भी लगने लगती हैं। आशय का यह दुहरापन सोनी की रचना-प्रेरणा के मूल में है। वे जीवन की दुर्दमनीय वासना को भोग की रंगीन लिप्सा से नहीं वरन् सौन्दर्य-सृष्टि की अनिवार्य विह्वलता से भोगते हैं। इसी से उनकी ऐन्द्रिकता गद्यात्मक न होकर पद्यात्मक है। उसमें एक गीतात्मक लय है जो उनके रंग और रेखा दोनों के ही इस्तेमाल में ज़ाहिर होती है।

जिस आन्तरिक तन्मयता और आग्रहशीलता से सोनी अपनी ऐन्द्रिकता को रूपायित करते हैं उससे यही लगता है कि उनकी ऐन्द्रिकता अपने आपमें साध्य न होकर साधन है—एक अनवरत तलाश का माध्यम। उनका 'लाल कैनवस' ऐन्द्रिकता की परिधि का अतिक्रमण कर सौन्दर्य-रचना के एक ऐसे क्षेत्र में प्रवेश कर लेता है जहाँ कुछ और छू लेने, पा लेने की तड़प व्यक्त होती है। किन्तु सोनी की ऐन्द्रिकता का आधार बौद्धिक नहीं है, वह भावनात्मक ही है, पर इस भावनात्मकता में गर्मी और वेग होते हुए भी अनुभूति के रचना-विधान को तोड़-फोड़ देनेवाला अन्ध आवेग नहीं है। बल्कि इसके विपरीत सोनी की ऐन्द्रिकता में एक ऐसी गूढ़ रहस्यमयता है जो कभी-कभी उनके चित्रों में एक अव्याख्यायित सौन्दर्य का प्रभाव छोड़ जाती हैं। सोनी अपनी अनुभूतियों की इस रहस्यमयता को महसूस करते हैं, उसे विश्लेषित नहीं करते। इसी से उनके कुछ चित्रों में दीख पड़नेवाले चिड़िया, मछली तथा मानव-अंगों के आकार प्रतीक नहीं हैं—वे सोनी के अन्तर्जगत् को रूप देनेवाले, या शायद यह कहना अधिक सही होगा कि उनके अन्तर्जगत् की ओर इंगित करनेवाले आकार हैं, किसी सजग बौद्धिक आरोपण के परिणाम नहीं। लगता है सोनी की मुख्य समस्या मानव-इन्स्टिंक्ट को पारदर्शी कला-रूपों में साक्षात्कृत करने—और इस तरह अपने को उपलब्ध करने—की है, उसे एक सजग बौद्धिक रचनात्मकता से सम्पृक्त कर किसी व्यापक अमूर्त अर्थ-संसार से जोड़ने की नहीं।

किन्तु सोनी की सौन्दर्य-चेतना एक 'इस्थीट' की सौन्दर्य-चेतना नहीं है, न ही उनके चित्रों की 'वर्कशॉप' किसी हाथी-दाँत की मीनार के भीतर है। उनके तनाव आज की समसामयिक चेतना से ही उपजे हैं, पर उनकी चिन्ता का रूप भौतिक की बनिस्बत नैतिक अधिक है—और यह चिन्ता है 'आज की चीख़-पुकार में एक बहुत कोमल तान/ खो गई है/उसे पाना'* सोनी के संघर्ष का मूल और उनकी विशिष्टता भी यही है कि वे पहले तो जीवन के भौतिक और स्थूल के बजाय सूक्ष्म और नैतिक पक्ष को चुनते हैं, फिर इस सूक्ष्म और नैतिक को अमूर्त के बजाय मूर्त रूपाकारों में पाना चाहते हैं। सोनी की रचनात्मक ऊर्जा उनके कला-व्यक्तित्व के इस संघर्ष से ही उत्पन्न होती है। उनके चित्रों में पाई जानेवाली गतिशीलता का यही राज है जो अक्सर उनके चित्रों को एक पारदर्शिता प्रदान करती है : कैनवस पर रंग की सतहें गहरी हो उठती हैं और गहराई सतह पर चमकने लगती है। इस गतिशीलता के रहते ही सोनी मूर्त की पकड़ में भी नहीं हैं और अमूर्त की भी नहीं। उनका कथ्य न ठोस और शरीरी है, न सूक्ष्म और वायवीय तरंगाकुल। उनमें स्थिरता और प्रवाह एक साथ है। इस मूल द्वंद्व की चेतना जहाँ उनके चित्रों में तेज़ी से उभरती है वहाँ वे अत्यन्त सजीव लगते हैं; जहाँ ऐसा नहीं होता वहाँ द्वंद्व से थकित चेतना का अवसाद एक भावुकता में बदल जाता है और सोनी अनायास 'लिरिकल' हो उठते हैं। सोनी का यह द्वंद्व अभी उतार पर नहीं है और शायद इसी कारण उनके साथ इस बात का ख़तरा फ़िलहाल नहीं है कि वे अपने-आपको दुहराने लगेंगे।

'दिनमान' में विजय सोनी की इस चित्र-प्रदर्शनी की समीक्षा करते हुए कहा गया था कि सोनी की इसी साल आयोजित उनकी पहले की दो चित्र-प्रदर्शनियों से परिचित प्रेक्षक को इस तीसरी प्रदर्शनी में कुछ नया अथवा विशिष्ट नहीं मिलेगा। मेरे विचार से यह धारणा जल्दबाज़ी का परिणाम है। विजय ने अपनी चित्र-रचना की शुरुआत पोलैंड में की थी और भारत में उनकी पहली प्रदर्शनी (जनवरी, 1969) में उनके पोलैंड-काल के ही चित्र थे। वस्तुतः अपनी चित्र-रचना के इस दौर में सोनी के प्रयोग मुख्य रूप से रंग-प्रयोग हैं। उनमें नए-नए रंग-प्रभावों को आजमाने, उनकी प्रभावशीलता खोजने और उनके माध्यम से एक अनोखे दृश्य-संसार की रचना करने का प्रयास है। इसी से ये चित्र रंगों का उत्सव-सा मनाते लगते हैं। उनकी दूसरी प्रदर्शनी (मार्च 1969) के अधिकांश चित्रों की रचना हिन्दुस्तान में ही हुई, और इन चित्रों में आकार के प्रयोग हैं जो सोनी की अनुभूतियों में नए रचनात्मक मोड़ की सूचना देते हैं। इनमें प्रयुक्त रंगों में पहले जैसी विविधता या चमक नहीं पाई जाती, बल्कि उनमें एक प्रकार का सादापन है। इन चित्रों में सोनी की चेतना माध्यम से अधिक आशय की अर्थवत्ता की तलाश करती है—अवश्य ही यह तलाश स्थूल

* सोनी की चित्र-प्रदर्शनी पर शमशेर बहादुर सिंह की एक कविता से।

आकारों के ज़रिये न होकर दिक् और रंग के संयोग से उत्पन्न अरूप आकारों के ज़रिये होती है—

रंगों का दुरूह जहान
दिशाओं को जाल में घेरकर (क्यों नहीं)
—अपनी अमूर्त ज्यामिति में—
साँसों को ठोस और मूर्तमान भी
कर ले जाएगा।

—सोनी की दूसरी प्रदर्शनी के उद्‌घाटन-स्वरूप रची गई (और 'दिनमान' में प्रकाशित) अपनी कविता की इन पंक्तियों में शमशेर बहादुर सिंह ने साँसों को ठोस और मूर्तिमान कर ले जाने की जिस सम्भावना की ओर संकेत किया है उसका वास्तविक रूप सोनी की इस तीसरी प्रदर्शनी (दिसम्बर 1969) में ही देखने को मिला। पहले की दोनों प्रदर्शनियाँ प्रेक्षक के लिए तृप्तिदायक होकर भी कुछ अधूरा प्रभाव छोड़ती थीं। इस तीसरी प्रदर्शनी में लगता है जैसे सोनी की रंग-चेतना और आकार-चेतना संघटित होकर निखरी है, जैसे दो स्तरों पर चलनेवाली प्रक्रियाएँ आपस में सम्पृक्त होकर एक नए प्रभाव-क्षेत्र की ओर उन्मुख हुई हैं। सोनी का 'लाल कैनवस' इन दोनों प्रक्रियाओं के संघटन से जन्मी एक सशक्त कृति है जो सोनी के अब तक के कला-व्यक्तित्व की उपलब्धि है। इस प्रदर्शनी से यह भी स्पष्ट हो जाता है कि सोनी रंग और आकार सम्बन्धी अपनी एकायामी प्रयोगशीलता के दौर को पार कर एक बहुआयामी और पुष्ट सौन्दर्य-रचना के क्षेत्र में प्रविष्ट हो चुके हैं और इस दिशा में उन्होंने कुछ उपलब्ध करना भी शुरू कर दिया है। उनके इन चित्रों में अधिक आत्मविश्वास और साहस है, उनकी रंग एवं आकार-चेतना गहन आशयों से उत्प्रेरित है और इन आशयों की अर्थवत्ता के प्रति कलाकार की निष्ठा है। आत्मविश्वास और निष्ठा की यह पहचान ही सोनी के इन चित्रों को उनके पूर्व-प्रदर्शित चित्रों से अलग कर देती है।

स्मृति में बन्द रचना

> निर्मल वर्मा के कहानी-संग्रह 'बीच बहस में' की समीक्षा करते हुए मलयज जिन विशिष्ट निष्कर्षों पर पहुँचते हैं उनमें से एक है कि 'रचना निर्मल वर्मा के लिए स्मृति में ही है।' यह निष्कर्ष मलयज ने 'बीच बहस में की कहानियों को पढ़कर निकाला है। सही भी है बिना स्मृति निर्मल वर्मा की कहानियाँ पूरी नहीं होतीं। इसीलिए बकौल मलयज निर्मल वर्मा 'वर्तमान को भी अतीत बनाकर ही जीते हैं क्योकि वे अतीत के साथ-साथ वर्तमान के अनुभव को भी स्मृति में ही जीते हैं।' **—तरुण**

निर्मल वर्मा अपने देश वापस लौटकर भी वापस नहीं लौटे हैं। वे एक अन्तराल में हैं। इस अन्तराल के एक छोर पर है अतीत, अनुभव के मिथ की तरह। दूसरे छोर पर है वर्तमान, अनुभव की वास्तविकता की तरह। अतीत एक जादू है जो स्मृति बनकर उन पर छाया हुआ है, वर्तमान उन्हें अपनी तरफ़ खींचता है क्योंकि उसी में सम्भावना है। तनाव वे दोनों का महसूस करते हैं। वर्तमान के प्रति ललक उनमें है, पर आधे मन की या शायद आधे से भी कम मन की। वर्तमान का 'खुलापन' उनकी दृष्टि में अटकता है, कहीं भीतर बींधता भी है, पर इससे ज़्यादा नहीं। स्मृति का पलड़ा ज़्यादा भारी है, वे स्मृति के जिये गए सजीव रेशों से बुनी अपनी दुनिया के पास से पासतर रहना चाहते हैं। हक़ीक़त यह है कि रचना निर्मल वर्मा के लिए स्मृति में ही है। स्मृति में हर बार कुछ-न-कुछ छूट जाता है—समय बोध के जाल से छूटकर गिरे क्षणों जैसा—और यह कुछ छूटा हुआ ही बार-बार उन्हें रचने को प्रेरित करता है। निर्मल वर्मा के लिए उस छूटे हुए को बार-बार पकड़ने-बाँधने की चेष्टा न तो पुरानी पड़ी है, न उस चेष्टा में जिस अर्थ की रचना उनसे हो जाती है उस पर उनकी पकड़ ही ढीली हुई है। उनकी रचना का अर्थ उनकी स्मृति की तरह ही एक जगह ठहरा हुआ है। जगह नहीं, अन्तराल।

इस अन्तराल की एक शक्ल 'बीच बहस में' की इन कहानियों में कुछ यों उभरती है कि इनमें जो कुछ घटित होता है वह या तो किसी ट्रेन के डिब्बे में, पब में, पार्क के मैदान में या अस्पताल के एक क्यूबिकिल में। अस्थायीपन और

फ़िलहालियत की मुहर लगाए ये सब स्थान रचना में सिर्फ़ भौतिक सन्दर्भ बनकर नहीं आए हैं, बल्कि ये मूल्यों के प्रतीक भी हैं। इस मूल्य में सम्पूर्ण सम्पृक्ति का निषेध है, अपने आपको पूरी तरह दे दिए जाने का निषेध, कहीं एक जगह रम जाने, बस जाने, किसी का होकर रह जाने का निषेध—पर घटित का निषेध इनमें नहीं है, जो घटित हो रहा है वह हो रहा है क्योंकि वह जीवन के किन्हीं बहुत ज़रूरी अनुभवों को पूरा करने के लिए एक लम्बी यात्रा के क्रम में है।

यह कहीं न बँधने की अनिश्चितता और चलते रहने का टेम्परेरीपन हर कहीं है। जैसे दृश्य में, वैसे ही मानव-सम्बन्धों में। 'छुट्टियों के बाद' में प्रेम-प्यार के नाते छुट्टियों की समाप्ति के साथ—बल्कि एक स्टेशन और दूसरे स्टेशन के बीच ही—बदल जाते हैं। 'वीकएंड' की प्रेमिका अपने विवाहित प्रेमी से केवल वीकएंड के भागते अन्तराल में ही जुड़ पाती है, किसी स्थायित्वपूर्ण रिश्ते की आत्मनिर्भर एकाग्रता में नहीं। 'दो घर' में देश और विदेश के बीच की द्विविधापूर्ण मन:स्थिति में जीने का उखड़ापन है। 'बीच बहस में' में पिता-पुत्र के सम्बन्धों पर अस्पताल की विषण्ण छाया है—वे एक-दूसरे से न तो पूरी तरह जुड़ पाते हैं न पूरी तरह कट पाते हैं। इन कहानियों के पात्र अपने अतीत से चलकर दूर निकल आए हैं, पर जहाँ वे हैं वहाँ न तो अतीत से मुक्ति है न वर्तमान का स्वीकार। इन्हें आप कहीं भी, किसी काल या देश में, स्थानबद्ध नहीं कर सकते। ये जब अपने अनुभव-सत्यों की रोशनी में चमकते हैं तब अपने पीछे की पृष्ठभूमि को—अपने अस्तित्व की भौतिक ज़मीन को—प्रकाशित नहीं करते। ये क्लोज़-अप की तरह आपकी भाव-संवेदना की आँख पर कुछ इस तरह छा जाते हैं कि आपकी सजग चेतना में वर्तमान की पहचान वाटर कलर की तरह फैलकर उनके चेहरों के पीछे तिरोहित हो जाती है। देश-काल से परे नहीं, पर एक प्रकार के अस्तित्ववादी नोमैन्सलैंड में डोलते ये चेहरे हवा के थपेड़ों से मार खाती भागती उन पत्तियों की तरह ही हैं जिसका वर्णन लगभग हर कहानी में आता है। भागना, चलना नहीं, इनकी नियति है। एक दृश्य से दूसरे दृश्य में, एक स्थिति से दूसरी स्थिति में। ये सिर्फ़ लौटते हैं, कहीं जाते नहीं। जाने में आगे की एक दिशा छिपी रहती है जो कहीं पहुँचने की तरफ़ इशारा करती है। पर इन्हें कहीं नहीं पहुँचना है। ये भागते हुए भी ठहरे हुए हैं।

यह भागना इतना धीमे-धीमे होता है कि ठहरा हुआ लगता है—स्लोस्पीड मूवी फ़िल्म की तरह। एक साथ भागने और ठहरा होने में कई चीज़ें पैदा होती हैं। पहले तो एक गीतात्मक लय, जो अनुभूति में ही नहीं भाषा में भी है। निर्मल वर्मा अनुभूति को किसी विक्षुब्ध मनोभूमि से नहीं उठाते, बल्कि हमेशा एक उदास गीतलय की मनोभूमि से उठाते हैं जिसे तनाव के छोटे-छोटे आघातों से गहरा करते जाते हैं। अनुभूतियों में से अपनी रचना का अर्थ सम्प्रेषित करते हुए वे कभी-कभी अर्थ के परे चले जाते हैं, जैसे कि अर्थ की ठोस प्रतीति

कराना नहीं, अर्थ को पकड़ने में निरन्तर ख़ुद के भटकने का एहसास देना उनका मकसद हो। एक लय में, भावानुभूतियों के एक सन्तुलित उतार-चढ़ाव में, भटकना। इस भटकने के संगीत को अपनी अनुभूतियों में महसूस करना और शब्दों में अंकित करना। शब्दों में इस गीतिलय को इतना पारदर्शी बना देना कि उसे आप न सिर्फ़ सुन सकें बल्कि 'देख' भी सकें। 'वीकएंड' कहानी का एक पैराग्राफ़ देखिए—

> *अब अँधेरा था—दुपहर की रोशनी के बीच एक काला द्वीप, गर्म, साफ़, उसकी साँसों को सहता, समोता हुआ, कहीं कुछ ग़लत है, उसने सोचा, कहीं कुछ इतना ज़्यादा ग़लत है कि लगभग सही जान पड़ता है। उसने अँधेरे में टटोलकर अपने मुख को बाहर निकाला, एक संदिग्ध सिक्के की तरह उसे खटखटाया, बहुत ध्यान से उसकी खनक को सुना, कान लगाकर, जैसे सब कुछ उस पर निर्भर हो। सिर्फ़ हवा की गूँज थी—और कुछ नहीं। मिटती दुपहर का सन्नाटा—और बच्ची की चीख़ें थीं, पंखों से भी ज़्यादा हल्की। वे सब असली थीं—उसके अपने नकली अँधेरे में।*

रचना का अर्थ पकड़ने के उपक्रम में यहाँ भागने और ठहरे होने के बीच की दूरी इतनी कम है कि रुक-रुककर बोलते शब्द एकटक देखते चित्रों की तरह एक के बाद एक उभरते चले आते हैं, एक तटस्थ भावोद्रेक में अपनी अलग-अलग पहचान बनाए हुए भी परस्पर गुँथे हुए, जो बहुत आहिस्ते-आहिस्ते घटित हो रहा है, उसको उतने ही वज़न और ताप में झेलते और झलकाते हुए।

इस गीतात्मक लय में एक प्रकार का इत्मीनान है, रचाव है, और चीज़ों को पकड़ने का सलीका। चूँकि कहीं जाने या पहुँचने की हड़बड़ी नहीं है, इसलिए अपनी रचनात्मक भटकन में निर्मल वर्मा हर दृश्य में ठहरते, उस दृश्य के अन्तरतम में पैठते और उसमें छिपे मर्म को अपनी कला के सुघड़ हाथों से छूते, उघारते चलते हैं। पर इन अनुभूति-दृश्यों में वे ज़्यादा देर तक नहीं ठहरते। ऐसा करना गोया ठोस सम्पृक्ति के उस बीहड़ दलदल में प्रवेश करना है जोकि उनकी रचना की मूल प्रकृति की शर्तों के विरुद्ध पड़ता। दरअसल जब आप कहीं न होते हुए भी कहीं होते हैं (निर्मल वर्मा की रचना की केन्द्रीय स्थिति यही है) तो इस होने का अन्त एक करुणा में ही हो सकता है। सारी तकलीफ़ और छटपटाहट बाजुओं में उतरने के पहले ही इस उदास करुणा में ढल जाती है।

निर्मल वर्मा की यह करुणा आत्मदया नहीं है। यह एक समझदार और वयस्क करुणा है। यह करुणा जीवन में विसंगतियों को देखती है और उन्हें समझती है, गोकि कुछ करती नहीं। निर्मल वर्मा की कहानियों के पात्र एक-दूसरे को भीतर से समझते हैं, इसीलिए उनमें आपस में कोई विरोध या संघर्ष नहीं है, वे एक-दूसरे को

काटते नहीं, एक-दूसरे के अस्तित्व की प्रतिज्ञाओं को तोड़ते नहीं। एक अर्थ में वे यथास्थितिवादी हैं। वे अपने केन्द्र पर अपनी अनुभूति की पूरी सजीवता से डोलते हुए सिर्फ़ स्थिर रहना चाहते हैं, न अपने आपको न अपने परिवेश को और न इन दोनों के सम्बन्ध को ही बदलना चाहते हैं।

निर्मल वर्मा की संवेदना का इलाक़ा धूपछाँही रंगवाला इलाक़ा है—अपने तमाम बारीक रंग-रेशों और बुनावट के साथ। उनका अँधेरा वह अँधेरा नहीं जिसे आप आमतौर से जानते हैं, बल्कि एक साफ़, तरल और पारदर्शी अँधेरा है। उनकी धूप बदन को तपाने झुलसानेवाली नहीं है, उनकी पीड़ा मन में दरारें तो बनाती है पर उसे तोड़ती नहीं। लगाव है पर संशय भी है कि जो लगाव को जड़ नहीं जमाने देता। इन कहानियों में जो मन व्यक्त होता है उसके नीचे की ज़मीन खिसकती हुई है। उसके भागने के लिए कई अनुभव-प्रदेश हैं—अफलित प्रेम, अतीत और भविष्य से डर का वर्तमान, सम्बन्धों के बीच की रिसती हुई दरार, यादें। पर यह विस्थापित और असुरक्षित मन इन सबमें कहीं भी नहीं टिक पाता। इसीलिए प्रेम प्रेम होकर भी प्रेम नहीं है क्योंकि वह ख़ालीपन को भरता नहीं, ख़ालीपन को उजागर करता है (वीकएंड), डर डर नहीं है क्योंकि उसका चेहरा कहीं सामने नहीं आता, चेतना की किन्हीं अदृश्य परतों में ही छिपा रह जाता है (दो घर), सम्बन्धों के बीच की दरार जितना अलग करती है उतना ही जोड़ती जाती है (बीच बहस में), यादें बीते हुए दिनों का स्मरण कर उनमें घटित अनुभव से मुक्त हो जाने के लिए नहीं, उस अनुभव को अपने और भी पास खींच लाने के लिए, उसे अपने लिए और भी संवेद्य बनाने के लिए हैं।

इस संवेदना के अनुरूप ही निर्मल वर्मा का गद्य है। धूपछाँही गद्य। वे चिलचिलाती धूप के लिए 'तितीरी' धूप लिखते हैं। तितीरी शब्द में चमक तो है पर दाह नहीं। यह गद्य स्मृति की कविता का गद्य है, वर्तमान की आँच में तपता सपाट मैदानी गद्य नहीं। समर्थ गद्य हाँ, पर सशक्त गद्य, नहीं। क्योंकि इस गद्य की मांसपेशियाँ न लड़ने-भिड़ने से, ग़ैर-तत्त्व के साथ ज़ोर-आज़माइश न करने के कारण चीमड़ हो गई हैं, मोम की तरह मृदु चमक लिए, पर चीमड़। ऐसा गद्य आपमें ऐन्द्रिक संवेदन की फुरफुरी दौड़ा देता है, एक सेन्सुअस उत्तेजन जगाता है, आपकी नसों को झनझनाता नहीं, झिंझोड़ता नहीं, मथता नहीं। आप इस गद्य से अगर प्रभावित होते हैं तो उदास हो जाते हैं, अन्तर्मुख हो जाते हैं। कुछ सोचने-से लगते हैं, आपमें कुछ बहुत धीरे-धीरे पिघलने लगता है। आप उससे फड़कते नहीं, चकित नहीं होते, उठते नहीं, बस डूबने लगते हैं, उड़ते नहीं, सिकुड़ते हैं, फैलते नहीं, बँधने लगते हैं, खुलते नहीं।

शब्द अब भी निर्मल वर्मा के लिए जादू है। वे बड़े प्यार-दुलार से शब्दों को उठाते हैं और पास-पास रखते हैं। उन्हें हमेशा साफ़-सुथरा रखने के लिए उन्हें झाड़ते-पोंछते भी रहते हैं। शब्दों को बरतने का ढब उन्हें आता है। वे शब्दों को

फुसलाना और फुसलाकर उनसे अपने मतलब की बात कहवा लेना जानते हैं।

शब्द जादू की कुंजी है जिससे निर्मल वर्मा अपनी स्मृति के बन्द कमरे को खोलते हैं। कमरे में जो बन्द है वह उनका आपा है, उनकी अस्मिता। इस अस्मिता के लिए जो शब्द लगभग मंत्र की तरह इन कहानियों में बार-बार आता है वह है 'घर'। इन कहानियों के पात्रों का कोई घर नहीं है, 'कोई आत्मीय जगह' जो बचपन में घर की रसोई हुआ करती थी, कोई आत्मीय बिस्तर, कोई जगह जहाँ जाया जा सके, सिर्फ़ लौटा नहीं। घर की यह अनुपस्थिति ही घर को मुखर रूप से उपस्थित बनाती है, लगता है वही इन कहानियों का केन्द्रीय चरित्र हो। कुछ लोग छुट्टियों के बाद भी घर नहीं लौटते, सिर्फ़ दूसरों को देखकर उन्हें विश्वास होता है कि छुट्टियाँ ख़त्म हो रही हैं।" (छुट्टियों के बाद)। "घर कहीं नहीं था इसलिए घर की आवाज़ अच्छी लगती थी।" (वीकएंड)। "आप घर क्यों नहीं लौट जाते?" "घर..." उन्होंने भयभीत दृष्टि से मेरी ओर देखा, "कौन-सा घर?" "मैं आपका मतलब नहीं समझा।" (दो घर)। "घर लौटने के लिए तो ज़िद नहीं करते?" "कैसा घर?" "अपना घर, और कैसा घर?" माँ ने झुँझलाते हुए कहा। (बीच बहस में)। घर शब्द जब भी आता है किसी ख़ाली जगह को भरने, लहूलुहान मर्म को काँपती उँगलियों से छूने जैसा आता है, और जितनी उत्कट अर्थ-सम्पृक्ति के साथ आता है उतनी ही उत्कटता से अपने छूछेपन का एहसास करा जाता है, ख़ालीपन बजाय भरने के और भी नंगा और रक्तरंजित हो उठता है।

निर्मल वर्मा के लिए इस 'घर' का कोई विकल्प नहीं, इस 'घर' को वे किसी दूसरी चीज़ से बदल नहीं सकते, इस 'घर' की ज़रूरत को पूरा करने के लिए कोई दूसरी चीज़ रच नहीं सकते। क्योंकि इस रचने में अपनी स्मृति के बन्द कमरे से बाहर आना होगा, उस खुले और क्रूर वर्तमान में, जिसकी खटखटाहट वे कमरे के दरवाज़े पर सुनते हैं। यह 'वर्तमान' निर्मल वर्मा के लिए एक 'मकान' है, एक ऐसा मकान जिसमें कोई प्राइवेसी नहीं, अँधेरे व्यक्तिगत कोनों का कोई रहस्य नहीं है, जिसके आसपास स्मृतियाँ नहीं जुड़ी हैं। स्मृति पर जो इतना ज़ोर निर्मल वर्मा देते हैं वह इसीलिए—'मकान' को 'घर' बनाने के लिए। जो उखड़ा-उखड़ा, संस्कारहीन, अश्लील और ओछा है उसे परिष्कृत, गरिमायुक्त, सुसंस्कृत सौन्दर्य की आन्तरिकता से समृद्ध बनाने के लिए। जहाँ स्मृति है वहीं निर्मल वर्मा अपने को सुरक्षित महसूस करते हैं, उसके बाहर वे एक 'मरुस्थल', एक विषाद और अन्तहीन ऊब देखते हैं जिनसे उन्हें सिर्फ़ डर लगता है।

यह डर ही उन्हें खुलने नहीं देता। स्मृति के बाहर के बेलौस जलते और ऊबड़-खाबड़ प्रदेशों में भटकने, रमने नहीं देता। उनमें खुलेपन के प्रति एक ललक ज़रूर है—वे गलियों, छतों और चौराहे की खुली जीवनधारा की चर्चा करते हैं—पर जब कभी वे अपनी स्मृति के कमरे के बाहर आने की कोशिश करते हैं तो उन्हें धूप

और पिकनिक और हवा में हँसती-खिलखिलाती लड़कियाँ याद आती हैं।

स्मृति पर इतना आग्रह रखने के बावजूद निर्मल वर्मा की रचना स्मृति-निर्भर नहीं है, जैसे कि मार्सेल प्रूस्त की थी। प्रूस्त में स्वप्न और यथार्थ इस तरह एक हो जाते हैं कि उन्हें एक-दूसरे से अलग नहीं किया जा सकता, वहाँ स्वप्न ही यथार्थ है और यथार्थ भी ऐसा जो स्मृति में संचित अनुभव संवेदनों के अलावा अपनी सत्यता के लिए किसी और चीज़ का मोहताज नहीं। निर्मल वर्मा की रचना इस हद एक स्मृति-निर्भर नहीं है। वे स्मृति के संवेदन और यथार्थ के संवेदन के बीच स्थित वस्तुगत दरार को महसूस करते हैं। यह एहसास कि स्मृति-लोक में रहकर भी रक्षित नहीं रहा जा सकता, उनमें बढ़ता जा रहा है। उन्हें लगने लगा है कि बाहर की सचाई से मुठभेड़ अवश्यम्भावी है। पर दिक़्क़त यह है कि वे स्मृति के संवेदन और यथार्थ के संवेदन के बीच की उस वस्तुगत दरार को अधिकाधिक चौड़ा करते जाने और इस प्रक्रिया में नए-नए जोखिमों से टकराने की नियति को अपने लिए स्वीकार नहीं कर पाते। उनकी मुद्रा अभी भी अपनी भीतरी क़ैद को छोड़ने और बाहर आने के बीच के तनाव को महसूस करने और उसे कला की तकलीफ़ में ढालकर चित्रित करने की है। यह तनाव भी विस्फोटक होने की हद तक नहीं बढ़ने पाता। इसका कारण यह है कि निर्मल वर्मा वर्तमान को भी अतीत बनाकर ही जीते हैं, क्योंकि वे अतीत के साथ-साथ वर्तमान के अनुभव को भी स्मृति में ही जीते हैं, किसी अगली कार्रवाई की भूमिका के रूप में नहीं।

अतः निर्मल वर्मा बार-बार अपनी रचना-संवेदना के परिचित दायरों की ओर वापस लौटते हैं। हर बार चोट की एक नई तीव्रता के साथ लौटते हैं, और जितना ही लौटते हैं उतना ही वह कुछ जो परिचित है और भी परिचित, आत्मीय और गहरा होता जाता है। अनुभव के ऊपर की फ़ालतू परतें छिलती जाती हैं, और रचना अपनी मूल संवेदना के निकट अधिक पारदर्शी होती जाती है। निर्मल वर्मा की रचना की पारदर्शी चमड़ी के नीचे आप उस अनुभव को धड़कते सुन सकते हैं, छू सकते हैं। यह अनुभव बड़ा निरीह और निष्कवच है। आपको लगता है कि यह अपनी कला की पतली झिल्ली के बाहर की बरसती आग और बजते शोर की जरब नहीं सह पाएगा। यह एहसास निर्मल वर्मा की रचना के प्रति एक करुणा जगाता है। आपकी इस करुणा को भी जज्ब कर लेनेवाली जड़ निर्मल वर्मा की रचना में है। मलाल आपको अगर होता है तो इस बात का कि एक ही जैसे अनुभव-वृत्त और एक ही जैसी कला-संवेदना की लगातार इन-ब्रीडिंग से वह करुणा तेज़ी से आत्मदया में बदलती जाएगी। इससे उनकी रचना की जो हालत होगी उसके लिए आपको अभी से तैयार रहना पड़ सकता है।

बीच धार में संवाद और एकालाप

रमेशचन्द्र शाह मलयज के क़रीबी मित्रों में से थे। मलयज की डायरियाँ और 'रंग अभी गीले हैं' नामक पुस्तक (पत्र-संकलन) इस दोस्ती की गवाह है। पर यह दोस्ती कोई ऐसी दोस्ती नहीं थी कि दोस्त की रचना की समीक्षा करते वक़्त उसे कोई छूट दे दी जाए और जिस तरह का मलयज क़ा लेखन है उसमें अपने क़रीबियों की रचनाओं की समीक्षा जिस तरह से मलयज ने की है उससे इस बात की तस्दीक ही होती है कि क़रीबियों की रचनाओं पर लिखते वक़्त मलयज किसी तरह की उदारता नहीं दिखाते। रमेशचन्द्र शाह और शमशेर ऐसे व्यक्तियों में हैं जिन पर या जिनके बारे में मलयज ने डायरियों और पत्रों में सबसे ज़्यादा लिखा है। यह लेखन पत्रों और टिप्पणियों की शक्ल में भी है और प्रशंसा व नाराज़गी की शक्ल में भी, जैसाकि हर मित्रता में होता है। अगर ऐसा न होता तो मलयज रमेशचन्द्र शाह के बारे में अपनी 14 अक्टूबर, 1975 की डायरी में ये न लिखते कि 'कभी-कभी मुझे लगता है कि शाह कविता को बतौर एक स्ट्रक्चर, बतौर एक आइडिया तो समझते हैं, उसे बतौर अनुभूति नहीं समझते-समझ पाते। एक तरह से वे कविता का अमूर्तन करते हैं।' और इस लेख में भी सन्तुलन बैठाने को मलयज रमेशचन्द्र शाह की केन्द्रीय समस्या मानते हैं। मलयज जहाँ स्वयं को इस पार और उस पार के बन्धनों से आज़ाद रख एक अलग दृष्टि बनाने का प्रयास करते हैं वहीं मलयज का मानना है कि शाह की समस्या ये है कि 'इस पार और उस पार को किस तरह खींचकर बीच में लाया जाए।' इस पार और उस पार के बंध भी इस लेख में खुलते हैं। **—तरुण**

एक है इस पार का आदमी, एक है उस पार का आदमी। एक तीसरा भी है : बीच का आदमी। रमेशचन्द्र शाह या मैं।

क्या यही है संवाद की भूमिका हमारे बीच? वे जो न इस पार हैं न उस पार हैं। उन सबके बीच?

शाह की केन्द्रीय समस्या यह है : इस पार और उस पार को किस तरह खींचकर बीच में लाया जाए कि दो परस्पर विरुद्ध दिशाएँ पंख बनकर जो बीच में पत्थर-सा गतिहीन, द्विविधा के एक बिन्दु पर जम गया है, उसे उड़ा ले चलें :

एक संक्रमण, एक सन्तरण, एक रूपान्तरण।

किन्तु परस्पर विरुद्ध दिशाओं के पल-पल बढ़ते दबाव में पत्थर सिर्फ़ पसीजता है, रिसता है, झरता है—यह है शाह का अपना एकालाप।

मेरी केन्द्रीय समस्या यह है कि बीच का वह द्विविधाजड़ित पत्थर मेरे हाथ से कब, कैसे छूटा और इस पार और उस पार के पंख तोड़ डाले...कि अगर बँधना ही है तो तीनों एक अनिवार्य टूट में एक उष्ण प्रवाहित रक्त के रिश्ते में बँधें, किसी आकाश के उदात्त आश्वासन में नहीं।

और मेरा एकालाप? मेरी उँगलियों से दिन की उड़ानें छूट गई हैं और एक प्रतीक्षा में मैं शाम के गिरे हुए टूटे पंख एक-एक कर चुनता हूँ...एक स्तब्ध मर्म पर उन्हें क्रमश: रखता जाता हूँ और यह फ़ैसला नहीं कर पाता कि वे पंख जीवित उड़ानों के हैं या कि स्थगित यात्राओं के...

इस पार और उस पार के लोग निर्णय पर पहुँचे हुए लोग हैं। आज जो हट्टी-कट्टी विचारधाराएँ आदमी को अपने क़ब्ज़े में कर लेने के लिए उमड़ी पड़ रही हैं उनमें से किसी एक को चुनकर वे उनके हवाले हो चुके हैं। वे प्रबुद्ध लोग हैं। गन्तव्य तक चाहे वे न भी पहुँचे हों पर राह उन्होंने पा ली है—राह पा लेना ही उनके लिए अहम है, उसे खोजना, उसका आविष्कार करना नहीं। राह खोजने चलो तो कई-कई राहें एक-दूसरे में उलझी हुई मिल जाती हैं, एक पगडंडी पकड़कर चलो तो जाने कैसे उसकी डोर किसी दूसरी पगडंडी में जाकर फँस जाती है, एक प्रश्न-वृत्त में दूसरे प्रश्न-वृत्तों के टुकड़े घुस जाते हैं, समाधान की एक लहर अपने फैलाव में अनायास किसी जुदा लहर के समाधान-बिन्दु को छू लेती है—एक खोज के भीतर कई खोजें, सब अलग-अलग ले जाती हुईं, कभी समानान्तर, कभी परस्पर विरुद्ध—प्रबुद्ध लोग इन ख़तरों से बरी हैं। वे क्रान्ति को या शान्ति को, प्रेम को या युद्ध को, पूर्व को या पश्चिम को, व्यक्तिवाद को या फिर जनतावाद को एकान्त भाव से दे दिए गए हैं। कोई अन्तर्विरोध उनमें नहीं, कोई दरार उनमें नहीं, न उनकी आत्मसन्तुष्टि में न उनके घनघोर जुझारूपन में कोई फाँक, न उनके बेबाक सपाटपन में कोई सिकुड़न, सब चुस्त-दुरुस्त, सब कुछ मसलहत, रणनीति, लाघव। वे ठोस पैंतराभूमि पर खड़े हैं जहाँ से हाथ बढ़ाकर वे जब चाहें आकाश को छू सकते हैं...अपने सांस्कृतिक आभिजात्य में तना आकाश...और फिर भी मिट्टी की अकिंचनता का गर्व लिये फिर सकते हैं। वे ईश्वर, कविता और मृत्यु तक को अपनी सफलता के सौ फीसदी भौतिक तमगों में बदल दे सकते हैं। वे सौन्दर्य और आत्मा और मानवराग को फॉर्मूलों में ढाल दे सकते हैं। वे उत्पीड़न, आक्रोश और करुणा को सुखद सौन्दर्यात्मक फुरफुरी में अंकित कर दे सकते हैं। वे विशिष्ट हैं क्योंकि वे दूसरों से बड़े हैं गो ख़ुद से छोटे, छोटे और सीमित, अपने आपमें बन्द, सुरक्षित, किनारे पर...

इधर जो मझदार में हैं, उनकी साँसत इसलिए नहीं कि वे किनारे पर नहीं हैं, बल्कि इसलिए है कि वे किनारे पर रह नहीं सकते। किनारों का आह्वान उन्हें और भी बीच में गहरे ले जाता है और अपने आप पर उनकी गिरफ़्त थोड़ी और कस जाती है—इसलिए कि गिरफ़्त से छूटे कि डूबे गए। वे अपने को मुकम्मल दे नहीं सकते, पाना वे सब चाहते हैं, पाना यानी होना। "...मैं नियति भी चाहता हूँ, वरण की स्वतंत्रता भी चाहता हूँ। मैं ईश्वर पर विश्वास करना चाहता हूँ। मैं मनु के पुत्र पर विश्वास करना चाहता हूँ। मैं पूरब होना चाहता हूँ। मैं पश्चिम होना चाहता हूँ। मैं व्यक्ति होना चाहता हूँ, मैं समूचा विश्व होना चाहता हूँ। मेरे चाहने की कोई सीमा नहीं। मैं जो घोर बुद्धिवादी और घोर रहस्यवादी हूँ, घोर चेतन और घोर जड़ हूँ, घोर संस्कारी और घोर अघोरी हूँ।..." यह है 'गोबर गणेश' में रमेशचन्द्र शाह के नायक-नैरेटर का एकालाप। इस एकालाप की जड़ उस स्वचेतनता में है जो बीच के आदमी की ख़ास पहचान है।...

अजीब शै है यह स्वचेतनता भी जिसकी तलवार अपने सीने पर रखकर 'मैं' जितना ही 'अपना' होता जाता है उतना ही वह 'दूसरा' होता जाता है। फिर आता है मझधार का वह पारदर्शी क्षण जहाँ 'मैं' न पूरी तरह 'अपना' रह जाता न पूरी तरह 'दूसरा'। उस क्षण के जल में अस्तित्व के दोनों किनारों की प्रतीतियाँ और सत्य, यातनाएँ और सुख, गति और विराम साथ-साथ झिलमिलाते हैं।...उस झिलमिलाहट में क्या कुछ पकड़ में आता है? मझधार के क्षण में एक ज़बरदस्त दबाव है व्यापकता (आत्मविस्तार) और गहराई (आत्महीनता) का। इस दबाव-क्षेत्र में सभी द्वैत—अतीत और वर्तमान, व्यष्टि और सृष्टि, संवेदना और संस्कार, व्यक्तित्व और अस्तित्व, शाश्वत और सामयिक सब—एक साथ, चेतना के एक तीखे निशान पर, उछाल मारते हैं, जिसमें ज्ञान के भूगोल के साथ-साथ भावना का इतिहास भी चमक उठता है...उफ़! यह चमक क्या कुछ दिखलाती भी है या सिर्फ़ आँख का घेराव करती है? उस चमक के पल में आकाश और धरती जुड़ते नहीं बीच का आदमी बिखराव और कसाव के ग्राफ़ पर एक शून्य अंक-सा स्थिर खड़ा रहता है—सिर्फ़ अन्तर्मन और बाह्यमन की सीमाएँ कट-कटकर अलग हो जाती हैं। फिर एक दुर्निवार पीड़ा में, एक बिना मुँहवाली छटपटाहट में, एक अभिव्यक्तिहीन शब्द में कला के चोर दरवाज़े से सब कुछ पुनः सिमट आता है : बीच के आदमी के अस्तित्व को एक अधूरा एक अर्द्ध-प्रामाणिक अर्थ मिल जाता है।

कला ज़िन्दगी के अर्थ को कभी प्रमाणित नहीं करती, वह सिर्फ़ अपने सच को प्रमाणित करती है। इसलिए बीच के आदमी का यह अर्द्ध-प्रामाणिक अर्थ संदिग्ध अर्थ है, संदिग्ध सच। यह अर्थ उस दबाव—क्षेत्र से ही फूटा है, जैसे पत्थरों के बीच कोई अंकुर—निष्कवच। इस अर्थ के पास न कला की सुरक्षा है न ज़िन्दगी की अराजकता। यह अर्थ चाहता क्या है? ज़ाहिर है उसे न कलावाद की

शाश्वत क़ैद चाहिए, न ज़िन्दगी की अनियंत्रित स्वतंत्रता, न व्यक्तिमत्ता का चरम आकाश—वैभव, न जन-कोलाहल की दिशाहीन अवनी। यह अर्थ तब क्या अपने को पहचानने की एक कोशिश-भर है—अपने को परिभाषित करने, अपने को नाम देने की कोशिश? तो क्या अपने को परिभाषित करना—अपने कुल होने को एक अर्द्धप्रामाणिक अर्थ देना—आत्मगति और जगद्गति की दोतरफ़ी यंत्रणा से मुक्त होना है? क्या रचना के होने में ही मुक्ति है?

क्या है यह मुक्ति? अभिव्यक्ति मात्र यह नहीं है। रमेशचन्द्र शाह ने भी अपने लेखन में एक अतिरिक्त आग्रह के साथ हमेशा 'काव्यमुक्ति', 'भावमुक्ति' अथवा 'रचनात्मक उन्मोचन' की ही चर्चा की है, मात्र 'अभिव्यक्ति' की नहीं। 'अभिव्यक्ति' अपेक्षाकृत आसान, एक औसत दर्जे की प्रतिभा का काम है जिसमें भीतर का कुछ बाहर शब्द में जाकर व्यक्ति को कम या बहुत देर के लिए आज़ाद कर देता है, हल्का, भारहीन। 'काव्यमुक्ति' में इस आज़ादी के लिए कोई आग्रह नहीं है। इसमें तो जैसे रचना का अर्थ शब्द से बाहर निकलकर फिर शब्द की ओर वापस मुड़ जाता है—शब्द की घनी और अँधेरी जड़ की तरफ़, जो मनुष्य के अनुभव का दिक् और काल है। 'अभिव्यक्ति' एक तात्कालिक छुटकारा है, जैसे सीने में बहुत देर से रुकी हुई साँस एक उच्छ्वास के साथ बाहर निकल जाए, और 'मुक्ति' जैसे साँस भीतर लेने और साँस बाहर छोड़ने के बीच की एक निरन्तर आज़ाद क़ैद। 'अभिव्यक्ति' और 'मुक्ति' दोनों का ही ताल्लुक़ उस सतत रूप से, वर्तमान द्वैत से है, उस मझधार से। पर 'अभिव्यक्ति' में चीज़ों की सिर्फ़ शक्ल बदलती है, नस्ल नहीं; उसमें स्रष्टा वही का वही रहता है केवल उसकी सृष्टि का रूपाकार बदलता है। 'मुक्ति' में चीज़ें स्रष्टा के साथ एक मौलिक अन्तर्विरोध के रिश्ते में बँधी होती हैं जिसमें चीज़ें जब व्यक्त होती हैं, तब अपने आपको और स्रष्टा को भी बदलकर ही, या वे उतने ही अंशों में व्यक्त होती हैं जितने अंश में वे स्रष्टा को बदल पाती हैं। शेष जो बदलने से रह जाता है उससे एक नई कोशिश शुरू होती है। इसीलिए 'मुक्ति' यात्रा का अन्त नहीं है, वह कभी किसी पूर्णता तक नहीं ले जाती, हमेशा एक अधूरापन उसमें रहता है, एक अन्तराल जिसमें चीजें और व्यक्तिसंवेदना नए सिरे से अन्तर्विरोध के एक नए बिन्दु पर परस्पर कसते हैं, जूझते हैं, टकराते हैं।

यह जैसे जीने के कर्म के लिए हर नई साँस को अर्जित करना है। हर बार एक नया जीवन, हर बार एक नई साँस लेने के कर्म से सम्भव बनता हुआ। यह कर्म—बेहिसाब साँसें लेते जाने के महज़ जैविक कर्म जैसा—सरल कर्म नहीं है। इसमें तमाम तरह के द्वैतों के पेच हैं, घुमाव मानो अस्तित्व को प्रतिपल खोजने, पाने, रचने और उस रचे हुए अर्थ को अर्थ देने की शर्त। द्वैतों के बीच जो चीज़ व्यक्ति को—साँस छोड़ने और साँस लेने के अन्तराल में—थामे रहती है वह क्या है? 'इंटेग्रिटी', यानी मझधार में ही रहने और थककर-टूटकर भी मझधार के सुपुर्द

न हो जाने की टेक। यह टेक ही जैसे वह नाव है जिसमें बैठकर मझधार का आदमी अनुभव-संसार में अपनी साँसों के गिने-चुने मूल्य कमाता है। और उसका 'उन्मोचन'? 'रचनामुक्ति'? वह उसके इन कमाए मूल्यों का दस्तावेज़ ही तो है।

यह 'इंटेग्रिटी' शाह के यहाँ 'ईमान' है—'रचनात्मक ईमान'—उनके 'काव्यमुक्ति', 'भावमुक्ति', 'रचनात्मक उन्मोचन' आदि की तरह ही उनका एक बुनियादी मुहावरा। यह ईमान रचनामुक्ति का निकष है, पर उसके पहले उसकी साँसत। यह अस्तित्व की विकटता में से व्यक्तित्व के उत्तीर्ण होने की कष्टप्रद प्रक्रिया है। यह जीवनानुभव का एक सृजनात्मक अनुभव में और सृजनात्मक अनुभव का एक व्यापक सांस्कृतिक अनुभव की कक्षा में परस्पर घुलते-मिलते संक्रमित होते हुए उत्तीर्ण होना है। यह ईमान ही है जो किसी भी स्तर पर अनुभव की किसी भी कक्षा को दरगुज़र करने की छूट नहीं देता। ईमान का कोड़ा बरसता है, अनुभव की भट्टी में ये तीनों ताप व्यक्ति को तपाते हैं, तब जाकर कहीं भाषा में उसकी मुक्ति बूँद-बूँद कर निचुड़ती है। यह मुक्ति आसान नहीं है किन्तु शाश्वत भी वह नहीं है। वह एक पछाड़ खाकर उठी हुई लहर का अवसान है, समुद्र का अन्त नहीं। वह काल की एक सामयिक सिद्धि है, दिक् की एक आबद्ध मुद्रा। और व्यक्ति-स्रष्टा भी मुक्ति के इस क्षण में अपनी सृष्टि के बाहर नहीं खड़ा है, बल्कि अपनी सृष्टि में ही कहीं ओझल है।

हाँ-हाँ, रमेशचन्द्र शाह जीवन को रचना की ही शर्तों पर पाना चाहते हैं। उनकी रचना अपने लिए एक जीवन की तलाश करती है, उस जीवन में से जो उन्हें उपलब्ध है, बहुधा कुछ अपना, कुछ पराया, कुछ सगा, थोड़ा सौतेला। इस जीवन में प्राण की कुछ धाराएँ उन्हें सहज मिल गई हैं, कुछ उन्होंने अपने बाहुबल से पहाड़ तोड़कर निकाली हैं। उन पर जीवन-कर्म अपने तमाम वृक्षों-लताओं-वनस्पतियों के साथ अनायास उगा है तो कुछ ढीठ बिरवे ज़बरन अपने हक़ के लिए उन पर लद भी बैठे हैं। शाह, आत्म और अनात्म दोनों को अपने पास बुलाते हैं, दोनों का पड़ोस उन्हें पसन्द है गो मित्रता उनकी किसी से नहीं। एक चिलक है भीतर कि ऐसा क्यों है? एक हर्ष रहित अभिमान उत्तर में बोलता है कि ऐसा इसलिए है क्योंकि वैसा होना उसकी नियति है—इतिहास के इस मोड़ पर फँस गए एक आदमी की नियति, जिससे कोई अगर संवेदित होता है तो पाता है सिर्फ़ रचना और खोता है सिर्फ़ जीवन। सिर्फ़ रचना, सिर्फ़ जीवन। दोनों आधे-अधूरे। इस अधूरेपन की नियति से महसूसकर ही क्या शाह 'ग्रेस' (अहेतुक ईश्वर-कृपा) की बात करते हैं? पर सवाल यहाँ यह है कि क्या शाह अपने विचार के आईने में उस अधूरी नियति को साफ़-साफ़ देखते हैं? अपने तमाम बातूनीपन के बावजूद उनकी रचना के पास क्या इसका दो-टूक जवाब है?

तो आइए 'गोबर गणेशजी' पहले आप ही इस लम्बे मंगलाचरण के बाद, सामने मंच पर। नाटक आप स्वयं हैं, मंच पर तो उसे सिर्फ़ दिखाया जाना है। इस नाटक में पट-परिवर्तन सिर्फ़ एक बार होता है, 'गोबर गणेश' उर्फ़ विनायक जब बचपन और वय-सन्धि की सीमा-रेखा पार करता-करता एकदम से (बीच में पट-परिवर्तन) जवान हो जाता है। नाटक एक है, पर उसमें थीमें तीन हैं—रचना, प्रेम और योग। नाटक मझधार में फँसे हुए एक आदमी की आत्ममुक्ति का है और उस आत्ममुक्ति के ये तीनों—रचना, प्रेम और योग-साधन—क्षेत्र हैं। याकि साधना-क्षेत्र?

तो रचना। यह रचना वह 'कविता-फविता' नहीं है जिसे कर पाने की महत्त्वाकांक्षा से शाह के 'गोबर गणेश' का आरम्भ होता है और जिसे न कर पाने की अन्तर्व्यथा के वृत्तान्त उसमें इधर-उधर बिखरे पड़े हैं। रचना से मुराद यहाँ उससे है जो विनायक के अस्तित्व के टूटे-बिखरे तत्त्वों को जोड़ने—जोड़ने से पहले उन टूटे हुओं को एक मर्मवेधी प्रकाश में चमका देने, उनके बीच का अन्तराल, कन्दराएँ और शैल-शिखर उघाड़ देने की—कोशिश करती है, बल्कि वह स्वयं यह कोशिश है, एक छटपटाहट, एक हरकत। यह रचना एक आदर्श है—विनायक को लगता है कि वह उसके जीवन को एक उद्देश्य प्रदान करेगी—साथ ही वह स्वयं उस आदर्श को चरितार्थ करने का कर्म भी है—यही विनायक को जीवन-स्थितियों, व्यक्तियों, दृश्यों के बीच यहाँ से वहाँ तक एक यात्रा करने को अग्रसर करती है। यह रचना सम्पूर्ण अखंड नहीं, बीच से चिरी हुई है। उसके दोनों टुकड़े अलग-अलग नहीं हैं, बल्कि अपनी स्वतंत्र हैसियतों के बावजूद वे एक-दूसरे में मिलते-जुलते दूर उस क्षितिज-रेखा तक चले गए हैं जहाँ उन्हें सिर्फ़ एक तीसरे आयाम में संक्रमित होना भर रह जाता है और जो हो नहीं पाता। विनायक इन दो सिम्तों को एक में जोड़ना चाहता है क्योंकि वह स्वयं को जोड़ना चाहता है। किन्तु जो रचना यह सम्भव कर सकती है वह अन्त तक उसके हाथ नहीं आती।

क्यों? क्यों विनायक अपने रचना-केन्द्र में अपने अस्तित्व की दोनों मूल प्रतिज्ञाओं को सिद्ध नहीं कर पाता? क्या इसलिए कि इनमें से एक—आदर्श—उसका संस्कार है, उसका अतीत, उसकी स्मृति जिसे अपने से उतारकर वह फेंक नहीं पाता, और दूसरा—यथार्थ—उसकी अपने परिवेश में अर्जित संवेदना है, उसका वर्तमान, उसका पुरुषार्थ जिसकी ओर सन्नद्ध वह बढ़ नहीं पाता? क्या इसलिए कि रचना एक कर्म है और विनायक महज़ द्रष्टा, जिसकी एक आँख में ('पर' को देखने के लिए) दूरबीन ठुकी हुई है और दूसरी आँख में ('स्व' को देखने के लिए) खुर्दबीन? इसलिए कि विनायक एक व्यक्ति नहीं—एक चरित्र नहीं—एक प्रश्न है जिसे दूरबीन से देखो तो वह 'एक समूचे देश और काल की आत्मा की मुक्ति' की छटपटाहट बनकर नज़र आता है और खुर्दबीन से देखो तो एक निम्न-मध्यवर्गीय हिन्दुस्तानी समाज की टूटी-फूटी रग में कसकती जीवन की महत्त्वाकांक्षी इकाई?

वह प्रश्न भी दरअसल एक फाँस है जो अतीत और वर्तमान के बीच कहीं गहरे धँस गया है। और विनायक? विनायक उस पीड़ा का नाम जो ज़ख़्म से बूँद-बूँद रिसती है और जिसमें अभी तुर्शी और कचोट है, खलिश है क्योंकि उस ज़ख़्म में नोक है, छिली चमड़ी पर चुहचुहाता हरा रस जिसमें एक टीसनेवाला बहाव है, एक निर्मम चीरती चली जाती तड़प की चाकू-लहर—। यह पीड़ा अभी पकी नहीं है, उसमें ज़हरीली गाँठें नहीं पड़ी हैं, वह अभी ला-दवा नहीं बन पाई है यानी कि वह अभी हद से नहीं गुज़री है। इसी से विनायक रचना नहीं है, विनायक रचना की कभी न चरितार्थ होनेवाली सदाबहार सम्भावना है।

शाह इस सम्भावना को ही चुन सकते थे क्योंकि वही उनके लिए प्रकृत था, वही सहज था। एक सरल ऊर्जा से भरा उनकी रचना-सृष्टि का नायक विनायक अस्तित्व की प्रथम अनुभूति-सा निष्पाप और टटका अपने बचपन और कैशोर्य की सुरक्षित दुनिया में प्रगाढ़ कल्पना की कुलाँचे मारता है। उस दुनिया के छोटे-छोटे प्रसंग किस गहरी सम्पृक्ति से भाषा की कितनी स्वतःस्फूर्त ताज़गी से जिये गए हैं।

—पिता, मथुर काका, माँ, सरोज, जगन काका और बाल-साथियों की उपस्थिति से बननेवाली यह दुनिया एक लगभग आत्मनिर्भर-सी दुनिया है। इसमें संघर्ष और दैत्य की जो आहटें सुनाई पड़ती हैं, वे भी विनायक के संवेदनशील कच्चे मन में उठनेवाली यथार्थ की गूँजें हैं, स्वयं यथार्थ का तुमुल-नाद नहीं। विनायक की यह दुनिया चार्ल्स डिकेन्स के पिप या ओलीवर या डेविड कॉपर फील्ड के बचपन की दुनिया है—काल्पनिक पर अनुभूत, आत्यन्तिक पर विश्वसनीय विविध इन्द्र धनुषी मानवीय ऊष्मा लिये, वास्तविक यथार्थ से कहीं ज़्यादा यथार्थ, कहीं ज़्यादा संवेद्य। इस दुनिया के अन्न-जल से पला-पुसा विनायक वास्तविक जीवन-समर में प्रवेश करते ही जटिलता की चट्टान से टकराकर बिखरने लगता है, जैसे कि पिप या ओलीवर या डेविड; क्योंकि मिट्टी के ये सब बने हैं वह बचपन के जादू की मिट्टी है, वयस्क जीवन की पोढ़ी मिट्टी नहीं। आगे आत्मविश्लेषण की झोंक में एक जगह विनायक कहता है : "तुम कब वयस्क होगे विनायक?" विनायक कभी वयस्क नहीं हो पाता। इस जटिल संसार से निबटने लायक सख़्ती और कर्रापन वह अपनी उस आत्मनिर्भर दुनिया में कभी हासिल ही नहीं कर पाता, जो पुल उसे उस दुनिया और इस दुनिया से जोड़ सकता, वह बना ही नहीं। विनायक का अहं एक पर-निर्भर परिवेश में निर्मित अविकसित अहं है। अविकसित इसलिए कि जटिल जीवन-स्थितियों में वह स्वतंत्र कोई निर्णय नहीं ले सकता, क्राइसिस के निर्णायक क्षणों में अपने को पूरी तरह झोंक नहीं सकता, सिर्फ़ उनकी आँच महसूस कर अपने को पिघला हुआ अनुभव कर सकता है और अपने इस अनुभव करने को देख सकता है। वह एक साथ अपने होने में है और अपने होने के बाहर भी,

अत: वह कहीं नहीं है, उसके नीचे स्वअर्जित कोई ठोस ज़मीन नहीं है गोकि उसे जितनी अपनी जड़ की चिन्ता है उतनी ही अपने हिस्से के आसमान की भी, वह जो जीता है उसे उससे ज़्यादा जानता है, इसीलिए उसका जीना जीवन को निविड़ निरन्तर एकाग्रता के साथ जीना नहीं है। उसके अभिभूत होने के क्षण में ही कहीं एक चौकन्नापन भी है, उसकी तन्मयता में एक सायासता, उसकी अन्तरिम डुबान में एक चिलचिलाती सतह। यह द्विविभाजित, 'डबल हेडलाइन' वाला चरित्र, क्या बीसवीं सदी के उत्तरार्द्ध का आम चेहरा नहीं है? वह जिसकी पकड़ अपने आप पर इतनी चौकस है वह रचना के क्षण में भी कैसे उस पकड़ को ढीली करे—रचना का क्षण जो कि अपने से जुड़ने, अपने को स्वायत्त करने, अपने को पाने का भी क्षण है? वह जिसे युद्ध के नाम पर सिर्फ़ अपनी चीरफाड़ करना आता है अपने हर आवेग, भाव, अनुभूति को पँखुरी-पँखुरी छिनगाना, वह अपने होने के न होने की ट्रेजेडी को कैसे रच सकता है?

और क्या प्रेमी भी उसके लिए है? प्रेम जो पहले तो अपने से पृथक् एक 'दूसरे' की स्वीकृति है और फिर उसे दे दिए जाने, इस दे दिए जाने की प्रक्रिया में 'दूसरे' में रूपान्तरित हो जाने का जज़्बा। इस रूपांतरण के लिए क्या विनायक : बीसवीं सदी के उत्तरार्द्ध का हमारा द्विविभाजित चरित्र : तैयार है? क्या पिप या ओलीवर या डेविड की एक सफल प्रेमी के रूप में कल्पना की जा सकती है? क्या इनकी तरह ही विनायक पर भी यह प्रेम ऊपर से लाद नहीं दिया गया है। यह प्रेम विनायक के भीतर से नहीं उपजा, तभी तो उसके प्रेम में एक असाधारण स्नायविक ऊर्जा है, जीवन की सहज स्वच्छन्द ऊर्जा नहीं। माँ, सरोज, जगन, अलूणिया बाबा और गली-मुहल्ले के संगी-साथियों की स्नेह-स्निग्ध छाया में परस्पर आत्मविनिमय के साथ बीते विनायक के उस निरुद्वेग पतली पहाड़ी नदीवत् जीवन की शान्तम के प्रेम में पड़े नसों को झनझना देनेवाले उत्तेजक और कमरा-बन्द जीवन से तुलना कीजिए तो उस सहज जीवन-नाटक के मुक़ाबले यह प्रेम-जीवन मेलोड्रामाई लगेगा, असहज और एकतरफ़ा। प्रेम यहाँ अन्तर्बाह्य की समतुल्य सचाइयों के घोल में व्यक्ति को धीमे-धीमे पकानेवाला अनुभव नहीं, बल्कि व्यक्ति को उसके परिवेश और संवेदना से एक झटके के साथ काटकर अनिर्णायक शून्य में डाल देनेवाला आततायी अनुभव है। यह प्रेम जोड़ता नहीं, और विडम्बना यह है कि यह तोड़ता भी नहीं; क्योंकि यह रक्त में नहीं बजता, देह में नहीं पल्लवित होता, मन के भीतर के किसी मन के मन में गुँगुआता है, सुलगता है, धुआँ फेंकता है। किन्तु विनायक इस प्रेम की तरफ़ भी किस कातरता से लपकता है!—इस प्रेम की तरफ़ जिसमें सिर्फ़ अपने साथ एक अन्तहीन एकालाप है, कोई प्रतिदान नहीं, न संवाद, न संघर्ष। विनायक के इस प्रेम में अनिवार्य एकालाप की उदासी और मसखरापन दोनों है, उसकी करुणा भी और विद्रूप भी।

यह असमाप्त प्रेम, जैसे कि वह असमाप्त रचना, विनायक को मानव-नियति के अधूरे साक्षात्कार तक ही लाकर छोड़ता है। बिना युद्ध के प्रेम भी निर्वासन है, बिना कर्म के मुक्ति भी कारा। प्रेम संशय-जर्जर आत्मा का विश्रामस्थल नहीं; मुक्ति प्रेम के द्वारा नहीं, स्वयं प्रेम के बीचोबीच है। किन्तु हमारे बीसवीं सदी के उत्तरार्द्ध के नायक में न इतनी डुबान है, न इतना धीरज। यहाँ प्रेम कर्म नहीं, सिर्फ़ एक आत्म-अनुभूति है—अपने को असंख्य पुनरावृत्तियों में दुहराते जाने की हरकत। यहाँ जो घटित होता है वह मात्र संवेदना की चुभती हुई नोंक पर, एहसासों की चमड़ी पर। भीतर कुछ नहीं बदलता, विनायक प्रेम के पहले जो था प्रेम के बाद भी वही है : अपने खंडित अस्तित्व की प्रत्यासन्न पारदर्शी दीवारों के बीच फँसा अपने अक्स को अपने मूल में, अपने मूल को अपने अक्स में तलाश करता और उस तलाश को चन्द असन्दर्भित संकेतों में बिम्बित-प्रतिबिम्बित करता इस समूची अस्तित्व-व्यवस्था के तर्क से मुक्त—उसमें सिर्फ़ व्यक्त नहीं, मुक्त हो जाने की कामना से पीड़ित। प्रेम भी उसके लिए एक प्रयोग था, अपने साथ होने का प्रयोग, पर इस प्रयोग को सफल करने के लिए आत्मदान की कूवत उसमें न थी, अपने को पाने के लिए अपने को देना उसके बस में न था। रचना आत्मसंघर्ष माँगती है और प्रेम आत्मदान। प्रेम आत्मसंघर्ष का रस है और रचना आत्मदान के बाद का बचा हुआ रचना-सम्भव शून्य। बीसवीं सदी के इस उत्तरार्द्ध की कैसी यह विडम्बना है कि कोई भी रचना उस शून्य से बड़ी नहीं हो पाती और कोई भी रस उस आत्मसंघर्ष का अतिक्रमण नहीं कर पाता। विनायक! तुममें वह शून्य भी है और वह रस भी। किन्तु उस शून्य में से जीवन की दरारों को ढक देनेवाली कोई रचना जन्म नहीं लेगी, वह रस तुम्हारे अस्तित्व के छूछेपन को कभी भर न पाएगा। शून्य में तुम सिर्फ़ अपने से बहस करोगे, रस तुम्हें सिर्फ़ तेजाब की मानिन्द काटेगा। विनायक! तुम क्या अस्तित्व के पेंदे में पड़ी हुई हमारे समय की तलछट हो?...

लगता है विनायक तक मेरी प्रश्नाकुलता नहीं पहुँच रही है, क्योंकि उसने अपने भीतर के शून्य से बदला लेने का एक और मौलिक उपाय ढूँढ़ लिया है—रचना का विरोधी तत्त्व—योग। शून्य का अतिक्रमण। अपने को महसूस करने और जानने के बीच की अलंघ्य खाई को पाटने का कौशल यदि रचना से सम्भव नहीं तो न सही, योग में द्वैत का सब दंश तिरोभूत, या कम से कम शिलीभूत, हो जाएगा, इस तर्कप्रेरणा से वह छलाँग लगाता है और पूरे होशोहवास के साथ योग में आ गिरता है।...

प्रेम की तरह यह योग विनायक पर आरोपित नहीं है। प्रेम में विनायक बाहर की ओर से आया था, जबकि यह योग उसके भीतर से ही निकला है। शुरू से ही विनायक जिस जीवन में साँस लेता है उसमें धर्म, अध्यात्म और तत्त्व-चिन्तन की प्रसन्न और निर्मल हवाएँ बहती हैं। उसके संस्कार और परिवेश में उपनिषद, गीता,

महाभारत, वाल्मीकि और तुलसीकृत रामायण आदि की सक्रिय उपस्थिति योगभ्रष्ट जगन काका का मोहक आदर्श है, हिमालय है, मन्दिर है, डीनापानी के स्वामी जी का आश्रम है। इसके अलावा रमेशचन्द्र शाह हैं जो एक प्रेम को छोड़कर उसके साथ रचना में भी रहे और इस योग में भी हैं।...जरा रुकिए, मैंने यह नहीं कहा कि विनायक और रमेशचन्द्र शाह एक हैं; मैंने कहा रमेशचन्द्र शाह, विनायक के साथ हैं। थोड़ी देर के लिए आइए, इसी पर ध्यान केन्द्रित करें।

कथा का आरम्भ, आपको याद है न, काव्य-रचना के प्रकरण से होता है और कथा का समापन योग के एक अभूतपूर्व अनुभव-स्वप्न से। दोनों में सिर्फ़ इतना ही रिश्ता नहीं कि कथाकार-विनायक की जन्मकुंडली में रचना और योग दोनों की ही सिद्धि या असिद्धि का योग लिखा है। बात इससे कहीं गहरी है। रचना (कविता) से अरचना (योग) तक की यात्रा अकेले विनायक के बस की नहीं है। विनायक में कुछ अतिरिक्त है—उसके समूचे अनुभव-वृत्त से बाहर छलक आता हुआ—उस रचना में भी और इस अरचना में भी—वही मुझे उद्विग्न करता है। लगता है वही अतिरिक्त शायद असली काम का है, वह जो शब्द के बाहर है, जिसे न रचना पकड़ पाती है और न अरचना अस्वीकार कर पाती है। अपनी उद्विग्नता में मैं सांत्वना के लिए विनायक की तरफ़ नहीं देखता, देखता हूँ रमेशचन्द्र शाह की तरफ़। और वे व्यस्त मेरी ओर अपने वक्तव्यों, आत्मविश्लेषणों, चिन्तन-मन्थन-वृत्तान्तों, तर्क-वितर्क-श्रृंखलाओं आदि के लम्बे खरीते बढ़ा देते हैं। ये खरीते हर कहीं हैं, इस उपन्यास में भी हैं। बड़े ओजस्वी, बड़े तेजस्वी। ये लेकिन मेरी कोई ख़ास मदद नहीं करते। मेरी मदद करना शाह की मंशा भी नहीं। तब अपनी घबड़ाहट में मैं यह सोचकर थोड़ा राहत पा लेता हूँ कि शाह ने विनायक को सृजा कम, जिया ज़्यादा है और जो सृजा गया है उसे चाहे मैं पूरी सहानुभूति न दे सकूँ पर जो जिया गया है उससे संवाद की एक सूरत मैं हर हालत में बना ले सकता हूँ।

अब चलें उसी योग-प्रसंग पर। रचना एक सन्दर्भ में जीवन को तोड़ती, फिर जोड़ती, फिर तोड़ती है। वह सन्दर्भ अर्थ का हो सकता है, मूल्य का हो सकता है या सिर्फ़ अनुभूति का। इस सिलसिले में कोई अन्तिमता नहीं, कोई चरमता नहीं। इसी से रचना में कुछ भी स्थायी नहीं होता, न व्यक्ति, न सम्बन्ध, न वस्तुएँ। योग तोड़ता नहीं, वह सिर्फ़ जोड़ता है और उसका सन्दर्भ भी कोई नहीं होता : वह जीवन को अतिक्रान्त करके ही उदित होता है और कालबिद्ध न होकर कालातीत होता है। उसमें कुछ घटित नहीं होता; उसमें न कुछ वास्तविक होता है न अवास्तविक, क्योंकि वास्तविकता और अवास्तविकता जीवन का गुण है, योग इससे परे है। क्योंकि योग शुद्ध अनस्तित्व है। पर इस योग को भी मनुष्य ने ही रचा है (इस रचने की एक समग्र तर्क-संहिता है) तो शायद इसीलिए कि एक अकेला अस्तित्व मनुष्य की सृजनात्मकता के लिए काफ़ी नहीं पड़ता, उसे एक अनस्तित्व भी चाहिए

जिसमें चाहे जीवन-सृष्टि का भ्रम रचती हुई वह सृजनात्मकता तक गर्क हो जाए।...

विनायक क्यों आ गिरना चाहता है इस अनस्तित्व के योग-कुंड में? शायद इसलिए कि एक असमाप्त रचना की बन्द राहें उस अनस्तित्व-बोध में से ही खुलती हैं। पर यहाँ भी रचना की गूँज : अनस्तित्व के अन्धकार में अस्तित्व की कूकती हुई पुकारें—"सुने जाने की आशा से परे—जंगल में फेंक दिए गए किसी नवजात शिशु के रुदन-सी निरीह और सुदूर—" उसका पीछा नहीं छोड़तीं। तभी तो उसे ब्रदर्स करमाजोव में ईवान के 'ग्रांड इन्क्विजिटर' का अनस्तित्व के महान उजाड़ में ईश्वर का क्रूर और निर्मम साक्षात्कार नहीं, बल्कि अनस्तित्व की तप्त भावभूमि पर छलछल मानवीयता का स्वप्न देखती मित्या की आँखें याद आती हैं। इसीलिए शायद योग भी उसके लिए नहीं—वह उसकी रचना—'रूथ' के लिए 'एलियन कार्न', विजातीय प्रदेश है—अतः वह उससे भी भागता है, उस योग में अपने अनस्तित्व के, शब्दातीत के साक्षात्कार से। पर वहाँ से लौटकर क्या उसके लिए रचना में वापसी है? क्या रूथ की वापसी सम्भव है?

यह योग भी दरअसल वह योग-वोग नहीं जो ईश्वर की विचित्र शक्ति की तरह ध्यानावस्था में विनायक के शरीर से खेलता है, जैसे कि वह रचना जो विनायक के लिए अपने जीवन का निश्चित उद्देश्य पा लेना नहीं था। यह योग उस महाप्रश्न का एक टुकड़ा है जो शाह की जिज्ञासा और जिजीविषा का एक स्थायी भाव है। 'गोबर गणेश' में एक जगह जब विनायक स्वयं से पूछता है—"सब रोगों की जड़ मन में होती है, पर इस मन की जड़ कहाँ है?" तो इस प्रश्न में आप शाह के उस महाप्रश्न की ही गूँज सुनते हैं। जड़ की चिन्ता—आज के आध्यात्मिक भोथरेपन और नैतिक संवेदनशीलता को उसके उत्स पर ही पकड़ना—शाह के चिन्तन का बुनियादी और महत्त्वपूर्ण सरोकार है। इस जड़ की खोज उन्हें जातीय स्मृति, इतिहास, सांस्कृतिक परम्परा, हिन्दू-धर्म, दर्शन एवं जीवन-दृष्टियों तक ले जाती है। जड़ की खोज में जो एक निर्मम ललकार है उसके प्रति शाह एक व्यक्तिगत आग्रह की तात्कालिकता से बिद्ध होकर भी सम्बोधित होते हैं और एक बृहत्तर नैतिक कर्म के दायित्व-बोध से उत्प्रेरित होकर भी। जड़ की खोज करना मानो पहले तो अपने विस्थापित 'आत्म' को अन्वेषित करना है और फिर उसे अपने समय में पुनर्स्थापित करना। 'आत्म' और 'अनात्म' के बीच जो एक बंजर अन्तराल आ गया है उसे जोतना-गोड़ना और उसमें कुछ नया बोना-पनपाना है। शाह को लगता है कि मानव-अस्तित्व की इन दो हक़ीक़तों से बिना मुठभेड़ किए न तो उनका निस्तार है, न आज की हालात में कुछ कर गुज़रने की इच्छा से पीड़ित संवेदनशील व्यक्ति का। इसीलिए जो शिखर-प्रतिभाएँ उस मुठभेड़ को सम्भव बनाती हैं—उस मुठभेड़ के लिए एक अनुकूल भूमि प्रस्तुत करती हैं—उनकी तरफ़ शाह का ध्यान बार-बार जाता है, चाहे वे गांधी, अरविन्द, नेहरू, कुमारस्वामी हों या प्रसाद, निराला, अज्ञेय, येट्स, इलियट, दोस्ताएव्स्की।

साहित्य के सवालों को शाह साहित्य में उगाकर साहित्य में ही नहीं लेते। उनके लिए ये सवाल मानव-संस्कृति के भी सवाल हैं। शाह अपने साहित्य-विमर्श में किसी रचना का तार छूते हैं और उससे उत्पन्न झंकृति मानव-नियति और मानव-अस्तित्व के दूरागत क्षितिजों-सीमान्तों तक एक सघन और सजीव स्पर्श की सी थरथराहट लिये हुए दौड़ जाती है। उनका साहित्य-चिन्तन इतिहास, संस्कृति और परम्परा का एक भरा-पूरा आर्केस्ट्रा है (सामान्य भावक के लिए कभी-कभी बेहद भारी), सिर्फ़ साहित्य या कला की दुबली एकल तान नहीं (शाह का पाठक कभी-कभी इस तान के लिए तरस जाता है)। शाह ने अपना साहित्य-विवेक संस्कृति-मन्थन की अपेक्षाकृत गहन-जटिल किन्तु अनिवार्य प्रक्रिया में से गुज़रकर अर्जित किया है। यह प्रक्रिया अभी ख़त्म नहीं हुई है, इसलिए उस विवेक में विचार-संवेदना की नई-नई क्यारियाँ निकलती जाती हैं, भाषा व्यंजना के नए-नए कल्ले फूटते जाते हैं। तथ्य को तत्त्व से पकड़ने की और तत्त्व को तथ्य में बदल लेने की उस प्रक्रिया के चलते रहने के कारण ही, अपने भूमिगत मूल से लेकर आकाश में फैले-पसरे पत्तों-फूलों-फलों तक वह विवेक एक कसावट लिये हुए है, एक तनाव लिये हुए है। उसमें समग्र को बाँध लेने—समग्र में बँध जाने—की बेचैनी और उस बँधने से विद्रोह कर उससे मुक्त होने की कसमसाहट दोनों हैं। वह विवेक...व्यक्तिचेतना पर उभय पक्षों के दारुण सम्पीड़न में सहसा स्फुरित—उड़ने को आतुर—एक पारदर्शी क्षण है, उतना ही नश्वर और उतना ही महान जितना कि अनुभूति में प्रकाशित मनुष्य के न होने में होने की शपथ!

'रचना के बदले' शाह के 'पर्सनल एसेज' का संग्रह, 1969 में छपा, हिन्दी पाठकों के लिए लगभग अज्ञात...उसके एक निबन्ध में मैं इस वक़्त उस पारदर्शी क्षण का उड़ना देख रहा हूँ। हाँ, यह उड़ान ही है, बहक नहीं। अपने बिखराव, अपने अनिश्चय, अपने अधूरेपन को जीता-महसूस करता एक आदमी अपने भीतर के केन्द्र की तरफ़ बढ़ने में केन्द्र से बाहर जाता हुआ किस क़दर निष्कवच और वध्य (वल्नेरेबल) होता है, यह देख रहा हूँ। वह निबन्ध 'स्मृतिभ्रंशात', उसका एक टुकड़ा : "...अधूरे व्यक्तित्व से किया गया हर काम झूठा है; अपने समूचे व्यक्तित्व, अपने समूचे मनुष्यत्व की एकाग्र प्रतिश्रुति के बिना जो कुछ सोचा, कहा, जिया, महसूसा जाता है, वह सब झूठा और जूठा है। और इस 'विराट झूठ के अनन्त छन्द' में लिपटे ही चले जाने की विवशता को ढोते हुए भी उसे तद्रूप जानना, उसमें गर्क हो जाने की अश्लीलता से इनकार करना ही बोध है जो चाहे भले ही निरन्तर और निश्चयात्मक न हो, विरल और क्षणिक ही क्यों न हो, तो भी हर प्रकार वरेण्य है, श्लाघ्य है।" तो क्या अधूरेपन को जान लेना ही उसमें गर्क होने से बच जाना है? यह प्रश्न नहीं है, यह एक चीख़ है अपने विरुद्ध : "...तभी झटके के साथ मेरे मन में विचार उठा कि मैं अभी सही-सही प्रश्न के सम्मुख हुआ

ही नहीं कि प्रश्न मेरी औकात से बड़ा है। मैं गहरे विषाद में डूब गया था। और बड़ी देर तक उसी तरह हतप्रभ, विमूढ़, अवसन्न बैठा था। किन्तु शायद उस सारे समय के बीच इकट्ठी होती मेरी बेचैनियाँ ही मेरे मस्तिष्क को धीरे-धीरे विद्युन्मय बना रही थीं...क्योंकि मैं बुरी तरह जूझ रहा था अपने आपसे। और अपनी उस यंत्रणा के प्रति अधिकाधिक जागरूक; उदग्र हुआ जाता था। वह कौन एक चिन्ता थी जिसमें अन्य सारी चिन्ताओं का स्रोत निहित था? वह कौन व्याकुलता थी जो मेरे चैतन्य के मूल में थी।" मैं देख रहा हूँ, उस पारदर्शी उड़ान में आकाश को चूम लेने का आत्मनिर्भर उल्लास नहीं, संवेदन-भूमि पर उग आई सीमाओं से टकराने और अपने को लहूलुहान करने की अनिवार्यता है। 'आत्म' के घेरे में उड़ता हुआ विवेकपीड़ित वह क्षण पहुँच पर कहीं नहीं पाता, सिर्फ़ उड़ने में—कहीं न टिकने के एहसास में—वह अपने को अधिक-से-अधिक गहरा, द्रवणशील और आत्मोन्मुख करता जाता है। आत्मोन्मुख ही, आत्मलीन नहीं। क्योंकि इस आत्मोन्मुखता में लय-गति नहीं है, संशयग्रस्त अस्तित्व की टूटी हुई, दरकी हुई, चुभती हुई चट्टानें हैं। प्रश्न हैं और उनकी गूँजती हुई प्रतिध्वनियाँ हैं, प्रश्नों की कोई ठोस परिभाषेय भूमि नहीं। यहाँ यंत्रणा है, पर उसकी मूर्त पहचान नहीं। शब्द हैं, पर वे भीतर के खूँटे से बँधे हैं। अर्थ है, पर उसमें कोई आश्वस्ति नहीं, सिर्फ़ एक टटोल, एक खोज, एक यात्रा। यहाँ एकालाप है...

यह एकालाप किन्तु सरल, एक प्रवाही नहीं है। इसमें संवाद की अनिवार्यता छिपी हुई है। आत्मदर्शन की सीमाओं से बार-बार टकराने का बोध इस संवाद को जन्म देता है...संवाद जैसे उस टकराहट से फूटी एक अग्नि-दिशा है जिधर चलकर शाह अपने सम्भ्रम और संशय को काट सकेंगे। शाह का समूचा वैचारिक लेखन इस संवाद को हासिल करने की एक दुर्निवार चेष्टा है। संवाद सम्प्रेषण मात्र नहीं है, क्योंकि सम्प्रेषण एकालाप में भी सम्भव है। संवाद में 'अपने' को जीने के साथ-साथ 'दूसरे' को भी जीना होता है, आत्मप्रक्षेपण नहीं, आत्मसंघर्ष...और यह संघर्ष भी सिर्फ़ व्यक्ति के अपने मन-पटल पर नहीं, बल्कि वस्तुबोध की तथ्यभूमि पर। शाह के लिए संवाद का माध्यम विचार है, भावना उन्हें एकालाप की तरफ़ ले जाती है। भावना में सब कुछ असीम और अनन्त है, उसमें कोई केन्द्र नहीं, सिर्फ़ फिसलाऊपन है। विचार में वस्तु को पकड़ने, उसे पहचानने, उसे नए-नए रूपों में बदलने, आकार देने की सम्भावना है। विचार को जीते हुए शाह इस सम्भावना को ही पाना चाहते हैं, विचार की किसी निश्चित लक्ष्य तक पहुँची हुई रूढ़ि को नहीं। उनकी विचारयात्रा तथ्य और वस्तु से नए-नए मुक़ाबलों की यात्रा है। इसमें अन्वेषण का एडवेंचर तो है ही, एक ज़रूरी नैतिक कर्म-प्रवाह में अपने को झोंकने का सन्तोष भी, साथ ही उसमें अपनी इस मर्मन्तुद आन्तरिकता, एकान्तिकता और अतिरेक को घनीभूत क्रिस्टल करने, उसे विषयनिष्ठ बनाने का जतन भी है। विचार से हुए

प्रत्येक मुक़ाबले में—विचार के ताप में पककर हर बार—शाह की आन्तरिकता में नई धार और काट पैदा हुई है। विचार शाह के लिए कोई सिद्ध तर्क-मीमांसा अथवा जटिल अनुभव-स्थिति को तार-तार सुलझाने, अलगाने को अति-सजग कर्म का पर्याय नहीं है। उनके वैचारिक निबन्धों में मानव-अनुभूति के विभिन्न राग-सन्दर्भ एक सरल भावार्थ में चमककर बुझ जाने की अपेक्षा मानव-स्थिति का एक जटिल, परस्पर गुम्फित अनुभूति-गम्य रूपबन्ध ही पेश करते हैं। विचार शाह के यहाँ एक भावोद्दीप्त द्वंद्वात्मक ऊर्जा का नाम है जो जितना ही प्रकाश फैलाता है उतना ही अँधेरे को रेखांकित करता है, जितना तोड़ता है उतना ही छोड़ता है, जितना सुलझाता है उतना ही उलझाता है। इसी से शाह के संवाद-सागर में एकालाप के बड़े-बड़े जखीरे भी मिलते हैं। उनके संवाद के तटों को भिगोती एकालाप की लहर हमेशा बहती रहती है। कभी-कभी लगता है शाह अपने संवाद को एकालाप की शैली में चला रहे हैं, अपने को ही सुन और बतला रहे हैं।

और साहित्य और संस्कृति और इतिहास, परम्परा और मानव-अस्तित्व के बीहड़ प्रश्न सब इस एकालापमुखी संवाद की तरंगों को बस रेडियो-यंत्र की तरह ग्रहण कर रहे हैं...। एकाग्र और लीन...और जो कुछ हम शाह की लिखी-छपी इबारतों में पढ़ते हैं वह...वह एक बृहत्तर मानव-पीड़ा के आवर्त में फँसे एक आदमी का अभिव्यक्त एकमात्र प्रतिरोध हैं : शब्द—कर्म की प्रतीक्षा में टकटकी लगाए शब्द—अर्थ से भरे-पूरे लेकिन उसे भुनाने-बाँटनेवाले कर्म से मोहताज शब्द।...

कर्म क्या है?—शाह पूछते हैं। इसे मैं भी नहीं जानता, शाह भी नहीं। पर शाह भी उसे महसूस करते हैं, मैं भी। अगर ऐसा न होता—शाह के लेखन में से उछलकर कोई चीज़ सहसा मुझमें बिंध जाती है और मैं कहता हूँ—अगर ऐसा न होता तो शाह की विचार-चर्या में वह आन्तरिक द्वंद्व की काट न होती, वह रास्ता खोजने और कभी बाहरी और भीतरी अवरोधों से टकराने का सात्त्विक दर्प न होता, वह कठोर विवेक न होता जो विचारचर्या और भावचर्या में किसी भी प्रकार के समझौते को सहन नहीं करता।

शाह की चिन्ता सिर्फ़ व्यक्तित्व को सिद्ध करने की नहीं, अस्तित्व को सिद्ध करने की है। उनकी जिज्ञासा का केन्द्र सिर्फ़ व्यक्ति-मन को चलानेवाली शक्तियाँ नहीं, समूह-मन को चलानेवाली शक्तियाँ भी हैं। वे रचना में व्यक्ति-आकांक्षा के साथ लोकमानस की आकांक्षा को भी प्रतिफलित देखना चाहते हैं। वे स्मृति और संस्कार के स्तब्ध संसार को छोड़ नहीं सकते, पर युग-परिवेश और वर्तमान की हलचल, अनगढ़ता और अराजकता को भी दरगुज़र नहीं कर सकते। उन्हें आत्मा का परिष्कार भी चाहिए और आत्मा की अस्त-व्यस्तता भी। वे व्यक्तित्व से पलायन और व्यक्तित्व में पलायन दोनों की कामना करते हैं। एक तरफ़ व्यक्तित्व का 'पैशन' और कट्टरता और दूसरी तरफ़ दार्शनिक-आध्यात्मिक चिन्तन का उदार

समावेशीपन, दोनों के प्रति उनकी समान संयुक्ति है। शाह के लिए बीच का कोई रास्ता नहीं है, उनके लिए तो एक रास्ता भी नहीं है, उनके लिए कोई रास्ता नहीं है। चूँकि सारे रास्ते उन्हीं में से निकलते हैं इसलिए उनके लिए कोई रास्ता नहीं है।

कर्म क्या है?—शाह फिर पूछते हैं। मैं कहता हूँ, यही, यही रास्ते की अनवरत खोज। खोज के विवेक की जलती हुई लौ। खोज के पराक्रम में हर वक़्त तनी हुई, लक्ष्य पर छूटने-छूटने को सधी हुई, टूटने-टूटने के बिन्दु तक खिंची हुई दृष्टि की प्रत्यंचा, वेदन-तंत्र का हर तार, अनुभव-प्राण की प्रत्येक शिरा।

क्या मैं कर्म की कोई अर्थ-सम्भव (सिर्फ़ शब्द-सम्भव नहीं) व्याख्या कर सका? शायद नहीं। शाह भी शायद इससे सन्तुष्ट न होंगे। पर वे महसूस करते हैं—जैसे कि मैं महसूस करता हूँ—कि यह सच है, कि यही सच है।

शाह के चिन्तन को उसका द्वंद्वात्मक चरित्र और विचलित कर देनेवाले स्वभाव सिर्फ़ उनके 'आत्मान्वेषण' से नहीं मिलता, बल्कि उससे मिलता है जिसे अपने एक निबन्ध (सुकवि की मुश्किल—पूर्वग्रह-17) में उन्होंने 'तादात्म्य' की संज्ञा दी है। 'आत्मान्वेषण' आत्मसंघर्ष की पूर्वपीठिका है और 'तादात्म्य' सामूहिक अवचेतन की मूलभूत वास्तविकताओं को प्रत्यक्ष करने का उपक्रम, सामान्य जन के भोगे हुए अनुभव में साझेदारी, युग-यथार्थ के साथ स्नायविक बौद्धिक-आध्यात्मिक सम्पृक्ति। यह 'तादात्म्य' भी अपने भीतर कर्म का बीज छिपाए हुए है। "...क्या राजनीति में, क्या साहित्य में लोकचित्त ही वह माध्यम है जिस पर एकाग्र होकर आप उस परिवर्तन, उस क्रान्ति का आह्वान कर सकते हैं जो जीवन के कुंठित और भ्रष्ट हो गए अर्थ को, खोये हुए अर्थ को फिर से लौटा सके।" (साहित्य में आज का गतिरोध—दिनमान : 12 अगस्त, 1973)। यह है कर्म की पूर्व-प्रतिज्ञा, और कर्म? कर्म का बीज उस लोकमानस के साथ तादात्म्य में है—इस तथ्य पर हम शाह की तरह ही बार-बार उँगली रखते हैं—पर उस कर्म का अभिव्यक्त रूप : उसका वृक्ष अपनी टहनी फूल-पत्तों के साथ : कहाँ है?—इस बार यह प्रश्न मैं अपने आपसे पूछता हूँ, एक त्रस्त पाठक से जो पिछले कई महीने से शाह-साहित्य की खुदाई में लगा रहा कि कहीं तो इस प्रश्न के उत्तर का सुराग मिले। पर हर बार जब-जब उसे लगता कि उत्तर का कोई सिरा हाथ आ गया है कि वह पाता कि वह सिरा विचार से मिली अनुभूति और अनुभूति से मिले विचार के कई-कई अन्तरालों में घूमते-घूमते फिर एक प्रश्न के बड़े-से गोले में लिपट गया है। मुझे सहसा याद आया 'गोबर गणेश' के अन्त में विनायक चीत्कार कर उठता है—"मेरा युद्धकांड कहाँ है?" इस चीत्कार में क्या वह भी अपने स्रष्टा से पूछना यही चाह नहीं रहा था कि मेरा कर्म कहाँ है?

यह उधेड़बुन...यह शाह के एक पाठक की उधेड़बुन...क्या इससे शाह को कोई सरोकार नहीं? साहित्यिक प्रक्रिया को सांस्कृतिक प्रक्रिया में से गुजरने की

और सांस्कृतिक प्रक्रिया को ऐतिहासिक प्रक्रिया में से छानने की उनकी यह कभी न थकनेवाली जद्दोजहद आख़िर क्यों? येट्स के 'लोनली इंटलेक्ट' के वज़न पर उनके अपने 'आत्मान्वेषण' का तीव्र बुद्धिवाद उन्हें लुभाता है। इस बुद्धिवाद के आईने में वे समूची व्यक्तित्व-विरोधी भारतीय चिन्तन सृजन-परम्परा के विरुद्ध खड़े एक साहसी अकेले के आत्मदान का महान् बिम्ब देखते हैं (अज्ञेय के प्रति उनकी विशेष अनुरक्ति का यही राज है)। पर बुद्धिवाद की चरम परिणति—एकान्तिक व्यक्तिवाद और सिनिसिज़्म और उसकी प्रतिक्रिया में जन्मे सामाजिक-राजनीतिक-आर्थिक दर्शन, ख़ासकर कम्युनिज़्म–से उन्हें परहेज है। इसी तरह येट्स के ही 'इमोशन ऑफ़ द मल्टीट्यूड' को अपने 'समूह-मन', 'लोकचित्त', 'जनाधार' आदि धारणा की बुनियाद में रखते हुए भी—यह महसूस करते हुए भी कि "हमारा समूह-मन और समूह-संस्कार हमारी व्यक्तिगत संवेदनाओं से अपना पिछला हिसाब-किताब चुकता करवाना चाहता है"—वे उसे भारतीय जीवन-प्रवाह की किसी लोकमुखी शक्ति के प्रस्फुटित तेजस्वी रूप तक ले जाने के बजाय उसे साहित्य की ट्रेजिक विडम्बना में ही विसर्जित कर देते हैं। इस प्रकार अकेले के आत्मदान (आत्मान्वेषण) को वे पूर्व की दृष्टि से भुगतते हैं और लोकधारा से तादात्म्य को पश्चिम की दृष्टि से। वे पश्चिम को पूर्व के तर्क से अपर्याप्त करार देते हैं और पूर्व को पश्चिम के तर्क से। यह भी कहा जा सकता है कि वे पश्चिम को पूर्व की शर्त पर और पूर्व को पश्चिम की शर्त पर पाना चाहते हैं। पूर्व-पश्चिम के इस द्वंद्वात्मक सम्बन्ध को, उसके तनाव और निष्पत्ति के आदर्श को वे गांधी जी में देखते हैं, पर क्या गांधी जी को भी संस्कार और संवेदना के अन्तराल को सृजनात्मक कर्म से पाटने के एक महत्त्वपूर्ण उदाहरण से बढ़कर आगे प्रासंगिकता की किसी अन्य तुला पर तौलने की ज़रूरत नहीं? गांधी जी के सृजनात्मक कर्म की दिशा में आज के कर्म की कौन-सी दिशा कैसे, किस बिन्दु पर, जुड़ सकती है? अगर गांधी जी का कर्म एक आदर्श है तो उस कर्म का यथार्थ क्या है? उस कर्म के यथार्थ का वास्तविक—सिर्फ़ 'साहित्य' में निर्वासित नहीं—चेहरा क्या है?

कर्म के यथार्थ का एक चेहरा राजनीति में भी है, पर शाह के यहाँ यह चेहरा सिरे से ग़ायब है। वे बार-बार गांधी जी का स्मरण करते हुए भी गांधी जी के मेटाफ़िजिक्स में ज़्यादा दिलचस्पी दिखाते हैं, उनकी अत्यन्त व्यावहारिक राजनीति में नहीं —उस राजनीति में जो समूह-मन को भारतीय संस्कार की जकड़बन्दी और आध्यात्मिक कोष्ठबद्धता के बावजूद एक सचेत जन-समूह में बदल सकने की सामर्थ्य रखती थी। शाह राजनीति के मूर्त ब्योरों से, उसके ज्वलन्त सन्दर्भों से सीधे-सीधे टकराने से बचते हैं। शाह के तत्त्व-चिन्तन में शायद राजनीति शारीरिक क्रिस्म की चीज़ है; बकौल रघुवीर सहाय राजनीति, चाहे वह कैसी भी अधूरी, टूटी, मिलावटी हो, जन-समूह के हाथ में स्थितियों को बदलने का आज एकमात्र कारगर साधन है।

इधर शाह रघुवीर सहाय पर ही लिखे अपने एक लेख में यह मानकर चलते हैं कि हमारे देश में समूह-मन को जो शक्तियाँ आज तक जैसा चलाती रही हैं वे अब भी बरकरार हैं और कोई भी भूकम्प याकि सांस्कृतिक क्रान्ति उन्हें अनछुआ नहीं कर सकती। इस ध्रुव विश्वास के आगे राजनीति अगर किंचित्मात्र भी कुछ बदलने का दावा करे तो वह व्यर्थ ही है, है न? राजनीति से विराग का रंग कुछ इतना गहरा है कि शाह जी को समाजवाद में सिर्फ़ सर्वसत्तावाद नज़र आता है, मानव-जीवन को विकसित करने, उसे किन्हीं ठोस कर्म-प्रेरणाओं में फलीभूत करने की सम्भावना नहीं। शाह की प्रश्नाकुलता और नैतिक चिन्ता जीवन-मरण, पाप (ईविल), अध्यात्म, अस्तित्व आदि के दायरे में ही घूमती रहती है, मनुष्य की स्वतंत्रता और विकास को बाधित करनेवाली आर्थिक-सामाजिक शक्तियों और प्रतिष्ठानों का वह स्पर्श तक नहीं करती। राजनीति के धुएँ से कड़ुवाई उनकी आँखें उस आग को देखने से इनकार कर देती हैं जो धुएँ में छिपी है।

इस आग के स्पर्श से वंचित शाह के चिन्तन-विधान में इसी से—क्या इसी से?—एक अपरिहार्य उदासी है : द्वैत-स्थितियों के उत्कट सम्पीड़न में वेदन-यंत्र का सहज भावोद्रेक...यह उदासी, जितना ही रिसती है उतना ही सघन होती जाती है, असान्त्वनीय। यह उदासी कभी जब भड़कती है तब शाह अपने ज़ख़्मों पर मज़ाक़ की धूल उड़ाने लगते हैं। व्यंग्य-विद्रूप की मुद्रा उदासी की कुल तल्खी को गोया चन्द घूँटों में गटक जाने की नाटकीय साहसिकता है। आत्म-व्यंग्य में जीवन की विसंगतियों का दर्द किसी क़दर सह्य बन जाता है। याकि कुछ और असह्य?

इस उदासी की हर अदा को मैं अपनी अनुभूतियों में पहचानता हूँ। मैं, जो दोनों हाथों से उस चट्टान को बस अपने सिर पर गिर पड़ने से बचा रहा हूँ जो मेरे समय में निरन्तर तप-तप कर आग बनी जा रही है। और शाह?

शाह ने अपनी उदासी पर एक और चेहरा लगा लिया है : प्रतीक्षा का। यहाँ रचना, प्रेम और योग की परिधि में सिमट आनेवाले अपने सम्पूर्ण अस्तित्व-संघर्ष में से बिना कहीं घातक रूप से रगड़ खाये, टूटे या बदले लगभग मुजस्सिम निकल आए 'गोबर गणेश' के विनायक के वे शब्द मुझे बेसाख़्ता याद आते हैं जो वह अपनी अनुभव-यात्रा पर एक निष्कर्ष-वाक्य के रूप में जड़ता हुआ कहता है। वह कहता है—"हाँ, स्त्री की तरह मुझे उस समाज की भी प्रतीक्षा है जिससे मैं प्रेम कर सकूँ और जो मुझे अपना सके।" इसके पहले, किताब के पहले खंड में, देश-स्वातंत्र्य की लड़ाई में निराश-हताश-उदास जगन भी एक जगह उस कम्युनिज़्म की प्रतीक्षा करता दिखाई देता है जो खालिस भारतीय मिट्टी से पैदा हुआ हो। इस तरह प्रतीक्षा का यह सिलसिला जगन से विनायक तक—स्वतंत्रतापूर्वक की पीढ़ी से स्वतंत्रता के बाद की पीढ़ी तक—चला आया है। किन्तु इस प्रतीक्षा में आप, शाह सा'ब, कोई सम्भावना नहीं ढूँढ़ रहे हैं, किसी भविष्य-दर्शन की ज़मीन पर क़दम बढ़ाने के लिए

अपने पाँवों को साध नहीं रहे हैं, बल्कि वर्तमान (हमारे समय में निरन्तर तपती जाती चट्टान) को अतिक्रान्त करने की अपने लिए एक गुंजाइश ढूँढ़ रहे हैं। आपके लिए गांधी भी एक प्रतीक्षा है, एक अतिक्रमण, दोस्ताएव्स्की भी और वाल्मीकि भी। इनमें आप चाहें तो गांधी की जगह अरविन्द को रख सकते हैं, दोस्ताएव्स्की की जगह येट्स को और वाल्मीकि की जगह तॉल्सतॉय को। इन सबमें कहीं-न-कहीं आपकी उस उदासी को ओट मिल जाती है। गांधी या अरविन्द आपके लिए वह सृजनात्मक विचार या मनीषा है जो अपने स्फुरण में भारत की अध्यात्म-चेतना को वास्तविक सामाजिक जीवन की कसौटी पर कसती है। उसे आधुनिक सन्दर्भ में आज के लिए मौलिक ढंग से परिभाषित करती है। दोस्ताएव्स्की और येट्स उस सृजनात्मक भावना के प्रतीक हैं जिसमें आपको एक द्वंद्वग्रस्त आत्मा के विराट अकेलेपन का साक्षात्कार होता है, अस्ति को नास्ति के ख़तरनाक बिन्दु तक ले जाकर अपनी आत्मा को अनावृत्त करने की दुर्दमनीय आकांक्षा के ट्रेजिक लैंडस्केप मिलते हैं। वाल्मीकि या तॉल्सतॉय जीवन और जगत के द्वंद्वात्मक प्रवाह को कला की उदात्त ऊँचाई तक पहुँचानेवाली सृजनात्मक कल्पना के प्रतिमान हैं जो आपको अपनी तरफ़ खींचते हैं, उनके सृजनात्मक कर्म की ऋजुता का ग्रैंजर आपको मुग्ध करता है। इनमें से हर किसी के साथ कहीं जुड़कर, कहीं कटकर, कहीं उगकर, कहीं टूटकर आप, शाह सा'ब, जितना कुछ पाते हैं उससे ज़्यादा क्या कुछ खोते नहीं? आप जो पाते हैं उससे आपका इतिहास-बोध, स्मृति और संस्कार पुष्ट होते हैं, पर जो आप खोते हैं वह क्या वही वास्तविक-सामाजिक जीवन को उसके नितान्त बेबाक नंगेपन और असातत्य में जीने का निदाघ कर्म नहीं है? ठहरिए...आपके उस पाने में इस खोने की चुभन भी कहीं है, यह मैं जानता हूँ, और आपके इस खोने में उस पाने की सान्त्वना भी कहीं है ही आपको थामे हुए। पर शाह साहब आपके उस पाने में से इस खोने को अगर घटाएँ तो बाक़ी क्या वह उदासी ही नहीं बच रहती?

उस उदासी को मैं अपनी अनुभूतियों में जानता हूँ और प्रतीक्षा भी मुझमें है—कि मेरे समय में निरन्तर तप-तपकर आग बनी जा रही वर्तमान की चट्टान मेरे हाथों से छूटकर मेरी उदासी को चूर-चूर कर दे—मैं इतिहास और स्मृति के मेघच्छाय शिखरों से दूर क्षण-क्षण के जलते मैदानी वर्तमान में पोर-पोर तपूँ, जलूँ—रचना के बाहर—आत्म के बाहर—तथ्य की धूल में।...

इधर शाह एक नए अतिक्रमण की तैयारी में हैं। तथ्य उनकी मजबूरी है, पर उसके साथ रहना उन्हें ज़्यादा देर तक रास नहीं आता। ख़बर है कि इन दिनों वाल्मीकि को लेकर उनके पंख ज़ोरों से फड़फड़ाने लगे हैं और शीघ्र ही वे वाल्मीकि को लिए-दिए रचना-काश में एक ख़ूब ऊँची उड़ान पर निकल पड़नेवाले हैं।...

आकारों की खोज

प्रस्तुत लेख समकालीन लेखकों और उनकी रचनाओं पर लिखी टिप्पणियों के संकलन के रूप में सामने आता है, इसमें विजयदेव नारायण साही, श्रीकांत वर्मा (जिरह), अज्ञेय (सभ्यता का संकट), शमशेर बहादुर सिंह पर एवं उनके किन्हीं लेखों एवं पुस्तकों के सम्बन्ध में टिप्पणी की गई है। इसे मुकम्मल आलोचना न भी माना जाए तब भी इसे मलयज ने एक लेख की शक्ल में कैसे देखा होगा या क्यों देखा यह एक सवाल इस लेख को पढ़ने के उपरान्त ख़त्म हो जाता है। मलयज समकालीन आलोचना में जिन आकारों की खोज कर रहे थे। वो आकार कहीं दिखे और कहीं उन आकारों का स्कैच बिगड़ गया। जैसे आकार उन्हें साही में तो मिले लेकिन श्रीकांत वर्मा की जिरह पढ़कर वो निराश हुए। **—तरुण**

जैसे कविता की वैसे ही आलोचना की भी स्मृतियाँ होती हैं। आलोचना निर्वैयक्तिक नहीं है। उसके भी एक चेहरा है और उसे, जैसे कि कविता को, हर उस क्षण में पहचान लिया जा सकता है जब आप अनुभूतियों की भीड़ में अपने कन्धे छिलवाते और अपने पैरों की आहट को अपनी चाल से आगे फेंकते हुए किसी सत्य से अचानक टकरा जाते हैं।...

लोगों ने अक्सर लिखा है : 'मैं कविता क्यों लिखता हूँ?' क्या किसी ने लिखा कि 'मैं आलोचना क्यों लिखता हूँ?' शायद नहीं, क्योंकि उन्हें डर है कि इससे आलोचना की शुष्क धाक—बबूल की डाल पर बैठे घुग्घू की वक्र भौं—कुछ गिर जाएगी और यह कविता के हित में न होगा।

पर मैं स्मृतियों की बात कर रहा था।

उन दिनों—यह शायद सन् 60 की बात है—साही जी 'नयी कविता' के लिए अपना वृहदाकार निबन्ध 'लघुमानव के बहाने नयी कविता पर एक बहस' लिख रहे थे। 'नयी कविता' के विशिष्ट सहयोगी के नाते श्रीराम वर्मा की यह ड्यूटी थी कि जैसे-जैसे साही जी निबन्ध लिखते जाएँ वह उनसे लेकर प्रेस में कम्पोजिंग के लिए देते जाएँ। इसके लिए श्रीराम वर्मा को रोज़ बैंक रोड स्थित साही के घर

जाना होता। घर पहुँचकर भी साही जी सहज सुलभ नहीं होते। उन तक पहुँचने के पहले दालान और गलियारा पार कर एक कमरे में आइए, फिर उसको पार कर दूसरे कमरे में, फिर एक ओसारे में। यह ओसारा आपको एक लम्बे-चौड़े आँगन में ला छोड़ेगा और यह आँगन आपको एक दूसरे ओसारे के हवाले करेगा। इस ओसारे के पार एक द्वार है और द्वार के पीछे साही जी का कमरा।...कमरे में घुसते ही एक नीम अँधेरा, जैसाकि पुराने क़िस्म के सब तरफ़ से महफ़ूज़ बड़े मकानों में होता है। किताबों की अलमारी और रैक्स, फ़र्श पर कालीन और गद्दा और उस पर भी किताबें, पत्रिकाएँ, कॉफ़ी के प्याले, शतरंज की बिसात।...वहीं एक शख़्स कम्बल ओढ़े बैठा है, होंठों में चुरूट, मोटे फ्रेम के पीछे डूब-डूब कर उतराई आँखें। वह धीरे से उठता है और आगन्तुक के हाथ में चुपचाप अपनी एक दिन की कमाई—काग़ज़ के चन्द वर्क पकड़ा देता है। श्रीराम वर्मा यह चित्र कुछ इतनी विशद शब्दावली में खींचते कि यह फ़र्क़ करना मुश्किल हो जाता कि असली आलोचना कहाँ है—कम्बल ओढ़कर एक उत्तेजना की तल्लीनता में अपने को सब ओर से सिकोड़कर बैठे साही जी में, याकि कमरे के उस डटकर समर्पित एकान्त में? साही की उस नर्वस ज़िद में कि निबन्ध लिखने के लिए थोड़ी और मुहलत मिल जाए या कमरे में पकते-सीझते तनाव के उन बिम्बों में जो काग़ज़ पर कटी-पिटी बार-बार सुधारी गई पंक्तियों और पैराग्राफ़ों में त्रस्त बिखरे रहते थे?

यह आलोचना को रचना की सघन और तनावपूर्ण शर्तों पर पाना मुझे हमेशा आकर्षित करता रहा है। आलोचना की सृजनात्मक उड़ानें कविता में कल्पना की उड़ानों से किस क़दर कम हों? एक बड़ी थीम को लेकर लिखी गई कविता का स्थापत्य और रेहटारिक, कुशल बुनावट और पच्चीकारी उस आलोचना में भी तो पाई जा सकती है जो रचना के भीतर से निकलने वाले प्रश्नों को संवेदना और दृष्टि के एक बड़े फलक पर पूरी विविधता के साथ प्रोजेक्ट करती है।

साही की आलोचना, चाहे वह उनका लघुमानववाला निबन्ध हो या शमशेर पर लिखा लेख या दिनकर की 'उर्वशी' के माध्यम से हिन्दी काव्यभाषा पर बहस या 'परिमल' की रजत जयन्ती पर पठित 'साहित्य क्यों?' या 'दिनमान' में प्रकाशित धर्मनिरपेक्षता वाली लम्बी लेखमाला, रचना और आलोचना के इसी अनोखे संगम का उदाहरण हैं। इसी संगम के किनारे बैठकर साही मानव-अस्तित्व के बुनियादी सवालों को उठाते हैं, गो सन्दर्भ हमेशा साहित्य का होता है। इस सदी की चालीसी-पचासी का वह ज़माना ही ऐसा था कि बुनियादी सवालों से छेड़खानी किए बग़ैर बुद्धिजीवी को कल न पड़ती थी। प्रगतिवाद का नया-नया शोर था और साहित्य में वह पीढ़ी जो आगे चलकर 'नयी कविता' के झंडे के नीचे एकत्र हुई, अपनी आँखें खोल रही थी। दोनों के मिज़ाज में ही शायद कोई बुनियादी टकराहट थी कि दोनों तरफ़ के योद्धा साहित्य के धर्मयुद्ध में एक-दूसरे से भिड़ गए। अज्ञेय की अगुआई

में एक ओर यदि धर्मवीर भारती, साही आदि थे तो दूसरी ओर शिवदानसिंह चौहान, प्रकाशचन्द्र गुप्त और रामविलास शर्मा आदि। इस युद्ध में एक-दूसरे की तरफ़ ख़ूब गोले बरसाए गए। साही जी ने पता नहीं पहले कविता लिखनी शुरू की या आलोचना, पर साहित्यिक हलक़े में जो स्थायी रूप से दबंग इमेज उनकी रही है उससे यही लगता है कि आलोचना यदि उनकी कविता के पहले नहीं तो साथ-साथ ज़रूर मैदान में उतरी होगी। तब साही जी की आलोचना का स्वरूप उतना बुनियादी न रहा होगा : उस वक़्त दुश्मन को मार गिराने में युक्ति-कौशल और लाघव की ज़्यादा ज़रूरत रहती होगी। मैंने साही की उस समय की लिखी चीज़ें ज़्यादा नहीं पढ़ीं, जो पढ़ीं वे भी काफ़ी बाद में; पर साही अकसर बातचीत में उस युद्ध की चर्चा छेड़ते और बताते कि किस तरह वे लोग दूसरे पक्ष के तर्कों की काट के लिए दलीलें सोचा करते, उसके लिए ख़ूब डटकर अध्ययन करते, सब मुद्दों को पूरी गहराई और विस्तार से समझने की कोशिश करते। उनकी लड़ाई सिद्धान्तों की लड़ाई थी और इस लड़ाई की आवश्यक तैयारी के सिलसिले में किया गया भाव-संचयन और विचार-अर्जन 'नयी कविता' के उत्कर्षकाल में उनकी आलोचना का बुनियादी ढाँचा बना। चूँकि प्रगतिवाद का आधार ठोस मार्क्सवादी जीवन-दर्शन था, उसे ध्वस्त करने के लिए किसी उतनी ही ठोस तर्क-प्रणाली और फ़लसफ़े का होना ज़रूरी था। फ़लसफा तो मिला, पर वह ज़्यादातर आत्यन्तिक प्रेरणाओं पर ही आधारित था। अलबता तर्क-प्रणाली सब तरफ़ से चाक-चौबन्द रही। और इसमें इलाहाबाद यूनिवर्सिटी लाइब्रेरी की किताबों ने पूरा योग दिया।

साही की आलोचना का वह आरम्भिक दौर था। वह आलोचना अपने उत्कृष्ट अर्थ में 'पोलेमिक्स' थी। अंग्रेज़ी साहित्य के अध्येता—और विशेष रूप से उसके अठारहवीं सदी के साहित्य पर अनुरक्त—साही को अपने इस 'पोलेमिक्स' में जोनाथन स्विफ्ट के बेजोड़ 'पोलेमिक्स' की ऊँचाइयों का आदर्श अगर आकर्षित करता रहा हो तो क्या आश्चर्य!

नयी कविता की प्रतिष्ठा के साथ-साथ इस 'पोलेमिक्स' की ज़रूरत कम पड़ती गई और मानव-अस्तित्व के बुनियादी सवालों की पड़ताल का मसला सामने रह गया। साही ने ये बुनियादी सवाल साहित्य के खेत से ही चुने, वहीं बोये और वहीं काटे। एक बार 'पोलेमिक्स' की तर्कसिद्ध बाह्यता के छँट जाने पर अन्तर्निरीक्षण और अनुसन्धान की अनुभूति-सिद्ध आन्तरिकता रह गई और यहाँ साही की आलोचना आलोचना की नहीं कविता की शर्तों से परिचालित होने लगी। तर्क अब भी था, पर उसकी नोक पर 'तथ्य' कम अनुभूति का 'सत्य' अधिक था। मुझे ऐसा लगता है कि अपनी महत्त्वाकांक्षा में एक महाकाव्य और इतिहास का-सा विजन लिये हुए भी साही की आलोचना का आकाश खंडित है और उसके नीचे की धरती रचनात्मक स्फुरण की कौंध में ही सम्पूर्ण प्रकाशित होती है। साही अपने बुनियादी सवालों को

अनेक आयामों-स्तरों पर फैलाकर एक बहुत बड़े फलक पर 'कंसीव' करते हैं और फिर उन्हें एक 'बिन्दु' पर लाकर उनकी संश्लिष्ट अर्थमयता को एक चमत्कार की तरह झम्म से उद्घाटित कर देना चाहते हैं। इसके लिए वह उसी रचनात्मक स्फुरण की कौंध की प्रतीक्षा करते हैं जिसमें कविता, इतिहास और दर्शन के मिले-जुले रासायनिक घोल से बना वह बिन्दु पकड़ में आ जाए। कभी वह पकड़ में आता है कभी नहीं आता। 'लघुमानव' पर बहसवाला उनका निबन्ध आज तक 'अपूर्ण' है और हिन्दी साहित्य का इतिहास लिखने की अपनी एकमात्र साहित्यिक महत्त्वाकांक्षा को वह पूरा नहीं कर सके।

पर यह जो रचना के अँधेरे में मूल आकारों की खोज—याकि आलोचना के अँधेरे में रचना की खोज—का उपक्रम है, एक नए क़िस्म की प्रश्नाकुलता का अन्दाज़ लिये हुए है। क्योंकि ये सवाल कवि, इतिहासकार और दार्शनिक के तीन सिरों के परस्पर टकराने से फूटे हैं। साही को अगर शिकायत हो सकती है तो यही कि उनके सवालों का सिलसिला और उनकी सिलसिलेदार बहस हिन्दी में न चल सकी। इसमें मुख्य दोष तो साही का ही है, क्योंकि तीन सिरों से एक साथ टक्कर कोई तीन सिरवाला ही ले सकता है और हमारे यहाँ की हालत यह है कि एक सिर ही कन्धों के ऊपर साबित मिल जाए तो गनीमत जानिए।

साही की आलोचना की उनके कई समकालीनों की आलोचना से तुलना करने की इच्छा होती है—अज्ञेय, कुँवर नारायण, लक्ष्मीकान्त वर्मा, ज्योतिस्वरूप सक्सेना। ... 'ज्योतिस्वरूप सक्सेना को हिन्दी में नहीं जाना जाता, वह अंग्रेज़ी में लिखते थे, इलाहाबाद यूनिवर्सिटी में अंग्रेज़ी के अध्यापक थे और इलाहाबाद के साहित्यिकों के बीच अपने व्यक्तित्व और विचारों के लिए काफ़ी चर्चित थे। 1962 में वह जोधपुर यूनिवर्सिटी चले गए जहाँ 1973 में उनका निधन हो गया। साही और ज्योति जी कभी सहपाठी रहे थे, इलाहाबाद की वह अद्भुत शख़्सियत—प्रोफ़ेसर एस. सी. देव के दोनों ही पट्ट-शिष्य, दोनों ही धाकड़, बौद्धिक, दोनों ही मृगी रोग से पीड़ित रहे, दोनों ही का प्रेम विवाह, दोनों ही बुनियादी सवालों को अनन्त बहसों तक खींच ले जाने में माहिर, बशर्ते कॉफ़ी के प्यालों और सिगरेटों की सप्लाई जारी रहे। ज्योति जी के मरणोपरान्त इलाहाबाद यूनिवर्सिटी मैगजीन ने अपना एक विशेष अंक उनके कुछ लेखों के संकलन के रूप में छापा था। अंक का शीर्षक था : 'द टोड्स क्वेश्चनमार्क्स'।

'द टोड्स' में हालाँकि ज्योति जी के सरोकार कुछ दूसरे हैं, तल के भीतर तक जाने की वही छटपटाहट और प्रश्नाकुलता यहाँ भी है। ज्योति पाठक को अपने साथ-साथ सोचने और बहस करने को आमंत्रित करते हैं, जबकि साही पाठक को अपने साथ बहा ले जाना चाहते हैं। दोनों की प्रश्नाकुलता में एक 'शुद्ध' बौद्धिक ललकार है, पर ज्योति में उस ललकार के पीछे यथार्थ-बोध का तल्ख एहसास

है : एक प्रकार की मार्मिक अनास्था, जबकि साही प्रतिकूल परिस्थितियों में भी सार्थकता की राह ढूँढ़ ले आने के ओज से भरे होते हैं। ज्योति अपने प्रश्न बाहर को सम्बोधित करते हैं और साही बहुत कुछ अपने आपको। किन्तु अन्तिम परिणति में दोनों ही अपने-अपने प्रश्न लिये वापस लौट आते हैं। साही के पास लौटने के लिए हमेशा उनकी कविता रही है, पर ज्योति के पास? शायद उनकी वही मर्म को कचोटने वाली अनास्था। पर यह अनास्था इतनी सात्त्विक है, इतनी खरी और बेलाग कि उस पर अनेक आस्थाएँ सहर्ष वारी जा सकती हैं।

'लघुमानव' के बहाने बहस चलाकर साही जी ने तो काफ़ी सुयश अर्जित किया, पर 'लघुमानव' के स्रष्टा लक्ष्मीकान्त वर्मा को हिन्दी लेखकों से फटकार ही मिली। सबसे तगड़ी मार उनके अपने ही सहकर्मी और मित्र धर्मवीर भारती की थी। यह प्रसंग 'लहर' के किसी पुराने अंक में सुरक्षित है। आख़िर 'लघुमानव' का यह हश्र क्यों हुआ? लघुमानव को बनाने में जिस सामान का इस्तेमाल हुआ था क्या उसी में कुछ खोट था? या जिस कारख़ाने में उसे ढाला गया था उसमें कोई नुक्स था? सामान की फ़ेहरिस्त टटोलने पर जो समीकरण हाथ लगता है वह है—औसत आदमी+क्षण-क्षण का यथार्थ वाह्यारोपित विचारधारा या दर्शन का विरोध। कारख़ाना वही है जहाँ से 'नयी कविता' की सैद्धान्तिक मान्यताएँ अकसर आकार पाती रही हैं : एक संक्रान्तिकालीन परिवेश में व्यक्ति की स्वानुभूति। इस कारख़ाने से ढलकर जो लघुमानव निकला उसे लक्ष्मीकान्त वर्मा ने जिस-जिस 'मानव' के विरुद्ध खड़ा किया उसकी सूची लम्बी है, पर प्रमुख हैं नीत्शे का 'अतिमानव' और मार्क्स का 'समूह मानव'। लघुमानव में जो औसत आदमी है उसकी संघर्षरत, थकी-टूटी फिर भी अपराजित आकृति हमें आकर्षित करती है, यथार्थ की कटुताओं-विसंगतियों को भोगने की उसकी उत्कट जिजीविषा प्रेरित करती है और हमें ऐसा लगने लगता है कि लक्ष्मीकान्त के 'लघुमानव' और आज के आम आदमी में कोई बहुत बड़ा फ़र्क़ नहीं है। दोनों ही एक-दूसरे के सगे हैं। सगे इस अर्थ में भी कि दोनों ही रचना के भीतर से स्वयं नहीं जन्मे, बल्कि 'टेस्ट-ट्यूब बेबी' की तरह अनुभव और सिद्धान्त का जोड़ बिठाकर जन्माये गए हैं, पर लघुमानव और आम आदमी में एक फ़र्क़ है। लघुमानव के लिए एक बार बाह्यारोपित विचारधारा या जीवन-दर्शन से छुटकारा मिल जाने पर स्वानुभूति के केन्द्र से निकली तमाम तरह की अस्तित्ववादी धारणाओं के लिए रास्ता साफ़ हो जाता था। इसलिए जब लघुमानव क्षण-क्षण के यथार्थ की बात करता है तब 'वरण की स्वतंत्रता' और 'व्यक्ति की अद्वितीयता' की बात भी उसके साथ जोड़ देता है। इन अस्तित्ववादी धारणाओं के साथ नत्थी होने के कारण ही 'लघुमानव' का जीवन-संघर्ष सार्वजनीन बनने की बजाय अजनबी बनता गया—अपने ही देश में परदेशी की तरह। 'आम आदमी' के साथ और कुछ नहीं सिर्फ़ उसका औसतपन नत्थी है और डर यही है कि जिस

दिन उसका यह औसतपन न रहेगा उस दिन उसका भी शायद वही हश्र होगा जो 'लघुमानव' का हुआ।

हिन्दी आलोचना में लक्ष्मीकान्त जी को दो शब्द-प्रत्ययों के लिए अवश्य याद किया जाना चाहिए। ये दो शब्द-प्रत्यय हैं : रागात्मक ऐश्वर्य और शरारतपूर्ण सहसंयोजन। अज्ञेय की कविता को समझने के लिए रागात्मक ऐश्वर्य से बढ़िया मुहावरा कम ही गढ़ा गया होगा। कविता में लक्ष्मीकान्त वर्मा का सारा विरोध और आक्रोश इस रागात्मक ऐश्वर्य के प्रति ही था। स्वयं अपनी कविता में इस विरोध को चरितार्थ करने के लिए उन्होंने लस्टम-पस्टमपन को अपना हथियार बनाया। वैसे तो शरारतपूर्ण सह-संयोजन को भी आज़माने की उन्होंने बारहा कोशिश की पर वह हथियार उनके हत्थे न लगा।

उस वक़्त जब 'नयी कविता' यथार्थ की कुरूप विद्रूपता को भी 'सौन्दर्यात्मक दूरी' के बटखरों से तोल रही थी, लक्ष्मीकान्त वर्मा का वह लस्टम-पस्टमपन अपनी निर्भीक निष्ठा में एक छोटे-मोटे हथगोले से कम न था। ज़िन्दगी के सफ़र में पाँव से लिपटी हुई गन्दगी और कीचड़ और परिवेश की सड़ांध, टूटन और अराजकता के प्रति इतनी ईमानदार लपक नयी कविता के उस 'कंडीशंड' सौन्दर्यबोध के लिए चुनौती थी जिसमें मनुष्य के मामूली दुःख-सुख को व्यक्त करने की तकलीफ़ महज़ कला की तकलीफ़ में बदली जा रही थी। लक्ष्मीकान्त वर्मा ने कविता के विरुद्ध जाकर उस तकलीफ़ का बखान किया। पर यह उनकी ट्रेजेडी रही कि वह अपने लस्टम-पस्टमपन को कविता में एक गतिशील सार्थक इकाई न बना सके, क्योंकि जब भी उन्होंने अपने लस्टम-पस्टमपन को एक काव्यमूल्य की तरह कविता में स्थापित करना चाहा वह उनके हाथ से छूटकर अलग हो गया और कविता के बाहर जाकर उनके विरुद्ध खड़ा हो गया।

[2]

(नोट-बुक में दर्ज कुछ टीपें)

'जिरह' पढ़ते हुए—

कवि श्रीकान्त वर्मा को पढ़ने के बाद आलोचक श्रीकान्त वर्मा को पढ़ना एक कष्टकर प्रक्रिया है और इस कष्टकर प्रक्रिया से गुज़रने के बाद हासिल भी क्या होता है? कुछ ख़ास नहीं। एक कवि द्वारा लिखे गए आलोचनात्मक निबन्धों को छपाने का एक औचित्य यह हो सकता है कि इससे कविता के बारे में न सही स्वयं कवि को समझने में कुछ अन्तर्दृष्टि मिलेगी, पर इस दृष्टि से भी 'जिरह' का हासिल कुछ नहीं। श्रीकान्त वर्मा की कविताएँ ख़ुद कवि के बारे में जितना कुछ

हमें बताती हैं (या नहीं बताती) उससे ज़्यादा ये निबन्ध नहीं।

आज से दस-बारह साल पहले 'कृति' में श्रीकान्त वर्मा ने रोमांटिक नवोत्थान का नारा बुलन्द किया था। तब से परिस्थितियाँ बहुत बदल गई हैं, पर आज भी जिस जोशोखरोश के साथ वह बुद्धि-तत्त्व का विरोध करते हैं और उसे बरबस अनुभूतितत्त्व के बरक्स खड़ा करते हैं उसमें भावना बनाम बुद्धि के पुराने रोमांटिक तर्क की बू आती है।

बुद्धि और विचार-तत्त्व के इतने मुखर खंडन के पीछे एक गाँठ है। इस गाँठ की जड़ आज के हिन्दुस्तानी दिमाग़ में उतनी नहीं जितनी कि उस अन्तरराष्ट्रीय कला-चिन्तन में है जिसके प्रभाव से आज का मध्यवर्गीय लेखक अछूता नहीं रह गया है। वह गाँठ है : कला के अनुभव पर किसी भी बाह्य विचारधारा के प्रभाव की मुख़ालफ़त—आर्ट अगेंस्ट आइडियालॉजी—साफ़-साफ़ कहें तो कम्युनिस्ट विचारधारा की ख़िलाफ़त। श्रीकान्त वर्मा कम्युनिस्ट विचारधारा को खुल्लमखुल्ला-कलाविरोधी मानते हैं।

गाँठ का एक दूसरा कारण है मुक्तिबोध की कविता को राजनीतिक रंग दिया जाना। यह बता पाना मुश्किल है कि श्रीकान्त वर्मा मुक्तिबोध की कविता को कैसी समझते हैं, यह बता पाना आसान है कि वह उसे कैसी नहीं समझते। कुल मिलाकर यही लगता है कि वह मुक्तिबोध की कविता को अपने पक्ष की दलील में खींचते हैं—उस पक्ष में जो कविता के बारे में उनकी अपनी रुचि और समझ से बना है। मुक्तिबोध पर लिखते समय वह उसी रुचि और समझ का समर्थन खोजते हैं। इस तरह वह भी मुक्तिबोध का कमोबेश उतना ही इस्तेमाल करते हैं जितना कि दूसरे।

पूरी किताब में ढेर सारी सनसनीख़ेज़ उक्तियाँ हैं, पर वे किसी तर्क-प्रणाली पर नहीं खड़ी हैं—स्वानुभव से स्वतःस्फूर्त तर्क-प्रणाली पर भी नहीं। उनके पीछे एक उस कस्बाई लेखक का संस्कार झाँकता है जो तर्क को डाँट पिलाकर अपनी बात ज़बरन आगे ठेल देता है। इसमें जो एक 'नेविटी' है वह कभी-कभी अच्छी लगती है। कथन की सब तुर्शी और तेज़ी इस 'नेविटी' से ही पैदा होती है। वह सनसनीख़ेज़ियत का माद्दा भी इसी 'नेविटी' की उपज है। यह सब कुछ—यह तेज़ी, तुर्शी और सनसनीख़ेज़ियत—गोया अपने कस्बाई संस्कार से पिंड छुड़ाने के लिए है।

सब बातों की तान—सब निबन्धों में—अनुभव पर टूटती है पर इस अनुभव की व्याख्या कहीं नहीं मिलती। 'मनुष्य का नरक' उन्हें व्यथित करता है, पर इस नरक की भी कोई व्याख्या नहीं। कहीं-कहीं यह नरक 'संकट' में बदल जाता है, पर यह संकट भी अन्तरराष्ट्रीय क़िस्म का है, क्योंकि श्रीकान्त जी रचनाकार को जिस संकट से मुठभेड़ के लिए प्रेरित करते हैं उस संकट की अपने देश के सन्दर्भ में कोई शक्ल पेश नहीं करते। 'संकट' के विचार से उनके मस्तिष्क में कुछ अमूर्त

शब्दप्रत्यय उभरते हैं, जैसे 'स्वतंत्रता', 'मानव नियति' आदि। कविता के यथार्थ से उनकी क्या मुराद है, इसका कोई ठोस ब्योरा वह नहीं देते। बल्कि लगता तो यही है कि इस तरह के ब्योरों को वह सन्देह की दृष्टि से देखते हैं। उन्हें स्थूल मानते हैं और स्थूलता से उन्हें चिढ़ है, क्योंकि अमूर्त मुहावरेबाज़ी को सबसे बड़ा ख़तरा स्थूलता से ही होता है।

'जिरह' की शैली दो-टूक है। कोई उलझाव नहीं, पर अन्तर्विरोध है। एक पैराग्राफ़ के बाद दूसरा पैराग्राफ़ किस तरह खट-खट बात को रखता जाता है। कथ्य को कितने पैराग्राफ़ों में बाँटकर रखना चाहिए कि पढ़नेवाले को कोई उलझन न हो, इस जर्नलिस्टिक हुनर को श्रीकान्त वर्मा ख़ूब जानते हैं। वह पाठक के दिमाग़ की उलझन ख़ुद ही सुलझाते चलते हैं, उसे ख़ुद सोचने और उलझने का मौक़ा नहीं देते। अगर पाठक उलझन में पड़ा तो उनकी बात का असर कम होगा : वह असर जो तात्कालिक उत्तेजना और सनसनी में है।...

बहुत दिनों बाद 'हँसो हँसो जल्दी हँसो' उठाकर फिर पढ़ना शुरू किया। कवि का एक नया व्यक्तित्व उभरता है। संवेदनशीलता के ऊपर चढ़ी हुई एक तटस्थ मखौल की चमड़ी। वह संवेदनशीलता क्या कवि का सिर्फ़ नकचढ़ापन है? नहीं। क्या कवि दुनिया के बदले तौर-तरीके से—जिसमें आदमियत की हत्या रोज़-रोज़ होती जाती है—सिर्फ़ परेशान, दुखी, कुढ़ा हुआ है? बहुत-सी कविताओं की थीम यह कुढ़न—इस कुढ़न को उकसानेवाला पैदा करनेवाला मूल्य-ह्रास है। पर बात यह है कि कवि के भीतर एक गहरी मानव-करुणा भी है। एक इनसान के पीड़ित कुचले हुए एहसास की करुणा। यह करुणा कभी फन उठाकर व्यंग्य में फुफकारती है और कभी ख़ुद पर तरस खाकर विषाद में चुपके से झर जाती है।

यह तय है कि कवि बार-बार अपने अकेलेपन का इजहार करता है। तो क्या यह अपनी विशिष्टता दिखाने के लिए? क्या अकेला होना विशिष्ट होना है? अपने नितान्त अकेले होने को लेकर क्या कवि भयभीत होता है? क्या वह महसूस करता है—अपनी कविता में—कि उसका अकेलापन दूर नहीं हो सकता? क्या अपनी कविता में उसने वे क्षण चित्रित किए हैं जिनमें वह अकेला नहीं होता?

'अकेलापन', यह शब्द क्या एक सामूहिक असंवेदनशीलता—एक असंवेदनशील मानव-समुदाय/मानव-व्यवस्था, मानव-तर्क—के विरुद्ध कवि का अपना मोर्चा है? मोर्चा या शरणस्थल? युद्ध या पलायन? पलायन के रूपों में एक रूप यह होता है कि कवि कविता को पुख़्ता शिल्प में सब ओर से घेरकर अपने को महफ़ूज़ कर ले, पर यहाँ तो हम देखते हैं कि कवि ज़बरन अपने को मुठभेड़ के लिए सामने लाता है—युद्धभूमि का पूरा ब्योरा और पैंतरा उसमें मौजूद है और मुठभेड़ के ठेठ गद्य का बाह्यवर्तीपन भी।

पर सवाल है : रघुवीर सहाय की कविता के भीतर भी इस सवाल का बीज है कि क्या एक अकेला युद्ध लड़ सकता है? कब तक? किन शर्तों पर?

मंगलेश का दूसरा पत्र। वह जिस तरह की चीज़ें मुझसे लिखवाने की पेशकश कर रहा है उसमें ज़बरदस्त आकर्षण है : साहित्य-रस कलाप में डूब जाने का। पर समकालीन राजनीतिक परिदृश्य का दबाव—लगभग एक राजनीति-शून्यता का दबाव—मन पर कुछ इतना हावी है कि साहित्य की सहज गति एकदम से रुक गई है, वातावरण में सकते का आलम है : जैसे फ़िल्म चलते-चलते एकाएक फ्रीज हो जाए। साहित्य की इस अवरुद्ध गति को शुद्ध कला-रस के इंजेक्शन से क्या जीवित किया जा सकता है? यह तो फिर ऐसा ही होगा जैसे घर में मौत हो जाए और उसके एक कोने में कोई गाना-बजाना छेड़ दे। कितना अनर्गल, अर्थहीन! ...

इस माहौल में जिसमें आदमी के यथार्थ को खुली जुबान से बखानना, उसके बारे में बातचीत करना अपराध में शामिल हो, साहित्य के पास क्या अपेक्षाएँ लेकर जाया जाए? जब आदमी के असली बयान लिखने/छापने पर पाबन्दी हो—मन पर एक टैबू की तरह—तो, तो प्रेम जैसी सहज मानवीय क्रिया के बारे में लिखना भी जुर्म है।

सवाल अधिकार और दायित्व के बीच सन्तुलन स्थापित करने का नहीं, उस सत्ता को सहन करने या न सहन करने का है जो अपने शक्ति-विस्तार के लिए व्यक्ति की इकाई को एक बृहत्तर इकाई के ख़िलाफ़ इस्तेमाल करने पर उतारू है।

उस शाम की मुझे याद आ रही है जब 'रैम्बल' में श्रीकान्त वर्मा ने कहा था कि अब असली क्रान्तिकारी लेखकों और नकली क्रान्तिकारी लेखकों की पहचान होगी। उनका आशय यह था कि आज जिस क्रान्तिकारी लेखन का शोर मचा हुआ है वह अधिकांशतः नकली है। असली क्रान्तिकारी लेखन—अगर वह होगा—तो अब होगा। यानी असली क्रान्तिकारी लेखकों को बड़ी होशियारी से काम लेना होगा, अपनी भाषा को एक सान देनी होगी जिससे वह मकसद में क्रान्तिकारी अर्थ की रचना करते हुए भी सत्ता की पकड़ में न आ सके। लाघव, चुस्ती, सूझबूझ।

यह विडम्बना ही है कि भावी क्रान्तिकारी लेखन के सब गुर बताकर श्रीकान्त जी स्वयं सत्ता के पक्ष में चले गए। क्रान्तिकारी लेखन की कसौटी पर ख़ुद को कसने का अवसर उन्होंने अपनी रचना को नहीं दिया।

पर सवाल है : क्या लेखक वाकई इतना कैलकुलेटिव, होशियार, चौकस, काइयाँ हो जाए कि अपनी रचना में दो अर्थवाली तेज़ी पैदा करे? कि वह लेखक न होकर मदारी बन जाए? इस हद तक चौकन्ना और जिरहबख्तर में सुरक्षित कि ख़ुद पर कोई आँच न आने दे : अपने ऊपर से हर वार बचा जाए? अच्छा, जीवन्त

लेखन लेखक को सुरक्षित छोड़ता है या आरक्षित? सही रचना सुरक्षित रहकर की जा सकती है या असुरक्षित रहकर?

इन दिनों वर्तमान सन्नाटे या मुर्दनी को देखकर (गोकि पत्र-पत्रिकाओं में हर कहीं सब विमुग्ध विस्मय से यही पूछ रहे हैं कि सन्नाटा कहाँ है, कहाँ है) यही ज़ाहिर होता है कि हमारे लेखक गोरिल्ला नहीं हो पाए हैं, न उन्होंने कोई क़िलेबन्दी की है, न कोई रणनीति तय की है। हथियार डाले सब पटरा हैं। उनकी इस मुर्दनी को देखकर ही शायद सत्ता-प्रतिष्ठान का दिल पसीज उठा है। अतः उनकी मुर्दनी दूर करने के लिए 'साहित्य' और 'कला' की रंगीन कैप्सूल्स उनकी ओर लुढ़काई जा रही हैं। बड़े-बड़े झंडों के नीचे सजे मंच पर ख़ूब आरामदेह कुर्सियों की भीड़ में गोष्ठियाँ और सेमिनार हो रहे हैं। आगे बढ़-बढ़कर पुस्तकें विमोचित हो रही हैं। पुरस्कार बाँटे जा रहे हैं : 'हरिश्चन्द्र आओ, इनाम ले जाओ/मुर्दनी भगाओ/ राष्ट्रगीत गाओ।'

[3]

'नया प्रतीक' (दिसम्बर 76) में वात्स्यायन का लेख 'सभ्यता का संकट' पढ़ा। रमेशचन्द्र शाह और श्रीराम वर्मा ने ज़ोरदार सिफ़ारिश की थी इसलिए ग़ौर से पढ़ा। याद आया कुछ इसी तरह की समस्याओं से प्रेरित वात्स्यायन का एक और लेख मैंने 'दिनमान' (23 नवम्बर, 1975) में 'एक भारतीय आत्मा' के शीर्षक से पढ़ा था। फिर जरा स्मृति को टटोला तो पाया कि ये समस्याएँ वात्स्यायन जी को 'त्रिशंकु' (सर्वप्रथम प्रकाशित : 1945) के ज़माने से परेशान कर रही हैं, क्योंकि 'नया प्रतीक' और 'दिनमान' वाले लेखों की कुछ मूल स्थापनाओं के बीज, और किसी-किसी के तो पौधे तक, 'त्रिशंकु' में छपी कुछ चीज़ों में मिल जाते हैं।

इस तरह 'त्रिशंकु के पहले संस्करण की भूमिका में जो वात्स्यायन जी ने लिखा था कि 'आलोचना में नया कम होता है' वह इस सन्दर्भ में ठीक ही बैठता है : सांस्कृतिक मूल्यों के क्षरण की जो चिन्ता उन्हें 'त्रिशंकु'-काल में विचलित-क्षुब्ध करती थी वह आज भी करती है, केवल समय-सन्दर्भ बदल गए हैं। अलबत्ता 'त्रिशंकु' के चिन्तन में जो एक रचनात्मक नवोन्मेष था, अपने विशिष्ट आग्रहों से रंचमात्र न डिगते हुए भी अपर पक्ष को सहानुभूति के साथ विश्लेषित करने की जो सच्ची तटस्थता थी, विचारों में जो एक खुलापन था वह अब नहीं रहा। उनके आग्रह तो क्रमशः प्रबल पड़ते गए पर विचारों की लोच उसी अनुपात में कम होती गई।

'नया प्रतीक' वाले लेख में वात्स्यायन ने संस्कृति के वर्तमान संकट के एक रूप आस्था के संकट की चर्चा करते हुए कहा है कि चूँकि भारतीय साहित्य या

कला में आस्था से विचलन, टूटन, उसके झूठे पड़ने के क्लेश आदि का लक्षण नहीं मिलता, इसलिए आस्था का संकट हमारे यहाँ है ही नहीं, वह पश्चिम की अनुकृति पर है, एक 'इम्पोर्टेड' वस्तु है। लोग (इस लोग में 'सौभाग्य' से वात्स्यायन शामिल नहीं हैं) आधुनिक बनने/लगने के फेर में संत्रास, टेरर, अनास्था आदि का 'इम्पोर्टेड' माल अपने यहाँ धकाधक खपा रहे हैं। जबकि हक़ीक़त यह है कि हमारे यहाँ इस क़िस्म का संकट है ही नहीं, क्योंकि अगर वह होता तो उसका साक्ष्य सबसे पहले हमारे साहित्य में तो मिलता!

लेख पढ़कर मैं प्रश्नों से घिर गया हूँ। चाहे मूल्यों के सम्पूर्ण झूठे पड़ जाने से उत्पन्न विघटित समाज की स्थिति तक हम न पहुँचे हों, पर क्या टूटन भी बिलकुल नहीं? क्या हिन्दी साहित्य की 'आत्मा'—अगर साहित्य की भी कोई 'आत्मा' हो सकती है—मानव-मूल्यों के, आस्था के आधारों के क्रमशः झूठे और अपर्याप्त होते जाने के आध्यात्मिक क्लेश से बिलकुल ही शून्य है? क्या आस्था की इस टूट का कोई लक्षण सचमुच हमारे साहित्य में नहीं मिलता?

'नया प्रतीक' वाले लेख में वात्स्यायन का उत्तर स्पष्ट 'न' है। पर उनका 'दिनमान' वाला लेख हमें थोड़ा-सा दिलासा देता है। वहाँ भी उन्होंने संत्रास, 'टेरर', 'एलियनेशन' आदि मुहावरों की चर्चा की है पर गनीमत है कि यह भी स्वीकार किया है कि व्यक्ति के भीतर टूटन है। उम्मीद यही की जानी चाहिए कि यह व्यक्ति की भीतरी टूटन और वह आस्था का संकट दो अलग-अलग चीज़ें नहीं ही होंगी। फिर अगर वात्स्यायन आज के समकालीन और नौजवान लेखकों के साहित्य में सर्वत्र अनास्था, सिनिसिज़्म और व्यंग्य करने की असम्भव लत देखते हैं तो यह तो उन्हीं के तर्क से सिद्ध हो जाता है कि साहित्य की रचना करनेवाले व्यक्ति में टूटन है और उस टूटन का क्लेश भी है। क्लेश की अभिव्यक्ति बेशक कुछ ज़्यादा उग्र और असंयत है। याकि क्या वात्स्यायन सचमुच यह मानते हैं कि आज जो लोग साहित्य-रचना कर रहे हैं वे सब ढोंगी और पाखंडी हैं? यह सहज विश्वास करने की तबीयत नहीं होती कि ढोंगियों और पाखंडियों के कार्यकलाप से वात्स्यायन इस क़दर विचलित हैं कि वह साल-दर-साल उनके मानसिक और आध्यात्मिक स्वास्थ्य के अन्देशे से दुबले होते जा रहे हैं।

अपनी समकालीन, विशेषकर 'नौजवान' पीढ़ी से वात्स्यायन के क्या रागात्मक सम्बन्ध रहे हैं, इस पर एक नज़र डाल लेना यहाँ ग़ैर-मुनासिब न होगा। इस सन्दर्भ में दो प्रसंग साफ़ याद आते हैं : 1958-59 में वात्स्यायन ने 'कल्पना' में 'नए कवि से' शीर्षक कविता छपाई थी जिसमें नई पीढ़ी के उगते हुए कवियों को 'गतानुगामी' कहा था और यह शब्द डॉ. जगदीश गुप्त जैसे उनके घोर प्रशंसक तक को गाली लगा था। दूसरा प्रसंग 'दिनमान' का वह सम्पादकीय है जिसमें (वात्स्यायन तब 'दिनमान' के सम्पादक थे) उन्होंने नई पीढ़ी को 'नामरूपवदनहीन' कहा था।

तो टूटन...अभी हाल में 'धर्मयुग' में प्रकाशित अपने एक लेख में राजेन्द्र यादव ने स्वतंत्रतापूर्व और स्वतंत्रता के बाद की साहित्य-पीढ़ी के भेद को एक अर्थगर्भ शब्द-प्रत्यय—'हृदय-स्तब्धता' से पकड़ा है। यादव जी का कहना है कि स्वतंत्रतापूर्व की पीढ़ी आदर्शवाद में, एक बड़े स्वप्न के लिए जीती थी (वात्स्यायन जब जीवन से बड़े 'कुछ' की बात कर रहे होते हैं तब वास्तव में इसी आदर्शवाद की बात कर रहे होते हैं), जबकि स्वतंत्रता के बाद की उलट-फेर में यह आदर्शवाद खंडित हो गया और व्यक्ति का मूल्य-बोध एक स्तब्ध संवेदना में बदल गया। यह स्तब्ध-संवेदना अथवा हृदय-स्तब्धता क्या है? जैसे जो कुछ नहीं होना था वह हो गया और इसे महसूस करनेवाला इससे भीतर तक हिल गया है गोकि ऊपर से वह सुन्न है। आघात इस क़दर गहरा लगा कि मुँह से बोल न फूटे। निराला की वह पंक्ति है न : 'देखा मुझे उस दृष्टि से/ जो मार खा रोई नहीं', कुछ वैसी ही कैफ़ियत। यह टूट क्या टूटन नहीं है? और अगर उस टूटने से फ़िलहाल कोई शोर न हुआ तो क्या उसमें क्लेश नहीं? पीड़ा, मनस्ताप नहीं? यह हृदय-स्तब्धता इसलिए भी कि उसमें आघात को झेल ले जाने का भाव है। बोल बाद में फूटेंगे, और शायद फूटे भी हैं। यह संत्रास, अनास्था, सिनिसिज़्म कहीं वे स्वर ही तो नहीं? यह ठीक है कि ये स्वर स्वतंत्रता के बाद की पीढ़ी में तुरन्त नहीं फूटे, यदि फूटे भी तो भीतर ज़्यादा बाहर कम। पर सच्चे स्वर।

देश-विभाजन की घटना उस टूट का आरम्भिक बिन्दु था। उस टूट की सृजनात्मक अभिव्यक्ति का साक्ष्य प्रस्तुत करनेवाली कृतियों में मुझे फ़िलहाल तीन याद आ रही हैं : अज्ञेय की 'शरणार्थी' संग्रह की कहानियाँ, यशपाल का 'झूठा सच' और भीष्म साहनी का 'तमस'। यह हो सकता है कि इन कृतियों में मूल्यों के तड़क जाने के बाद भी आस्था का आधार कमोबेश बचा रह गया हो, पर टूट की प्रक्रिया और उस प्रक्रिया को तेज करनेवाले दबावों के कुछ संकेत इन कृतियों में विद्यमान हैं ही।

वह टूट अब जबकि भीतर की चौहद्दी को लाँघकर बाहर—जीवन-जगत के खुले संवेदना क्षेत्र में—आ गई है तो उससे चौंकने की क्या बात! पहले भीतरी टूटन में सिर्फ़ बिम्ब और प्रतीक बनते थे और उन पर साहित्यिकता का अनिवार्य खोल चढ़ा रहता था, अब यथार्थ की असह्यता में सब ओर से अरक्षित भाषा की सपाट हरकत है। 'इस बाहरी टूट में बिखराव है, अराजकता है, वह साहित्य या कलाकेन्द्रित भी नहीं है, क्योंकि यह टूट उस समाज से जुड़ी है जिसका दो-तिहाई निरक्षर है और जो ग़रीब है।

कहीं संस्कृति के मूलाधारों को ख़तरा इन दो-तिहाई निरक्षर जनों की टूट से ही तो नहीं?

संस्कृति के मूल्यों के रक्षण के क्रम में वात्स्यायन समय-समय पर जो ख़तरा महसूस करते हैं वह रूप बदल-बदलकर वास्तव में एक ही रहा है : राजनीति।

राजनीति व्यक्ति की एकान्त निष्ठा में खलल डालती है। 'त्रिशंकु' का ज़माना साहित्य में राजनीति-विरोध का ज़माना था। हमारे हिन्दी साहित्य में यह एक अजब हक़ीक़त रही है कि उसमें राजनीति-विरोध का मतलब लगभग हमेशा वामपंथी राजनीति का विरोध रहा है। साहित्य को सिद्धान्ततः राजनीति से ऊपर रखनेवाले 'शुद्ध' साहित्यिकों ने भी यदि कभी राजनीति-विरोध की आवाज़ बुलन्द की तो वह ज़्यादातर वामपंथी राजनीति के विरोध की ही रही है। 'त्रिशंकु' का राजनीति-विरोध भी असल में कम्युनिस्ट-विरोध है : इसलिए कि उस विचारधारा के लेखक और कुछ नहीं तो साहित्य की एकान्त निष्ठा की क़ैद से लेखक को बाहर निकालने के लिए आवाज़ें ज़रूर लगा रहे थे। वात्स्यायन ने 'त्रिशंकु' के एक लेख में उन्हें 'कर्कश और बलिष्ठ स्वर' के रूप में याद किया है। 'दिनमान' वाले लेख में भी साहित्य-निष्ठा को ख़तरा उन्हीं लेखकों से बताया है जो राजनीतिक प्रतिबद्धता वाले हैं। यह दूसरी बात है कि इस राजनीतिक प्रतिबद्धता वालों में सिर्फ़ कम्युनिस्ट विचारधारा के लेखक ही नहीं नौजवान पीढ़ी का अधिकांश शामिल हो गया है।

साहित्य बनाम राजनीति की बहस बहुत पुरानी है : इतनी पुरानी कि कभी-कभी यह कहने को जी चाहने लगता है कि साहित्य समाज का दर्पण नहीं, साहित्य राजनीति का दर्पण है। साहित्य के सन्दर्भ में राजनीति शब्द बड़ा विस्फोटक है और अनेक शीतयुद्धों के बावजूद उसका बारूद ख़त्म नहीं हुआ है। राजनीति व्यक्ति की इकाई को बाहर की बृहत्तर इकाई से—साहित्य और कला के मुहावरे में नहीं, कर्म की आत्मोपलब्धिपूर्ण सम्भावना में—जोड़ने का नाम है। पुराने ज़माने में जोड़ने का यह काम 'धर्म' करता था। पर अब क्या उन शीतयुद्धों की स्मृति के कारण 'राजनीति' शब्द हमेशा के लिए संदिग्ध करार दिया जाता रहेगा? क्या उसे हमेशा कला के विरुद्ध खड़ा किया जाकर उसके प्रखर अर्थ को धुँधला किया जाता रहेगा?

'राजनीति' साहित्य का स्थानापन्न नहीं है, वैसे ही जैसे साहित्य राजनीति का स्थानापन्न नहीं है। लेकिन 'राजनीति' मनुष्य की उतनी ही बुनियादी हरकत है जितनी कि साहित्य। और इन दोनों हरकतों के बीच एक अटूट रिश्ता है। मनुष्य राजनीति में अपने को सम्बोधित करता है अपने कर्म से और साहित्य में उसे ही पाता है अपनी अभिव्यक्ति से। साहित्य स्वयं को सम्बोधित नहीं करता, राजनीति स्वयं की अभिव्यक्ति नहीं करती। साहित्य जब स्वयं को ही सम्बोधित करने लगे तब वह पंगु हो जाता है, उसमें गति नहीं रहती। राजनीति जब स्वयं को ही व्यक्त करने लगे—किसी और के प्रति सम्बोधित न हो—तब उसमें कोई दिशा नहीं रहती। कोई भी जातीय संस्कृति उस साहित्य के बिना जीवित नहीं रह सकती जिसमें गति न हो। कोई भी जातीय संस्कृति उस राजनीति के बिना भी जीवित नहीं रह सकती जिसमें दिशा न हो। यह जातीय संस्कृति एक ऐसा सन्दर्भ है जिसमें न तो साहित्य स्वयं-पर्याप्त है, न राजनीति। उस संस्कृति की रक्षा न तो साहित्य को स्वयं-पर्याप्त

मानकर की जा सकती है न राजनीति को। दोनों को अपनी-अपनी धुरी पर स्वयं-पर्याप्त मानना उनके बीच के ज़रूरी संवाद की सम्भावना को ख़त्म करना है।

इस दोहरी सामाजिकता से रहित संस्कृति महज़ एक शब्द-संस्कृति है। यह शब्द-संस्कृति केवल आत्म-संस्कार, आत्मशिक्षण, अन्त:परीक्षण पर बल देती है, सम्बोधन, संवाद, साक्षात्कार पर नहीं। उसमें यदि साक्षात्कार होगा भी तो एकान्त साक्षात्कार—जैसे गंगाजी में घुटने-भर जल में खड़ा गुरु शिष्य के कान में मंत्र फूँकता है कि दूसरे न सुन सकें। दूसरे कौन? कहीं वही दो-तिहाई निरक्षर जनता तो नहीं?

इस 'जनता' को शिक्षित करने की बात 'त्रिशंकु' में भी उठाई गई है और 'नया प्रतीक' वाले लेख में भी। पर दोनों ही जगह वात्स्यायन इसी निष्कर्ष पर पहुँचते हैं कि जब तक जनता पूरी तरह शिक्षित न हो जाए तब तक उसके लिए लिखने की माँग करना लेखक के प्रति ज़्यादती है। वह यह भी कहते हैं कि जब तक जनता और लेखक के बीच का यह शिक्षा-भेद दूर नहीं हो जाता तब तक साहित्य-रचना के काम को स्थगित रखना ठीक न होगा। इसका सीधा अर्थ यही हो सकता है कि जनता और लेखक के बीच की वर्तमान दूरी बनी रहे, 'जनता' और 'लेखक' में बुनियादी फ़र्क़ जो है! 'त्रिशंकु' के एक लेख में इस फ़र्क़ को इन शब्दों में व्यक्त किया गया है : जनता को 'अपने कार्यों का नैतिक प्रमाण अपने भीतर से नहीं बाहर से मिलता है' और लेखक विशिष्ट व्यक्ति होने के नाते 'अपने कार्यों के लिए बाहरी आधारों पर निर्भर नहीं करता।' इस तरह दोनों ही तरफ़ इकतरफ़ा मामला है, संवाद की न कोई ज़रूरत, न सम्भावना। 'नया प्रतीक' वाले लेख में जनता को शिक्षित करने का प्रस्ताव एक हाथ से रखा गया है और दूसरे हाथ से वापस ले लिया गया है। अत: संवाद की ज़रूरत यहाँ भी नहीं। ऐसे में संस्कृति के मूल्यों के क्षरण की चिन्ता किसके लिए?

ऐसा क्यों है कि संस्कृति जैसे गहन विषय पर विचार-मन्थन करनेवाले मनीषी लोग अकसर अपनी निष्पत्तियों में यथास्थितिवाद के गर्त में जा गिरते हैं? इसी से निकलता हुआ एक दूसरा सवाल भी मुझे परेशान करता है कि क्यों एक यथास्थितिवादी सामान्यत: राजनीति-विरोधी और विशेषत: वामपंथ-विरोधी होता है? मन में यह सवाल उठते ही सहसा मैं डर जाता हूँ, क्योंकि हमारी पीढ़ी में सबसे अधिक संस्कृति-चिन्तन मित्रवर रमेशचन्द्र शाह ने ही किया है। उनकी नाराज़ मुखाकृति मेरे मानस-क्षितिज पर उभरती है और मेरे हाथ-पाँव फूलने लगते हैं। फिर मैं अपने को यह समझा-बुझाकर थोड़ा आश्वस्त कर लेता हूँ कि शाह सा'ब का विचार-मन्थन अभी अपनी निष्पत्तियों तक पहुँचा ही कहाँ है, वह तो अभी भी तल में डुबकी लगा रहे हैं। पर उस सवाल का पुछल्ला कि वामपंथ-विरोध की हवा क्या उनके संस्कृति-चिन्तन के अनुकूल नहीं पड़ती, मेरा पीछा ही नहीं छोड़ता। बेशक शाह सा'ब सामाजिक शक्तियों और प्रेरणाओं के प्रति ज़बरदस्त रूप से खुले हुए

हैं और उनके प्रभावों को आत्मसात् भी करते हैं। पर बाहर जितना वह फैलते हैं भीतर उतना ही वह सिकुड़ते हैं। यह सिकुड़न उनमें हमेशा एक सवाल की शक्ल अख़्तियार करती है। इस सवाल के साथ अन्तःसंघर्ष और आत्म-विश्लेषण की अनेक मार्मिक स्थितियों के बीच से वह गुज़रते हैं। फिर जब जवाब की तलाश में मुड़ते हैं तब पुनः फैलने लगते हैं। हिन्दुस्तान की जातीय संस्कृति का एक भव्य और विशाल नक्शा उनके दिमाग़ में खिंच जाता है : सुदूर अतीत में सदियों तक फैला हुआ। वर्तमान में घटित विचार-क्रान्तियों के तथ्य और सत्य भी वह उस नक्शे में टाँकते जाते हैं किन्तु अतीत से वर्तमान और वर्तमान से अतीत की ओर दौड़ती हुई उनकी चिन्तनसरणियाँ लामूहाला उनके नक्शे को विचार-संवेदना के एक अखंड अद्वैतवाद में कस देती हैं। यह अद्वैतवाद एक तरह का अद्वंद्ववाद ही है जिसे मनीषी लोग हिन्दुस्तानी संस्कृति का स्वभाव मानते आए हैं। लोग यह भी मानते आए हैं कि इस आध्यात्मिक अद्वंद्ववाद के रहते मार्क्सीय द्वंद्ववाद हिन्दुस्तान की विचार-दृष्टि और भाव-सृष्टि का अंग नहीं बन सकता।...शाह सा'ब को यहीं जल्दी से रुख़सत कर हम 'नया प्रतीक' वाले लेख की तरफ़ पुनः लौटें।

लौटें केवल एक अन्तिम प्रश्न पूछने के लिए : कि मनुष्य के टूटने या खंडित होने से एकाएक संस्कृति को क्यों और कैसे ख़तरा उत्पन्न हो जाता है? हर टूट एक नई ऊर्जा भी तो पैदा कर सकती है : वह जो कवि कहता है 'टूट मेरे मन टूट एक बार सही तरह अच्छी तरह टूट', वह अकारण तो नहीं। शायद टूटने में ही आशा है। आज अखंड वे ही हैं जिन्हें इतिहास की शक्तियाँ एक किनारे अलग-थलग छोड़ गई हैं। निश्चय ही वे 'भाग्यवान' हैं। उन्हें ख़तरा अगर कहीं है तो अपने आस्थापरक झूठ से नहीं, सब कुछ को चुनौती देते हुए और सारी सुरक्षाएँ तोड़ देते हुए अनास्थापरक व्यंग्य से। उन्हें ख़तरा है मानवीय करुणा के उस खुरदुरे और अनगढ़ चेहरे से जिस पर सांस्कृतिक यथास्थितिवाद का मुखौटा नहीं, मिट्टी के घुलनशील रूप की सादी जल-भाषा है।

किसी पत्रिका के लिए शमशेर जी से बातचीत करने के कई ख़तरे हैं। अगर आप कोई प्रश्नावली लेकर चलें तो घंटों बातचीत करने के बाद भी आप सफल मनोरथ हो सकेंगे, इसमें सन्देह है। यह बहुत मुमकिन है कि एक सवाल के जवाब को लेकर ही शमशेर जी इतनी दूर और इतने ऊँचे उड़ जाएँ कि आप टकटकी लगाकर देखते रह जाएँ। ऐसे में दो सूरतें हो सकती हैं : या तो आप अपने सवाल के दायरे से दूर शमशेर जी का उड़ना देखिए और सिर धुनिए, यानी बार-बार उन्हें अपने सवाल के दायरे में खींचने की व्यर्थ कोशिश कीजिए; या फिर आप अपने सवाल को धता बताकर ख़ुद भी उनके साथ उड़ने लगिए, अजब नहीं कि आपके हाथ कोई बटेर लग ही जाए।

पर ख़तरा यहाँ भी है। हो सकता है कि जिस चीज़ को बटेर मानकर आप ख़ुश हो रहे हों उसे शमशेर जी—बातचीत के छप जाने के बाद—पहचानने से ही इनकार कर दें।

दरअसल शमशेर जी एक बेहतर क़िस्म की बातचीत में अपने को खोलते समय बहुत 'प्योर' मन:स्थिति में होते हैं। सवालों का काम उन्हें बस जरा-सा छेड़ देना होता है, उनके सहारे वह गोया उस चीज़ की तलाश करते हैं जो उनके भीतर ही कहीं है। मसला चाहे कविता-कला का हो, देश-राजनीति का, समाज, भाषा या बीते दिनों के साहित्यिक वैभव की यादों का—बात में डूबी हुई बात एक रचना का—सा सुख देने लगती है। सुख के इस खुमार में बोध और संवेदना के दायरे बहुत उदार हो जाते हैं, पर्सनल और नॉन-पर्सनल का फ़र्क़ मिट जाता है, रह जाता है अनुभूतियों का एक ऊष्म खुलापन—या एक खो चुकी ऊष्मा को बरबस लौटा लाने की कसक—जिसमें शमशेर जी अपनी बँधी-बँधाई, सिमटी-सकुची-दबी-पिसी ज़िन्दगी के सजग एहसासों को गर्क कर उससे ऊपर जाने के जज्बे में डूब जाते हैं।

शमशेर जी की इस मन:स्थिति में कही गई उनकी बात, उनकी बात के मर्म का अंकन सिर्फ़ कविता में किया जा सकता है, किसी इंटरव्यू या लेख में नहीं : कविता का धुँधला आलोक जिसमें हर छोटे-बड़े इशारे और आहटें एक महत् रहस्यात्मक सत्य की सम्पूर्णता ग्रहण कर लेते हैं। कविता की अतलान्त गहराई जिसमें कथ्य के पीछे की भावनाएँ क्रमहीन, बिना किसी सिलसिले के उभर-उभरकर डूबती-तिरती रहती हैं : कविता का खुलापन जिसमें एक आड़ है और कोई आड़ नहीं।

जब भी उन्होंने किसी बाह्य अनुशासन को अपनाया है वह अपने मर्म को उसकी थरथराती सजीवता में अंकित करने में प्राय: असफल हुए हैं। यह अनुशासन फिर चाहे इंटरव्यू में पूछे गए सवालों की सीमा में दिए जानेवाले जवाबों का हो या किसी विषय पर हफ़्तों की मेहनत के बाद लिखे गए लेख या निबन्ध का, चाहे अपनी कविता के अपेक्षाकृत दुरूह आशयों को स्पष्ट करने में लिखे गए वक्तव्य का या किसी गोष्ठी-सभा में पढ़े गए भाषण के लिखित प्रारूप का—शमशेर जी इस अनुशासन की पाबन्दियाँ निभाने में अपनी सहज सरसता और आत्मीय नाटकीयता अकसर खो बैठते हैं। मज़ा यह है कि यह अनुशासन वह अपनी विषयवस्तु को तथ्यपूर्ण, सुगम और सांगोपांग बनाने के लिए अपनाते हैं, पर जितना ही वह अपने अर्थ का खुलासा करते हैं उतना ही वह शब्दजाल में उलझता जाता है। इस तरह की अनुशासनबद्ध अभिव्यक्ति में यह ख़तरा तो नहीं रहता कि शमशेर जो कहना चाहते हैं उसे ग़लत समझ लिया जाएगा, पर फिर वह उसमें जो कुछ कहते हैं वह प्राय: कुछ ख़ास नहीं होता—शब्दों के पीछे झाँकती न अर्थ की वह खालिस चमक, न विचार को धीरे-धीरे उकसाती भाव-संवेदना की लहरें, न वह कुल सत्य का आधा खुलता-आधा छिपता आकार जो बिम्ब बनकर पंक्तियों के बीच-बीच में

छलक आता है। शमशेर के अनुशासन में जिस चीज़ को सबसे पहले चोट पहुँचती है वह है उनका 'मौन'। यह अजब है कि अनुशासन शमशेर को 'वाचाल' बनाता है, जबकि उनकी असली जगह उस 'मौन' में है जो सबसे अधिक मुखर है। यह 'मौन' या तो शब्द से परे है या शब्द-शब्द के बीच की किसी सन्धि में। उनकी 'वाचालता' अपने सामने एक पाठक या श्रोता को लेकर चलती है और ज़्यादा कुछ सम्प्रेषित नहीं कर पाती। उनका 'मौन' सिर्फ़ अपने को सम्बोधित है, पर उसे दूसरे भी साफ़-साफ़ सुन पाते हैं।

यह 'मौन' और 'वाचालता' दोनों शमशेर की कविताओं में, उनके आलोचनात्मक गद्य में और उनकी डायरियों में है। गद्य में वाचालता का एक नमूना पूर्वग्रह के पिछले अंक में छपी उनकी डायरी में मिलता है जिसमें बहुत सारे शब्दों में शमशेर जो कहना चाहते हैं वह सब है : उपयोगी और ज्ञानवर्द्धक। पर शमशेर की चीज़ों में किस कमबख़्त को साधारण रूप से उपयोगी और कामचलाऊ ढंग से ज्ञानवर्द्धक बातों की दरकार होती है?

आख़िर यह वाचालता क्यों? क्या इसलिए कि युग ही वाचालता का है? या फिर क्या शमशेर को अपना मौन अपर्याप्त लगने लगा है?

यह मौन कभी-कभी वाचालता को फोड़कर बह निकलता है—क्या वाचालता को भी अपर्याप्त जानकर? एक अन्तर्मुखता उन्हें घेर लेती है। बाहर कमरे में बैठा हाथ में काग़ज़-कलम लिये इंटरव्युअर लोप हो जाता है और एक दास्तान जो कवि-सत्यों के निरन्तर छायाभासों में बदलते जाने की है अपना रहस्य खोलने लगती है। इस रहस्य को कोई न समझेगा, उस तरह तो हू-ब-हू नहीं जिस तरह कवि चाहता है कि दूसरे समझें। हमेशा कोई-न-कोई ग़लतफ़हमी रह जाएगी, हमेशा कोई-न-कोई अधूरापन रह जाएगा।

मेरे उस लेख के बारे में भी शमशेर जी की यही शिकायत थी जो सन् 71 में शमशेर जी की षष्ठिपूर्ति पर 'दिनमान' में छपा था। उस लेख का आरम्भिक हिस्सा शमशेर जी के साथ कई लम्बी बातचीतों पर आधारित था और शमशेर जी की शिकायत यह थी कि उनकी बात को लेख में कुछ घटा-बढ़ाकर रखा गया है। लेख के कुछ अंशों को लेकर तो वह ख़ासे व्यग्र और उत्तेजित हो उठे थे और उसी रौ में उन्होंने दिनमान-सम्पादक को एक लम्बा पत्र भी लिख भेजा था। वह पत्र पता नहीं क्यों सम्पादक जी ने नहीं छापा। उस दिलचस्प पत्र की एक नकल बहुत बाद में मैंने शमशेर जी से प्राप्त की, पर उसे यहाँ उद्धृत करने के लोभ को संवरण करना होगा।

कई साल बाद एक बार फिर 'पूर्वग्रह' के लिए नेमि जी के साथ मिलकर शमशेर से बातचीत करने का सुयोग मिला। कहे और सुने के बीच घट-बढ़ की गुंजाइश न रहे इसके लिए इस दफ़े बीच में एक टेपरिकॉर्डर रख लिया गया। दो

दिन की कई-कई घंटों में फैली हुई बातचीत 'पूर्वग्रह' में 'जस की तस' छपी, पर शमशेर जी की शिकायत फिर भी रफा न हुई। उस बातचीत को पढ़कर एक गहरा असन्तोष उनके मन में था (जैसा कि मेरे मन में भी था)। बात दरअसल यह हुई कि 'दिनमान' वाली अपनी बातचीत में मैंने शमशेर जी के जिस 'मौन' को पकड़ने की कोशिश की थी, वह 'पूर्वग्रह' वाली बातचीत में टेपरिकॉर्डर को सुनाई ही न पड़ा। अतः वह शमशेर की 'वाचालता' को तो अंकित कर सका, उनके 'मौन' को नहीं।

आख़िर हर बार यह एहसास क्योंकि कहे हुए में से कुछ छूट गया है जिसे ग्रहण नहीं किया गया? क्या इसलिए कि शमशेर लगभग अकेले ऐसे कवि-कलाकार हैं जिन्होंने अपने को पूरी तरह अपनी भाषा-संवेदना के साथ तदाकार कर दिया है—नहीं, तदाकार करने की कोशिश की है? जीवन की असुरक्षा को उन्होंने भाषा की सुरक्षा में बाँध लेना चाहा है, अपने सब कुछ को बाहर से सिकोड़कर भाषा के भीतर डाल लेना चाहा है। पर गनीमत है हमेशा उनका कुछ-न-कुछ बाहर छूट जाता रहा है, क्योंकि हक़ीक़त यह है कि लेखक भाषा के साथ पूरी तरह तदाकार हुआ कि गया। क्योंकि भाषा के साथ तदाकार हो जाने का मतलब है सीमाबद्ध हो जाना, एक शाश्वत कवच के भीतर बन्दी हो जाना। किन्तु यह भी एक हक़ीक़त है कि शमशेर की छटपटाहट भाषा की उस पारदर्शी क़ैद से मुक्त होने के लिए नहीं, बल्कि उसमें बन्द होने के लिए है। भाषा की पारदर्शी दीवार के पास जो बिम्बों में टूट-टूटकर बन रहा है वह शमशेर की छटपटाहट ही तो है।

(19 जनवरी, 1976) : कल लाजपतनगर से शमशेर जी के साथ राजघाट कॉलोनी भवानीप्रसाद मिश्र से मिलने गया। भवानी भाई लॉन पर धूप-सेवन कर रहे थे, लम्बा ऊनी गाउन पहने। घास पर ही सब बैठे। मैंने 'ज़ख़्म पर धूल' की और शमशेर जी ने 'चुका लाए भी हूँ नहीं मैं' की प्रति उन्हें भेंट की। शमशेर जी साथ में दो बड़े-बड़े सेब भी लाए थे। कोई ओड़िया सज्जन पास ही श्रोतावत् बैठे रहे।

शमशेर जी ने राजनाथ पांडे का ज़िक्र छेड़ा कि उसी क्रम में रफ़्ता-रफ़्ता भवानी भाई के यहाँ आज आ टपकने की असली वजह पर आएँगे। पर भवानी भाई को बातों में—बातों में अपनी सहज सरलता को सिद्ध करने में—रस आता है। वह एक बात को लेकर उड़ जाते और शमशेर जी को अपने मुद्दे पर आने के लिए एक बार फिर राजनाथ पांडे का ज़िक्र करना पड़ता। मुद्दा यह था कि राजनाथ पांडे ने एक फ़ोटो की फ़रमाइश की थी जिसमें शमशेर जी और भवानी भाई साथ-साथ हों। मैं बहैसियत एक 'फ़ोटोग्राफ़र' के वहाँ था।

बातें होती रहीं। एकाएक शमशेर जी ने दुष्यन्त की ग़ज़लों का प्रशंसात्मक ज़िक्र छेड़ दिया। इन दिनों वह दुष्यन्त की ग़ज़लें पढ़ते रहे थे और उन्हीं की बात

उनके दिमाग़ में थी। साहित्यिक गपशप में शमशेर जी प्राय: उन चीज़ों या प्रभावों के ज़िक्र से शुरुआत करते हैं जो उस दौरान उनके दिमाग़ पर छाये रहते हैं। यह सिलसिला तब तक चलता रहता है जब तक उस प्रभाव पर कोई दूसरा प्रभाव हावी न हो जाए। भवानी भाई का मत था कि दुष्यन्त की ग़ज़लें जैसी वे हैं उर्दू का कोई भी सेकेंड क्लास ग़ज़लगो लिख सकता है। उनमें हिन्दीपन नहीं है। फिर उन्होंने किसी एक हिन्दी कवि का नाम लिया (वह नाम इस वक़्त याद नहीं आ रहा है) जिसकी ग़ज़लों को वह दुष्यन्त की ग़ज़लों से ज़्यादा हिन्दी मानते हैं। शमशेर जी ने बाद में बताया कि वह भवानी भाई की राय से सहमत न थे। फिर शमशेर जी के इस सवाल पर कि किन भारतीय भाषाओं में ग़ज़ल की विधा में कविताएँ लिखी जा रही हैं (यह सवाल क्या माचवे जी से पूछना ज़्यादा मौज़ूँ न होता?) भवानी भाई ने बताया कि उत्तर की कई ज़बानों में, मसलन गुजराती, पंजाबी, कश्मीरी और मराठी में ग़ज़ल तो है ही, दक्षिण की तेलुगु संस्कारों या यहाँ तक कि हमारे पर्यवेक्षण से उतना नहीं होता, जितना इस बात से कि 'कितनी सचमुच' और 'पूरे बदन का व्यक्ति' जैसी बातों से कविता शान्ति के साथ 'चमकदार' हो गई है। कवि का स्त्री के साथ रचनात्मक सरोकार किस क़िस्म का है, इस बात की जिज्ञासा के बिना हम सोच रहे हैं कि यह स्त्री है, अधेड़, और उदास नहीं। मुमकिन है कि मुझ पर जो असर हुआ हो, वह मेरे काव्य-संस्कारों की सीमा हो, लेकिन मैं समझता हूँ कि ये संस्कार बहुतों के हो सकते हैं।

यह दिलचस्प है कि अलंकरणहीनता के बावजूद रघुवीर सहाय के शिल्प में एक कसाव है और एक आकर्षक अद्वितीयता भी। यही बात विनोद शुक्ल की कविता में भी है। उनकी कविता को अशोक ने अपस्फीति का काव्य कहा है। वहाँ भी उन्हें हीरोइक्स और रेटॉरिक का अभाव अच्छा लगा है। लेकिन इस अंक में जो महत्त्वपूर्ण कविताएँ हैं, उसमें विनोद ने अपने निरुद्वेग मुहावरे को फलाँगने की सार्थक चेष्टा की है। प्रत्यक्ष यथार्थ और वर्गीय यथार्थ की वस्तुमत्ता से परे जाकर, अपने रचनात्मक संघर्ष को पहचानने के कारण इस अंक की कविताओं में उन्हें अपने मैनरिज़्म बन जाते मुहावरे से मुक्ति मिली है। उदाहरण लें :

मुझे शक है! बहुत चिन्ता
कि जिस सड़क में
मैं और आमदरफ़्त
है वहीं धँसी दीवाल
नीचे जिसके घेरे में
सारे खनिज
सुरक्षित इमारत

ढेर लोहे की चट्टानें
तरह-तरह की मिट्टी और तरल
... ...
चट्टान में दरार पड़ते ही
मैंने साथ-साथ महसूस किया
इमारत की खुली खिड़की और पलड़ों को
बरसों जाम हुए क़ब्ज़ों को
कड़कड़ खुलते हुए
सैकड़ों फुट नीचे
... ...
ज़रूर इमारत में कोई जाग पड़ा
उसकी चहलक़दमी
जैसे सक्रिय हुआ
खिड़की खुलते ही
भूकम्प जितना धक्का लगा
हाय! दरवाज़ा खुलेगा तो क्या होगा?
... ...
ज़मीन के अन्दर जो टीले हैं
सूखे समुद्र की तलछट में
समुद्री टीले हैं
इन्हीं के बीच एक सुर्ख मूँगा चट्टान
फैलती-सिकुड़ती है—

यह 'पूर्वग्रह' में प्रकाशित विनोद शुक्ल की सातवीं कविता के कुछ अंश हैं, जिन्हें पढ़कर क़तई यह नहीं लगता कि उनकी कविता 'लगभग ज़िद्दी ढंग से अपने को निचले मध्यवर्ग और उसकी अनगिनत छोटी-बड़ी सचाइयों में रोपे रहती है।' यह भी बिलकुल नहीं लगता कि यह 'जैसे किसी मुहल्ले की चाय की दुकान की बेंच पर बैठकर की गई निजी बातचीत है।' लगता है कि मुहल्ले की चाय की दुकान की बेंच पर होनेवाली बातचीत के बारे में अशोक की धारणा काफ़ी रूमानी है। वैसे भी, किसी वर्ग-विशेष की 'शब्दावली' से उस वर्ग-विशेष का रचनात्मक साक्षात्कार होता हो—यह आवश्यक नहीं है। इस लिहाज से तो वर्ग-विशेष की शब्दावली का प्रामाणिक ब्योरा प्रस्तुत करनेवाली हिन्दी की ढेरों कहानियों की तुलना में मुक्तिबोध की कहानियाँ वर्गीय सचाई से कोसों दूर की कहानियाँ कही जाएँगी, जबकि इस वर्ग-विशेष के आन्तरिक जीवन की अद्भुत कहानियाँ केवल मुक्तिबोध ने लिखी

हैं। वस्तुतः जहाँ पर विनोद की कविता मुहल्ले की मामूली बातचीत जैसे शब्दों से बनी है, वहाँ भी उन्होंने कविता के पारम्परिक विन्यास को तोड़कर कुछ निश्चल ब्योरापरकता की सीमाओं को तोड़ा है। उनकी कविताओं का व्याकरण मुहावरे के प्रति एक रचनात्मक विवेक से निर्मित है, और उसे शरारती क्रीड़ा-भाव जैसी मुहावरे पर रीझनेवाली दृष्टि से परिभाषित करना गैरवाजिब है। विनोद नाटकीय-स्फीति से बचते हैं, लेकिन बहुत मामूली बातों को भी नाटकीय ढंग से कहते हैं। सवाल इस नाटकीयता के चरित्र को जानने का है। इसके इरादे के रचनात्मक मूलों में पैठने की कोशिश से ही हम जान पाएँगे कि अपने संसार को पैनी आँख से देखकर वह आख़िर हमें देते क्या हैं। जो कुछ वह देते हैं वह हममें क्या-कुछ जगाने की सम्भावना रखता है? मेरा ख़याल है कि अशोक इन प्रश्नों पर गहराई से विचार नहीं करते, क्योंकि शान्त और नॉनरेटॉरिकल मुहावरे का, उदाहरण बनने से बचे रहना, उन्हें इतना काफ़ी लगता है कि वह कविता को 'महान कविता' के पैमानों से मापना-जानना नहीं चाहते। कविता के महान नहीं हो सकने की बात पर धार्मिक आस्था रखना कोई बहुत अच्छी बात नहीं कही जा सकती—ख़ासकर तब जबकि 'महान्' शब्द से जुड़े मुगालते टूट चुके हों। कुछ कविता, अनेक कविता से बड़ी महत्त्वपूर्ण, शाश्वत और इसलिए महान होती है। जिस समाज में कविता की हालत काफ़ी गम्भीर हो गई है—वहाँ भी शब्द एक गहरी वैचारिक लड़ाई के अनुभव से गुज़र रहे हैं। हेमिंग्वे से सॉल बिलो और मान-काफ्का से गुंटर ग्रास, बॉल तक इसके अनेक उदाहरण मिल सकते हैं।

अशोक ने विनोद की कविता को लेकर उनकी फ़ैंटेसी और उनकी निरुद्वेग कविताओं के अब पक्षधर होने की बात ज़रूर की है, लेकिन उनका ज़ोर शान्त मुहावरे पर है। इस शान्त मुहावरे ने विनोद की कविता की भाषा को भाषा के वैचारिक और मूल्यपरक सन्दर्भों से हमेशा काटकर रखा है। इसका नतीजा यह हुआ है कि उनकी कविता में निचले मध्यवर्ग की दुनिया से ज़रूरी साक्षात्कार तो है, लेकिन उन सन्दर्भों की अनुगूँजें नहीं हैं, जो इस साक्षात्कार को गहरा अर्थ दे सकें। मसलन, रौताइन महाराजिन, बड़े बाबू, चपरासी, हलवाई इत्यादि से बननेवाली दुनिया के संस्कार-जगत से जुड़े भयावह अनुभवों से विनोद क़तई नहीं गुज़रते—संस्कार-जगत उनके लिए गहरी चिन्ता और चिन्तन का विषय नहीं है। इसे कुछ इस तरह देखा गया है कि पहली नज़र में विनोद की कविता पढ़नेवाले को मैनरिज़्म की गन्ध आएगी। भारतीय मध्यवर्ग और उसके नैतिक फूहड़पन को जानने के लिए उसके संस्कार-सन्दर्भ और स्त्री-पुरुष सम्पर्क के सन्दर्भों में पकड़ना होगा। उसके यौनाचार और यौन नैतिकता का उसके समग्र चरित्र में काफ़ी महत्त्वपूर्ण हिस्सा है। इस हिस्से से रचनात्मक स्तर पर टकराना ज़रूरी है, वरना निचले मध्यवर्ग की यह वस्तुपरकता घूम-फिरकर अर्थशास्त्रवाली वस्तुपरकता के ही इतने पास होगी

कि उसे अपनी प्रतिभा से कविता में बदल लें। इतना सुरक्षित सन्तोष काफ़ी नहीं है—कम-से-कम विनोद जैसे महत्त्वपूर्ण कवि के लिए कि जब सब लोग फुला-फुलाकर झूठ बोल रहे हैं तो उन्होंने चुपचाप सच बोल दिया है, और विचलित कर दिया है। एक बड़े कवि को बड़ी चुनौतियों से टकराना होगा। 'विनय-पत्रिका' का शुद्ध कवि 'मानस' क्यों लिखता है? 'कुकुरमुत्ता' का कवि 'तुलसीदास' क्यों लिखता है? रचनात्मक-भाषा पर इतना सन्देह किस काम का कि जिसकी वजह से हम अपनी दुनिया के हल्लों और फूहड़पन को भी मरियल तरीक़े से देख पाए और सोचते रहें कि कविता तो इतना ही कर सकती है। कविता क्या करना चाहती है, यह भी महत्त्वपूर्ण नहीं है, क्योंकि जितना वह कर रही है उतना तो उसके नहीं होने पर भी हो रहा है, होता रहेगा।

एक बात और। प्रमोद वर्मा ने प्रगतिशीलता पर अपने एक लेख में एक अच्छी बात कही है कि हमने उग्र कवियों को कलात्मक आधार पर ख़ारिज किया, और ठीक भी किया, लेकिन ऐसा करते हुए हमने उन पर सहानुभूति से विचार नहीं किया। जाने-अनजाने हम दक्षिणपंथियों की साजिश के शिकार हो गए। एक ज़िम्मेदार और प्रगतिशील आलोचक से यह अपेक्षा तो होनी ही चाहिए कि वह कविता की राजनीति के सन्दर्भों को समझाते हुए थोड़ा चौकन्ना हो, वरना उग्रवादिता को ही नहीं, शान्त मुहावरे को भी क्षतिपूर्ति के सिद्धान्त या राजनैतिक महत्त्वाकांक्षा के आधार पर विश्लेषित किया ही जा सकता है।

अशोक ने अरसा पहले विचारों की विदाई पर एक लेख लिखा था। फिर श्रीकान्त वर्मा ने 'फ़र्क़' में एक लेख लिखा था। अशोक को हिन्दी साहित्य का हाल का यह इतिहास ज़रूर याद होगा।

अन्तर्विरोधों का कवि

जो पाठक शीर्षक को पढ़कर ही मलयज के बारे में अपने विचार बनाते हैं उनके लिए मलयज इस लेख के माध्यम से एक और खेल रचते हैं। ऐसा ही मलयज पहले भी त्रिलोचन के लेख में कर चुके हैं। लेख के भीतर जितनी तटस्थता और ईमानदारी है शीर्षक में उतनी ही निर्ममता। शमशेर बहादुर सिंह मलयज के पारिवारिक मित्र थे। दोनों मॉडल टाउन काफ़ी समय तक रहे। शुरू में शमशेर मलयज की बहन शोभा सिंह के घर पर रहे। मलयज के पूरे परिवार से शमशेर की आत्मीयता थी। सम्भवत: मलयज शमशेर को ज़्यादा क़रीब से जानते थे इसलिए बाक़ी लोग जहाँ सिर्फ़ कवि की कविता को पढ़कर उस पर विचार कर रहे थे मलयज कवि की अनुभूति को समझने का प्रयास कर रहे थे। इसलिए मलयज उन अन्तर्विरोधों को देख पाए जो खालिस कविता पढ़ने से नहीं दिखते। इस लेख में मलयज स्वयं कहते हैं कि आप शमशेर की कविता को दोस्त की तरह नहीं पढ़ सकते उसके निर्मम और स्वार्थी पाठक नहीं हो सकते। **—तरुण**

अन्तर्विरोध के संसार में एक ख़ास तरह की कला ही उपज सकती है—ऐसी कला जो अन्तत: अपने को ही सन्तोष दे : एक संगीहीन अकेले मनुष्य को सन्तोष दे।

आज के इस आत्माहीन लोक में कला यदि यह सीमित सन्तोष भी दे सके तो आप कृतार्थ अनुभव करने के लिए स्वतंत्र हैं और इस दृष्टि से अन्तर्विरोध को एक मूल्य मान सकते हैं। अन्तर्विरोध शायद इस स्तर पर एक मूल्य बन भी जाता है। एक ऐसा मूल्य जिस पर कई मूल्य लुटाए जा सकते हैं, क्योंकि अन्तर्विरोध मानव की एक ऐसी शक्ल पेश करते हैं जिसकी 'कमज़ोरियाँ' आज के 'कैलस' युग में आत्मीय और अर्थवान लगती हैं, स्पृहणीय भी। एक बिलकुल कसे-कसाए स्याह-सफ़ेद के खानों में बैठे चुस्त-दुरुस्त ढाँचे की निर्ममता के बीच एक कोई बेतरतीब, सब कुछ पूर्व-नियोजित के प्रति एक छिपा हुआ विद्रोह, एक 'प्रोटेस्ट'।

अन्तर्विरोध हमेशा एक बदलते हुए ज़माने का मुहावरा है। नई-नई ज़मीन उभर रही हो, पाँवों के नीचे रेत जमने न पा रही हो, दृश्य एक जैसे और स्थिर न हों, कुछ भी न टिक पाता हो, एक संशय-विकल्प और उसका अनुताप वायुमंडल को

रँगे हो, एक गर्म भाप जो गर्म भी हो और गीली भी, सब कुछ बस चल रहा हो, कोई पड़ाव या मंज़िल नहीं। बस चलते रहने की क्रिया—अन्तर्विरोध के 'मूड' को शायद यह स्थिति व्यक्त करती है। इसी से अन्तर्विरोध में एक जगह छूटने और दूसरी के आने के बीच का तनाव होता है और उसका अवसान एक दूसरे तनाव में होता है; जहाँ एक दृश्य समाप्त होता है वहाँ दूसरा दृश्य पहले से ही उगा हुआ होता है और कोई चीज़ बीच में 'स्नैप' हुई नहीं होती, सिलसिला ज्यों-का-त्यों—एक टूटकर बनता हुआ सिलसिलाहीन सिलसिला। और इस तनाव में हमेशा कुछ टूटते जाने का अनुभव—ऐसे टूटते जाने का जिसमें जो वस्तु टूट रही हो, वह टूटने की क्रिया से कभी ख़त्म ही न हो पा रही हो, जैसे वह टूटते रहने में ही और-और टूटने का उपजीव्य जुटाती जा रही हो—

मिसाल के लिए शमशेर बहादुर सिंह की कविता। वह शायद इसीलिए 'बूढ़ी' नहीं मालूम देती—उसमें तनाव है, उसकी रगें और मांसपेशियाँ तनाव से कसी हुई हैं।

और शायद इसीलिए अब वह ऊब पैदा करती है। निरन्तर तनाव ऊब में ही परिणत होता है।

और शायद इसीलिए वह कविता अब कोई तनाव नहीं पैदा कर पाती—अपने आनेवाले सम्भावित पाठक के लिए।

ऐसा क्यों?

क्योंकि शमशेर जी का अन्तर्विरोध एक स्थापित वस्तु बन चुका है—उनके अन्तर्विरोध का हर रग-रेशा परिचित हो चला है, उसमें अप्रत्याशितता नहीं रही—पीछे से आकर आँख मूँद लेने जैसी अप्रत्याशितता। हमें मालूम हो जाता है कि उनकी अमुक-अमुक प्रतिक्रिया का कारण उनका अमुक-अन्तर्विरोधी तत्त्व है—हम अब उस प्रतिक्रिया में जाकर कुछ टटोलने और उसका उत्स खोज निकालने को उत्साहित नहीं होते। वह अन्तर्विरोध स्थापित हो चुका है—जैसे चित्रलिखित व्याकुल मुद्रा। उस मुद्रा को इत्मीनान से देखते-देखते आप किसी निष्कर्ष पर पहुँचने या न पहुँचने के लिए आज़ाद हैं यानी मानसिक फ़ुर्सत में।

चित्रलिखित मुद्रा कोई तनाव नहीं पैदा करती। तनाव पैदा हो, इसके लिए आपको वैसा सोचना पड़ेगा, उससे बरबस अपने को जोड़ना पड़ेगा, वरना स्वतः उसमें वह 'डाइनैमिज़्म' नहीं कि वह आप पर आघात करके आपको विचलित कर दे। आपको अनचित्ते पकड़ ले और बेचैन कर दे।

इसीलिए शमशेर बहादुर सिंह की कविता को जरा ग़ौर से पढ़ना होगा। वह सीधे नहीं उतरेगी आपकी संवेदना में, आपको कुछ तैयारी करनी होगी। आपको उन प्रणालियों से वाकिफ होना पड़ेगा जिन्हें शायद आप भूल चुके हैं या भूलते जा रहे हैं। आप शमशेर जी की कविता के निर्मम स्वार्थी पाठक नहीं हो सकते। आप उनकी कविता को एक दोस्त की कविता की तरह नहीं पढ़ सकते कि जिसे बिना लिहाज

या दबदबे के पढ़ा जा सके और नापसन्द होने पर बिना किसी ग्लानि या पश्चात्ताप के फेंक दिया जा सके। उसे पढ़ते समय आपको मन में कुछ आदर का भाव लाना होगा क्योंकि आप एक वरिष्ठ कवि की कविता पढ़ रहे हैं, एक शिल्पसिद्ध और खरे कवि की कविता—जो और चाहे कुछ न हो कविता सोलहों आने है। अतः आप उसे नापसन्द करते हैं तो लगता है आप कहीं अपने को छोटा/खोटा स्वीकार करते हैं। लगता है, वह कविता कहीं आपसे अपने को बड़ा समझवाना चाहती है और आपको उसमें अपने को 'फिट' करना पड़ रहा है, उसकी माँगों के अनुसार अपनी चेतना को काटना-छाँटना पड़ रहा है। वह आपके आज के समकालिक प्रभावों और शक्तियों से बने 'सम्पूर्ण मनुष्य' के व्यक्तित्व की शर्तों को स्वीकार नहीं करती—आप तक, आप जो समसामयिक वर्तमान के प्रति उसके सारे ख़तरों और चुनौतियों के साथ अपने को प्रतिबद्ध पाते हैं, उमगकर बढ़कर नहीं आती और आपके सम्पूर्णत्व को चारों ओर अर्थ के संकेतों से आच्छादित नहीं कर देती। इसके विपरीत उस कविता के सम्मुख आप अपने को एक अजीब संघर्ष में पाते हैं, क्योंकि वह कविता आपको अपने विरुद्ध ही लड़ जाने को विवश करती है। आपको 'कमज़ोर' बनाती है क्योंकि आपको अपने बेलाग हथियारों के प्रयोग से वंचित करती हैं। आप थोड़े आश्चर्य के साथ काव्य-इतिहास के उस ज़माने की बात सोचते हैं जब कवि कहता था 'रचना मुझसे बड़ी है' और आप इसे कवि की सिद्धि मानकर अभिभूत हो जाते थे। अब आपको लगता है रचना और रचनाकार के सम्बन्ध के प्रति कवि का उक्त दृष्टिकोण कितनी बड़ी प्रवंचना है। अब हरगिज; हरगिज कोई रचना रचनाकार से बड़ी नहीं हो सकती, यानी रचना-कर्म में—और रचना के मूल्यांकन-आस्वादन में भी—यह सेवक-सेव्यवाला रिश्ता नहीं चल सकता। नहीं चल सकता इसीलिए शमशेर जी की कविता के साथ आप कोई समझौता करना नहीं चाहते, उसकी किसी शर्त पर अपने को झुकाना नहीं चाहते। पर आपको इसके लिए कितना संघर्ष करना पड़ता है! हाँ-हाँ, आप जानते हैं कि आज के इस आत्महीन आपाधापी वाले संसार में यह एक सच्ची और खरी कविता की आवाज़ है और उसकी अपनी निहायत निजी कुछ माँगें हैं। वे माँगें सिर्फ़ यह चाहती हैं कि आप फ़िलहाल अपने परिवेश के तात्कालिक दबावों और आग्रहों को भूल जाएँ, जिस तनाव की अनिवार्य डोर से आपकी संवेदना इस तात्कालिक वर्तमान से बँधी है, उसे काट दें और भाव-रूपों के उस निर्मल सागर में उतर जाएँ, जहाँ यदि भीतर पैठने की सामर्थ्य आप में है तो मोती-ही-मोती हैं। कितना बड़ा आकर्षण और कितना व्यर्थ! आपकी यह नियति है कि आपका वास्ता एक ऐसे संसार से है जो आत्माहीन और आपाधापी वाला है और हरदम आपके साथ है, और इसके हरदम साथ होनेपन में ही आपको उसमें से कुछ नया सृजने, उस सृजन के परिप्रेक्ष्य में अपने को कसने और उस सृजन को अपना-आपा देने का अवसर मिल सकता

है। हाँ, सिर्फ़ इसी आत्माहीन आपाधापी वाले संसार में आपके लिए सम्भावना है, आपके बच सकने—अपने सृजन द्वारा बच सकने की सम्भावना।

शमशेर जी की कविता आपको इस अपनी नियति के संसार से बाहर ले जाना चाहती है; उसका सम्मोहन और उसके शिल्प की शक्ति कुछ ऐसी है कि आप कभी-कभी बाहर चले भी जाते हैं; पर आपके साथ यह एहसास एक पीली छाया की तरह बराबर लगा रहता है कि आप अपने साथ छल कर रहे हैं।

बस इतना ही तनाव शमशेर जी की कविता पैदा कर पाती है—छले जाने के बोध से उत्पन्न एक खीज, एक चिढ़ का तनाव। गूढ़ स्तर पर एक संवादहीनता की अनिवार्य स्थिति के प्रति सिर पटकने की करुण खीज का तनाव। शायद इस संवादहीनता की स्थिति में ही एक अन्तर्विरोधों के कवि की परिणति होती है। एक नितान्त निजी मुहावरा अपने पवित्र दर्प में तना हुआ। एक महान् आलीशान गुम्बद जिसमें सिर्फ़ एक व्यक्ति की आवाज़ गूँजती है। अपने व्यक्तित्व के वैभव में लिपटा हुआ एक सत्य जो सत्य सिर्फ़ इसलिए है कि वह 'अपना' है, दूसरे का नहीं। यदि वह किसी 'दूसरे' का है भी तो उस दूसरे का जो 'कल' था 'आज' नहीं है। उस सत्य के 'आज' में 'आज' सिर्फ़ उस व्यक्ति का है जो विगत 'कल' में रह चुका था, उस दूसरे व्यक्ति का 'आज' नहीं जो आनेवाले 'कल' के आईने में अपने को देख रहा है। विगत के आज और भविष्य के आज में रिश्ता सिर्फ़ 'आज' का है जो महज़ एक शब्द है और चूँकि शब्दों के अर्थों का धीरे-धीरे ही कायाकल्प होता है इसलिए उसका अर्थ अब भी समझ में आ जाता है, वह पूर्णत: अजनबी नहीं हो गया है और इसी कारण विगत के आज और भविष्य के आज के बीच 'आज' के सम्बन्ध का अर्थ अर्थान्तर-ग्रहण की श्लथ प्रक्रिया की मजबूरी के बल पर अब भी मिट नहीं गया है।

अन्तर्विरोधों के कवि की शायद सबसे बड़ी उपलब्धि यह होती है कि हममें उपजी उस खीज और चिढ़ को वह मानव-संवेदना के उच्च स्तर पर प्रतिष्ठित कर देता है। इसी से इस खीज के रहते हम उससे पूर्णत: निराश नहीं होते और आशा किए जाते हैं। इस आत्माहीन युग में हमारी यह खीज और चिढ़ एक ऐसे काँटे की चिलक है जो हल्की होते हुए भी स्पष्ट है, और है।

पंत और शमशेर

पंत और निराला के सम्बन्ध में कैसी-कैसी खेमेबाजी करने का प्रयास किया गया यह लेख बताता है। साथ ही बहुत संक्षेप में मलयज बताते हैं कि शमशेर पर पंत और निराला दोनों का ही प्रभाव था। मलयज का निष्कर्ष है कि शमशेर में निराला की प्रयोगधर्मिता और शब्द संगीत था। मलयज इस बात को भी उद्‌घाटित करते हैं कि पंत से शमशेर की बेहद नज़दीकी रहने के बावजूद शमशेर ने उन पर काफ़ी कड़ी समीक्षा लिखी थी। जिसका पंत ने स्वागत किया। **—तरुण**

पंत जी से शमशेर का परिचय सन् 31 में इलाहाबाद में हुआ। पंत जी के साहित्य से परिचय भी तभी हुआ। उन दिनों शमशेर इलाहाबाद यूनिवर्सिटी में पढ़ते थे और हिन्दू हॉस्टल में रहते थे। पंत की चर्चा छिड़ने पर शमशेर उन दिनों की याद में डूबने और खोने लगे। उन्होंने बताया कि सन् 37 में जब वे बच्चन की प्रेरणा से दुबारा इलाहाबाद आए तब पंत जी की मदद से ही उन्हें इंडियन प्रेस में अनुवाद का काम मिला। अनुवाद के काम से जो आय होती थी, उससे उनके रहने-सहने, खाने-पीने का ख़र्च निकलता था। यूनिवर्सिटी की पढ़ाई की फीस बच्चन जी देते थे। वे दिन शमशेर के लिए बड़े संघर्ष के दिन थे और इसमें पंत जी का स्नेह-सौहार्द उनके लिए बड़ा सम्बल था।

सन् 38-39 में पंत जी ने जब 'रूपाभ' का सम्पादन आरम्भ किया तो नरेन्द्र शर्मा और शमशेर को उसके सम्पादकीय विभाग में बुला लिया। तीनों ही पहले एलनगंज में और बाद में नया कटरा के 'दिलकुशा' मुहल्ले में साथ-साथ रहते थे। नरेन्द्र शमशेर के यूनिवर्सिटी के दिनों के पुराने मित्र रहे हैं। नरेन्द्र पंत जी के अत्यन्त आत्मीय और निकट थे। शमशेर को भी पंत जी छोटे भाई की तरह मानते थे। 'रूपाभ' में ही पहले-पहल पंत जी की वे कविताएँ छपीं जिन्हें प्रगतिवादी आलोचकों ने 'प्रगतिशील' कविताएँ बताया। ये कविताएँ आगे 'ग्राम्या' में संकलित हुईं। पंत में यह मार्क्सवादी रुझान उनके मित्र कामरेड पी. सी. जोशी के प्रभाव से पैदा हुआ था। शमशेर ने बताया कि पंत जी ने मार्क्स को गम्भीरतापूर्वक बहुत

ध्यान से पढ़ा था। पर पंत जी के इस नए प्रगतिशील रंग से पुराने छायावादी कवि और आलोचक ख़ुश न थे। छायावाद तब तक हिन्दी में प्रतिष्ठित हो चुका था और छायावाद के ही एक शीर्ष कवि द्वारा एक बिलकुल दूसरे ढंग की कविताएँ लिखी जाती देखकर पंडित अमरनाथ झा जैसे कई लोग तो यहाँ तक कहने लगे थे कि पंत की कविता का अब ह्रास हो गया है। शमशेर ने 'ग्राम्या' प्रकाशित होने पर उसकी कविताओं का एक सर्वांगीण अध्ययन प्रस्तुत करते हुए एक लेख लिखा जो इलाहाबाद से निकलने वाले दैनिक 'भारत' के पूरे एक पृष्ठ पर छपा। इस लेख के विश्लेषण से पंत जी बड़े ख़ुश और चमत्कृत हुए थे। यह लेख शमशेर के निबन्ध-संग्रह 'दो-आब' में संगृहीत है।

पंत का विरोध करनेवालों में उस समय प्रगतिशील लेखकों का भी एक तबका था। नरोत्तम नागर के सम्पादन में उन्हीं दिनों इलाहाबाद से एक पत्रिका 'उच्छृंखल' निकली जो निराला-समर्थक थी और गोया इसी नाते पंत-विरोधी भी। गांधी-विरोध भी उसका एक प्रमुख पक्ष था और जिन अंशों तक नेहरू गांधी के साथ थे उन अंशों तक जब तब वह नेहरू पर भी छींटाकशी करती थी। प्रगतिशीलता का पक्षधर होते हुए भी वह पंत की 'प्रगतिशील' कविताओं को नज़रअन्दाज़ करती थी। शमशेर इस स्थिति को प्रगतिवादी आन्दोलन का एक विरोधाभास मानते हैं। पर इस विरोधाभास का ज्ञान शमशेर को भी उस समय तक न था—साम्यवादी विचारधारा के प्रभाव में तो वे बाद में शिवदान सिंह चौहान के सम्पर्क में आने पर आए—और 'उच्छृंखल' के अंकों में छपनेवाले नेहरू और गांधीवाद पर व्यंग्य करनेवाले कार्टून अक्सर ख़ुद उन्हीं के बनाए हुए होते थे।

पंत और निराला के परस्पर कटु-मधुर सम्बन्धों को लेकर हिन्दी में अनेक अटकलें लगाई जाती रही हैं। शमशेर का कहना है कि हिन्दी कविता के ये दो दिग्गज एक-दूसरे के प्रतिद्वंद्वी तो थे पर इनमें कोई व्यक्तिगत कटुता न थी। पंत और निराला को लेकर व्यर्थ की खेमेबाज़ी की गई है। इस सन्दर्भ में शमशेर ने उन दिनों के साहित्यिक हलक़े में प्रचलित एक दिलचस्प प्रसंग बयान किया। पंत जी ने जब 'रूपाभ' निकाला तो बनारस के छायावादी आलोचक शान्तिप्रिय द्विवेदी को यह उम्मीद बँधी कि चूँकि वे ही पंत जी की कविता के सबसे बड़े समर्थक थे इसलिए पंत जी 'रूपाभ' के सम्पादन के लिए उन्हें अवश्यमेव बुलावेंगे। ऐसा होते न देखकर वे जगह-जगह पंत जी की निन्दा और उसी अनुपात में निराला की प्रशंसा करने लगे। घूमते-घूमते एक बार वे लखनऊ निराला के पास भी पहुँचे और पंत आपके सामने क्या है, के अन्दाज़ में बातें करने लगे। गम्भीर मुखमुद्रा लिये निराला थोड़ी देर यह सब सुनते रहे, फिर एकदम से आँखें लाल कर आवेश में उन्होंने अपना हाथ उठाया और बोले कि यहाँ से फ़ौरन भाग जाओ वरना तुम्हारी ख़ैर नहीं। शान्तिप्रिय जी को भागते ही बनी। इस एक घटना से यह अन्दाज़ लगा

लेना मुश्किल नहीं कि पंत के लिए निराला के हृदय में कितना स्नेह और आदर था। शमशेर ने बताया कि निराला ने एक बार किसी के आग्रह पर पंत जी की कविता बड़े भावपूर्ण स्वरों में सुनाई।

शमशेर ने पंत और निराला दोनों से ही प्रभाव ग्रहण किया—भाव-संवेदना और शिल्प दोनों ही स्तरों पर। पंत की कविता में जो कीट्सीयन और शैलियन तत्त्व है वह उन्हें अपील करता था, निराला का शब्द-संगीत और प्रयोगधर्मिता उन्हें आकर्षित करती थी। निराला का असर उन पर ज़्यादा रहा। पर उस समय पंत की कविता की ही तूती बोलती थी और आगे आनेवाली कविता के मिज़ाज का निर्माण भी बहुत कुछ पंत की कविता ने ही किया, ऐसा शमशेर मानते हैं। पंत की कविता के शमशेर मुग्ध-प्रशंसक नहीं रहे, उन्होंने उनका कड़ा विश्लेषण भी किया है। स्वयं 'रूपाभ' में पंत जी के एक कविता-चयन की सख़्त समीक्षा शमशेर ने लिखी और उसका पंत जी ने स्वागत भी किया। इसी तरह दिल्ली से प्रकाशित होनेवाली 'कृति' में शमशेर ने पंत-काव्य का जो तटस्थ विश्लेषण किसी समय प्रस्तुत किया था, वह अपने ढंग की एक ही चीज़ है।

सतह से ऊपर उठाती रचना

मलयज की डायरी (13.9.1964) में उल्लेख मिलता है मुक्तिबोध के मरणोपरान्त दिल्ली में हुई मुक्तिबोध की श्रद्धांजलि सभा में वे उपस्थित थे जहाँ देवीशंकर अवस्थी ने मुक्तिबोध के आलोचक रूप की निष्ठा की बानगी प्रस्तुत कर उन्हें सच्ची श्रद्धांजलि दी थी मलयज ने इसे मुक्तिबोध को दी गई सबसे सही श्रद्धांजलि कहा था जो बिना स्वयं को भावों की गिचपिच में फँसाए दी गई थी। इस श्रद्धांजलि सभा के बाद ही मलयज के मन में मुक्तिबोध के साहित्य का तल्लीनता से अध्ययन करने का विचार जागा था। इससे पहले उन्हें केवल व्यक्ति मुक्तिबोध ही आकृष्ट करते रहे थे और इतने से वे सन्तुष्ट भी थे वे कवि मुक्तिबोध को बहुत अहमियत नहीं देते थे मलयज ने लिखा है, 'पर अब उनके काव्य का विधिवत् गम्भीर अध्ययन करने की इच्छा अवश्य जाग रही है। उनके भीतर पैठने की तीव्र प्रेरणा हो रही है, हो सकता है मेरा श्रम अकारथ न जाए और मैं उनके सही रूप को आँक सकूँ...पर मैं मुक्तिबोध जी को लेकर किसी भावुकता में पड़ना नहीं चाहता।' प्रस्तुत लेख मुक्तिबोध के कहानी-संग्रह 'सतह से ऊपर उठता आदमी' की समीक्षा है, और उस विचार का प्रतिफल है। **—तरुण**

सतह सामान्य मनुष्य का संघर्ष जीवन और उसकी विडम्बना है : वह सड़क जो हिन्दुस्तान के हर क़स्बे और शहर के बीच से गुज़रती है। सतह का बोध हिन्दुस्तान के मर्मस्थल का बोध है। आधे सुख आधे दुःख के दो पाटों के बीच पिसने की नीच ट्रेजेडी (ऊँचा उठानेवाली ट्रेजेडी नहीं) से घिरा जनसमूह। सतह का आदमी ही हिन्दुस्तान का औसत आदमी है। भावुकता, मूल्याकांक्षा, आदर्श—ये उस सतह के रंग हैं, उसके संघर्ष को एक चरित्र देनेवाले रंग। यथार्थ उसका जीवन संघर्ष है और ये रंग उस संघर्ष की आग को बढ़ानेवाली हवाएँ। उजले रंग नहीं, भड़कीले शोख रंग नहीं, साँवले उदास रंग—न नितान्त काले न नितान्त सफ़ेद। स्वप्न और सच का मिला-जुला रंग। कितने-कितने स्तर (सीढ़ियाँ) हैं इस संघर्ष के चेतन-उपचेतन में, कितनी-कितनी गहराइयाँ (बावड़ियाँ) और ऊँचाइयाँ (पहाड़) घेरे हुए हैं उसे। इस संघर्ष की पिसती हुई अनिवार्य रूटीन में उत्तेजना (घिरे साँवले आसमान की

कोर पर बिजली की कौंध) के क्षण हैं गर्म-गर्म चाय की चुस्की के क्षण, बीड़ी का कश खींचने के क्षण। यह दरअसल सतह की सनसनी है जो भीतर ख़ामोश पड़ी गड़गड़ाहट का पता है। सनसनी में थोड़ी राहत मिलती है, जीवन संघर्ष की उमस और गर्मी से क्षणभर का पलायन। पलायन का यह क्षण ही तो कहीं यथार्थ के दुखते मूलों से अलग होने का क्षण—कला का क्षण—नहीं?

सतह का आयाम ऊँचाई और गहराई से बड़ा है। पास्कल ने कहा था : 'मिडियाक्रिटी इज ह्यूमैनिटी।' मानवता, मानव समूह, जन-मानव।

मुक्तिबोध का आदमी यही औसत आदमी है और उसे अपनी सतह से लगाव है। ध्यान रहे, वह आदमी सतह से छिटककर—अपनी वर्ग सीमा को पार कर—उसके बाहर नहीं जाता, वह सिर्फ़ उससे ऊपर उठता है, उसी का रहते हुए। वह अपने क्लास को डिजर्ट नहीं करता, क्योंकि उसकी शक्ति वही है, क्योंकि उसका संघर्ष वही है—संघर्ष, आगे बढ़ने की एक अन्धी होड़ नहीं, किन्हीं मूल्यों को साथ लेकर जूझने की कोशिश।

मुक्तिबोध ने हमेशा वर्गबोध को एक स्पृहणीय मूल्य की तरह अपनी अनुभूतियों में जिया, उसे हमेशा एक शपथ तलवार की तरह अपने सीने पर रखा। वर्गबोध जैसे एक कसौटी हो जीवन संघर्ष को अर्थ देने के लिए।

'जलना' कहानी में एक जगह मुक्तिबोध का कथानायक कठिन जीवन संघर्ष में जूझता हिन्दुस्तान का एक मामूली जन—अपने बच्चों के बारे में सोचता है (बच्चे जो आदमी की इच्छाओं का आकाश हैं) : "उसके बच्चे बड़े होंगे। कॉलेज एजूकेशन तो क्या ले सकेंगे। इतना पैसा ही नहीं है कि उनके लिए किताबें ख़रीदे। लेकिन हाँ, मैं अपने सारे विचार, मेरी अपनी सारी कल्पनाएँ और धारणाएँ उन्हें बता दूँगा। उनका बिलकुल सिस्टमैटिकली अध्ययन करा दूँगा। मैं उन्हें बड़े आदमियों की बैठकों से दूर रखूँगा और इस तरह छुट्टी दूँगा कि वे उनके तौर-तरीक़ों से घृणा करें, कि अपने जैसे ग़रीबों में ही रहें और उन्हें लिखाएँ-पढ़ाएँ, उन्हें नए-नए विचार दें, उनकी भविष्य कल्पना तीव्र कर दें, उनकी जगत्-चेतना को विस्तृत और यथार्थवादी बना दें और उनमें मरें और जिएँ। मैं उन्हें क्रान्तिकारी बनाऊँगा, मैं उन्हें समाज की तलछट बनने के लिए प्रेरित करूँगा, वे वहाँ बैठे-बैठे किताबें लिखेंगे, पैम्फ़लेट छापेंगे और जो मिलेगा उसे सबके साथ खाकर उन सब भड़कीले दम्भों से घृणा करेंगे जो शिक्षा और संस्कृति के नाम पर चलते हैं...।"

यह भड़कीली संस्कृति मुक्तिबोध की कविता में कहीं ड्राइंगरूम संस्कृति है तो कहीं उठाईगीर संस्कृति। एक जगह उन्होंने इसे 'शानदार मुग़लिया सल्तनत' के रूपक में भी याद किया है। इस संस्कृति की लकदक सफलता मुक्तिबोध को नहीं चाहिए। वे तो उलटे अपने भविष्य को—अपने कर्म के भविष्य को समाज की तलछट बनने को प्रेरित करते हैं, क्योंकि यह तलछट ही तो है वह मानव आत्मा

की विशाल सतह, आत्मा का अपरिमित आयाम, जहाँ उठाईगीर संस्कृति की तरह परस्पर गलाकाट प्रतिस्पर्धा में कट-मर जाना नहीं, बल्कि साथ-साथ जीना और मरना है। यह सतह की संस्कृति है, औसत की बिरादरी। इस संस्कृति में रहना अपने मूल में रहना है, उससे बाहर जाने की चेष्टा छिन्नमूल हो जाना है। इस बिरादरी से बाहर जाना बिरादरी की आत्मा में घाव करना है, उससे जुड़े हुए अपने रग-रेशे काटना है। अकेला हो जाना है, वैयक्तिक हो जाना है। हम एक ऐसे वर्गसमय में रह रहे हैं जिसमें अगर आगे बढ़ना है तो साथ-साथ, इकट्ठे, संयुक्त अन्यथा वह आगे बढ़ना अपनों को कुचलकर आगे बढ़ना होगा। यह एक ऐसा वर्गसमय है जिसमें प्रत्येक सफलता के पीछे एक हत्या छुपी हुई है, हर तड़क-भड़क के पीछे दीन आत्मा का विराट् सूनापन, जो मारा जाएगा वह कमज़ोर होगा, निहत्था होगा, दौड़ में कहीं पीछे छूट गया हुआ होगा। आज हम एक ऐसे वर्ग समय में रह रहे हैं जिसमें अकेले बढ़ना एक अमानवीय कर्म है।

सतह का यह आदमी हिन्दुस्तान का सबसे पुराना आदमी है। इतिहास के सब झमेले और परम्परा की सब गाँठें इसमें हैं। इसी से यह आदमी उलझा हुआ आदमी भी है। यह एक शुद्ध औद्योगिक समाज के मज़दूर की तरह इकहरा आदमी नहीं—अपनी तात्कालिक ज़रूरतों/माँगों के घेरे में कसा हुआ, इनकार या आक्रोश की दृप्त मुद्रा मात्र। यह आदमी न ज़्यादा गहरे में है, न ज़्यादा उथले में। यह वर्तमान में रहते हुए भविष्य के छायालोक में जीता है और अतीत के समयसिद्ध सत्यों को अपने आज के रुधिर में धड़कते हुए पाना चाहता है। उसे यथार्थ भी चाहिए—और आदर्श भी। जटिलता में उसे दुरभिसन्धि की बू आती है, पर जो निरा सपाट है उसमें आत्मा के विद्युन्मय विचारों का बेबनाव क्यों कर समाए? अपने को काटता-पीटता हुआ यह आदमी दुनिया के आगे एकजुट और साबुत बने रहने की जिजीविषा में हरदम तना हुआ—किसी लक्ष्य पर छूटने को कसा हुआ—रहता है।

इस तनाव के दूसरे छोर पर है उदासी। सतह के आदमी का बुनियादी रंग, सँवलाया हुआ नीला उदास रंग है। नीला-साँवला रंग आत्मा के अन्तर्मन का रंग है—आत्मा के लैंडस्केप का रंग। इस रंग में आत्मा अपनी उदासी को महसूस करती है। पर जहाँ उसे इस उदासी का बोध हासिल होता है वह है भूरा-भूरा ख़ाक रंग। नीले के समानान्तर भूरा-खुरदुरा, मद्धम, तपा हुआ, अनगढ़ रंग। नीले रंग में यदि देश की आत्मा का इतिहास है तो भूरे रंग में देश की आत्मा का भूगोल। भूरा रंग कठिन चट्टानी कर्म का रंग है। पर इस रंग में भी उदासी है—आत्मा के बहिर्मन की उदासी। रौंदी हुई धूल की उदासी। अकिंचनता की उदासी।

किन्तु जब इस रंग में उबाल आता है तब वह लाल होता है। लाल रंग से आत्मा के अन्तर्मन और बहिर्मन दोनों के लैंडस्केप बदल जाते हैं। नीला, जैसे ठहरी हुई रात है, और लाल, जैसे दिन में उगता हुआ अरुण कमल। लाल एक लक्ष्योन्मुख

रंग है, तीर की मानिन्द दिशा की तरफ़ बढ़ता हुआ। आत्मा की सतह जैसे एक सुई की नोक पर बाहर कर्म की प्रेरणा में सिकुड़ती हो। मुक्तिबोध इस लाल के गाढ़े लालसा-रंग से सतह के आदमी की उदास आत्मा को अभिषिक्त करते हैं, उसे उसकी कुंठाओं से पर्ज करते हैं। लाल रंग आदमी के गुह्यान्धकारों, यातनाओं से कैथार्सिस का रंग है, मुक्ति का रंग। लाल एक नाटकीय रंग भी है—कहीं आग लग जाने जैसी, कहीं गोली चल जाने जैसी गतिमयता लिये हुए। इस रंग के बग़ैर सब कुछ चुप, उदास और स्थिर होता। चीज़ों में जो हरकत है, प्रण और संकल्प है वह जैसे इसी रंग की बदौलत। इस रंग का सहारा लेकर मानव-दृश्य आगे ठिल जाता है, अपनी जड़ीभूत परिधि को तोड़ने लगता है। मुक्तिबोध में लाल रंग मनुष्य को उसकी सम्भावना का आयाम देता है।

यह लाल रंग किन्तु पैदा कहाँ से होता है? क्या यह हिन्दुस्तान के स्वभाव में है?

लाल रंग विचार का रंग है—जीवन-अनुभूति से उद्भूत, उससे स्वतंत्र विचारवाद का रंग। इधर हमारे यहाँ हर चीज़ दर्शन से पैदा होती है। दर्शन भावना और विचार की एक अजब पंचमेल खिचड़ी है। दर्शन की गति एक लथपथ गति है, क्योंकि इसमें सब कुछ को साथ लेकर चलना होता है—भावना विचार, अनुभूति, कर्म, संस्कार, संवेदन, सब कुछ...सब एक-दूसरे में शामिल, सब एक-दूसरे में दख़ल देते हुए। हमारा दर्शन समावेशी दर्शन है, इसकी चौहद्दी दूर-दूर तक फैली हुई है। सदियों से यह ऐसा रहा है। इसके अच्छे परिणाम भी निकले हैं। पर अब यह चीज़ एक दलदल में बदल गई है, क्योंकि उसमें समाहित तत्त्वों को एक सार्थक गति-चक्र में बाँध रखनेवाला न्यूक्लिअस बिखर गया है। इसलिए अब हालत यह है—सतह का आदमी इस घटना का हमारा चश्मदीद गवाह है—न कि भावना विचार को अपने संचित आवेगों-अनुद्वेगों का बल देकर आगे बढ़ा पा रही है, न विचार भावना में डुबकी लगाकर किसी नए—तत्त्वस्फोट की संकल्प-ऊर्जा बटोर पा रहा है। दोनों कभी परस्पर बिद्ध, कभी तटस्थ, कभी विरुद्ध तो कभी उदासीन—एक बिन्दु पर एक-दूसरे को जड़ित कर रहे हैं।

सतह का आदमी इस स्थिति को जीता हुआ अपने वर्तमान में स्थगित है। उसके साथ सब कुछ घटते हुए भी कुछ नहीं घट रहा है। कभी चीज़ें चलती नज़र आती हैं और वह एक जगह खड़ा दिखता है, कभी वह चलता नज़र आता है और चीज़ें एक जगह खड़ी दिखती हैं। यह विपर्यय है, आयरनी, जो एक महान् एकरसता से पैदा हुई है, जो मनुष्य और चीज़ों के—आत्म और अनात्म के—बीच आसन मारकर बैठ गई है। यह महान् एकरसता मुक्तिबोध की लम्बी कविताओं में—एक लम्बी कविता के बाद दूसरी लम्बी कविता में—कभी चुप ख़ामोश, तो कभी मुखर बड़बड़ाती हुई उसी—तरह सुनाई देती है जिस तरह किसी गायकी की पृष्ठभूमि में बजता हुआ तानपूरे का स्वर, मुख्य रचना के साथ, सर्वत्र उसी में डूबा

हुआ, बीच-बीच में कभी ऊपर उभर आता हुआ, पर असंदिग्ध रूप से उपस्थित। अजब नहीं कि मुक्तिबोध में लय की विविधता नहीं है। मानव-चरित्र की लय। विशिष्ट अनुभूति की लय। एक समान संघर्ष की लय सब विशिष्टताओं को निरस्त कर देती है। काव्य-शिल्प के बुनियादी पैटर्न भी आपस में मिलते-जुलते हैं। यह इसलिए क्योंकि मुक्तिबोध ने औसत आदमी की उस बुनियादी पहचान, उस महान् एकरसता के साथ अपने को तदाकार कर लिया था। और मुक्तिबोध की कविताओं के वे नाटक? उनकी फ़ैंटेसी? हादसे? दुःस्वप्न? ये सब उस महान् एकरसता को तोड़ने की कोशिशें हैं। पर हर चोट के साथ वह एकरसता जैसे और भी प्रकाशित हो उठती है, हर नाटक के अन्त में हमें एक भुतहा सन्नाटा मिलता है, हर फ़ैंटेसी के बाहर एक तपता हुआ नंगा पठार है, और हादसा कोई भी हो, कहीं भी हो। कुछ बदलता नहीं। सारी लिखावटें एक सादे काग़ज़ के अन्दर दब जाती हैं, सब तनावों के ऊपर निर्वेद की एक फीकी उजास है।

पर यह एकरसता हमें निराश नहीं करती, जैसा कि बार-बार पत्तों का सूखकर गिरना और उगना हमें निराश नहीं करता। हर बार मरकर हर बार जीने में कहीं-न-कहीं कोई नई शुरुआत हो जाती है, कोई-न-कोई चीज़ बदल जाती है। जहाँ एक कविता शुरू होती है वहाँ दूसरी ख़त्म हो रही होती है और जिस बिन्दु पर वह ख़त्म होती है वहाँ नयी कविता शुरू हो रही होती है। यह शुरू कविता उस ख़त्म कविता की हमशक्ल नहीं होती, कहीं-न-कहीं उसमें कुछ बदला हुआ होता है, कोई नई आकृति, कोई नया रेशा, एक गुमसुम बीज ही सही।

यह परिवर्तन कैसे घटित होता है? आदमी सतह से ऊपर उठता कैसे है?

मुक्तिबोध रचनावली में संकलित सन् 58 में श्रीकान्त वर्मा को लिखे अपने एक पत्र में मुक्तिबोध कहते हैं : "We try to play upon the feelings of the people, try to play upon their instincts, rather than appealing to their intellectual sense. It is this that causes the trouble. We must make people think; and that too independently." भावना नहीं, इन्स्टिक्ट नहीं; विचार सजग ज्ञान—जिस सांस्कृतिक दलदल में हमारा जन-मानव फँसा हुआ है उससे उबरने की यही सूरत है। विचार—जीवन-अनुभूति से उद्भूत, पर उससे स्वतंत्र—मानव-सम्भावना का नया गणित है। नया विज्ञान। मुक्तिबोध की हर रचना सोचने के कर्म को औसत आदमी की आँखों में एक विज्ञान-स्वप्न की तरह फेंकती है। एक मिथक की तरह। विचार काल के आयाम में मानव-अस्तित्व का विस्तार है। रचना में सामान्य मनुष्य की सतह पर खड़े-खड़े मुक्तिबोध विचार का हाथ बढ़ाकर जैसे विश्व की परिधि छू लेना चाहते हैं—एक कॉस्मिक विश्व अपने सुदूर द्युलोकों और ब्रह्मांडों सहित उन्हें बार-बार अपनी तरफ़ खींचता है। मानव-अस्तित्व के विस्तार की यह बहिर्दिशा है। दूसरी अन्तर्दिशा

मनुष्य का यह मनोमय लोक है जिसमें मुक्तिबोध दूर तक भीतर पैठते हैं, भाव और अनुभूति की अनिश्चित टटोल के सहारे नहीं, विचार की तीक्ष्ण भेदक सर्चलाइट फेंकते हुए—मनोमय लोक के रहस्य, भूलभुलैया और गहन कन्दराएँ और अन्धकूप प्रकाशित और अप्रकाशित करते हुए। मानव-अस्तित्व की ये दोनों दिशाएँ—बहिर्दिशा और अन्तर्दिशा—ऊँचाई और गहराई—मानव-सामर्थ्य के विस्तार की उत्कृष्टता (एक्सलेंस) के आयाम हैं। पर मानव-सामर्थ्य के विस्तार का सहज धर्म सतह का विस्तार है, और सतह का विस्तार मानव-सामर्थ्य की महानता (ग्रेटनेस) का आयाम है। सतह का सम्पर्क हमारा सबसे तात्कालिक, सबसे निकट और सबसे आत्मीय सम्पर्क है। सतह का अनुभव सामान्य दुःख-सुख और संघर्ष का अनुभव है। इस अनुभव को विशिष्ट या उदात्त नहीं उसे बड़ा बनाना—इतना कि वह सब जन के सुखों-दुःखों और संघर्षों को छू ले—उसे महानता का आयाम देना है। अपनी रचना में मुक्तिबोध ने एक साथ इन तीनों आयामों को हासिल करने की कोशिश की है (उनकी हर रचना एक महत्त्वाकांक्षी रचना है), किन्तु उनकी सृजनात्मकता का स्पृहणीय रूप हमें उनकी सतह के साथ सम्पृक्ति में ही मिलता है। ऊँचाई और गहराई—विशिष्ट और उदात्त—के आह्वान और ब्योरे उनकी रचना में सतह के ब्योरों से कम नहीं, पर उन्हें सतह की हानि पर उन्होंने नहीं पाना चाहा। सतह को एक दिशा देना—ऐसे कि वह एक जगह पड़ी न रहकर कुल दिशाओं में पंखयुत उड़ने लगे—एक क्रान्तिकारी कर्म है और मुक्तिबोध का आदर्श हमेशा इस कर्म को प्राप्त करना रहा है।

सतह एक तथ्य है, हमारी आँखों में घूरता हुआ यथार्थ का मूर्त सरल-जटिल अंक। विचार के संकेन्द्रण से यह तथ्य फैलता है, अंक की संख्या हज़ारों-लाखों इकाइयों में बढ़ती-फैलती है। पर वह कर्म ही है जो इस तथ्य को ऊपर उठाकर एक अखंडनीय सच में बदल देता है। सतह जो इसीलिए सतह है कि अपनी जगह पर तथ्य-सी अटल और अचूक है, उसे विचलित कर देना, उसे ऊपर उठाना—एक मौलिक कर्म है क्योंकि यह कर्म स्थिर तथ्य को एक तेजस्क्रिय ऊर्जा में बदलने का कर्म है—"ज़मीन पर पड़े हुए चमकीले पत्थर लगातार चुनकर बिजली के फूल बनाने की कोशिश है"—एक शंका द्विविधाजड़ित जन को सकर्मक सत्-चित-वेदनाभास्वर इकाई में ढालना है।

यह कर्म नैतिक है, क्योंकि एक ओर तो यह महज़ अनुभववाद की विडम्बनाओं-असंगतियों से व्यक्ति को बाहर निकालता है, दूसरी ओर उसे बाहर की बृहत्तर सचाई से जोड़ता है। भीतर जैसे बाहर के आईने में अपना प्रतिबिम्ब देखता है, अपने साथ एक नया साक्षात्कार, एक नई सम्पृक्ति का रिश्ता कायम करता है। सतह पर रहने वाले हिन्दुस्तानी आदमी के लिए यह एक घटना है, एक चमत्कार : अपने आपको दूसरों में पाना। सिर्फ़ पाना ही नहीं दूसरे को पहचानना उसे अपने से अभिन्न मानना।

इस पहचान का सिलसिला विचार से शुरू होता है, बहस से, संवाद से। संवाद अपने आप से भी, दूसरे से भी। बहस सतह का गुणधर्म है—ऊँचाई पर सिर्फ़ उड़ा जा सकता है और गहराई में सिर्फ़ डूबा जा सकता है। उड़ना और डूबना दोनों ही एकान्तिक कर्म हैं। इनमें किसी के साथ ज़रूरत नहीं होती। पर बहस में एक शिरकत है, एक साझेदारी—जैसे कि क़स्बाई बैठक़ख़ाने में इकट्ठा हुए लोगों के बीच होती है।

विचार काटता है बनाने के पहले व्यक्ति को उसके आदिमोह से, पूर्वस्मृति से, संस्कार से। इसीलिए विचार एक जानदार और ख़तरनाक वस्तु है। जानदार इसलिए कि औसत आदमी की मुक्ति की आशा इसी में है, ख़तरनाक इसलिए कि वह ऐसे स्वतंत्र जोखिम का पथ है जहाँ पर उसे अनुभूति की सुरक्षा को गँवाकर ही पाया जा सकता है।

सतह की जड़िमा की सबसे बड़ी चुनौती इस जोखिमपूर्ण विचार से है। सतह इसीलिए विचार की सबसे प्रबल विरोधी भी है। वह विचार के बरक्स एक प्रतिविचार की रचना करती है—उतना ही सुसंगत उतना ही अर्थवान्। मुक्तिबोध के यहाँ यह प्रतिविचार फ़ैंटेसी है, दुःस्वप्न है, नाइटमेयर। मुक्तिबोध विचार का आह्वान करते हुए भी बार-बार अपने भीतर अनुभूति के काँटों के जंगलों में भटकते हैं। उनकी काव्यात्मा इन काँटों में बिंधकर लहूलुहान होती है। संवेदना का उद्रेक वस्तुस्थिति की नाटकीयता को कुछ देर के लिए सराबोर-सा कर देता है। मुक्तिबोध की रचना का एक संसार प्रतिविचार से बना अनुभूति-संवेदन की मार्मिक कंटकीयता लिये हुए यह प्रतिसंसार भी है—उतना ही सच और उतना ही मिथ, जितना कि विचार के सामने उद्भासित होनेवाला वास्तविक और प्रत्यक्ष संसार। कभी-कभी दोनों संसारों की सीमा रेखाएँ आपस में मिल जाती हैं। कभी विरोध की मुद्रा में वे एक-दूसरे से तन जाते हैं, कभी आत्मीयता की डोर में बँधकर क़रीब खिंच आते हैं। मुक्तिबोध की रचना में तथ्य-जीवन और भाव-जीवन के रोल भी आपस में कभी-कभी बदल जाते हैं। उनकी कविता में प्रस्तुत; अप्रस्तुत की तरह आचरण करने लगता है और अप्रस्तुत, प्रस्तुत की तरह। जब प्रस्तुत, अप्रस्तुत बनता है तब प्रतीक की रचना होती है, जब अप्रस्तुत, प्रस्तुत बनता है तब बिम्ब की। मुक्तिबोध के प्रतीकों में सिर्फ़ तथ्य की कठोरता ही नहीं, अनुभूति का तात्कालिक गीलापन भी होता है, और उनके बिम्ब रहस्य की रंगारंग छवियों के अन्तराल में जीते हुए भी एक औसत अर्थ की निर्मम शिला पर टिके होते हैं।

यह तथ्य स्मृति का भी निराकरण कर देता है। यह बात ग़ौर करने की है कि मुक्तिबोध की रचना इतनी कल्पनाजीवी होते हुए भी स्मृतिजीवी नहीं है। एक औसत आदमी के पास कोई स्मृति नहीं होती। उसके पास सिर्फ़ इतिहास होता है, उसके कड़वे-मीठे अनुभवों का इतिहास, जो उसके वर्तमान में अपने को बार-बार दुहराता है। इतिहास काल के आयाम में तथ्य की लम्बी छाया है—वर्तमान में

ठहरी हुई, भविष्य की तरफ़ धीरे-धीरे सरकती हुई। इतिहास तथ्य की अनुभूति का नहीं, तथ्य के रचे हुए गतिशील आकारों का इतिहास है। यह इतिहास मानो वह ठोस तथ्य-सामग्री है जिससे मानव-भविष्य की इमारत बनेगी। जबकि स्मृति सिर्फ़ घटित का स्मरण-अनुचिन्तन है, इतिहास में एक कर्म-प्रेरणा है। मुक्तिबोध इस इतिहास को ही चुनते हैं, उस स्मृति को नहीं। वे यह महसूस करते हैं कि मनुष्य की पीड़ा को महाकाव्यत्व उसके इतिहास से ही मिलता है, उसकी एक तान लयविभोर स्मृति से नहीं। इतिहास के तथ्य-संकलन में एक खुरदुरापन है, एक धूल-धूसरता एक बेबाकपन जिसमें आगे बढ़नेवाले पाँवों को बिलमने का डर नहीं। इसके बरक्स स्मृति में एक तन्द्रिल कुहासा है जो दिशासूचक तख्तियों पर खुदी इबारतों को धुँधलाता है।

मुक्तिबोध की रचना में हमारे साहित्य-इतिहास के ठोस पदार्थ खंड हैं, उसकी तरल स्मृति नहीं। उनकी काव्यभाषा और काव्यलय में बसा हुआ छायावाद इसका एक उदाहरण है। छायावाद उनकी कविता का इतिहास है, उनकी कविता की स्मृति नहीं। इस इतिहास को अपने तटस्थ क्षणों में वे व्यंग्य और विपर्यय के औजारों के रूप में भी इस्तेमाल करते हैं। इस इतिहास में आप सिर्फ़ बहते नहीं, बल्कि उसे बोध की उँगलियों से छू भी सकते हैं, उसके जोड़-बन्द खोल या मूँद सकते हैं, चाहें तो ठोक-बजाकर भी देख सकते हैं। छायावाद मुक्तिबोध की रचना में यौगिक की तरह नहीं मिश्रण की तरह रमा हुआ है। जो समय के ताप से क्रमशः छँटता चला गया है और उनकी रचना आगे चलकर मनुष्य के वर्तमान के सम्मुख अधिकाधिक-निष्कवच होती चली गई है।

मुक्तिबोध की रचना में रहस्य के सन्दर्भ भरे पड़े हैं, लेकिन वह हमें किसी अबुद्धिवाद अथवा अतर्क्य अनुभव की तरफ़ नहीं ले जाते। जहाँ रहस्य गहरा होकर एक मिथ में बदल जाता है, वहाँ भी नहीं। "मुझे लगता है कि मन एक रहस्यमय लोक है। उसमें अँधेरा है, अँधेरे में सीढ़ियाँ हैं। सीढ़ियाँ गीली हैं। सबसे निचली सीढ़ी पानी में डूबी हुई है। वहाँ अथाह काला जल है। उस अथाह जल से स्वयं को ही डर लगता है। इस अथाह काले जल में कोई बैठा है। वह शायद मैं ही हूँ। अथाह और एकदम स्याह-अँधेरे पानी की सतह पर चाँदनी का एक चमकदार पट्टा फैला हुआ है, जिसमें मेरी आँखें चमक रही हैं, मानो दो नीले मूँगिया पत्थर भीतर उद्दीप्त हो उठे हों।" एक साहित्यिक की डायरी में तीसरा क्षण का यह गद्यांश मुक्तिबोध की कविताओं में कुछ ज़्यादा ही संश्लिष्ट और गहन होकर बार-बार आता है। पर इस रहस्य के पीछे कोई मूल्य-आसक्ति नहीं (जैसा कि छायावाद में मिलती है), सिर्फ़ एक वातावरण को रचने का आग्रह है। यह रहस्य है क्योंकि जिज्ञासा है, जिज्ञासा ही रहस्य को जन्म देती है। इस रहस्य के मूल में छिपाने की नहीं, तलाश करने की वृत्ति है, टटोलने और मूर्त करने की, भटकाने या उलझाने

की नहीं। ऊपर जो गद्यांश उद्धृत किया गया उसके छोटे-छोटे वाक्यों में जैसे कोई ढकी-मुँदी चीज़ हल्के आघात दे-देकर परत-दर-परत खोली जा रही हो, जिज्ञासा के सोपानों द्वारा जैसे कोई एक पूरा बोध-मंच क्रमशः अवतरित किया जा रहा हो। मुक्तिबोध का रहस्य-दर्शन इस तरह एक प्रकार की ज्ञान-मीमांसा ही है। अलबत्ता यह ज्ञान-मीमांसा कभी-कभी इतनी तार्किक हो उठती है कि रहस्य-दर्शन लगने लगती है। मिसाल के लिए तीसरा क्षण में कला के तीन क्षणों का विवेचन ही ले लीजिए। यहाँ रचना की समग्र प्रक्रिया को उसके अति सूक्ष्म ब्योरों में एक मनोवैज्ञानिक केस-हिस्ट्री की तरह विश्लेषित किया गया है, जो रचना की सामान्य प्रक्रिया को आलोकित करने के बजाय उसे एक रहस्यमय वस्तु ज़रूर बना देता है। मुक्तिबोध की फ़ैंटेसी की धारणा अत्यन्त मौलिक है, क्योंकि विशिष्ट है। जिसे वे फ़ैंटेसी का नाम देते हैं वह जैसे रचनानुभव का प्रोटोटाइप है, उसका प्राक्रूप है—वह मूल जहाँ से आशयों एवं अर्थों का स्फोट होता है। फ़ैंटेसी जैसे कवि के काव्यमन में पड़ी हुई किसी बड़ी समस्या का बीज है जिसे अंकुरित, फिर पल्लवित और पुष्पित होते हुए मुक्तिबोध दिखाना चाहते हैं। पर उनका सारा विश्लेषण-विधान रचना-प्रक्रिया को दुरूह बनाता-सा ही लगता है। जितना ही वे उसकी गुत्थी सुलझाते हैं, उतनी ही वह उलझ जाती है।

फ़ैंटेसी मुक्तिबोध की रचना का एक बुनियादी कन्सर्न है, पर क्यों? मुझे ऐसा लगता है फ़ैंटेसी वह सृजनात्मक छलाँग है जिसके द्वारा मुक्तिबोध इस अनन्त रूपअनुभव और वस्तु-व्यापारमय जगत के केन्द्र में पहुँचना और उसकी सारी ऊष्मा को, सारे द्वंद्व को, उसकी सारी समस्याओं और प्रेरणाओं को एक नए रचनाक्रम में पुनर्सृजित करना चाहते हैं। यह केन्द्र वह, हमारे मानव-अस्तित्व की सतह ही है, वह औसत सत्ता-मात्र ऊँचाई [अभिजात और मात्र गहराई (आत्ममोह)] की छलना से अलग—मानव की केन्द्रीय प्रक्रियाओं का योगफल। सतह की इस ज़िन्दगी को उत्कटता से जीना एक बहुत बड़ी ज़िन्दगी जीना है। यह जीना किनारे पर रहकर जीना नहीं है, तटस्थ रहकर जीना नहीं है, यह धारा के बीचोबीच—जहाँ सतह, गहराई और ऊँचाई के आयाम एक गतिशील यथार्थ—रचना में बनते-मिटते चलते हों—जीना है। इसमें न एकान्त आकाश को छू लेने की साहसिकता है, न एकान्त समुद्र में डुबकी मार लेने की तन्मयता। यह उस तरह की ज़िन्दगी को जीना है जिसमें—मुक्तिबोध के शब्द—"अछोर, भूरे, तपते मैदानों का सुनहलापन हो, जिसमें सुलगती कल्पना छूती हुई भावना को पूरा करती है, जिसमें सीने का पसीना हो, और मेहनत के बाद की आनन्दपूर्ण थकान का सन्तोष हो।" (मुक्तिबोध रचनावली, खंड 4, पृष्ठ 113)। एक सामान्य आदमी के स्वप्नों और संघर्षों को इन शब्दों से बेहतर क्या कुछ अभिव्यक्त कर सकता है?

औसत को केन्द्र में लाना मुक्तिबोध का आदर्श भी है और संघर्ष भी। ऐसा

करना वही है जिसे साहित्यिक की डायरी में मुक्तिबोध विशिष्ट को व्यापक से सम्बद्ध करना कहते हैं। औसत को केन्द्र में लाना उसे ऊपर उठाना भी है। लेकिन यह होगा कैसे? सतह की पहचान से? सृष्टि के द्वंद्वात्मक रहस्य भी पर्याप्त नहीं, वह सिद्धि की पहली सीढ़ी है, और मंज़िल? वह प्रश्न पुनः हमारे सामने खड़ा है—आदमी सतह से ऊपर उठता कैसे है?

आत्मबद्ध संघर्ष से तो नहीं।

जलना कहानी की तरफ़ एक बार फिर मुड़ें। उसके कथानायक चुन्नूलाल का परिवार, जिसमें उसके बूढ़े माँ-बाप हैं, स्त्री है, बच्चे हैं, एक निम्न-मध्यवर्गीय आर्थिक विषमता की मार खाया हुआ परिवार है। यह विषमता काले तेजाब के गटर की तरह स्त्री के मन में एक विफल विद्रोह का भाव भरती है, तो पति की बेचारगी को उभारती भी है। यहाँ सब कुछ सिमसिमा है, जैसे कहानी की प्रकृति वैसे ही कहानी के मानव सम्बन्ध। ऊष्मा है पर गुमसुम, सिर्फ़ एक गीली भाप छोड़ती हुई, एक करुणार्द्रता का एहसास जगाती हुई। धुआँ छोड़ती लकड़ी का-सा वातावरण स्त्री के यथार्थ को जितना विद्रूप बनाता है उतना ही पति की स्वप्नदर्शिता को भी। फिर—और यह जैसे अवश्यम्भावी हो—जलने की घटना होती है, चूल्हे के पास बैठी स्त्री के कपड़ों में आग लगने की घटना। यह जलना जैसे वस्तुस्थिति में एक मौलिक पट-परिवर्तन का संकेत देता है, सतह पर एक बड़ी-सी खरोंच का। अफ़रातफ़री में पति भागकर बाज़ार से बरनोल लाता है। वह अपनी स्त्री के पास खड़ा है। उस वक़्त उसे अपने घर के लोग किसी उपन्यास के पात्र लगते हैं जो निकट होते हुए भी दूर हैं, छाया-सरीखे-कि उस विचार के लगभग विपरीत, चुन्नीलाल ने अपनी स्त्री को बग़ल में खींच लिया। और तब एक क्षण बाद, उसकी स्त्री के गले से आवाज़ निकली। क्षीण, दुर्बल और प्रार्थना करती हुई आवाज़ थी वह। स्त्री ने कहा, "मुझे छोड़कर मत जाया करो।"—देर तक यह आवाज़ पति के अन्तर्मन की सीमाओं को झकझोरती रहती है। वह एक पल को सब कुछ भूलकर रसोईघर की खिड़की से बाहर देखने लगता है। "शहर-ही-शहर और गाँव-ही-गाँव, सड़कें-ही-सड़कें, गलियाँ-ही-गलियाँ।" निम्न-मध्यवर्गीय मन की सतह पर पड़ी खरोंच से जो जज़्बा फूटा है यह उसका प्रसार है, भाव-प्रसार—जैसे ग़रीबी की मार खाए जीवन के भीतर जो दिल है वह एकदम से ज़ोर-ज़ोर से धड़ककर शिराओं में ज़्यादा रक्त पहुँचाने लगे। चुन्नीलाल के मन के एकान्त दुर्ग को हिलाती-ढहाती और उत्तेजित करती वह आवाज़ उसे एक नई सम्पृक्ति के साथ अपने घर-संसार से जोड़ती है, वह घर जो उसका अपना बनाया हुआ है और जिसके लोगों से उसे बेहद प्यार है, उसकी स्त्री और बूढ़े माँ-बाप जो उसके जीवन-यथार्थ की दुखती हुई रग हैं और उसके बच्चे जो उसके जीवन-भविष्य की कल्पना। इन्हें लेकर अब वह अपने एकान्त में सुरक्षित नहीं रह सकता, उसे बाहर आना होगा, नहीं तो

ज़िन्दगी का कोई मतलब नहीं। यह आत्मबोध का महान् हृदयद्रावक क्षण है, और इस क्षण के महान् सत्य पर ही समान रूप से मनुष्य टिका हुआ है। "उसने बीवी को, जो इस बीच सो गई थी, जगाया नहीं। पिताजी को चाय का कप दे दिया। और फिर रसोईघर में आ गया। और ख़ुद गरम-गरम चाय पीने लगा। ज्योंही उसने एक घूँट अपने होंठों से लगाया कि एकाएक उसे ख़याल आया कि उसने बरनोल का प्रयोग अभी तक नहीं किया, उसके घावों पर बरनोल लगाना भूल गया। वह बरनोल लगाना क्यों भूल गया?"

इसके बाद इस कहानी में मुक्तिबोध ने जो शब्द लिखे हैं उन्हें बार-बार रेखांकित करने को जी चाहता है। स्वयं मुक्तिबोध ने भी इन शब्दों के आशय को अपने साहित्य में बार-बार रेखांकित किया है। वे शब्द हैं : "वह अपने कामों से दुनिया से रिश्ते जोड़े, न कि सिर्फ़ दिल के उड़ते हुए टुकड़ों से।"... "दिल के उड़ते हुए टुकड़े, यानी वह भाव-प्रसार। यह काफ़ी नहीं। जज़्बा काफ़ी नहीं सतह से ऊपर उठने के लिए। जज़्बा सिर्फ़ सतह का स्पन्दन है। यह स्पन्दन राग किससे बनता है? मानुष-सत्य का एक भरा-पूरा आर्केस्ट्रा? कर्म से। कर्म वह कसौटी है जिस पर घिसकर भाव अपना सच प्रमाणित करता है। मुक्तिबोध इस कर्म को सिद्ध करने का ही संकल्प बाँधते हैं। यह कर्म तथ्यात्मक जीवन को बदलने का कर्म है, दिशाबद्ध कर्म, जो हमारी, हमारे समाज की दुनिया की ज़िन्दगी को ढालते हैं, मुक्तिबोध के लिए इस कर्म की प्रेरणा निश्चय ही मार्क्सवाद था, जिसे अपने चिन्तन में वे अक्सर वस्तुवाद के रूप में स्मरण करते हैं। यह वस्तुवाद हमें भाव-सत्य, दर्द, क्षोभ के साथ सिर्फ़ मुठभेड़ तक ही नहीं ले जाता वरन् उन्हें पैदा करनेवाली स्थितियों के मूल तक ले जाता है। हमसे क्लास एनालिसिस करवाता है, हमारी सहानुभूति की दिशा तय करता है। मुक्तिबोध का वस्तुवाद दरअसल यह विचारवाद ही है जिसे वे जीवन-स्थितियों की सम्पूर्ण उत्कटता और विशदता में जीना चाहते हैं, जीना ही नहीं उसे रचना में पाना भी चाहते हैं। और रचना क्या है?

रचना सतह से ऊपर उठने का एक स्वप्न है। इस स्वप्न को देखने वाली आँखें सबके पास हैं। इस स्वप्न को देखे बिना जैसे आदमी की मुक्ति नहीं, उसके बग़ैर वह अधूरा है। मुक्तिबोध की प्रत्येक रचना एक स्वप्न भी है और उसे चरितार्थ करने की एक कोशिश भी। एक आदर्श भी और यथार्थ भी। ऐसा होता है कि आदर्श की तरफ़ बढ़ा हुआ हर क़दम यथार्थ को एक क़दम और नज़दीक लाता है—याकि एक क़दम और दूर? जो दूर है वह कभी-कभी ज़्यादा सच लगता है, ज़्यादा अपना, और जो पास है वह बेगाना, अजनबी। हमेशा चीज़ों के अन्तराल में चलते रहना—क्या सही है मुक्तिबोध की स्थानान्तरगामी वृत्ति? एक रचना के बाद दूसरी रचना में, हमेशा कुछ छोड़ जाते हुए हमेशा कुछ ढूँढ़ लाते हुए हमेशा चलते रहने की एक धुन में। "मुश्किल यह है कि कविता लिख चुकने के अनन्तर, उसी

कविता में समाई किन्तु उससे बृहत्तर, विशालतर, सुन्दरतर कविता अपने स्वरूप का विकास करती हुई उद्घाटित कर देती है, और मैं उस प्रतिमास्वरूप के प्रति दौड़ पड़ता हूँ। चाहिए, हाँ, मुझे वही प्रतिमा चाहिए। मुझे छोड़ दीजिए, मुझे जाने दीजिए उस नव्यतर के पास।" (डायरी)। मुझे छोड़ दीजिए के पीछे गुहार करती वह क्या चीज़ है जो मुक्तिबोध को उस नव्यतर तक पहुँचने से रोकती है।

वह चीज़ कहीं ख़ुद रचना तो नहीं? रचना की शर्तों पर रचना को नहीं पाया जा सकता। मुक्तिबोध रचना की शर्तों पर उसे पाना भी नहीं चाहते। इसीलिए उसे बार-बार अपनी कविता में अब तक न पाई गई मेरी अभिव्यक्ति के कसकते मूल मर्म की तरह याद करते हैं। वह उनके आत्म को सम्भव बनानेवाली परम अभिव्यक्ति है, फटेहाल रूप उनकी अस्मिता है, जिसे ज़िन्दगी के कमरों में, गाँवों में, शहरों में लगातार ढूँढ़ते रहना होगा। ढूँढ़ने में हर बार कुछ मिल जाता है और उससे ज़्यादा शायद कुछ छूट जाता है। जो मिलता है वह सतह पर पड़ा हुआ आदमी, जो छूट जाता है—वह सतह से उठा हुआ आदमी। बैताल कथा के हठी नायक की तरह मुक्तिबोध बार-बार उस सतह के आदमी को इतिहास के मलबे से बाहर निकालने की कोशिश करते हैं। कभी-कभी ऐसा लगता है कि मुक्तिबोध के सम्पूर्ण रचना प्रयत्न का केन्द्रीय व्यवहार यह कोशिश ही है, अनवरत अनथक कोशिश। यह कोशिश सतह के आदमी का आकाश की तरफ़ उठा हुआ हाथ है जो रचना के कर्म को बुलाता है। इस कर्म की सफलता क्या है? "अपना दूसरों के लिए उपयोग और इसी प्रक्रिया में दूसरे व्यक्तियों के निजत्व को धक्का देकर आगे बढ़ा देने में ख़ुद बढ़ जाने का कार्य ही सफलता है।" डायरी। मुक्तिबोध की रचना के साथ चलने में हमेशा हम आगे बढ़ जाते हैं और रचना पीछे जाती है। हर बड़ी रचना ऐसा ही करती है।

बोलने दो चीड़ को*

किसी कवि की काव्य-रचना के मूल्यांकन की प्रायः दो दृष्टियाँ हो सकती हैं। पहली दृष्टि तो यह है कि पाठक (या समीक्षक) उस कवि की कृति को इतिहास के क्रम-विकास को प्रतिबिम्बित करनेवाले एक आईने के रूप में ले और फिर यह देखे कि उस कवि के अपने विशेष क्या गुण थे और उन गुणों ने उसे उस इतिहास के परिपार्श्व में अपने व्यक्तित्व को उपलब्ध कर सकने में क्या योग दिया। हम उस कवि की उपलब्धियों को उस कवि तक और उस इतिहास तक ही सीमित रख सकते हैं, जिसका वे अंग हैं। एक शब्द में, हम ऐसे कवि अथवा काव्य को 'क्लैसिक' मानकर चल सकते हैं। एक सीमा तक, मैं समझता हूँ, ऐसे काव्य से अपने वर्तमान प्रश्न तथा शंकाएँ लेकर उलझना वृथा है। ऐसे काव्य से या तो पूरी तौर पर सहमत होइए या असहमत, नितान्त समसामयिक सन्दर्भों से उपजी अपनी जिज्ञासाएँ लेकर उनके पास पहुँचना छोटे मुँह बड़ी बात मान लिए जाने का ख़तरा है। किन्तु इसका यह मतलब हरगिज नहीं कि ऐसे 'क्लैसिक' काव्य उपेक्षणीय हैं। कम-से-कम शिल्प की दृष्टि से उनका अध्ययन दिलचस्प और उपयोगी हो सकता है।...

दूसरी दृष्टि केवल यह देखना और परखना चाहती है कि कवि की रगों में समय का ख़ून किस गर्मी और तेज़ी से दौड़ रहा है। उसके पास व्यक्तित्व की वह तरलता और ऋजुता है कि नहीं जो क्षण-क्षण बदलते वर्तमान जीवन-सन्दर्भों में धड़कती हुई सौन्दर्यात्मक चेतना को अपने में समा सके। आज के यथार्थ बोध को क्रियात्मक रूप से भोगते हुए वह किसी मूल्य-रचना की पीड़ा का साक्षी है अथवा नहीं। एक वाक्य में कहें तो यह कि 'शाश्वत', 'सनातन' मूल्यों के प्रति किसी आग्रह से रहित, भविष्य की बिना परवाह किए, कवि समसामयिक जीवनानुभवों तथा उनमें निहित जीवन्त तत्त्वों के प्रति किस हद तक 'कमिटेड' है, उनसे कितना सम्पृक्त है।

नरेश मेहता के इस काव्य-संकलन का परीक्षण मैं इस दूसरी दृष्टि से ही करना चाहता था किन्तु स्वयं कवि ने अपने 'शीर्षबन्ध' में मेरे लिए एक कठिनाई प्रस्तुत

* काव्य-संग्रह : नरेश मेहता

कर दी है। उनका आग्रह है कि उनके काव्य का मूल्यांकन (और इसीलिए 'बनपाखी सुनो'—काल की कुछ रचनाएँ इसमें संकलित कर दी गई हैं) ऐतिहासिक परिपार्श्व में हो, यानी यदि उनकी कोई रचना आज के काव्य-बोध की दृष्टि से सार्थक न भी जान पड़े तो भी उनका महत्त्व केवल इसलिए स्वीकार किया जाना चाहिए कि वे किसी ऐसे ख़ास काल की किन्हीं ख़ास अनुभूतियों एवं जीवन-सन्दर्भों की अभिव्यक्तियाँ हैं जब शायद हिन्दी कविता नए-नए रूप ग्रहण कर रही थी। यदि उस काल की वैदिक कविताएँ इस संग्रह में नहीं ली गईं तो ऐसा संग्रह की सीमावश हो सकता है वैसे उनकी भी अहमियत है 'आज की कविता की उपलब्धियों (के) व्यक्तित्व एवं समष्टिगत परिपार्श्व' की जानकारी के लिए! यह स्वीकार करते हुए कि ऐसी कविताओं में कवि की अनुभूतियाँ निश्चय ही मूल्यवान रही होंगी, मैं समझता हूँ कि यह कवि का ग़लत या सही सिर्फ़ एक मोह ही है...और शायद इस मोह द्वारा वह भावी पाठकों-समीक्षकों के आगे स्वयं अपने लिए ही यह ख़तरा पैदा कर रहे हैं कि वे उसे सिर्फ़ उसकी 'उपलब्धियों' के कारण 'क्लैसिक' मानकर 'टरका दें' (नरेश मेहता की 'विशिष्ट' भाषा का उल्लेख लोग-बाग कुछ इसी अन्दाज़ में तो करते हैं), यानी कि वे यह जानने-समझने की चेष्टा ही न करें कि नरेश मेहता आज के भाव-बोध में कहीं खपते हैं भी या नहीं।

नरेश मेहता का भाव-बोध और मिज़ाज मूलतः रोमानी है जिसकी परिधि का विस्तार करने को और उसमें नए-नए तत्त्वों का समावेश करने को वे उत्सुक रहे हैं। इस संग्रह की अधिसंख्यक कविताएँ इस धारणा को पुष्ट करती हैं। प्रारम्भ में जिन कविताओं को 'ऐतिहासिक कारणों से' स्थान दिया गया है, उनकी रूमानियत तो बहुत कुछ कैशोर्य भाव-बोध की सीमा का स्पर्श करती हैं। इनमें मूल-संवेदन के अतिरिक्त जो दृश्यांकन की सूक्ष्मता, चित्रों और रंगों का चुना हुआ गुलदस्ता सजाकर रखने की प्रवृत्ति और शब्द-ध्वनि-रूपों का अधिक-से-अधिक इस्तेमाल करने की चेष्टा हमें दिखाई देती है वह भी इस कैशोर्य को ही बल देती है। यह सब चीज़ें तो बाद की अधिक प्रौढ़ स्वरवाली कविताओं में भी देखने को मिलती हैं पर यहाँ तो अर्थ की व्यंजना से अधिक ध्यान कवि का शब्दों की रूप-माधुरी पर ही है। एक उदाहरण—एक कविता है 'हवा चली' (पृ. 19) जिसमें 'प्रिया के इनकार' से उत्पन्न मनःस्थितियों को दृश्य जगत की विषमताओं एवं उनके असामंजस्य द्वारा व्यक्त करने की चेष्टा की गई है—

बतखों की कड़ी-कड़ी
गन्धक-सी
रुई का ढेर
पीत प्लास्टिक-सी चोंच,

सरगम के ग़लत रीड-सी बोली
क्याँ क्याँ!!

किन्तु इस तरह के चित्रण कौतुकपूर्ण अधिक लगते हैं और उस अनुभूति को नहीं उभारते जो कविता का कथ्य है। अन्त की पंक्तियों में यदि यह न लिखा गया होता कि कवि को उसकी प्रेमिका ने ठुकरा दिया है तो पाठक बड़े मज़े में यह समझकर ख़ुश हो रहा था कि किंडरगार्टन के छोटे-छोटे काठवाले रंगीन टुकड़े कितनी अच्छी विचित्र शक्लें बना रहे हैं। 'एक प्रयोग' और 'दिनान्त की राजभेंट' भी ऐसे ही खेल रचनेवाली कविताएँ हैं। अब क्या ऐसी ही कविताओं के लिए नरेश मेहता चाहते हैं कि उनका मूल्यांकन नयी कविता के ऐतिहासिक परिपार्श्व में हो? क्या इन कविताओं से नयी कविता की भावनात्मक और वैचारिक प्रौढ़ता को समझने में सहायता मिलेगी?...लेकिन यह पहले ही कहा जा चुका है कि यह कवि का मोह है।

आगे की कविताओं का मूल-स्वर भी काफ़ी दूर तक रोमानी है, किन्तु कवि की इस निष्ठा से कि 'दर्द की अभिव्यक्ति, उसका गान, वंचना है' उनमें एक परिवर्तन आया है। 'बोलने दो चीड़ को' तथा ऐसी ही अन्य प्रेमपरक तथा रूमानी संवेदना-सम्पन्न कविताओं में एक प्रकार की गम्भीरता, तीव्रता और सघनता है। उनमें उपमाओं और चित्रों की अनावश्यक भीड़ नहीं है। सर्वोपरि उनमें एक प्रकार का काव्य-संयम है जो उनके स्वर को उदात्तता प्रदान करता है। ऐसा ही कठोर काव्य-संयम तथा स्वर की उदात्तता (विशेषकर प्रेमपरक कविताओं के सन्दर्भ में) हमें अज्ञेय में भी मिलती है जिनसे परोक्ष रूप से नरेश जी की काव्य-संवेदना काफ़ी प्रभावित लगती है। एक जगह का छन्द-प्रवाह और चित्र तो अज्ञेय जी की एक कविता से बहुत मिलते-जुलते हैं। देखें—'माघ भूले' शीर्षक कविता (पृ. 30)। किन्तु कभी-कभी इन कविताओं में सूक्ति की-सी संक्षिप्तता लिये हुए चित्रात्मक दृश्य-खंड अलग-अलग-से लगने लगते हैं, लगता है जैसे वे स्वयं अनुभूति के संघटित अंग न होकर अनुभूति का 'वर्णन' कर रहे हैं। शिल्पगत संयम और मँजाव जहाँ एक ओर अनुभूति को अपेक्षित सौन्दर्यात्मक दूरी प्रदान करते हैं वहाँ मात्रा बढ़ जाने पर कभी-कभी अनुभूति का ताप भी हर लेते हैं। तब केवल एक मुद्रा रह जाती है, अभिव्यक्ति का एक ढला-ढलाया पैटर्न और पाठक कवि की अनुभूति की वास्तविकता के प्रति भी सशंकित हो उठता है। नरेश मेहता का काव्य-शिल्प प्राय: उनकी काव्यानुभूति को ढक लेता है—शब्द-चयन की उनकी सूझ-बूझ, विशिष्ट अर्थ-व्यंजनावाले शब्दों का प्रयोग, संगीतात्मक लय तथा संक्षिप्त किन्तु पूर्ण चित्रों का संकलन उनकी अनुभूति के आयामों को प्रस्फुटित करने के स्थान पर उन पर चमत्कृति का एक गाढ़ा मुलम्मा चढ़ा देते हैं। यह मुलम्मा ऊपर से देखने पर निश्चय ही बड़ा आकर्षक दिखाई देता है।

यहीं पर लगने लगता है कि नरेश मेहता का कवि व्यक्तित्व काव्य-भाषा द्वारा निर्मित व्यक्तित्व है। अपने मूल-भाव-बोध से पूर्णतः तालमेल खानेवाली काव्यभाषा उन्होंने अवश्य निर्मित की, किन्तु कालान्तर में यही काव्य-भाषा कवि के व्यक्तित्व से बड़ी सिद्ध हो गई, वह मानो रेशम के कीड़े के समान स्वयं अपने ही बने हुए रंग-जाल में बन्दी हो गया। परिणामस्वरूप जब भी कभी कवि ने नई भाव-भूमि ग्रहण करने की चेष्टा की, उसकी काव्य-भाषा का संस्कार बीच में आड़े आ गया। जहाँ ज़बरन उसने यह बन्धन तोड़ना चाहा है—जैसे कि संग्रह की 'बूढ़े मसूढ़ों का जुलूस', 'विकल्प' या 'अनुनय' आदि कविताओं में—वहाँ उसके स्वर में आत्मविश्वास की कमी-सी लगती है, लगता है कवि अपनी परिचित भाव-भूमि से भटककर अथवा क्षणिक वैचारिक आवेश में पड़कर किसी अनजान जगह में भटक आया है। इन कविताओं में व्याप्त टोन की अतिरिक्त सतर्कता तथा जल्दी-जल्दी सब कुछ कह देने की मुद्रा ही यह बात स्पष्ट कर देती है। इन कविताओं में पाठक किसी अनुभूति का साक्षात्कार नहीं करता, वह बस कवि की बात को सुनता-सा जाता है। शायद कवि में अनुभूति की वह तड़प, वह तीव्रता और आवेश ही नहीं जो एक बार सब कुछ तोड़कर नया रच दे—अपनी प्रचलित काव्य-भाषा के बन्धन से मुक्त होकर कुछ नया गढ़ ले। विकास की दृष्टि से नरेश मेहता की काव्य-भाषा बस अधिक-से-अधिक लचीली ही हो सकी है। यदि काव्य-भाषा को कवि के भाव-बोध का आधार माना जाए तो यह स्वीकार करना पड़ेगा कि नरेश मेहता आधुनिक भाव-बोध में पिछड़ गए हैं। इसके अलावा भाषा और अनुभूति के बीच महसूस होनेवाला वह तनाव—यह एहसास कि ऐसा बहुत कुछ है जो छूट गया है—जो कवि-निर्मित सीमाओं को तोड़ने में सहायक होता, उसका बोध भी नरेश मेहता की कविताएँ हमें नहीं करातीं।

इस तनाव का बोध भावनात्मक और वैचारिक स्तर पर कवि के विकास का द्योतक होता है, इससे यह परिलक्षित होता है कि कवि अपने बदलते परिवेश द्वारा उठाई गई समस्याओं तथा चुनौतियों से किस प्रकार जूझ रहा है। यही स्थिति वर्तमान काव्य-रचना के सन्दर्भ में व्यक्तित्व-निर्माण की एकमात्र सार्थक स्थिति है जिसमें कवि तटस्थता की मुद्रा नहीं अपनाता (द्रष्टव्य 'दूसरी सिम्फनी') वरन् जीवन-प्रक्रिया की प्रत्येक छोटी-बड़ी धार में अपने को समर्पित कर देता है। नरेश जी की कविताओं में अधिसंख्य बार प्रयुक्त 'समर्पण' जीवन के प्रति वास्तविक समर्पण न होकर मात्र एक भाव-भंगिमा ही लगता है, केवल एक रूमानी एटीट्यूड। नयी कविता हमें जीवन को उसकी समग्रता में ग्रहण करने का जो अनुभव देती है, वह इन कविताओं में नहीं है। प्रस्तुत सन्दर्भ में नरेश मेहता के काव्य का एकमात्र उल्लेखनीय पक्ष उनका सौन्दर्य-शिल्प-पक्ष है जिसकी उपलब्धियों और सीमाओं की चर्चा हम ऊपर कर आए हैं।

नरेश मेहता आधुनिक भाव-बोध और वर्तमान परिवेश की समस्याओं से बिलकुल अछूते हैं, ऐसा मानना ग़लत होगा। उदाहरण के लिए अपनी 'जितने जल उतने ही संशय' कविता में उन्होंने मूल्य-संक्रान्ति के सन्दर्भ में मानवीय संशय की स्थिति को लिया है और बड़े ही सांकेतिक ढंग से उसे उभारा है। किन्तु जो बात इसमें खटकती है वह यह कि इसमें संशय जैसी मार्मिक स्थिति के उस गत्यात्मक पक्ष का अभाव है जो एक ओर तो मानव-पीड़ा का साक्षी बनता है और दूसरी ओर मूल्य-रचना की एक अनिवार्य पीठिका प्रस्तुत करता है। नरेश जी यहाँ संशय के पीछे की यथार्थ भूमि का अन्वेषण एवं उद्घाटन करने के बजाय उसे एक उदात्त भाव-भंगिमा द्वारा अतिक्रान्त कर देते हैं। 'किन्तु मैं लड़ूँगा ही' और 'रक्त हस्ताक्षर' साहस तथा ओज की मुद्रा में कसी-सधी रचनाएँ हैं, किन्तु इनमें भी संघर्ष की वास्तविक चेतना वे उद्दीप्त नहीं कर पाए हैं। इनमें मानवीय संघर्ष से उत्पन्न अनुभूति की तड़प नहीं है, यदि है तो काव्य-भाषा की उदात्तता उसे खा गई है, न ही वह मार्मिक व्यंग्य-विपर्यय का बोध जो इनके अनुभव को आज के भाव-बोध के सन्दर्भ में सार्थकता प्रदान कर सकता। यही बात 'बूढ़े मसूढ़ों का जुलूस' के बारे में भी लागू होती है, इसमें कवि की संवेदना आत्मदया से उपजी लगती है।

यह सही है कि प्रत्येक संग्रह के अन्त में पाठक को अपने प्रति आश्वस्त नहीं छोड़ता कि उसने कवि के भावी विकास की दिशा का कोई दृढ़ संकेत पा ही लिया है। मैं यह तो न कहूँगा कि मैंने ऐसी चेष्टा नहीं की, किन्तु संग्रह के अन्त तक पहुँचते-पहुँचते मुझे सहसा यह लगा कि ऐसी चेष्टा तो स्वयं कवि की ओर से होनी चाहिए। किन्तु यह तभी सम्भव हो सकेगा जब कवि 'जीवन ने मुझको जिया' वाले विवशता बोध की स्थिति से उबरकर 'मैंने जीवन को जिया' के क्रियात्मक बोध की स्थिति तक आ सकेगा।

पिछली रात की बरफ़*

जो लोग हिन्दी-नाटक एवं रंगमंच की गतिविधि से परिचित रहे हैं, उनके सामने यह बात लगभग एक तथ्य के रूप में स्पष्ट हो चली है कि हिन्दी में सक्रिय एवं संगठित रंगमंच के अभाव में पिछले कुछ वर्षों की नाट्य-प्रगति का इतिहास मुख्यत: एक नवीन नाट्य-विधा के सूत्रपात तथा उत्तरोत्तर प्रगति का इतिहास रहा है जिसे हम 'रेडियो-नाटक' के रूप में जानते हैं। आज के अधिकांश मंचीय नाटक, या कम-से-कम मंचीय नाटक के रूप में प्रकाशित होनेवाले नाटक, पहले इन्हीं रेडियो-नाटकों के रूप में लिखे जाते हैं—प्रस्तुत पुस्तक के लेखक की इस मान्यता से कदाचित् इनकार नहीं किया जा सकता। रेडियो भी रंगमंच के समान ही एक गम्भीर कला है, इस पर भी समझदार लोग कम ही आपत्ति करेंगे। इसके साथ ही यह भी मान लेना चाहिए कि नाटक चाहे वह रंगमंच के लिए लिखा गया हो या रेडियो के स्वरमंच के लिए, अपनी पूरी शक्ति और प्रभाव अपने उपयुक्त मंच पर ही प्रकट करता है; उसका वास्तविक रस-संग्रह उसे 'देखकर' या 'सुनकर' ही हासिल किया जा सकता है, 'पढ़कर' नहीं। इस सर्वसुलभ ज्ञान के बावजूद दूसरे देशों की तरह हमारे यहाँ भी इस प्रकार के नाटकों को प्रकाशित करने की परम्परा चली आ रही है। इस ग़लत या सही परम्परा को दृष्टि में रखें तो रेडियो-नाटकों का प्रकाशन भी कोई अद्भुत बात न लगनी चाहिए। मुझे भी यह कोई अद्भुत बात नहीं लगती। किन्तु एक प्रकाशित मंचीय नाटक के पढ़ने में और एक प्रकाशित रेडियो-नाटक के पढ़ने में कुछ तात्त्विक अन्तर है, इसका अनुभव श्रीनरेश मेहता-कृत 'पिछली रात की बरफ़' पढ़कर ही हुआ। इससे मुझे यह भी लगा कि यह अन्तर दोनों विधाओं की जहाँ अपनी विशिष्टता के कारण है, वहीं यह कुछ ऐसे प्रश्नों की ओर भी इंगित करता है जिनका सम्बन्ध रेडियो-नाटकों के प्रकाशन की सार्थकता-असार्थकता को लेकर है।

अपने प्रकाशित रूप में मंचीय नाटक और रेडियो-नाटक अपने-अपने मंचों पर अभिनीत होनेवाले नाटकों की मात्र 'स्क्रिप्ट' नहीं हैं वरन् 'साहित्य' हैं, ऐसा मान

---

* रेडियो-नाटक-संग्रह : नरेश मेहता

कर चलें तो दोनों को 'पढ़कर' रस-ग्रहण करने का वह तात्त्विक अन्तर समझ में आने लगेगा। मंचीय नाटक में व्यक्त अनुभव में एकसूत्रता होती है, उसके जड़-चेतन सभी उपकरण उस अनुभव को एक सम्पूर्णता की परिव्याप्ति प्रदान करते हैं जो कि रेडियो-नाटक के अनुभव-खंडों को मिलाकर उत्पन्न किए गए सूक्ष्म एवं अमूर्त सम्पूर्णता के प्रभाव से भिन्न होता है। मंचीय नाटक की उस एकसूत्रता का जितना भार संवाद तथा अभिनय वहन करते हैं उतना ही मंच-निर्देश एवं मंच-व्यवस्था भी। ये दोनों मिलकर ही नाट्य-अनुभव की उस सम्पूर्णता तथा एकसूत्रता का निर्माण करते हैं। इस नाट्य-अनुभव और इसकी सम्पूर्णता तथा एकसूत्रता का सम्बन्ध अवश्य ही मंच पर प्रत्यक्ष नाटक देखने पर जितना होता है, उतना उसे छपे हुए रूप में पढ़कर नहीं; किन्तु यह अन्तर केवल गुण की मात्रा का अन्तर है (चाहे वह कितना ही अधिक हो), गुण का नहीं। इसीलिए एक प्रकाशित मंचीय नाटक में कुर्सी कहाँ है, और पर्दा बाईं ओर लटका है या दाईं ओर, इस प्रकार के तथ्यपरक मंच-निर्देश पढ़ने पर नाट्य-अनुभव की उस एकसूत्रता में बाधक नहीं बनते। किन्तु एक प्रकाशित रेडियो-नाटक के साथ ऐसी बात नहीं होती। उसमें दिए हुए 'मंच'-संकेत प्राय: प्राविधिक होते हैं। अत: फ़्लैशबैक शुरू और फ़्लैशबैक समाप्त, जूते की खट-खट, विमान की गूँ-गूँ, कम्पार्टमेंट की खटर-पटर, संगीत का फेड-इन होना या फेड-आउट होना आदि ऐसे ही ध्वनि-संकेत हैं जो पढ़ने पर सहज ही ग्राह्य नहीं हो पाते और नाट्य-अनुभव को संवेदनात्मक स्तर पर ग्रहण करने में रुकावट डालते हैं। फिर लेखक ने पुस्तक की भूमिका ('रेडियो, रेडियो-नाटक और मेरे अनुभव') में रेडियो-नाटक में खंड-चित्रों द्वारा निर्मित जिस एकसूत्रता की बात की है, वह पूर्णत: ध्वनि-आश्रित है, अत: उसकी रचना-प्रक्रिया अमूर्त एवं सूक्ष्म होती है। स्पष्ट है कि रेडियो-नाटक के 'मंचहीन मंच' पर ध्वनि की अमूर्त एवं सूक्ष्म प्रक्रिया द्वारा उत्पन्न एकसूत्रता छपे हुए रेडियो-नाटक में सुरक्षित नहीं रह सकती; और इस तरह एक प्रकाशित रेडियो-नाटक 'टुकड़ों में जोड़ा गया इन्द्रधनुष' मात्र ही रह जाता है। चूँकि मंचीय नाटक इतनी सूक्ष्म एवं अमूर्त रचना-प्रक्रिया की माँग नहीं करता, अत: उसकी एकसूत्रता की हानि पढ़ने पर उतनी नहीं होती।

इसके अतिरिक्त एक अन्य बात के सन्दर्भ में मंचीय नाटक और रेडियो-नाटक के पढ़ने का अन्तर स्पष्ट हो जाता है। इस बात का सम्बन्ध रेडियो-नाटक-विधा की विशिष्टता से है जो कभी-कभी उसकी अपनी सीमा भी बन जाती है। फ़्लैशबैक की टेकनीक रेडियो-नाटक में एक प्रचलित चीज़ है। यहाँ आपत्ति इस बात पर नहीं कि फ़्लैशबैक रेडियो-नाट्य विधा की सीमा है, वरन् यह कि इससे रेडियो-नाटक के प्रकाशित रूप में पाठक के सामने क्या कठिनाई पैदा हो जाती है। फ़्लैशबैक सुनने पर अपना इच्छित प्रभाव डाल सकता है और प्राय: कथावस्तु सम्बन्धी कई कठिनाइयों को हल भी करता है जिससे श्रोता में कौतूहल तथा सस्पेंस की सृष्टि

होती है; किन्तु एक प्रकाशित रेडियो-नाटक में फ़्लैशबैक प्राय: अस्वाभाविकता और नाटकीयता का ही आभास देता है। बात यह है कि मंचीय नाटक और रेडियो-नाटक के पढ़ने में अन्तर है, दोनों में पढ़ने की प्रक्रियाएँ ही कुछ भिन्न ढंग से घटित होती हैं। प्रस्तुत संकलन में 'बाँसों में फूल आ गए' तथा 'पंथहारा' के फ़्लैशबैक वाले हिस्से इस बात की पुष्टि करते हैं।

'पिछली रात की बरफ़' में संगृहीत श्रीनरेश मेहता के सात रेडियो-नाटक ऊपर निर्दिष्ट सीमाओं के बावजूद भी पाठकों को मनोरंजक सिद्ध होंगे। रेडियो टेकनीक का उनका ज्ञान और अनुभव, इन नाटकों को एक अपना अलग व्यक्तित्व दे सकने में सफल हुआ है। उनके लेखन के परिष्कार, शिल्प-संस्कार तथा अभिजात कथनभंगिमा का रेडियो-नाटक-विधा की संक्षिप्तता, चुस्ती, संयत अभिव्यक्ति तथा प्रभावगत तीव्रता के साथ अद्भुत सामंजस्य हुआ है। परिणामत: इन नाटकों में भाव तथा भाषा की तनिक भी शिथिलता नहीं मिलती, और अभिव्यक्ति की मुद्रा सायास होते हुए भी सहज लगती है। ध्वनि-प्रभावों को उन्होंने बड़ी कोमलता तथा बारीकी से स्पर्श किया है और अपने नाटकों की मूल प्रकृति के अनुकूल मनोवांछित वातावरण उत्पन्न करने में अत्यन्त सफल हुए हैं—जिन लोगों ने उनके नाटकों का प्रसारण रेडियो पर सुना है, वे इसे भलीभाँति जानते हैं। फ़्लैशबैक हालाँकि रेडियो-नाटक का एक हैक्नीड सस्ता आकर्षण है और इसके प्रयोग से प्राय: लेखकों की अक्षमता पर ही प्रकाश पड़ता है, प्रस्तुत पुस्तक के कम-से-कम एक नाटक—'सोई हुई मेहराबें'—में श्रीनरेश मेहता ने फ़्लैशबैक को सशक्त रूप में अवतरित किया है। किन्तु यदि संग्रह का सर्वोत्तम नाटक चुनने को मुझसे कहा जाए तो मैं 'किराए के कमल' तथा 'प्रश्न और पत्थर' के बीच से ही किसी को चुनूँगा—और इसका एक कारण यह भी होगा कि इन नाटकों में इच्छित नाट्य-प्रभाव की सृष्टि के लिए लेखक ने फ़्लैशबैक-टेकनीक का आश्रय नहीं लिया है।

पुस्तक में एक को छोड़कर शेष सभी नाटकों की विषयवस्तु समाज के जिस हिस्से से ली गई है, वह 'बड़े लोगों' का समाज है—ऊँचे-ऊँचे ओहदेदारों, रईसों, व्यवसायियों तथा धनलोलुप व्यक्तियों का समाज। लेखक को इस समाज के तौर-तरीक़ों, सभ्यता-संस्कृति तथा 'वाणी-व्यवहार' सबका सूक्ष्म ज्ञान है। किन्तु लेखक का उद्देश्य इस समाज की किसी समस्या को सीधे चित्रित करना नहीं प्रतीत होता। यह समाज बहुत कुछ पृष्ठभूमि में ही रहता है, जो बात उभरकर नाटक में केन्द्रस्थान ग्रहण करती है, वह है इस विशिष्ट समाज की सीमाओं में सैंधी हुई मानवीय राग-भावना। इस दृष्टि से देखें तो 'बाँसों में फूल आ गए' की केन्द्रीय संवेदना गोपा का आहत नारी-हृदय है; 'किराए के कमल', 'प्रेम के ईमानदार पक्ष को रखता है', 'पंथहारा' की शेफाली नाटक की मूल अनुभूति की वाहिका लगती है, 'बीमार साँझ के किनारे' में पुन: बाँसों में फूल आ गए की तरह नारी के कुंठित आहत प्रेम

का सवाल उठाया गया है, 'सोई हुई मेहराबें' भी टूटते हुए सामन्त-वर्ग के शिकंजे में पिसती नारी को ही उभारता है। 'पिछली रात की बरफ़' इस अर्थ में थोड़ा भिन्न है, किन्तु कुल मिलाकर उसका स्वर भी कोमलता का ही स्वर है—एक रोमांटिक कोमलता का स्वर। इस तरह प्राय: अपने सभी नाटकों की समस्या को लेखक ने सीमित अर्थ में ही सामाजिक रखा है। उस विशिष्ट (अभिजात) समाज की पृष्ठभूमि में उसने केवल प्रेम के सामाजिक पहलू का ही उद्घाटन किया है, यद्यपि कहीं-कहीं प्रेम को उसके वैयक्तिक स्तर पर भी चित्रित किया गया है, जैसे कि 'पंथहारा' में।

किन्तु इसी 'पंथहारा' शीर्षक नाटक में एक अन्य दिशा की सम्भावना निहित थी जिसे लेखक ने विकसित होने नहीं दिया। इस नाटक का हीरो कैप्टन शरेन युद्ध में घायल होकर चेहरे से एक भयानक कुरूप व्यक्ति के रूप में अपने गाँव लौटता है जहाँ बहुत पहले से उसके विषय में सुन-सुनकर उससे मन-ही-मन प्रेम करती अपरिचिता शेफाली उसकी प्रतीक्षा करती होती है। युद्ध का अमानवीय बर्बर पक्ष तथा उसके आसंग में मानव-मन की वेदना का विस्फोट—निश्चय ही इन दो रूपों के चित्रण द्वारा एक डाइनैमिक नाटक की सृष्टि हो सकती थी और हीरो एक सशक्त चरित्र के रूप में उभर सकता था। किन्तु मूल समस्या को उभारने, घनीभूत करने और इस डाइनैमिक सम्भावना का आविष्कार करने की बजाय लेखक ने उसे एक सेंटीमेंटल आदर्श तथा रोमांटिक वातावरण की रूपकात्मकता में बिखरा दिया है। हीरो के मन की पीड़ा में युद्ध-जनित अनुभवों की न तो तल्खी आ पाई है, न वह विस्फोट का स्वर जो नाटक को एक सर्वथा यथार्थ दृष्टि-सम्पन्न भूमि पर प्रतिष्ठित कर सकता। पता नहीं क्यों, लेखक ने हीरो को अनिश्चित मनवाले पात्र के रूप में चित्रित करना चाहा है। सम्भवत: सही अर्थ में इस एकमात्र 'आधुनिक' समस्या की सम्भावना को उसने महसूस नहीं किया, नहीं तो इसे मात्र 'प्रतीक्षारत का नाटक' न बने रहने देता। दृष्टि की यह सीमा दूसरे नाटकों पर भी कमोबेश लागू होती है। उनमें चित्रित समाज के मूल्यों का यथार्थ और गम्भीर रूप विश्लेषित नहीं किया गया है; लेखक की दृष्टि प्राय: या तो टेबल-मैनर्स तक रही है या फिर एक रोमांटिक वातावरण की सृष्टि तक। केवल 'प्रश्न और पत्थर' में लेखक ने यथार्थ की भूमि का निकटता से स्पर्श किया है, और किन्हीं सैद्धान्तिक आग्रहों की ध्वनि के बावजूद भी इस नाटक का परिवेश, उसकी संवेदना, ठोस तथा आत्मीय लगती है।

एक कंठ विषपायी*

'एक कंठ विषपायी' पढ़ते समय दो प्रश्न मेरे मन में बराबर आते रहे। एक, क्या काव्य-नाटक लिखने के लिए केवल कवि होना ही पर्याप्त है? दो, क्या काव्य-नाटक लिखने के लिए केवल नाटककार होना ही पर्याप्त है? इन दोनों प्रश्नों को थोड़ा और फैलाएँ तो वह कुछ इस तरह होगा : अनुभूति-संवेदना की काव्यात्मक अवधारणा में नाटकीयता के तत्त्व की सहज अभिव्यक्ति के अतिरिक्त—और मैं यह मानकर चलता हूँ कि इस तत्त्व के वृद्धिविकास की सम्भावना आज काफ़ी है—क्या एक काव्य-नाटक में किसी विशेष नाट्य-दृष्टि और उसकी अपेक्षाओं की माँग नहीं होती? और, नाटककार में एक कवि के लिए सहज-सुलभ, चाहे सर्वत्र ग्राह्य न भी सही, काव्यानुभूति का तरल रचना-आवेश होना ही क्या उसे काव्य-नाटक लिखने की छूट दे देता है? यह बताने की आवश्यकता शायद नहीं है कि काव्य-नाटक कविता और नाटक की अलग-अलग बैसाखियों के सहारे खड़ा किया हुआ कोई जड़ (न्यूट्रल) साहित्य-प्रकार नहीं है, वरन् एक स्वतंत्र सृजनात्मक विधा है। कविता या नाटक की-सी रूपाकारगत अन्तिमता इसमें नहीं होती—यह अपेक्षाकृत अधिक लचीला माध्यम है—पर इसीलिए इसमें कोई आन्तरिक गत्यात्मक संघटन अथवा संगति और उसे पूर्ण करनेवाली शर्तें नहीं होतीं, ऐसा सिद्ध नहीं होता। इस बात को कुछ आग्रह के साथ रखने की आवश्यकता इसलिए पड़ती दिखाई देती है कि हिन्दी में जो कुछ इने-गिने काव्य-नाटक लिखे गए हैं उनमें प्राय: न केवल इस अन्तर को भुला दिया गया है बल्कि काव्य-नाटक की स्वतंत्र सृजनात्मकता की अवहेलना कर उस पर सब कुछ आरोपित करने की चेष्टा भी की गई है। वे अधिकांश में कविता में नाटक और नाटक में कविता का घालमेल पैदा करके लिखे गए ही लगते हैं। बात को स्पष्ट करने के लिए केवल उदाहरण-रूप में पत्र-पत्रिकाओं में प्रकाशित डॉ. रमेश कुन्तल मेघ के काव्य-नाटक या काव्य-एकांकी और कुछ वर्ष पूर्व प्रकाशित डॉ. लक्ष्मीनारायण लाल के 'सूखा सरोवर' का उल्लेख किया जा सकता है।

---

* काव्य-नाटक : दुष्यन्त कुमार

'एक कंठ विषपायी' का लेखक भी मूलतः कवि है—ऐसा कवि जो गीत-रचना के सोपान लाँघकर नयी कविता के क्षेत्र में आया है। यह बात प्रस्तुत विवेचन के सन्दर्भ में महत्त्वपूर्ण है जिस पर आगे विचार किया जाएगा। नाट्य-लेखन के लिए अपेक्षित जो संयम, शिल्पबोध, वस्तु की सामान्य नाटकीय परिणति विषयक सूझ-बूझ और विशिष्ट स्थलों में अधिकाधिक नाट्य-अर्थ भर सकने की क्षमता होती है उन सबसे लेखक परिचित है। काव्य-नाटक के लेखन में जरा-सी असावधानी के कारण गद्गद भावुकता में ऊभ-चूभ होने की जो स्थिति अक्सर पैदा हो जाती है—और ऊपर जिन दो लेखकों का मैंने उल्लेख किया उनमें इसका ख़ासा अंश मिलता है—उसे दुष्यन्त कुमार अपनी अभिव्यक्तिगत सफ़ाई, परिष्कार और सतर्कता से भरसक बचा गए हैं। इसका श्रेय बहुत कुछ इस बात में भी है कि उन्होंने इस नाटक में अपनी सीमाएँ निश्चित कर ली हैं। उन्होंने अत्यन्त परिचित पौराणिक कथा को लिया है, घटना का कैनवस भी छोटा ही चुना है, एक सर्वहत को किन्हीं अंशों में छोड़कर पात्र भी सभी 'टाइप' हैं, इसके अतिरिक्त प्रतीकात्मक स्तर पर उन्होंने जो कहना चाहा है (यथा, शव-सी निर्जीव परम्परा के प्रति मोहासक्ति और तज्जनित मूल्यों के रचना-अवरोध की स्थिति) वह भी आज के रचना-चिन्तन के सन्दर्भ में काफ़ी पुराना पड़ चुका है। दरअसल लेखक ने प्रस्तुत काव्य-नाटक में जो समस्या ली है और उसके प्रस्तुतीकरण के लिए जो प्रतीक-विधान तैयार किया है वह अब बहुत कुछ सरलीकृत रूप ग्रहण कर चुका है और लेखक की अनुभूति की सचाई और ईमानदारी के बावजूद प्रबुद्ध पाठकों के लिए विशिष्टता का सन्दर्भ खो चुका है।

इस सीमा-निर्धारण का काव्य-नाटक की विषय-संवेदना के सीमित आयाम और उसकी स्वरूप-रचना से सीधा सम्बन्ध है। सरलीकृत विषयवस्तु के कारण मूल समस्या अनुभूति की गहरी एवं जटिल तहों का स्पर्श नहीं करती, अतः इससे नाटक के रचना-विधान में कोई क्षोभकारी तनाव नहीं उत्पन्न होता। इसके बजाय, सम्पूर्ण नाटक पर एक प्रकार का भावाविष्ट गीतिमय वातावरण तना रहता है। मूल समस्या के केन्द्र से परिचालित लेखक की अनुभूति-दृष्टि जटिल और विशृंखल तथा यथार्थ रूपों की मार्मिकता का अन्वेषण करने न जाकर गीतिधर्मी अभिव्यक्ति की सघनता, तीव्रता, भावनाओं के आरोह-अवरोह तथा प्रवाहयुक्त चित्रात्मकता के आसपास ही घूमती रहती है। अपने आपमें यह स्थिति अग्राह्य नहीं, पर आधुनिक मनोभूमि पर रचित नाटक के अपेक्षाकृत वस्तुपरक धरातल पर यह अधिक दूर तक सम्भव नहीं दीखता। यही कारण है कि इस काव्य-नाटक का एकमात्र यथार्थ और आत्मीयता के स्तर पर अनुभूत होनेवाला पात्र सर्वहत भी ऊपर से झलकनेवाली डाइनैमिक चरित्र-रेखाओं के बावजूद गीति-भावनाओं के उच्छ्वास में खो जाता है, उसकी व्यंग्यात्मक स्थिति और उसका विद्रूप उस उच्छ्वास की मिलावट से झूठा लगने लगता है। वास्तव में नाटक मात्र अनुभूतियों का घनिष्ठ वातावरण नहीं है।

जीवन्त मानवीय स्थितियों और उनसे फूटते हुए अन्तर्द्वंद्व को सम्प्रेषित करने की क्रिया है। 'एक कंठ विषपायी' में यह क्रिया उस गीतात्मक वातावरण में काफ़ी हद तक दब-सी गई है। कुछ अजब नहीं कि यह काव्य-नाटक पढ़ते समय मुझे बार-बार किसी रेडियो के लिए लिखे गए ऑपेरा का बोध होता रहा, क्योंकि रेडियो-नाटक भी स्वर-आश्रित होने के कारण वातावरणप्रधान होता है। इसीलिए प्रस्तुत काव्य-नाटक के समस्त कार्य-व्यापार एवं भाव-व्यापार गति का बोध नहीं कराते और उनकी सच्ची नाटकीयता स्थापित नहीं हो पाती।

काव्य-नाटक की पद्य-रचना के विश्लेषण से भी यही बात प्रमाणित होती है। अव्वल तो जिसे सही माने में नाटकीय-पद्य (ड्रैमेटिक वर्स) कहा जाता है उसका आभास इसमें कहीं-कहीं ही मिलता है, विशेषकर वहाँ जहाँ पात्रों की मन:स्थितियों के विशिष्ट संवेदनात्मक क्षणों को एक लयात्मक स्वर में अभिव्यक्ति दी गई है वहाँ नाटक के गीतात्मक वातावरण की सघनता से फूटकर भी एक नाटकीय बोध जाग्रत हो जाता है, यद्यपि वह अत्यन्त सीमित होता है। किन्तु जहाँ नाटक की वस्तुपरक भूमि पर आकर कथा-विकास करने, नई भाव-स्थिति प्रस्तुत करने या मानसिक द्वंद्व की रचना करने की कोशिश की गई है वहाँ का पद्य गद्यधर्मी और सपाट हो गया है। इसका एक मोटा प्रमाण यह है कि ऐसे स्थलों पर अर्थ और भावों का प्रवाह एक पंक्ति से बहकर दूसरी, और दूसरी से तीसरी में नहीं जाने दिया गया है। वहाँ लेखक की कल्पना-शक्ति जड़ और रूपबद्ध लगती है। इन गद्यधर्मी स्थलों को तरलायित करने के लिए काव्य का पुट देना आवश्यक नहीं, वरन् उन्हें नाटक के समग्र स्वरूप-विधान के अन्तर्गत नाटकीय अर्थ से शक्तिशाली तरीक़े से जोड़ा जा सकता है। परन्तु उसके लिए जिस सजग नाट्य-प्रतिभा का होना आवश्यक है वह लेखक में नहीं दिखाई देती। फिर विषयवस्तु का अत्यन्त परिचित होना ऐसे स्थलों को सीधे-सीधे पद्यबद्ध दुहराव की स्थिति में खड़ा कर देता है। लेखक ने इस नाटकीयताविहीन सपाट गद्यधर्मी पद्य की रुक्षता को ढकने के लिए तुक और यति पर विशेष ज़ोर दिया है। कहीं-कहीं नाटकीय तनाव का आभास देने के लिए 'रेटॅरिक' का भी सहारा लिया गया है जो पारसी थियेटर के संवादों की याद ताज़ा करता है :

आह! चले गए।
[आकाश की ओर देखते हुए उँगली उठाकर]
क्रूर नियति!
वह तेरे हाथों से छले गए।
बोल,
मुझे बता,
मुझ पर श्राप क्यों पड़ा तेरा?

कब मुझसे धर्म की अवज्ञा हुई है?
कब मैंने शंकर की मानता नहीं मानी
कब मैंने सपने में
किसी अमर्यादा की छाया छुई है? (पृ. 33)

उपर्युक्त विवेचन से दो बातें सामने आती हैं : एक तो यह कि दुष्यन्त कुमार के कवि-रूप में उनके गीतकार का तत्त्व काफ़ी दूर तक अन्तर्भुक्त है। दूसरा यह कि उन्होंने काव्य-नाटक के माध्यम से अपने पूर्व चौखटे का अतिक्रमण कर अधिक वस्तुपरक भावभूमि पर आने की साहसपूर्ण योजना बनाई है। एक तरह से उन्होंने गीति-संवेदना और युग की यथार्थमूलक जटिल जीवन-दृष्टि को काव्य-नाटक के वस्तु-फलक पर एकाकार करना चाहा है। नयी कविता के समसामयिक भावबोध के सन्दर्भ में उन्होंने गीतात्मकता को एक समस्या के रूप में अनुभव किया है, और 'एक कंठ विषपायी' उस समस्या का समाधान खोजने की चेष्टा है। इसके पूर्व ऐसी ही चेष्टा भारती के 'अन्धा युग' और गिरिजाकुमार माथुर के 'पृथ्वीकल्प' में भी की गई थी। भारती और गिरिजाकुमार माथुर दोनों ही नयी कविता के उस दौर के कवि हैं जब नयी कविता अपना निजी वैशिष्ट्य नहीं ग्रहण कर पाई थी, अत: उसके भावबोध में निर्वैयक्तिक यथार्थ तथा रोमांटिक गीतात्मकता के बीच विभेद की कोई स्पष्ट चेतना नहीं थी। इन दोनों कवियों की मूल समस्या भी अपनी रोमांटिक भाव-प्रकृति और वर्तमान युगबोध के यथार्थ के बीच संगति बिठाने की ही रही है। भारती में इसका रूप परम्परा के गहन रूपों से परिचित होने के कारण अधिक समृद्ध लगता है, और 'अन्धा युग' में उन्होंने अपनी समस्या का एक कलात्मक समाधान ढूँढ़ लिया था, यद्यपि उस पर आद्यन्त एक रोमांटिक तरलायित गीतात्मकता का वातावरण दर्द की टीस की तरह छाया रहता है। नयी कविता उस स्थिति से काफ़ी आगे बढ़ गई और वह अपनी विशिष्ट नियति पहचानने भी लगी पर भारती 'अन्धा युग' में जिस समाधान तक पहुँचे थे वे वहीं तक रह गए।...

'अन्धा युग' का उल्लेख यहाँ अप्रासंगिक नहीं है, क्योंकि दुष्यन्त कुमार की भावभूमि और 'एक कंठ विषपायी' की रचना-दृष्टि बहुत कुछ उन्हीं प्रश्नों को उठाती है जो 'अन्धा युग' में उठाए गए हैं। प्रस्तुत नाटक 'अन्धा युग' की ही परम्परा में आता है यद्यपि उसमें उसकी शक्ति का अभाव है। काल-अन्तर के साथ वस्तुत: 'अन्धा युग' की परम्परा 'अन्धा युग' के साथ ही समाप्त हो गई। दुष्यन्त कुमार का अपने को उस परम्परा के साथ जोड़ने का प्रयत्न उनकी प्रतिभा की सीमा का ही संकेत करता है। इस सीमा के कारण वर्तमान युग-सन्दर्भ में वे अपनी समस्या के समाधान तक 'एक कंठ विषपायी' में नहीं पहुँच पाए हैं। यह उनकी अनुभूतिगत सचाई का भी प्रमाण है और उस बेचैनी का भी जिसके कारण अपनी संवेदना की पुरानी

रूप-कारा तोड़ने के लिए उन्होंने काव्य-नाटक का माध्यम चुना। पर काव्य-नाटक के क्षेत्र में आकर जहाँ उनकी प्रतिभा को नए गुल खिलाने चाहिए थे वहाँ उनकी काव्य-शक्ति अपने केन्द्र की ओर ही प्रत्यावर्तित होती दिखाई देती है। सम्भवत: इसी का परिणाम है कि 'एक कंठ विषपायी' नयी कविता की प्रौढ़ चिन्तन-भूमि एवं सौन्दर्य-दृष्टि से भी पीछे लगता है। इसके बजाय एक विचित्र प्रकार का सम्भ्रम प्रस्तुत नाटक में उभर आया है। उसकी स्वरूप-रचना में न तो समग्र गीति-संवेदना अविकृत रह पाई है (नाटक के माध्यम में भी यह तत्त्व अपने सरलतम रूप में अविकृत रह सकता है, इसका प्रमाण प्राचीन ग्रीक नाटक—विशेषकर इसकिलस के नाटक—हैं।) और न नाटकीयता के अधिक अनुकूल नयी कविता का जटिल संवेद-स्वर ही उभरने पाया है। एक दुविधा पाठक के मन में हमेशा बनी रहती है—यदि वह गीति-तत्त्व में ही तन्मयता का अनुभव करने लगे तो लेखक ने नाटक में पाठक से इससे अतिरिक्त की माँग करने के लिए जो सामग्री जुटाई है उसकी अवहेलना लगती है, और यदि जटिल जीवन-रूपों की नाट्य-क्षमता को उद्घाटित करनेवाली नयी कविता के अनुरूप काव्य नाटक की अपेक्षा करने लगता है तो लेखक की मूल भाव-प्रकृति को देखते हुए यह उससे अनुचित माँग करने लगता है। इस विरोधाभास की सृष्टि स्वयं लेखक के ही हाथों हुई है जो उसके कलाव्यक्तित्व की विडम्बना है। 'एक कंठ विषपायी' उस विरोधाभास को एक बोझ के समान धरे हुए है : उसकी ट्रेजेडी यह है कि वह न तो उसे झेल सकता है, न फेंक सकता है।

आदमी का ज़हर*

लक्ष्मीकान्त वर्मा की दृष्टि वर्तमान जीवन-बोध के दुहरे रूपों और उनके बीच पनपनेवाले विरोधाभासों को अनावृत करने, उनके संघर्षों को प्रस्तुत करने और उनकी विषमताओं में निहित व्यंग्य एवं करुणा को झेलनेवाली दृष्टि है। यथार्थ पर उनका आग्रह है, और जीवन-सत्यों के पैटर्न को उनकी समग्रता में ही अभिव्यक्त करना उनकी सृजनात्मक नियति है, और लाचारी भी। वस्तुत: इस 'समग्रता' को आँकने का प्रयास ही इन नाटकों की रचना की प्रेरणा-भूमि रही है (भूमिका), क्योंकि कविता-कहानी की अपेक्षा नाटक में अनेक बिन्दुओं से जीवन-पैटर्न को अभिव्यक्त करने की सुविधा रहती है। यहाँ 'सुविधा' शब्द का प्रयोग मैं जानबूझकर कर रहा हूँ, क्योंकि यह मानते हुए भी कि नाटक अपेक्षाकृत अधिक वस्तुपरक होने के कारण जीवन-सत्य की समग्रता का अंकन कर सकता है, प्रस्तुत कृति के अनेक नाटकों के सन्दर्भ में यह मानने के लिए मैं पूरी तरह से आश्वस्त नहीं हो सका हूँ कि लेखक ने इस माध्यम का चुनाव सम्पूर्ण कलात्मक सचाई के साथ किया है। जीवन-स्थितियों से उपजे वस्तु-सत्यों की नाटकीय अवधारणा ही वह सीमा है जो नाटक को कविता-कहानी से अलग करती है, पर इसलिए कविता-कहानी जीवन-पैटर्न की 'समग्रता' को वहन करने में असमर्थ हो जाती है—ऐसा मानने का कोई तर्कसंगत कारण मुझे दिखाई नहीं देता। यदि प्रस्तुत कृति के लेखक के सम्पूर्ण सृजनात्मक लेखन पर एक दृष्टि डाल सकने की अनुमति हो, तो मैं कहूँगा कि जहाँ तक उस 'समग्रता' का प्रश्न है, मुझे उसकी कविता-कहानी और नाटक में कोई तात्त्विक अन्तर नहीं दिखाई देता—उसकी कविता परिवेश की व्यापकता, और आकार-प्रकार में भी, अनुभूति और व्यंजना के अनेक बिन्दु एक साथ रख सकी है। (कुछ पाठकों को यहाँ श्री गजानन माधव मुक्तिबोध का ध्यान अनायास हो आ सकता है।) दरअसल नाटक और अन्य विधाओं का आपसी अन्तर मात्रापरक न होकर गुणात्मक है। इस दृष्टि से मुझे लगता है कि नाटक-माध्यम के चुनाव में लेखक को उस सीमा का, जिसका मैंने ऊपर उल्लेख किया, सजग बोध नहीं है।

---

* रेडियो-नाटक : लक्ष्मीकान्त वर्मा

प्रस्तुत रेडियो-नाट्य संकलन में पाँच नाटक संगृहीत हैं— 'आदमी का ज़हर', 'उस रात के बाद', 'आकाशगंगा की छाया में', 'रबर का बबुआ' और 'परतों की आवाज़'। इनका स्वर व्यंग्य का स्वर है। 'आदमी का ज़हर' तथा 'रबर का बबुआ' में यह व्यंग्य अपेक्षाकृत अधिक प्रखर एवं ओजस्वी रूप ग्रहण कर लेता है। वास्तव में लेखक का व्यंग्य-बोध अत्यन्त जागरूक और तीव्र है, जिसके कारण रचना के स्तर पर उसके सम्पूर्ण संवेदनात्मक अनुभवों में एक प्रकार का असाधारण तनाव परिलक्षित होता है। यह असाधारण तनाव उसकी अभिव्यक्ति को चुटीली बनाता है, उसके व्यंग्यों में निहित आशय को मार्मिक और सटीक बनाता है। पर इसके साथ ही, वह उसे वैसा करने को अधिक-से-अधिक प्रेरित करता है, शायद अनजान में ही वह अतिरेक की ओर बढ़ता है। लगभग एक ही रंग के दो नाटकों—'आदमी का ज़हर' और 'रबर का बबुआ'—की तुलना से यह बात और भी स्पष्ट हो जाती है। दोनों ही नाटकों में सामाजिक व्यंग्य-विपर्यय की स्थितियों को केन्द्र में रखा गया है, जिसके पार्श्व में व्यक्तिगत जीवन का लघु परिवेश भी एक छोटे जीवन्त दायरे के समान स्थित है। अन्तर केवल यह है कि जहाँ 'आदमी का ज़हर' में लेखक की अद्भुत कला-संयोजना द्वारा दोनों ही पक्ष कलात्मक संवेदना के स्तर पर एक-दूसरे में संघटित होकर नाट्य-संवेदना का नया अर्थ व्यंजित कर सके हैं, 'रबर का बबुआ' में यह संघटन विषयवस्तु के प्रति एकपक्षीय संवेदनात्मक दबाव के कारण बिखर गया है, यद्यपि शिल्प की दृष्टि से यह किसी हद तक 'आदमी का ज़हर' के उलझाव से अपने को बचा ले गया है। एक का व्यंग्य जीवन-सत्य की नाटकीय स्थितियों से उत्सर्जित लगता है, दूसरे का आरोपित और सपाट। पात्रों और संवादों के टोन की विविधता किसी हद तक 'आदमी का ज़हर' में है, पर 'रबर का बबुआ' में 'लाइट एंड शेड' के ताने-बाने का प्राय: अभाव ही है। वह 'असाधारण तनाव' और उससे उपजे तीखेपन दोनों ही में समान होते हुए भी एक में सूक्ष्म कला-विवेक की तरणी लेखक को (और पाठक को भी) क्षुब्ध अनुभूति-सागर के पार किसी दिशा-संकेत तक ले जा सकी है, और दूसरे में अतिरेक से उत्पन्न व्यंग्य-प्रभावों में ही लेखक और पाठक भरमे रह जाते हैं। ('रबर का बबुआ' के अन्त में नई रोशनी के तिलमिलाने की बात 'बड़े बाबू' के मुँह से मात्र प्लैटिट्यूड के स्तर पर व्यक्त लगती है : एक सुन्दर भरत-वाक्य की तरह!) 'रबर का बबुआ' का व्यंग्य उस अतिरेक के कारण ही स्पष्ट हो गया है। लेखक ने अपने पात्रों को इतना अधिक सचेत बना दिया है कि वे स्वयं गाहे-ब-गाहे उस व्यंग्य की डुग्गी पीटते चलें—नाटक में केवल कुछ देर ही को आनेवाले बच्चे तक व्यंग्य की वयस्क भाषा बोलते हैं! परिणाम यह होता है कि उसमें अभिव्यक्त व्यंग्य पाठक को जीवन के उन विरोधात्मक स्तरों के भीतर अन्तर्दृष्टि देने—और मेरे विचार से यह स्थिति अधिक तटस्थ एवं नाटकीय द्वंद्व की सम्भावनाओं से युक्त होती—के बजाय ऊपर-ही-ऊपर

रह जाता है—शब्द बहुल, पर चुभती हुई मार्के की बात की तरह।

लेखक की विषय-संवेदना और उसके प्रति उसके नाटकीय एप्रोच को समझने के लिए मैंने इन दो नाटकों की किंचित् विस्तार से चर्चा की, वह इसलिए भी कि उन दोनों ही में लेखक रेडियो-नाट्य-शिल्प का निर्वाह अपेक्षाकृत सफल रूप में कर सका है। संग्रह के अन्य तीन नाटकों में लेखक ने समस्याओं को व्यक्तिगत जीवन के परिवेश से उठाया है। उसकी यथार्थान्वेषिणी दृष्टि इस परिवेश के भीतर भी मानव-जीवन के उन्हीं विरोधाभासों तक पहुँची है, या उन्मुख हुई है, जो 'आदमी का ज़हर' तथा 'रबर का बबुआ' में है। पर इन नाटकों में अर्थ-व्यंजना का वातावरण निर्मम व्यंग्य का उतना न होकर मानवीय करुणा और उसके साथ अनिवार्य रूप से जुड़े विपर्यय का अधिक है। लेखक की व्यंग्य-दृष्टि को वहन करनेवाला एक-न-एक पात्र इनमें अवश्य रहता है, पर कुल मिलाकर प्रभाव की दृष्टि से इन नाटकों का स्वर आत्मनिष्ठ, आत्मीय एवं भावना-प्रेरित है। इसीलिए यथार्थ मूल्यों पर बल देते हुए भी इन नाटकों में अभिव्यक्ति की तटस्थता एवं अनुभूति-सत्यों की निर्वैयक्तिकता उस सीमा तक नहीं आ पाई है जैसा कि 'आदमी का ज़हर' और 'रबर का बबुआ' में। यह अपने आप में कोई दोष तो नहीं, पर इससे कहीं-कहीं लेखक यथार्थ की निर्मम चेतना और भावना-प्रेरित स्वप्निलता के बीच घपला पैदा कर देता है।...

इसीलिए इन शेष तीन नाटकों—'उस रात के बाद', 'आकाशगंगा की छाया में' तथा 'परतों की आवाज़'—में दो समान तत्त्व और हैं : अयथार्थता (फ़ैंटेसी?) और भावुकता। यथार्थ की तीव्र चेतना के साथ अयथार्थता और भावुकता का होना अजब लग सकता है, पर लक्ष्मीकान्त वर्मा की विशिष्ट रचनात्मकता के साथ मुझे यह स्वाभाविक ही लगता है। जीवन के खोखले आकारों और ध्वस्तमान मूल्य-चेतना के रिसते नासूरों के ख़ूब भीतर तक पैठ जानेवाली उनकी दृष्टि यथार्थ अनुभूतियों के तनावों को एक बिन्दु पर संवहित कर पाने में असमर्थ-सी हो जाती है। उनका पाठक उनकी भोगी हुई तल्ख अनुभूतियों की भीड़ में अपने को भटकता हुआ पाता है, इधर स्वयं लेखक महोदय संवेदना के स्तर पर जीवन की व्यंग्य-स्थितियों और उनके मार्मिक सन्दर्भों से अधिकाधिक सम्पृक्ति ढूँढ़ने और उन्हें तद्वत प्रस्तुत कर उनसे मुक्त हो लेने के प्रयास में ही संलग्न दीखते हैं। क्लासिकी कला-दृष्टि की चयनधर्मिता (अतिरेक के स्थान पर) और निर्वैयक्तिकता (सम्पृक्तता के स्थान पर) से—जिसे मैं आधुनिकता की मूल दृष्टि के निकट पाता हूँ—उन्हें सम्भवतः परहेज है। उनसे कहीं उन्हें अपने 'कैलस' हो जाने का भय तो नहीं? बहरहाल, इससे होता यह है कि अनजान में ही लेखक अभिव्यक्ति में उन दो तत्त्वों (अयथार्थता और भावुकता) को प्रश्रय देने लगता है। ये तत्त्व उसकी यथार्थ-चेतना के विरोध में नहीं पड़ते, यदि किसी से उनका विरोध है तो उस क्लासिकी निर्वैयक्तिता और

सन्तुलन से ही। इसलिए भी इन तमाम नाटकों की संवेदना अपने यथार्थ-बोध में इतनी ही सशक्त, मार्मिक और विशद है, यद्यपि श्रेष्ठ कला की जो बिना शर्तवाली विश्वसनीयता होती है, उसका निर्वाह लेखक नहीं कर पाता। अतः कलात्मक स्तर पर इन नाटकों का व्यंग्य-विद्रूप प्रभावशाली और वैदग्धपूर्ण होते हुए भी कहीं-कहीं पार्टिसन लगने लगता है।

रेडियो-नाटक माध्यम की अमूर्तता और तीव्र संवेदनापेक्षिता संग्रह के कुछ नाटकों में अयथार्थता और भावुकतावाले तत्त्व के लिए अक्सर फिसलाऊ साबित हुई है। मंच-नाटक के ठोस उपकरण संवेदनागत किसी भी अतिरेक को इतना मुखर बना देते हैं कि उसे अलग से पहचाना जा सकता है। परन्तु रेडियो-नाटक में प्रायः वह एक वातावरण, कोमल भावनाओं की अनुगूँज बनकर ही आता है। इस वातावरण को प्रतीकात्मक स्तर पर भी झेला जा सकता है, और रेडियो-नाट्य-लेखक की सावधानी से यह नाटक की वस्तु-संवेदना में संघटित होकर अर्थ-परिधि का विस्तार भी कर सकता है। 'आदमी का ज़हर' में स्थानीय रेडियो की कुछ-कुछ अतिरंजित-सी लगनेवाली उद्घोषणाओं और कुत्ते को काट खानेवाले व्यक्ति (नाटक के आलेख में उसे 'पुरुष-स्वर' कहा गया है) के साहित्यिक प्रलापों को वास्तविकता की तुला पर तौलने से नाटक के प्रभाव और उसकी संवेदना को समझने में बाधा हो सकती है, पर जहाँ इनकी 'अयथार्थता' कुशल संयोजन से नाटक को शक्ति प्रदान कर सकी है वहीं 'परतों की आवाज़' में मैनहोल के भीतर से रह-रहकर साफ़ सुनाई पड़ती मि. जैक्सन की आवाज़ की 'अयथार्थता' नाटक के अन्त में, जहाँ मि. जैक्सन को सात दिन के बाद अकल्पनीय रूप से मैनहोल के बाहर निकालकर कमरे के बीच पहुँचा दिया गया है, नाटक की अर्थगर्भिता और प्रतीकात्मकता को नष्ट करने के साथ सम्पूर्ण नाटक को ही एक मज़ाक़ बना देती है। 'रबर का बबुआ' की तरह यहाँ भी मि. जैक्सन को रोशनी मिलती है, पर उस रोशनी का अर्थ उस मज़ाक़ से भिन्न अर्थ नहीं रखता। इसके अतिरिक्त, 'परतों की आवाज़' के ऊपर एक प्रकार की रोमानी तन्द्रिल भावुकता छाई रहती है, और लेखक द्वारा व्यंग्य के स्वर को उभारने की चेष्टा के बावजूद भी भावुकता का प्रभाव घना ही रहता है। 'उस रात के बाद' एक निहायत उलझा हुआ नाटक है और व्यंग्य की दो-चार झलकियों के बावजूद (जो सिर्फ़ चुभते संवादों तक ही सीमित है) वह भी उसी रोमानी भावुकता से ग्रस्त है।

'आकाशगंगा की छाया में' में प्रेम-समस्या के चतुष्कोण की रोमानी स्थिति होते हुए भी रेडियो-शिल्प के कुशल प्रयोग द्वारा अतीत और वर्तमान मूल्यों के विरोधाभास को सफलतापूर्वक प्रदर्शित करने की चेष्टा की गई है, यद्यपि इसमें यथार्थ की रेखाएँ रोमानी परिवेश से उत्पन्न भाव-व्याकुल वातावरण से पूरी तरह उभर नहीं पाई हैं। अन्त भी लेखक के उद्दिष्ट व्यंग्य को उभार नहीं पाता। परन्तु अतीत मूल्यों की

विडम्बनाओं में जीनेवाले मधु, शिरीष, शशि आदि पात्रों की अवसादग्रस्त दुविधापूर्ण चेतना की परतों को खोलने के लिए लेखक द्वारा फ़्लैशबैक विधि का प्रयोग अपने आपमें एक संकेतात्मक अर्थ ग्रहण कर सका है। 'परतों की आवाज़' और 'उस रात के बाद' में भी फ़्लैशबैक का प्रयोग हुआ है। फ़्लैशबैक का प्रयोग मेरे विचार से नाट्य-संवेदना को तीव्रतर बनाने के लिए किया जाना चाहिए, परन्तु 'उस रात के बाद', 'परतों की आवाज़' और कुछ अंश तक 'आकाशगंगा की छाया में' में भी लगता है वह महज़ घटनाओं के प्रस्तुतीकरण के लिए हुआ है। इन नाटकों में घटनाएँ 'नैरेट' की गई लगती हैं, कोई भी घटना-स्थिति औत्सुक्य जाग्रत नहीं कर पाती, और नाटक की गति भी सपाट प्रतीत होती है। ऐसा या तो फ़्लैशबैक पर अधिक भरोसा करने से हुआ है, अथवा नाटकीय अवधारणा की कमी से, या सम्भवतः दोनों ही कारणों से।

'आदमी का ज़हर' और संग्रह के अन्य नाटक लक्ष्मीकान्त वर्मा की शक्ति एवं कमज़ोरियों को एक साथ रखने के अतिरिक्त उनकी सृजनात्मकता की विशिष्ट समस्याओं को जिस रूप में हमारे सामने प्रस्तुत करते हैं, उनमें रुचि लेना हिन्दी नवलेखन की समस्या एवं उसके दिशाबोध के परिप्रेक्ष्य में मुझे अत्यन्त संगत जान पड़ता है। इस दृष्टि से लक्ष्मीकान्त वर्मा के ये नाटक एक क़ीमती दस्तावेज़ के रूप में आते हैं। सशक्त यथार्थ-बोध और मूल्यान्वेषण की तीखी चेतना और सब कुछ को समेट पाने की महत्त्वाकांक्षा तथा एक पूर्ण विकसित आधुनिक दृष्टि की निर्मम तटस्थता, सहज निर्वैयक्तिकता और कलात्मक संघटन की खोज के मध्य लक्ष्मीकान्त की संवेदना असमंजस में पड़ी हुई है। उनकी रचनाएँ उस असमंजस से ही उपजती हैं, इसीलिए वे पाठक के भावयंत्र को झनझनाती तो हैं परन्तु कोई दिशा नहीं दे पातीं। नाटक आज के भावबोध और उसकी दिशा-सम्भावनाओं को वहन करनेवाला, कविता से अधिक प्रशस्त माध्यम है, पर उसकी शक्ति का उपयोग करने के लिए (शायद पहचानने के लिए भी) उस असमंजस से उबरना आवश्यक है जिसमें आज नई पीढ़ी के अधिसंख्य लेखक-कलाकार पड़े हुए हैं। विवशतावश चुना गया कोई माध्यम, चाहे वह कविता हो या नाटक, उस माध्यम की विशिष्ट नियति एवं 'इंटिग्रिटी' के सन्दर्भ में कृतिकार के असामर्थ्य और अनुत्तरदायित्व का ही सूचक माना जाएगा।

टूटती इकाइयाँ*

शरद देवड़ा अपनी औपन्यासिक कृति को 'एक विशिष्ट कथा-प्रयोग' कहना पसन्द करते हैं, शायद वैसा मानते भी हैं, नहीं तो 'उपन्यास' शीर्षक के नीचे कोष्ठकों में इस वाक्यांश को क्यों छुपाते? इसमें कथ्य और शिल्प के साहसिक प्रयोग होने की बात पुस्तक के फ़्लैप पर भी छापी गई है; फिर वह ऐसा कैसे है, इसे व्याख्यायित भी किया गया है।

कथ्य की दृष्टि से 'प्रयोग' इसलिए है कि "इसमें स्त्री-पुरुष और पति-पत्नी के सहज-स्वाभाविक दिखाई देनेवाले शारीरिक सम्बन्धों को अन्दरूनी विकृतियों के नासूर को, उसकी असलियत के 'हॉरर' को, एक सर्जन के तेज चाकू की निर्वैयक्तिकता, सफ़ाई और निष्ठुरता से चीरकर बाहर निकाल दिया गया है।" (—फ़्लैप से उद्धृत) यहाँ प्रयोग किस बात में है? जो चीज़ें ऊपर कही गईं वे इस उपन्यास में पहली बार लाई गई हैं, इस बात में? या इन चीज़ों को किसी विशेष दृष्टि के अन्तर्गत रखकर नई सम्प्रेषण-क्षमताओं के संकेत सहित प्रस्तुत किया गया है, इस बात में? बहरहाल 'टूटती इकाइयाँ' के बारे में दोनों ही बातें नहीं घटित होतीं। उपन्यास में कुल तीन पात्र हैं—नारी, पुरुष और पत्नी। आधुनिक युग-परिस्थितियों में इन 'इकाइयों के टूटने की कथा ही लेखक ने कहनी चाही है, उपकरण भी सब आधुनिक ही जुटाए हैं, पर दुर्भाग्यवश इन इकाइयों के बारे में सदियों पुराना जो दृष्टिकोण हमारे भारत में इनके परस्पर सम्बन्धों के निचोड़ के रूप में चला आ रहा है, उसे ही जाने या अनजाने उपन्यासकार ने अपनी इस कृति में प्रस्तुत कर दिया है। पुस्तक में तीन अध्याय या प्रकरण हैं, जिनमें एक-एक पात्र अपनी-अपनी आपबीती कहता है। उनके पहले वाक्यों को ही लें तो उपर्युक्त कथन की पुष्टि हो जाती है : "ये पुरुष किस तरह नारी-देह से खिलवाड़ करते हैं!" (—नारी); "तुम आज फिर कितनी ताज़ा और आकर्षक लग रही हो!" (—पुरुष); "मुझे किस जन्म के पापों का फल दे रहे हो भगवान!" (—पत्नी)। पूरे उपन्यास में इन सूत्र-वाक्यों का ही विस्तार देखा जा सकता है। परिवेश की आधुनिक सज्जा भी इस बात का क़तई भ्रम नहीं

* उपन्यास : शरद देवड़ा

उत्पन्न कर पाती कि समस्या को नए परिप्रेक्ष्य से देखा जा रहा है। यौन-जीवन के कुछ पहलुओं को लेखक ने ज़रूर कुछ अधिक दूर तक 'खुलेपन' के साथ रखा है—और शायद इसी से उसे 'साहसिक प्रयोग' की ग़लतफ़हमी हुई—पर वह भी 'नारी-देह के साथ खिलवाड़' वाले दृष्टिकोण को ही सटीक बना पाता है, किसी नए अर्थ का उद्घाटन नहीं कर पाता। इससे यह भी प्रकट हो जाता है कि लेखक की कथा-दृष्टि 'चरित्र' का उद्घाटन करने में ही व्यस्त है, और इस चरित्रोद्घाटन के लिए लेखक द्वारा चुनी गई स्वगत-कथन की शैली बड़ी मौजूँ साबित हुई है। पर यह कथा-दृष्टि अब काफ़ी पुरानी पड़ चुकी है। मानवीय नियति को समस्याओं के जटिल रागात्मक सन्दर्भों के परिपार्श्व में रखकर कथा-संवेदना का नया कोण उभारना आज की नई कथा-दृष्टि है, पर 'टूटती इकाइयाँ' में कथा-संवेदना की रूढ़िगत अवधारणा ने लेखक को इस बात का अवसर ही नहीं दिया है कि वह इस दिशा में अपनी प्रतिभा आजमाए। फलस्वरूप वह कथ्य को बिलकुल 'सपाट' तरीक़े से बयान करता चला जाता है। आवश्यक नहीं कि यह 'सपाट' वर्णन-शैली नीरस और उबाऊ ही हो, बल्कि शरद देवड़ा ने अपने सधे लेखकीय कौशल से उसे भरसक रोचक बनाने का प्रयत्न किया है। जिस बात पर मैं बल देना चाहता हूँ वह यह कि इसमें दृष्टि-उद्भूत किसी सूक्ष्म एवं अमूर्त विचार-संघटना का अभाव है, जो अन्तत: इस प्रकार के यथातथ्यात्मक वर्णन को, चाहे वह ऊपर से देखने में कितना ही बारीक मालूम दे, पीछे छोड़ देता है। बिलकुल स्थूल रीति से भी 'सपाट' वर्णन की यह स्थिति कुछ हद तक बचाई जा सकती थी यदि प्रस्तुत कथाकृति में स्त्री-पुरुष और पति-पत्नी के ऊपर से दिखाई देनेवाले सहज-स्वाभाविक सम्बन्ध और भीतर की उनकी विकृतियाँ, दो भाव-स्तरों पर बराबर उपन्यास में कार्यशील रहतीं, क्योंकि इससे कम-से-कम एक 'द्वंद्व' का एहसास पाठक के मन में बराबर जाग्रत होता रहता। पर सम्बन्धों की सहज स्वाभाविकता का वह स्तर उपन्यास में नहीं दिखाया गया है। यदि वह कहीं है तो शायद इतना झीना है कि परस्पर टकराहट की स्थिति तक नहीं आ पाता। वैसे भी, स्वगत-कथन की शैली इस प्रकार के 'द्वंद्व' को घटित करने का बहुत कुछ परिहार कर देती है। अत: उपन्यास में कथात्मकता की कोई नई सम्भावना रह ही नहीं गई है।

शिल्प की दृष्टि से उपन्यास को इसलिए 'प्रयोग' बताया गया है कि 'यह कथा-लेखन की रूढ़ियों के राजपथ पर नहीं चलता।' यह भी अजीब ही लगता है, क्योंकि इसी 'प्रयोगात्मक शिल्प' में कम-से-कम दर्जन-भर उपन्यास तो अकेले मैंने ही पढ़े होंगे, जिनमें सबसे ताज़ा है मानव जी का 'कावेरी'। यदि भूलता नहीं तो 'कावेरी' में भी पात्र गिनती के तीन-चार या हद पाँच हैं जो अपनी-अपनी रामकहानी सुनाते हैं। 'टूटती इकाइयाँ' के तीनों पात्रों की तीन आपबीतियाँ यदि स्वतंत्र कथा-रचना का भी मज़ा दें और अन्त भी एक अधूरेपन-सा लगे (जैसा कि फ़्लैप पर कहा

गया है) और यह उपन्यास-शिल्प के भीतर 'प्रयोग' माना जाए, तो मुझे इसे प्रयोग मानने में कोई आपत्ति नहीं, पर तब क्या हम 'प्रयोग' का अर्थ बहुत सीमित और छिछला नहीं कर देते हैं? 'प्रयोग' कुतूहल की रचना नहीं है, वह गम्भीर अन्तर्दृष्टि के प्रक्षेपण की 'क्रिया' है जो अन्वेषण की दिशा में अग्रसर होती है। प्रस्तुत कृति में न तो अन्वेषण की सामग्री है, न उस ओर बढ़ने की प्रवृत्ति। ऐसी हालत में इसका 'प्रयोग' प्रचलित ढर्रे से बच निकलने का एक आसान फॉर्मूला बनकर रह गया है।

अन्त में मैं प्रस्तुत पुस्तक के लेखक के बहाने उन सभी लेखकों से जो पुस्तक के फ़्लैप पर या पीछे की ओर कृति के विषय में छापे गए वक्तव्यों के प्रति, क्योंकि वे प्राय: अति प्रशंसात्मक होते हैं, 'मौनं स्वीकार लक्षणम्' वाला भाव बरतते हैं, यह निवेदन करना चाहूँगा कि वह उसकी ज़िम्मेदारी भी अपने सिर पर लें। वह इसलिए कि अक्सर उन्हें प्रकाशक के माथे मढ़ दिया जाता है। उन वक्तव्यों से कृति के आसंग में दृष्टियों की जो अनर्गलता पैदा हो जाती है उसकी परम्परा जल्द ही समाप्त होनी चाहिए। आज के रचना-विकास में लेखक का सचेत होना प्रथम शर्त है; उसे ही दृष्टि में रखते हुए इस 'फ़्लैप-प्रशस्ति' के प्रति उदासीन रहना (शायद जानबूझकर) अजब विरोधाभास है, जिसे एक सजग पाठक अच्छी नज़र से नहीं देखता।

एक आलोचक की नोटबुक*

प्रकाशकीय विज्ञप्ति के अनुसार प्रस्तुत पुस्तक "हिन्दी में प्रकाशित इस दशक की विशिष्ट कथा-कृतियों, काव्य-कृतियों, कहानी-संग्रहों, अनूदित कृतियों, आलोचना-ग्रन्थ और यात्राविवरणों पर नई 'रचनात्मक शैली' में" लिखी गई समीक्षाओं का संकलन है। यह विशेष शैली अपनाने के पीछे लेखक का उद्‌देश्य आलोचक और पाठक के बीच की खाई को निवारित करना और किसी कृति-विशेष को अधिक-से-अधिक पाठकों के लिए आस्वाद्य बनाना है। इस उद्‌देश्य की पूर्ति के लिए उसने अनेक प्रकार की नाटकीय एवं कथात्मक मुद्राएँ अपनाई हैं, और भरसक अपनी बात को रोचक ढंग से बयान करने की चेष्टा की है। लेखक ने अपने उस निर्दिष्ट 'पाठक' की कोटि का ठीक-ठीक उल्लेख तो अपनी भूमिका में नहीं किया है, पर इन समीक्षाओं के स्तर, और उसके पीछे कार्यरत दृष्टि (?) को भी देखते हुए हम इतना अनुमान लगा ही सकते हैं कि वह पाठक आज के शिक्षा-ज्ञान-प्रसार-युग के उस व्यापक पाठक-वर्ग का व्यक्ति है जो साहित्य में मनोरंजन और जानकारी के नाते ही दिलचस्पी रखता है। किसी कृति के विवेचन के सन्दर्भ में लेखक के जिन कल्पित 'मित्र' की तस्वीर बार-बार लाई जाती है, वे उस सामान्य पाठक वर्ग का ही प्रतिनिधित्व करते हैं। कुल मिलाकर लेखक अपने इस उद्‌देश्य में सफल रहा है।

पर इस सफलता के साथ ही एक असफलता भी जुड़ी हुई है : पुस्तक में लेखक की स्वयं की दृष्टि का कोई परिचय नहीं मिल पाता। एक कारण इसका तो स्पष्ट है : लेखक किसी कृतिविशेष को किन्हीं गम्भीर आलोचनात्मक मूल्यों एवं कसौटियों के परिपार्श्व में नहीं परखना चाहता, शायद इसलिए कि सामान्य पाठक को भला इससे क्या लेना-देना। पर एक समीक्षक को तो है, और इसीलिए प्रस्तुत पुस्तक के सन्दर्भ में उसके मूल्यांकन की समस्या सामने आती है। 'रचनात्मक शैली' की आड़ में लेखक की दृष्टिहीनता बखूबी छिप गई है। यदि दृष्टि का कहीं-कहीं आभास भी मिलता है, तो वह साहित्य-सृजन एवं चिन्तन की गहन एवं जटिल (जिसे 'शास्त्रीय समीक्षा' का गुण—बल्कि अवगुण—मानकर लेखक बचना

---

* समीक्षा कृति : शरद देवड़ा

चाहता है) आवश्यकताओं से प्रेरित न होकर आधुनिक साहित्य-जगत के व्यापक परिवेश और तत्सम्बन्धी संवेदनाओं-समस्याओं के सामान्यीकृत रूपों में ही उलझी रही है। किसी कृति के विवेचन में विशिष्ट एवं गम्भीर आलोचनात्मक प्रतिमानों के होने की माँग एक बेजा माँग हो सकती है—और जैसा कि ऊपर कहा गया, प्रस्तुत समीक्षा-संग्रह में तो लेखक को उसकी ज़रूरत ही नहीं—पर उनके न होने से इस बात का भी ख़तरा रहता है कि विवेचना कहीं व्यक्तिगत रुचियों-अरुचियों का प्रदर्शन मात्र होकर न रह जाए। असल में यह ख़तरा रचनात्मक समीक्षा के साथ हमेशा रहता है।

शास्त्रीय समीक्षा का सबसे बड़ा दोष उसमें आलोचनात्मक प्रतिमानों का रूढ़ आचरण माना जा सकता है। पर, यह एक ऐसी चीज़ है जो साफ़-साफ़ नज़र के सामने रहती है, और उसको लेकर प्रबुद्ध पाठक किसी दुविधा की स्थिति में नहीं रहता। इसके विपरीत सर्जनात्मक समीक्षा पाठक को यह सुविधा नहीं देती। कृति के आन्तरिक रचना-शिल्प को उद्‌घाटित करने के नाम पर उसमें कभी-कभी व्यक्तिगत धारणाओं एवं स्वयं निर्मित मान्यताओं की ऐसी घनघोर धुन्ध होती है कि पाठक के लिए उसमें भटक सकने की पूरी सहूलियत रहती है। ऐसी समीक्षा पाठक के स्वतंत्र रचना-विवेक को जाग्रत और प्रशिक्षित न करके रचनात्मक शैली की आत्मीयता, निकटता और खुलेपन की बारीक आड़ लेकर उस पर अपने वस्तुनिरपेक्ष मानदंड आरोपित करने लगती है। ऐसी समीक्षा समीक्षा-पद्धति के चले आते ढर्रे की बोरियत से मुक्ति-जन्य आह्लाद का एहसास ज़रूर देती है, और किसी-किसी को इसके आस्वादन में मज़ा भी ख़ूब आता है, पर यह प्रायः प्रौढ़ वस्तुपरक और स्वतंत्र आलोचनात्मक मूल्यों के विकास—और सामान्य पाठक को उस विकास का भागीदार बनाने में बाधक भी बनती है।

उपर्युक्त विवेचन के परिप्रेक्ष्य में 'एक आलोचक की नोटबुक' की स्थिति थोड़ी भिन्न है। यह सही माने में सर्जनात्मक आलोचना की पुस्तक नहीं है—सर्जनात्मक चिन्तन-प्रवाह में विवेच्य कृति की आन्तरिकता को स्पर्श करने, उसके रचना-मूल्यों की बनावट और उसके गुम्फन को तद्गत विचार-रूप में तैरा सकने, और पाठक को कृति के भीतर अन्तर्दृष्टि दे सकने की क्षमता के इसमें दर्शन नहीं होते। सर्जनात्मक इसे केवल इस अर्थ में ही कहा जा सकता है कि इसमें शास्त्रीय चिन्तन की औपचारिकता नहीं है। एकनिष्ठ विवेचन की संश्लिष्टता एवं गरिमा नहीं है। पर इसमें एक दूसरे प्रकार की औपचारिकता भी है, एक दूसरे प्रकार का आचारबद्ध रखरखाव, जो विवेचन में वह डुबान नहीं पैदा करता—वह तल के भीतर मोती टटोलने जैसी आकुलता—जो सर्जनात्मक समीक्षा-शैली की विशेषता है। इसमें पुस्तकों की चर्चा प्रायः ड्राइंगरूम के औपचारिक अनुशासित परिवेश में ही घटित नहीं होती, वरन् उस चर्चा में भाग लेनेवाले कल्पित पात्रों की कथन-भंगिमा, विचार-प्रतिपादन का

ढंग, और यहाँ तक कि शब्दावली भी औपचारिक लगती है, यद्यपि यह ज़रूर है कि वह औपचारिकता सबकी समझ में आ सकनेवाली है। तात्पर्य यह कि लेखक शास्त्रीय समीक्षा के जिस शब्दाचार से बचना चाहता था, अनजाने में वह स्वयं ही उसका शिकार हो गया है, और वह भी बिना शास्त्रीय समीक्षा की गम्भीर विवेचना-पद्धति का लाभांश उठाए। शास्त्रीय समीक्षा-पद्धति और सर्जनात्मक समीक्षा-पद्धति का यह घोटाला, चाहे वह 'उर्वशी' का विवेचन-प्रसंग हो या 'अजय की डायरी' का, या 'एक बूँद सहसा उछली' का या 'हरी घाटी' अथवा अन्य किसी कृति का, सर्वत्र प्रकट हुआ है। यहाँ रचनात्मक शैली अपनाना लेखक का मोह ही सिद्ध हुआ है, भले ही उसका उद्‌देश्य महत रहा हो, अन्यथा वह विवेचित कृतियों के साथ अधिक वस्तुपरक संगत व्यवहार कर सकता।

रास्ता इधर से है*

'रास्ता इधर से है' की कहानियों को पढ़कर रघुवीर सहाय के मन की थाह पाना मुश्किल है। उनके अनुभव पर भाषा की कलई कुछ इतनी गाढ़ी और चमाचम है कि एक नज़र में यदि यह कहा जा सके कि यह रहा यह शख़्स---अपने प्रेम, नफ़रत, और गुस्से में नंगा, तो सचमुच ही बड़ी निराशा होगी। रघुवीर सहाय जितना कुछ वे अपना दिखाना चाहते हैं उतना ही दिखाते हैं, न उससे ज़्यादा न कम। यह काम वे अपनी भाषा से करते हैं। वह भाषा नहीं, जो भावों या विचारों की अनुगामिनी होती है, बल्कि वह जो अनुभव को रचती है। ऐसी भाषा निश्चय ही एक अत्यन्त स्वचेतन भाषा होगी, एक जानदार और ख़तरनाक चीज़। इस ख़तरनाक भाषा से खिलवाड़ करने में रघुवीर सहाय को मज़ा भी ख़ूब आता है। मज़ा तब और भी बढ़ जाता है जब इस खिलवाड़ में अगर कुछ टूट-फूट या दरक जाए तो वह उस परिवेश का होता है जिसमें लेखक रहता है, ख़ुद लेखक का नहीं। हर टूट में उस टूट से मर्माहत होते हुए और उसकी चुभती हुई किरचें आपके सामने निपुणता और सफ़ाई से रखते हुए भी वह अपने को हमेशा बचाए रखता है—कुछ अद्वितीय रचने की आकांक्षा में।

रचने की आकांक्षा में रघुवीर सहाय शब्द को हथगोले की तरह लिए आज के समय के ठसाठस अनुभवों की भीड़ के बीच से गुज़रते हैं। हथगोला उनके हाथ में ही रहता है, ख़तरनाक और जानदार, उस पर पकड़ उनकी मज़बूत रहती है और वे अपने लिए एक पतला रास्ता बनाते हुए चलते जाते हैं। रास्ते का पतला होना इस माने में फ़ायदेमन्द है कि उस पर चलनेवाला भीड़ के बीच में भी रहता है और भीड़ से अलग भी। भीड़ और उसके बीच एक निश्चित दूरी रहती है। जब तक यह दूरी निश्चित है तब तक भीड़ है और व्यक्ति है और दोनों के रहने से बननेवाला सम्बन्ध है, नहीं तो अगर दोनों एक में मिल जाएँ तो सब गड़बड़ हो जाए। रघुवीर सहाय यह गड़बड़ नहीं होने देते। वे अपनी कहानियों के पात्रों और अपने बीच एक मुनासिब दूरी बनाए रखते हैं। इन पात्रों में, प्रायः सभी कहानियों में आया हुआ

* कहानी-संग्रह : रघुवीर सहाय

'मैं' भी है। रघुवीर सहाय इस दूरी के अलगाव से ही व्यक्तियों को, चीज़ों को और इनके मिलनेवाले सम्बन्धों को जबकि वे—रघुवीर सहाय नहीं, सम्बन्ध—तनाव और उद्वेग की हालत में हों, पकड़ते हैं। एक उतनी ही गतिशील और छूते ही स्टापवॉच की तरह टिक-टिक करने लग जानेवाली भाषा से। बात कुछ ऐसी ही है कि इन कहानियों को पढ़ते समय भाषा की ये बेसाख़्ता हरकतें ही पहले हमारा ध्यान खींचती हैं—किसी परिभाषित अर्थ की चिन्ता से परे, लगभग एक स्वतंत्र रचनात्मक अनुभव की तरह। भाषा की ये हरकतें पाठक के संवेदनशील मन में भी सिर्फ़ हरकतें ही पैदा करें ताकि वह उनके पीछे के अनुभव की तात्कालिक गरमाई को महसूस कर सके, अनुभव में आकार ले चुके नहीं, आकार ले रहे अर्थ की बेचैनी की झलक पा सके, लेखक की हरचन्द कोशिश यही रहती है। 'मुठभेड़' कहानी का यह टुकड़ा देखिए—

> *उबलते हुए पानी से नहाने से मेरा कमरा रोशन हो गया था। घबराकर मैंने टेलीफ़ोन उठाया। उसे रख दिया। बनियान पहनी और तौलिया खोलकर फेंक दी। यह रहा मेरा सुन्दर शरीर, अपने बालों सहित। दोनों पैर एक-एक करके जाँघिये में डाले, कसा, आराम मिला। फिर दौड़ा। दूसरे कमरे में दरवाज़ा नहीं, रास्ता बन्द बरामदे से होकर समय से पहुँचा। पतलून के लिए समय से। फिर घड़ी पहनी, फिर मोजा, फिर कुछ और। आख़िरकार मुझे पहनना बन्द करना पड़ा।*

छोटे-छोटे झटके देकर भाषा में यहाँ अर्थ को एक जगह समेटा नहीं गया बल्कि कसे हुए अर्थ को ढीला छोड़कर उसकी स्वतंत्र और अलमस्त हैसियत प्रदान की गई है। आप सिर्फ़ भाषा के जोड़ों का यह क्रमशः खुलना महसूस करते हैं और अपने को उस अबाध अनुभव के जल में डाल देते हैं जो इस भाषा के शब्द और शब्द के बीच स्थित है। कभी-कभी इस भाषा में आवेग की एक लहर आकर मिल जाती है और इत्तिफ़ाक देखिए कि वह लेखक के अपने को खोलने का क्षण होता है। पर आपको जो चीज़ आकृष्ट करती है वह मर्म के भीतर खुलती हुई खिड़की नहीं, बल्कि अनुभव-जल के ऊपर उभर रहे अर्थ के चेहरे की गीली-ताज़गी होती है—"यह मेरा कमरा है, मेरा। अभी मैं इसमें एक ज़ोर का धमाका करूँगा। कितना महान होगा वह क्षण जब अपने ही मकान में मैं इस तरह खड़ा होऊँगा जैसे मैदान में होऊँ। और कितने सुन्दर होंगे उस वक़्त मेरे खाली मकान के टूटे हुए टुकड़े। हर एक पर एक न एक कुचले हुए प्रेम की तस्वीर होगी और तब सन्नाटे में वह लड़की अपने निराले अकेले कड़े बदन से एक रोशनी करेगी जिसमें मुझे अपने हाथ धुँधले-धुँधले दिखेंगे और मुझे या उसे नहीं मालूम होगा कि हम कौन हैं। मैं उसे कुचल दूँगा। इस तरह कि वह क्षण वहीं-का-वहीं रह जाएगा। और फिर सब

टुकड़े धीरे-धीरे सिंककर गुलाबी हो जाएँगे।" (तीन मिनट)।

यह भाषा कभी अनुभव को अर्थ के लिए सधे हाथों टटोलती है तो कभी औचक उसे दबोचकर उसका रस निचोड़ लेना चाहती है। कभी वह नश्तर की तरह अनुभव को चीरकर रख देती है और इतनी सफ़ाई और दक्षता के साथ कि संवेदना का एक बूँद ख़ून तक जाया नहीं होता। मुजस्सिम कटी हुई फाँकों की तरह शब्दों की क़तारें अपने बीच में, अपने कोनों-अँतरों में हमें करीने से झाँकने की सहूलियत देती हैं। इस भाषा के इतने अन्दाज़ हैं, इतने तेवर और सब इतने सूक्ष्म और तहदार रचनागत सौन्दर्य से जुड़े कि इन्हें सराहने के लिए आपको भी उतना ही भाषा-कान्शस होना पड़ता है जितना कि स्वयं लेखक है। मिसाल के लिए 'मुठभेड़' कहानी ही ले लीजिए। इसमें भाषा लेखक के लिए एक प्रकार का माइक्रोस्कोप है जिसके नीचे वह अपने अनुभव को रखकर देखना और दिखाना चाहता है। आपकी आँख और उस माइक्रोस्कोप का तालमेल अगर ठीक-ठीक बैठ गया तो देखने के लिए अनुभव और अर्थ के कुल जहान हैं। पर भाषा के अवयवों की इतनी सजग चेतना और उससे भावयंत्र के इस क़दर तोला-माशा-रत्ती-तालमेल में एक ख़तरा यह रहता है कि अभिव्यक्ति यांत्रिक हो जा सकती है। संवेदना के जीवित स्पर्श से हरकत करने लग जानेवाली भाषा अक्सर स्वचालित हरकत करने लग जा सकती है। तब इस हरकत से निकले अर्थ के पीछे किसी सजीव हाथ की उपस्थिति नहीं रहती, न कोई अप्रत्याशितता, न सहसा कुछ उद्घाटित हो जाने पर उसे पा लेने का रचना-सुख। भाषाप्रयोग की यह स्थिति तब 'लटकों' में व्यक्त होने लगती है। रघुवीर सहाय की भाषा इस यांत्रिक ख़तरे से बच नहीं सकी है।—फिर उसने सीने पर हाथ रखा जैसे उसकी पोशाक वहीं से अटकी हुई है और वह हाथ हटा लेगी तो गिर पड़ेगी। वह नहीं, पोशाक। थोड़ी-सी इधर-उधर की अदाओं के बाद उसने अपने साये में हाथ डालकर उसे, साये को नहीं, हाथ को, ऐसे हिलाना शुरू किया जैसे देखनेवाला अपने हाथ को उसके साये में हिलाता।' (क़िले में औरत)। 'तुम्हारा पेट साफ़ रहता है?' लड़की से अगर यह सवाल लड़का पूछे तो कैसा रहे—'पेट नहीं, सवाल!' 'पर्दे के पीछे वे अपने कब्ज और सिरदर्द समेत इनसान बन जाती हैं। गुमसुम, बेडौल, थुलथुल इनसानी हस्तियाँ। हस्तिनियाँ नहीं, हस्तियाँ।' (तीन मिनट)। 'लटका' लटका इसलिए है कि एक बार भाषा के अंजर-पंजर जान लेने के बाद अभिव्यक्ति की अद्वितीयता, यानी रचना का वह अर्थ जिसे रचना-प्रक्रिया की जटिलता में से गुज़रकर पाया जा सके, नहीं रह जाती। 'सब बाजा बजानेवाले औरत की तरफ़ थे और वे उसे मिलकर पीटते', 'क़िले में औरत' कहानी के इस वाक्य के आगे अगर इतना और जोड़ दिया जाए—'औरत को नहीं, बाजे को' तो इसके 'लटका' बन जाने में कोई खटका नहीं रह जाएगा।

भाषा द्वारा रची जाती अपने अनुभव की दुनिया को रघुवीर सहाय समूचा नहीं बल्कि टुकड़ों में उठाते हैं, फिर उन टुकड़ों को आपस में जोड़ने के बजाय उन्हें आसपास एक नए क्रम में रख देते हैं। इसीलिए उनकी भाषा के शब्द एक-दूसरे से चिपकते नहीं, बल्कि अपनी जगह पर पड़े अपने भीतर से कोई चीज़ निकालकर बाहर फेंकते रहते हैं। वह चीज़ उनका अपना अनुभव होता है--शब्द-अनुभव। रघुवीर सहाय की ये कहानियाँ पढ़कर इस शब्द-अनुभव की छाप ही सबसे स्थायी पड़ती है, इस शब्द-अनुभव को तोड़कर झिंझोड़कर गुज़र जानेवाले किसी दूसरे अनुभव की नहीं। इस शब्द-अनुभव के पीछे चलने-फिरने वाला आदमी हर मुठभेड़ में शामिल भी है और उससे अलग उसे देखता हुआ भी, प्रेम पाने की कामना में विकल भी और एक प्रकार के सिनिसिज़्म में उसे अपने से परे ढकेलता हुआ भी; छल, पाखंड और लूट पर टिकी व्यवस्था से घुटता, चिढ़ता, विद्रोह करता हुआ भी, उसके रस को चूसता और चटखारे लेता हुआ। वह आदमी एक तरह से हमारे भारतीय मध्यवर्ग का ही प्रतिनिधित्व करता है। 'क़िले में औरत' का नायक सोचता है--"मैं उस ग़रीबी में शामिल नहीं था जो उसकी थी : होता तो रुपया देना और भी बदसलूक होता। मैं उस अमीरी में शामिल नहीं था जो इस तरह रुपया देनेवालों की होती है; होता तो मैं, मैं न होता।" इस मध्यवर्गीय संवेदनशील मन में दूसरों के लिए करुणा बड़ी जल्दी उपजती है : "इसके बच्चे क्या पहने होंगे, मैंने सोचा, छोटी लड़कियाँ अपनी बड़ी बहनों की उतरनें और बड़ी, बूचे कुरते जो उनकी मारी गई बाढ़ के साथ ऐसे फिट हो गए होंगे कि जन्म-भर वे धो-धोकर उन्हें पहन सकेंगी।" (क़िले में औरत) पर यह करुणा ऐसी है जिसके लिए न कुछ करना-धरना होता है, न सिवाय कुछ गीले क्षणों के अधिक कुछ ख़र्च करना पड़ता है। 'ग्यारहवीं कहानी' के हरिहरनाथ और शिवकुमार भी, जिनके वृत्तान्त के ज़रिये आज की क्रूर हृदयहीन समाज-व्यवस्था और सत्ता-प्रतिष्ठानों की खलरी उधेड़ी गई है, लेखक की वह मध्यवर्गीय करुणा ही पा सके हैं, मानव-अनुभूति की कोई गहरी साझेदारी या वेदना नहीं। 'सीमा पार का आदमी' में यह करुणा एक काव्यात्मक चित्र में यों व्यक्त हुई है--"एक पैर की लापता चप्पल को घर-भर में ढूँढ़ते हल्ला मचाते बच्चों को क्या आपने कभी नहीं देखा?" 'रास्ता इधर से है' नामक कहानी उस व्यवस्था पर चोट है जिसमें दबंगई और कुटिल बेशरमी द्वारा ही प्रवेश पाया जा सकता है, किन्तु यह चोट करनेवाला 'मैं' स्वयं उस व्यवस्था का अंग है, उससे शायद किसी क़दर असन्तुष्ट और खीजा हुआ, पर उसके व्यंग्य में ख़ुद भी लुत्फ़अन्दोज होने का जो अन्दाज़ है वह यही ज़ाहिर करता है कि व्यंग्य करनेवाला भीतर का ही आदमी है, भले ही भेदिया हो, हालाँकि ऐसा भेदिया भी नहीं जिससे लंका के ढहने का शुबहा हो। यह एक तरह से व्यवस्था में रहकर व्यवस्था का विरोध करने का मामला हुआ। 'क़िले में औरत' का 'मैं' इनसान के सहज आत्मसम्मान और उसकी

अस्मिता को तोड़कर उसे 'वस्तु' में बदल देनेवाली व्यवस्था की असलियत को जानता-सा लगता है। वह यह भी जानता है कि अगर यह व्यवस्था भीतर से खोखली हो चुकी है तो इसलिए कि उसके नियन्ता जिस अमीर वर्ग के पास इसमें परिवर्तन करने लायक पैसा है उसे इस व्यवस्था में रहकर उसका रस लेने में भी कोई लज्जत नहीं रही। यदि इस पर भी यह 'अश्लील' व्यवस्था कायम है तो इसलिए भी कि ग़रीब अपनी आत्मा की गिरावट के बावजूद उसमें सुरक्षित महसूस करता है! इस सड़ांध में ही हत्याएँ जन्म लेती हैं पर "वे आश्वस्त थे कि और ही लोग होंगे जो मारे जाएँगे," इस 'वे' में क्या लेखक का 'मैं' शामिल नहीं है—क्योंकि वह भी तो इस सड़ांध और टुच्चेपन का एक तटस्थ (चालाक) दर्शक बने रहने के अलावा कुछ नहीं कर रहा! 'मैं' को लगता है कि यह व्यवस्था सरकार का चलाया हुआ 'सर्कस' है जिसमें इनसान को जानवर बने रहने के लिए विवश कर दिया गया है, पर यह जान लेने और यह जानकर दुखी हो लेने के ज़रूरी कर्म के बाद वह किसके साथ है, यह पूछना 'मैं' अपने लिए ज़रूरी नहीं समझता। इसलिए नहीं कि 'मैं' किसी असमंजस में हूँ, बल्कि इसलिए कि वह अत्यन्त आत्म-सजग है और यह आत्मसजगता एक शीशे की पारदर्शी दीवार की तरह उसके और दूसरों के बीच खड़ी है। उस शीशे में वह अपने को और दूसरों को सिर्फ़ देख सकता है, पा नहीं सकता, और जिसे पा नहीं सकता उसका साथ क्योंकर दे सकता है?

पाने की इच्छा और न पा सकने की मुश्किल से ही वह निस्संगता पैदा होती है जो रघुवीर सहाय के रचनात्मक उन्मेष का एक ख़ास नुक्ता है। वे अपनी रचना में अक्सर मार तमाम लोगों से सच्ची और निस्संग नफ़रत का बखान करते हैं। इस नफ़रत शब्द के अभिधार्थ पर मत जाइए, यह दरअसल अपने को पूर्ण सम्पृक्ति के साथ दूसरे से जोड़ न पाने का इजहार है, क्योंकि वैसी पूर्ण सम्पृक्ति प्रेम-प्रसंगों में भी तो नहीं है। जुड़ना बराबरी के स्तर पर होता है, जबकि इन कहानियों के साक्ष्य पर यह कहा जा सकता है कि इनमें आए हुए इनती-गिनती के लोगों से लेखक का सम्बन्ध ग़ैर-बराबरी का है। इन कहानियों का 'मैं'—और शायद ही कोई कहानी 'मैं'– रहित हो—इन लोगों को हद से हद झेलता है यदि उन पर बहुत सूक्ष्म व्यंग्य नहीं कर रहा होता तो, और हमेशा उनके साथ अपने को रखता-देखता हुआ भी उनसे अपने को ऊँचा मानता है—विवेक और संवेदना में—और इसीलिए तो लोगों से अपनी नफ़रत को भावना से लथपथ प्यार की अपेक्षा कहीं सच्चा, अतः निस्संग मानता है! यही ग़ैर-बराबरी स्त्री के साथ 'मैं' के सम्बन्धों में भी है। स्त्री लेखक की सृष्टि में एक स्वतंत्र मानव इकाई की हैसियत से अपना हिस्सा माँगने के लिए नहीं, प्रायः 'मैं' की ऐन्द्रिकता को उत्तेजित और तुष्ट-पुष्ट करने के लिए आती है। इस ग़ैर-बराबरी की सृष्टि का नायक 'प्रेमिका' और 'तीन मिनट' कहानियों का 'मैं' अपनी प्रेमाकांक्षा में अन्ततः आज की शहरी उपभोक्ता-संस्कृति का ऐसा व्यक्ति

साबित होता है जो लड़की के बदन को अपनी आँख से चूजे की मानिन्द टटोलता है कि उसमें कितना मांस है। इस तरह जो प्रेम और नफ़रत दूसरों से जुड़ने का साधन हो सकते थे, उनका रघुवीर सहाय केवल कलात्मक इस्तेमाल करके रह जाते हैं।

भाषा—संवेदनशील, आत्मसजग, पारदर्शी भाषा—ही वह शीशे की दीवार है जो लेखक को अपनी सृष्टि के बाशिन्दों के पास लाती है और दूर भी करती है। भाषा की इस दोहरी प्रक्रिया में ही कहीं रघुवीर सहाय की रचना का अर्थ है। कभी बिलकुल असम्प्रेषित रह जानेवाला अर्थ, कभी मानवीय अनुभूति के ठोस आशयों में रूपान्तरित न होकर एक रचनात्मक रहस्यात्मकता में ही उलझकर रह जानेवाला अर्थ (द्रष्टव्य : 'कीर्तन'), कभी बहुत ज़ोर लगाने और बहुत शब्द ख़र्च करके भी कानी उँगली की नोंक बराबर निकलनेवाला अर्थ (द्रष्टव्य : 'कोठरी')। एक आत्मसजग भाषा को बरतने में ऐसी कई स्थितियाँ आती हैं जब कभी अर्थ को शब्दों से बचाकर और कभी शब्दों को अर्थ से उबारकर रचना प्राप्त की जाती है। पहली स्थिति में शब्द सिकुड़ते हैं पर अर्थ फैलता है; दूसरी में अर्थ सिकुड़ता है और शब्द फैलते हैं। 'विजेता', 'क़िले में औरत', 'मुठभेड़', 'कीर्तन', 'प्रेमिका' और 'तीन मिनट' जीवन के उन अर्थों की कहानियाँ हैं जो शब्द कम और अनुभव की लपक गहरी माँगती हैं; जबकि 'कोठरी', 'सर्कस', 'ग्यारहवीं कहानी' और 'रास्ता इधर से है' में अगर शब्द कम और अनुभव की लपक गहरी होती तो वे जीवन के अधिक जटिल और समग्र अर्थों की कहानियाँ होतीं जोकि वे नहीं बन पाई हैं, इसके बजाय इनमें अनुभव का विस्तार है और शब्दों का उससे भी ज़्यादा। क्या ख़ूब है कि देखने में ये फिर भी छोटी कहानियाँ हैं, पर इनमें शब्दों की प्रवृत्ति पाए हुए अर्थ को एकाग्र संचित करने, उसे रचना में स्वायत्त करने की न होकर फैल-पसरकर अपने आसपास में घटित हो रहे यथार्थ में से कुछ नया खोज लेने, उसे पाकर अपने में जोड़ लेने और अपना आत्म-विस्तार कर लेने की है। इन कहानियों में शब्द जैसे आगे बढ़-चढ़कर अर्थ की संश्लिष्ट क़ैद से अपनी स्वतंत्रता का ऐलान कर रहे हों।

भाषा के व्यवहार में यह बदलाव आत्मसजगता के भीतरी संकट को सूचित करता है। एक आत्मसजग रचना अनुभव को केवल रचनात्मक शर्तों पर ही स्वीकार करती है, अनुभव में जो टूटा, अधबना या दरका हुआ है उसको अपने भीतर स्थान नहीं देती। उसकी अपनी एक स्वनिर्भर दुनिया है। इस दुनिया में जो कुछ होता है, बनता या बिगड़ता है, कटता-पिटता है, सब एक रचनात्मक नियम के अधीन—कला-विवेक के तहत—होता है। अगर इस दुनिया में लेखक ने एक-दूसरे की हरकत को ताड़ते, एक-दूसरे से खिंचे-खिंचे, एक-दूसरे पर तंज करते दो 'मैं' की सृष्टि की है तो यह यथार्थ के अनुभव को नाटकीय बनाने के लिए, अनुभव-स्थितियों के अनेक पहलुओं का जायजा लेने के लिए, अनुभव को तात्कालिक और ठोस बनाने के लिए है। पर

कुल मिलाकर यह लेखक और उसकी रचना के सम्बन्धों का आपसी मामला है। और यह मामला उस दुनिया के भीतर है जो एक आत्मसजग रचना की दुनिया है। अद्वितीय, पर सीमित। विशिष्ट, पर अपने में ही गिरफ़्तार। आज की महत्त्वाकांक्षी रचना वह नहीं होगी जो अपने से बाहर के अरचनात्मक टूटे, अधबने, दरके अंशों को अपने में खींच लाए और अपने रसायन से उन्हें भी अपना एक जुज बना दे, बल्कि वह होगी जो अपने पूर्ण, विशिष्ट और स्वायत्त अंशों को अपने से बाहर लाए और उन्हें बाहर की असुरक्षा में एक्सपोज करे। 'जो मेरा नहीं वह मेरा संसार नहीं' आसान कवियों का नुस्खा हो सकता है, रचना करने में जोखिम उठानेवाले लेखक का नहीं। जोखिम यह है कि जो दुनिया अपनी नहीं है उसे भी स्वीकार करना कि वह है, अपनी शर्तों पर टिकी हुई और कभी-कभी लेखक की अपनी दुनिया के विरुद्ध तक जा खड़ी हुई, जिससे निबटे बिना निस्तार नहीं।

रघुवीर सहाय ने अपनी आत्मसजग भाषा के बाहर खड़ी उस दुनिया की चुनौती को महसूस किया है। बात यह है कि आत्मसजग कला अपनी सीमाएँ ख़ुद बनाती है, पर वह उन्हें शीघ्र पहचान भी लेती है। बाहर की असुरक्षा में अपने लिए एक सुरक्षित कोना खोजना, उस सुरक्षा से अपने को एकात्म करना, फिर उस सुरक्षा की घुटन से घबराकर मुक्ति के लिए बाहर लपकना, यह आत्मसजग कला की प्रकृति में है। रघुवीर सहाय अपने आत्मसजग 'स्व' से बाहर किसी मुक्ति की तलाश में नहीं, 'स्व' और आज के समय की सामाजिक-राजनीतिक शक्तियों के बीच एक नए, अधिक व्यापक सन्तुलन और समन्वय की तलाश में निकलते हैं। वे अपने आत्मसजग 'स्व' को ढील देकर बाहर के 'असुरक्षित प्रदेश' तक ले जाते हैं; वहाँ का कोलाहल और चीत्कार देखते और सुनते हैं, अपने को उससे कुछ पिघला हुआ महसूस करते हैं, पर अपने 'स्व' को उसके हवाले नहीं कर देते। इस सारी कोशिश में रघुवीर सहाय अन्तत: जिस भाषा के नज़दीक पहुँचते हैं वह एक रचनाकार की नहीं, एक पत्रकार की भाषा होती है। यह भाषा सतह के उत्तेजनों को भरपूर पकड़ती है, पर साथ ही गहराई की भी झलक देती जाती है ताकि सतहें अधिक अर्थपूर्ण लगती रहें। अनुभव को उसकी जड़ के साथ सम्पूर्ण पकड़ना इस भाषा के स्वभाव में नहीं, मानव-राग की गहरी सम्पृक्ति इसकी प्रकृति में नहीं, प्रभाव चाहे वह भले इसका दे दे। 'ग्यारहवीं कहानी' अपने सटीक ब्योरों और कैफ़ियतों के साथ अख़बारी ज़बान में जिसे 'स्टोरी' कहा जाता है, उसी अर्थ में कहानी है, किसी गहन संवेदना-प्रेरित जटिल रचनात्मक संयोजन के अर्थ में नहीं। अख़बारी घटना-वृत्तान्त को 'प्रामाणिक' और 'मानवीय' बनाने के लिए एक होशियार और कर्तव्यनिष्ठ पत्रकार अपनी 'स्टोरी' को उनमें आए पात्रों के वास्तविक नाम-धाम के साथ पेश करता है। इस आदर्श को रघुवीर सहाय ने इस कहानी में आग्रहपूर्वक प्राप्त किया है। इस कहानी की भाषा-संवेदना में अनुभव के तथ्य पर बल है,

अनुभव के सत्य पर नहीं, क्योंकि अनुभव का सत्य मनुष्य और मानव-स्थितियों के साथ जिस घनीभूत रिश्ते से उपजता है उसके पास लेखक दूर तक नहीं फटकता। इसलिए उसने पाठक को वस्तुस्थिति के व्यंग्य से मर्माहत करने का काम तथ्य से लिया है, जैसा कि अपने सामाजिक दायित्वों के प्रति सजग एक पत्रकार करता है। शायद इसीलिए तथ्यपूर्ण होते हुए भी इस कहानी में यथार्थ का अमूर्तन है—हरिहर और शिवकुमार यथार्थ को भोगनेवाले जीवन्त पात्र नहीं, लेखक के हाथों में ऐसे हथियार बन जाते हैं जिनसे लेखक सत्ता और व्यवस्था के ख़िलाफ़ अपनी लड़ाई लड़ता है। इस अमूर्तता के कारण ही भाषा का गठन बहुत कुछ वर्णनात्मक है और उसकी गति में मोड़ और उतार-चढ़ाव न होकर एक तरह की सपाटता है।

बहिरुन्मुख भाषा-संवेदना का यह स्तर उन कहानियों में भी है जो आत्मसजग भाषा-संवेदना की कलात्मकता से उबरने के लिए संघर्ष करती दिखाई देती हैं, जैसे 'सीमा पार का आदमी', 'कोठरी', 'सर्कस', 'रास्ता इधर से है'। इस संघर्ष से उत्तीर्ण सिर्फ़ एक कहानी है—'चालीस के बाद प्रेम'। इस कहानी की भाषासंवेदना में सतह और गहराई के समानान्तर आयाम हैं जो जीवनानुभव के प्रति एक वयस्क 'समझ' का परिणाम हैं। यहाँ हम भाषा के किसी अबुझ सौन्दर्यचमत्कार से नहीं, उस 'समझ' के एक अनोखे अपनेपन से मुग्ध होते हैं। यहाँ शब्द और अर्थ एक-दूसरे पर हावी होने की कोशिश नहीं करते, इसीलिए इसमें एक प्रकार की थिराई हुई संवेदना की सादगी है। पर इस तरह की भाषा उस चुनौती का जवाब तो नहीं दे सकती थी जिसे महसूस करना और जिसकी रचनात्मक सार्थकता अपने लिए अन्वेषित करना रघुवीर सहाय की आत्मसजग कला के लिए लाजिमी हो गया था। इसलिए ताज्जुब नहीं कि अपने समय की चुनौती से निबटने के लिए रघुवीर सहाय 'समझ' के बजाय 'साहस' का दामन पकड़ते हैं। पर चूँकि वे अपने आत्मसजग रचनात्मक व्यक्तित्व की मूल प्रतिज्ञाओं में कोई बुनियादी परिवर्तन नहीं कर पाते—कला के सम्मुख अपने को हर कीमत पर बचाए रखने की नियति से अलग नहीं हो पाते (लेखक के पास सिवाय शिल्प के और है ही क्या जिससे वह विभिन्न मुठभेड़ों में मुक़ाबला कर सके। —भूमिका), इसलिए वह 'साहस' एक पत्रकार के 'कर्तव्य' तक ही पहुँच पाता है, एक रचनाकार के 'स्वभाव' तक नहीं।

✪✪✪